主编简介

王勇　北京大学教授，历任浙江大学日本文化研究所所长、浙江工商大学东亚文化研究院院长、中国日本史学会副会长，曾在日本早稻田大学、国际日本文化研究中心、文部省国文学研究资料馆、美国哥伦比亚大学等担任客座教授、研究员。专事中日及东亚文化交流史研究，倡导"书籍之路"理论，出版各类著作36部（其中国外14部）。

历史文化研究丛书

东亚坐标中的书籍之路研究

DongYa ZuoBiaoZhong De
ShuJi ZhiLu YanJiu

王　勇　主编

中国书籍出版社
China Book Press

图书在版编目(CIP)数据

东亚坐标中的书籍之路研究/王勇主编. —北京：
中国书籍出版社,2012.9
ISBN 978-7-5068-3061-4

Ⅰ.①东… Ⅱ.①王… Ⅲ.①图书—文化交流—文化史—中国、东亚 Ⅳ.①G256.1

中国版本图书馆 CIP 数据核字(2012)第 201855 号

责任编辑/ 李国永
责任印制/ 孙马飞　张智勇
封面设计/ 中联华文
出版发行/ 中国书籍出版社
　　　地　　址/ 北京市丰台区三路居路 97 号(邮编:100073)
　　　电　　话/ (010)52257143(总编室)　 (010)52257153(发行部)
　　　电子邮箱/ chinabp@vip.sina.com
经　　销/ 全国新华书店
印　　刷/ 北京彩虹伟业印刷有限公司
开　　本/ 710 毫米×1000 毫米　1/16
印　　张/ 22.5
字　　数/ 405 千字
版　　次/ 2015 年 9 月第 1 版第 2 次印刷
书　　号/ ISBN 978-7-5068-3061-4
定　　价/ 85.00 元

版权所有　　翻印必究

总　序

何谓"东亚"？设想这套书系面世，或有读者如此发问。所谓"名不正则言不顺"，兹略陈浅见，以明宗旨。

一、东方语境中的"东"与"亚"

"东亚"概念既非自古有之，亦非亚洲人自创。

先说"东"字，中国古籍如《二十四史》，把朝鲜、日本等列为"东夷"；然从朝鲜、日本看来，中国则位于"西方"，日本自谓遣隋唐使为"西海使"即来源于此。故而，在中国传统的"天下"秩序中，"东"是局部、边缘的概念，通常不包括中原地区。

再说"亚"字，古汉语中含丑、次、矮等贬义，如《说文》云："亚，丑也。"《封氏闻见记》说："郑虔亦工山水，名亚于维。"甚至是"恶"的古字，如马王堆汉墓帛书乙本《老子·德经》："天之所亚，孰知其故？"后世亦被用作"恶"的通假字。故而，"亚"非吾人自谓之辞甚明。

二、西方语境中的"东"与"亚"

"东亚"非汉语固有词汇，亦非传统地域概念，其起源与西学东渐有关。

先看"东"，在西方语境中，大抵有两个起源：一个是"Orient"，另一个是"East"。两者外延有部分叠合，但内涵却各有理路。据［美］萨义德《东方学》（王宇根译本）的说法，对欧洲人来说，东方"自古以来代表着罗曼司、异国情调、美丽的风景、难忘的回忆、非凡的经历"；对美国人而言，

"所谓'东方'更可能是与远东（主要是中国和日本）联系在一起"。经核实萨义德原著，前者的"东方"使用"Orient"，后者则用"East"。给人的印象是，欧洲视阈的"Orient"，存在偏见、流于虚幻；美国语境中的"East"，接近现实、注重实利。无论Orient还是East，在西方中心主义格局中，是被异化的、边缘的概念，中国自然被囊括其中。

再看"亚"，此系"Asia"的译音节略字。"Asia"的起源非常古老，相传最早由古代腓尼基人（一说源出亚述人）命名。这个公元前10世纪就活跃在地中海东岸的航海民族，拥有丰富的天文、地理、方位、海域、造船等知识。他们以爱琴海为基点，以东地区称"Asu"，以西地区称"Ereb"。"Asu"原意指"日出之处"，从中派生出"Asia"；"Ereb"原意是"日落之处"，由此衍化出"Europe"。

三、从"East Asia"到"东亚"

Asia所指的范围，限于腓尼基人闻见所及地区，最初是非常有限的。但其后随着罗马帝国势力东渐，其范围逐渐扩大。公元前129年，罗马帝国设立Asia行省，辖境为小亚细亚东部（约当土耳其的亚洲部分）；进而延伸至两河流域一带，乃至涵盖整个亚洲。

如上所述，（1）"Asia"起源于一个比较中性的地区，它与"Europe"形成东西对应，与"Orient"属于西欧边缘的概念是不同的；（2）创造这个词汇的民族，在146年的第三次"布匿战争"中，被罗马军队摧毁而烟消云散，因而这个概念也就没有一种主体文化的支撑和不断的熏染；（3）这是一个相对单纯的地理或方位概念，没有附着太多的宗教、文化色彩。

晚明以来，随着西学东渐，西方的地理知识传播到东方，"亚细亚"一词出现在许多西学著作中；同时，西方人对于文明景观迥异的亚洲东端，使用"East Asia"来称呼。于是，如同"亚细亚洲"可略为"亚洲"，"东亚细亚"便被略作"东亚"。

四、作为研究坐标的"东亚"

显而易见，"东亚"是个意译（东）+音译（亚）的新词。正因为"亚"

是音译词，就不带有汉语文脉中的贬义。

"东亚学"在欧美是一门比较成熟、已经定型的学科，但它毕竟是从国别研究进化而来的区域研究（Area Studies），无法完全摆脱西方中心主义的主观羁绊。目前在亚洲脱颖而出的"东亚学"，基本上没有沉重的历史包袱，当可面向未来自主擘画。

"东亚"的地理外延并非固定不变，在瞬息万变的国际形势中，时而扩展时而敛缩；"东亚"的文明内涵并非凝固单一，在生生不息的区域交流中，既有吸纳也有辐射。时间上的继承、积淀与空间上的传播、影响，构成一个动态的坐标——这就是我们把握"东亚文化"的依据。

以"东亚"为坐标研究"东亚文化"，窃以为其要点有二：一是以中国为基点，追踪中国文化之传播和影响，彰显华夏文明的世界意义；二是以域外为起点，考察对中国文化之摄取与模仿及创新与回馈的机制，拓展"汉文化"的文明内涵。时间轴与空间轴立体交汇，由此构成动态的"东亚学"。

五、一段耐人寻味的插曲

2010年9月23日，香港大学举办"East Asian Studies: Retrospect and Prospect"学术研讨会，以庆祝北京大学严绍璗教授70华诞。香港大学美裔教授Louis Edwards在发言中指出：时下亚洲研究正成为热门，严绍璗教授的丰硕学术成就让我们确信，"亚学 Asianology"绝不会是低于"西学"的学问，方兴未艾的"亚流"完全能成为主流。

这位博学的Edwards女士，不仅深谙"亚"字之汉语古义，而且了解西方主流学界的偏见，因而说出这段发人深省的话语。

2008年我赴美国哥伦比亚大学工作了两个学期，在东亚系开设了"The book's exchange in East asia"研究生课程，期间在哥伦比亚大学主持国际学术研讨会"Commonality and Regionality in the Cultural Heritage of East Asia"，并先后应邀到哈佛大学、罗格斯大学演讲。如果说我的学术成果受到西方主流学者的某些认同，我想那是因为我站立在东亚的土地上研究"东亚"，我是当事人，不是旁观者。

六、本套"书系"缘起

从2004年开始,我们以"东亚文化交流"为主题,基本上每年举办一次专题学术研讨会,即"道教文化"(2004年)、"书籍之路"(2006年)、"遣隋唐使"(2007年)、"人物往来"(2008年)、"争鸣与共识"(2009年)。各次会议均有论文集问世,但有些论文集只是作为项目报告递交,所以印数既少,流通也不广,加之有些外语论文未及翻译,现在看来留下不少遗憾。

中国书籍出版社愿意为我们出版"东亚文化交流史书系",遂以原有的部分论文集为基础,经过重新编辑、翻译、增补,整合成《东亚坐标中的书籍之路研究》、《东亚坐标中的跨国人物研究》、《东亚坐标中的遣隋唐使研究》三册,作为教育部人文社科重点基地重大项目"日藏唐代汉籍写本语言文字研究"及日本国际交流基金会"海外日本研究重点支援事业对象机构"资助项目的成果汇总。

借此机会再次感谢多年来国内外同行的鼎力支持!

作 者

目 录 CONTENTS

第一编　东亚视域 …………………………………………………… 1

第一章　东亚的共时性 / 3
一、绪言 / 3
二、前田直典的时代区分论 / 4
三、西岛定生的"东亚世界论" / 6
四、"世界体系论"的接近 / 8
五、"共时性"概念的有效性 / 8
六、结语 / 10

第二章　东亚海上的"丝路"与"书路" / 13
一、"海上丝路"由来 / 13
二、正仓院宝物探秘 / 14
三、遣隋唐使之使命 / 15
四、唐代日本的藏书量 / 17
五、"种本"的概念 / 18
六、"海上丝路"再考 / 21

第三章　东亚"书籍之路"上的《论语》
——研究新视野探索 / 23
一、绪言 / 23
二、东亚儒学脉络中的《论语》学 / 24
三、作为思想发展过程的东亚《论语》学 / 26
四、结语 / 28

第四章 "书籍之路"概念再考
　　——王勇说的批判性继承 /30
　　一、引言 /30
　　二、"书籍之路"概念——王勇说之整理与讨论 /31
　　三、"王勇之说"的动摇与问题所在 /33
　　四、"丝绸之路"的研究现状 /35
　　五、提倡"书籍之路"的意图 /38
　　六、"书籍之路"的特征和优点 /39
　　七、结语 /40

第二编　典籍环流 /43

第五章　六朝文化东渐与书籍之路开启 /45
　　一、引言 /45
　　二、神功皇后"掠书说" /46
　　三、阿直岐其人其事 /48
　　四、王仁与王辰尔 /52
　　五、结语 /54

第六章　《兔园策府》的成书及东传日本 /56
　　一、《兔园策府》的成书年代 /57
　　二、《兔园策府》的东传日本 /59

第七章　奈良寺院摄取汉文典籍小考 /65
　　一、前言 /65
　　二、智光和《净名玄论略述》 /66
　　三、《净名玄论略述》对《玉篇》的引用 /67
　　四、《玉篇》以外汉文典籍的引用 /72
　　五、智光在《净名玄论略述》中采用的方法和态度 /76
　　六、结语 /79

第八章　唐历在东亚的传播 /81
　　一、引言 /82
　　二、"正朔本乎夏时" /83
　　三、唐历东传之轨迹 /85

四、从百济到日本　　　　　　　　　　　　　　/ 87
　　五、《仪凤历》之谜　　　　　　　　　　　　　/ 90
　　六、结语　　　　　　　　　　　　　　　　　　/ 93
第九章　略论日本宫内厅书陵部所藏宋本《初学记》　　/ 96
　　一、引言　　　　　　　　　　　　　　　　　　/ 96
　　二、《初学记》传入日本及现藏情况　　　　　　/ 96
　　三、宋本《初学记》的版本价值　　　　　　　　/ 100
　　四、宋本《初学记》的辨伪价值　　　　　　　　/ 105
　　五、结语　　　　　　　　　　　　　　　　　　/ 112
第十章　日本现存宋版大藏经相关问题一二　　　　　/ 114
　　一、刻工名、追雕等问题　　　　　　　　　　　/ 114
　　二、墨丁与追刻　　　　　　　　　　　　　　　/ 115
　　三、现存大藏经的将来以及关于逸藏"传承"的再讨论　　/ 127

第三编　域外汉籍　　　　　　　　　　　　　　　/ 131
第十一章　从"汉籍"到"域外汉籍"　　　　　　　/ 133
　　一、绪言　　　　　　　　　　　　　　　　　　/ 133
　　二、书籍之路　　　　　　　　　　　　　　　　/ 134
　　三、域外汉籍　　　　　　　　　　　　　　　　/ 135
　　四、仁智各见　　　　　　　　　　　　　　　　/ 136
　　五、"汉籍"新释　　　　　　　　　　　　　　/ 138
　　六、国际视野　　　　　　　　　　　　　　　　/ 140
　　七、结语　　　　　　　　　　　　　　　　　　/ 142
第十二章　《日本书纪》α群的唐人著述说
　　——兼论成书过程与记事的虚实　　　　　　　　/ 144
　　一、绪论　　　　　　　　　　　　　　　　　　/ 144
　　二、α群和β群　　　　　　　　　　　　　　　/ 146
　　三、倭习的分布不均　　　　　　　　　　　　　/ 149
　　四、正视例外　　　　　　　　　　　　　　　　/ 150
　　五、α群中国人著述说　　　　　　　　　　　　/ 151
　　六、各卷的作者与编修的顺序　　　　　　　　　/ 152

七、虚实・真伪的判别　　　　　　　　　　　　　　　／153
　　八、α群特有的误用与笔癖　　　　　　　　　　　　　／154
　　九、韩半岛相关记载的资料问题　　　　　　　　　　　／156
　　十、百济上表文的史料批判　　　　　　　　　　　　　／157

第十三章　关于"原日本书纪"　　　　　　　　　　　　　／160
　　一、《日本书纪》的叙述方针　　　　　　　　　　　　／160
　　二、圣德太子并非实际存在　　　　　　　　　　　　　／161
　　三、佛教传来事件的虚构性　　　　　　　　　　　　　／163
　　四、《隋书》的倭王　　　　　　　　　　　　　　　　／167
　　五、天皇记、国记　　　　　　　　　　　　　　　　　／169

第十四章　圆仁《入唐求法巡礼行记》中国早期流布考　／170
　　一、绪言　　　　　　　　　　　　　　　　　　　　　／170
　　二、成书经过　　　　　　　　　　　　　　　　　　　／171
　　三、西传始末　　　　　　　　　　　　　　　　　　　／172
　　四、版本源流　　　　　　　　　　　　　　　　　　　／176

第十五章　《笑云瑞䜣入明记》的文献学研究　　　　　　／180
　　一、史料概要　　　　　　　　　　　　　　　　　　　／180
　　二、各本详析　　　　　　　　　　　　　　　　　　　／182
　　三、《笑云瑞䜣入明记》在中世的流通　　　　　　　　／190

第十六章　明代中日书籍交流之研究
　　　　——以《卧云日件录拔尤》为例　　　　　　　　／192
　　一、前言　　　　　　　　　　　　　　　　　　　　　／192
　　二、使者与书籍　　　　　　　　　　　　　　　　　　／194
　　三、结语　　　　　　　　　　　　　　　　　　　　　／203

第四编　此佚彼存　　　　　　　　　　　　　　　　　　 205

第十七章　西魏写本《菩萨处胎经》东传及相关中日达人　／207
　　一、绪言　　　　　　　　　　　　　　　　　　　　　／207
　　二、养鸬彻定《菩萨处胎经》的购入　　　　　　　　　／208
　　三、江户时期的古文献研究　　　　　　　　　　　　　／209
　　四、诸家对《菩萨处胎经》的评价　　　　　　　　　　／211

五、结语　　　　　　　　　　　　　　　　　　　　　　／221
第十八章　唐代佚书《天地瑞祥志》略述　　　　　　　　　／223
　　一、绪言　　　　　　　　　　　　　　　　　　　　　　／223
　　二、《天地瑞祥志》的序和构成　　　　　　　　　　　　／223
　　三、诸传本的基础考察　　　　　　　　　　　　　　　　／229
　　四、结语　　　　　　　　　　　　　　　　　　　　　　／233
第十九章　乐郜《圆仁三藏供奉入唐请益往返传记》校录　　／234
第二十章　"礼失而求诸野"
　　　　　——从自身研究经历看和刻本汉籍的价值　　　　／243
　　一、引言　　　　　　　　　　　　　　　　　　　　　　／243
　　二、《皇朝事实类苑》　　　　　　　　　　　　　　　　／245
　　三、《鹤林玉露》　　　　　　　　　　　　　　　　　　／256
　　四、结语　　　　　　　　　　　　　　　　　　　　　　／260
第二十一章　五代宋初佚书回归小考　　　　　　　　　　　／262
　　一、引言　　　　　　　　　　　　　　　　　　　　　　／262
　　二、吴越国时期的域外求书　　　　　　　　　　　　　　／263
　　三、五代宋初时期的求书　　　　　　　　　　　　　　　／266
　　四、高丽献书缘起考　　　　　　　　　　　　　　　　　／267
　　五、奝然献书考　　　　　　　　　　　　　　　　　　　／271
　　六、《孝经》在东亚的传播　　　　　　　　　　　　　　／273
　　七、《越王孝经新义》考　　　　　　　　　　　　　　　／274
　　八、结语　　　　　　　　　　　　　　　　　　　　　　／279
第二十二章　逸存东瀛的唐寅诗书　　　　　　　　　　　　／280
　　一、绪言　　　　　　　　　　　　　　　　　　　　　　／280
　　二、《送彦九郎诗》　　　　　　　　　　　　　　　　　／281
　　三、彦九郎与中日勘合贸易　　　　　　　　　　　　　　／282
　　四、作品的题名与内容　　　　　　　　　　　　　　　　／285
　　五、结语　　　　　　　　　　　　　　　　　　　　　　／288

第五编　书目杂志　　　　　　　　　　　　　　　　　　289
　第二十三章　《日本国见在书目录》札记　　　　　　　　／291

- 一、四部分类仿效《隋志》　　　　　　　　　　　　／291
- 二、小注信息丰富　　　　　　　　　　　　　　　　／292
- 三、填补中国经学史空白　　　　　　　　　　　　　／294
- 四、南朝经学成果的展示　　　　　　　　　　　　　／294
- 五、《阃外春秋》：望文生义　　　　　　　　　　　／295
- 六、小学家典籍分文字、音韵、书法、文章诗法四类　／296
- 七、《乐》家著作、书法类著作与日本历史上的唐风文化／296
- 八、刑法家文献与日本早期国家的律令制度建设　　　／298
- 九、《楚辞》家文献价值独特　　　　　　　　　　　／299
- 十、别集家文献保存通俗文学资料　　　　　　　　　／300
- 十一、总集家文献内容丰富，但个别典籍系属不当　　／301

第二十四章　舶载书目所载明人别集考述　　　　　　　／302
- 一、绪言　　　　　　　　　　　　　　　　　　　　／302
- 二、舶载书目概述　　　　　　　　　　　　　　　　／303
- 三、未见中土藏书目录著录的明人别集　　　　　　　／313
- 四、中土散佚明人别集的流播记录　　　　　　　　　／322
- 五、中土稀见明人别集的流播记录　　　　　　　　　／324
- 六、提供明人别集新版本信息　　　　　　　　　　　／334
- 七、结语　　　　　　　　　　　　　　　　　　　　／335

后　记 …………………………………………………………340

第一编 01

东亚视域

第一章　东亚的共时性

[日] 关西大学文学部　藤田高夫

一、绪言

如本次国际研讨会的主题所表达的那样，现在"东亚"这一词汇已经被研究人员广泛接受，已无过去那样的不和谐感。而且关于"文化交流"，也不是指其作为现代社会外交的一部分的国际交流，而被广泛认知为历史性研究课题之一。再者，"文化交流"也未必就是相互对称的，而可能是单方面的现象（藤田高夫）。

东亚这一物理性空间，当然自古就存在，但作为地域概念却非天生的。虽然现在东亚诸国的学术研究中，其作为词汇而渐被认知，但东亚这一地域概念到底有何种程度的普遍有效性，却仍有很多不稳定的部分。东亚这一地域的一体性，并非先验自明的东西，而必须具有在历史的推移中得到检验的东西，还必须客观地承认由于时代和地域的关系，一体性的解散、否定的进程是如何表面化的。再者，多数研究人员大概也发觉，如果在一体性与各文化的固有性之间的关系上不明晰，则有时可能引起"感情上的排斥"。

在日本，东亚经历了与东洋或东亚这一概念的接合与乖离，因而一直以来具有一定的通用性。但是，即便如此，东亚这一地域概念内在地固定下来，却决非很早。据荒野泰典研究，我们现在所用意思的东亚，在日本是指于17世纪末至18世纪所"发现"的地域（荒野泰典 2005）。东亚不是固定的框架，其含义与实际随着时代而变化。

把东亚作为历史性实体来把握的尝试，是日本的历史学界重要举措之一，而且提倡了各种各样的方法与视角，积累了丰硕的学术成果。本报告选取其中具有代表性的方法与视角，进行若干的探讨，以期进而探讨，作为把握东亚的视角之一的东亚"共时性"这一概念的有效性。

我们关西大学的研究人员，在原有的东西学术研究所基础上，自2005年设立"东亚文化交流研究中心"以来，开展了以"东亚文化信息的发送与受容"为题的研究项目。项目由语言文化、思想仪礼、历史等为主轴的3大支柱构成。其中的交流环境研究班，以"阐明规范决定东亚诸地域文化交流内容与形态的历史性条件"为重点课题。今年正是项目的最后一年，但该课题的进展，还有很多未完成的部分。虽然关西大学在2007年被选定为文部科学省全球COE项目人文学部门据点，肩负着进一步推进东亚文化交流研究的使命，但在作为其支柱之一的历史学领域中，"历史的环境"的设定，一直是重要而困难的研究课题。

关于历史的环境从研究之初，就以很强的政治框架意识，忽略时代的差异为前提，主要在探索与中国交流的具体现象上进行了一些研究的积累。其中，不可否认的是，我们未从正面论及最初前提的时代差异，研究多集中在文化交流事象丰富的近世、近代，而对更加历史性的方向论证不足。但是，在总结至今为止的研究发表和讨论过程中，作为一个被寻求解决探明"历史的环境"，尤其是解读古代、中世情况的方法，"东亚的共时性"就可能成为一个关键词。本报告的宗旨就在于探讨对于古代、中世"共时性检验"的可能性。

二、前田直典的时代区分论

前田直典[①]是认识到东亚历史具有一种共时性的先驱之一。众所周知，前田的"东亚古代的终结"（前田直典1948a），因二战后在日本掀起了关于中国史的时代划分论争而声名大噪。

[①] 前田直典生于1915（大正四年）年，1939年毕业于东京帝国大学文学部东洋史专业。虽考入了研究生院，不就即患急性流行性脑炎，由于后遗症而落下半身不遂。再次进入大学院后，跟着和田清教授研究元朝历史，此后进入研究生院经济学部，以大塚久雄为指导老师，可又患结核病，死于1949年（昭和二十四）9月18日，时年33岁。

这个论证的目的就是为把握东亚历史而提供新的视角，其实主要是对内藤湖南、宫崎市定尤其是宇都宫清吉等所谓京都学派的时代划分论进行批判。就像反复指出的那样，包含了很多和具体实证相关且未完成的部分，这也就成为了1950年代日本产生关于"中国史时代划分"的一个原因[①]。

前田的时代划分，也如大家所知的那样，基本上是立足于唯物史观的发展阶段论，例如根据土地所有形式对"古代"和"中世"的划分（具体的古代史采用"公田制"为土地所有制，以"奴隶制"为劳动力形式）等，今天让我们完全接受这些东西是很困难的。但是在此提倡的近世划法还包含了值得我们审视和继承的东西。有关东亚这个舞台的历史关联性，前田做过如下的描述：

在普遍性的世界史成立之前的近代东洋，中国是一个世界，印度又可称为另一个世界。从文化史的角度来看，中国的世界可以被当做东亚世界而包含满洲、朝鲜、安南等而成立，且一直被这样认为。我们一边对把日本放入这个世界还有若干的犹豫，同时也考虑有大致的可能性。但这怎么说也只是文化史方面的，日本当然了，即是朝鲜、满洲等的社会内部是否具有发展的关联性，抑或是平行性也尚不清楚。我们知道在欧洲世界中，如英国的发达与欧洲大陆具有平行性，相关性。而在东亚，特别是在中国和日本之间这样的情况，除了近代史领域以外，至今为止可能都是未解开的，或是未涉猎的问题。研究认为，日本从古代发展到中世、近世的社会基础构造和大陆是完全隔开的。我们有必要尝试对此进行自我反省。

日本德川时代的农村工业和小手工业发展程度和明末以后的中国有相同之处，我们很难考虑到近代资本主义入侵时期中国和日本的社会基础有几个世纪的差异。也就是在迈入近代门槛的时候中国和日本具有很强的平行性。但是在中国和日本到达这个平行性之前是怎样的呢。我想以朝鲜为媒介考察此事。并且，想从东亚史的角度搞清中国和朝鲜的古代及中世思想。

在前田的论述中应该引起我们注意的是，对东亚世界的清楚地推测，且加上"从文化史角度来看"的限定，以及"平行性"（毋庸说应该定为并行

[①] 关于日本的"中国史时代划分的论争"的展开和评价，参照（谷川道雄1993）的相关部分。

性）得出的可能性问题。但是在此前田所讲的平行性是社会发展阶段的平行性，是追求"世界史的基本法则"的当时历史学要求的必然产物。因此，我们认识的从古代到中世的转换，东亚全体都具有平行性的时代划分论就展开了。前田所说的中国史的时代划分论，导入了要把握"古代"及"中世"东亚史甚至是世界史的普遍性东西的立场，这也就产生了后来的（中国式奴隶制）和佃户（农奴、小作人）的论争（谷川道雄1993）。

前田的时代划分论的详细情况并不是本报告的目的，在此不做细论。只论述概略，近代在东亚大概都是同时开始的，古代的开始各个地域不同，都是始于统一国家的形成时期，因此中国和日本就有7、8个世纪的间隔。问题在于古代的终结期，与日本及朝鲜半岛大致在11~13世纪相对的是，京都学派认为中国的古代在3~4世纪，二者存在很大的差距。不如把中国的古代末期推到唐末的话，这个差距就会大大的缩小。

前田论述中另一个值得言说的是，这个时代划分论的背景。前田的目标是打破亚洲历史停滞说，也就是亚洲各国从古代至今代都与像"棒子一样"只拥有历史的进步、发展无任何关系学说的批判。这个以从同时期的他的演讲中（前田直典1948b）获得更清晰地了解。而且强调的平行性是舍弃与其他地域的交往，单独捕捉日本历史的历史观，也就是为了打破皇国史观。简而言之，他的时代划分论是对从战前日本历史学思想的深刻反省和危机状况中重生，是应1940年代后半的日本史学界最大的时代需要而作的一个尝试。

三、西岛定生的"东亚世界论"

在历史学中，如大家所知，清楚地意识到"东亚"作为一个地域概念，并把其规定为"东亚世界"且把握其具体的实态和构造是西岛定生从1960年代开始的功绩。（西岛定生1962）（西岛定生1970a）（西岛定生1975~1976）。

西岛把东亚世界文化的共通项——汉字、律令制、佛教、儒教等列举出来，把东亚的世界范围圈定为中国（包含河西走廊，但不包括蒙古和西藏[①]）、朝鲜半岛、日本、越南北部等。更加重要的是指出不仅文化事象在这

[①] 关于这个问题，在某种程度上继承西岛的"东亚世界"堀敏一，把东亚的范围进一步扩大，在"东亚史"中也包括北亚、东突厥斯坦，西藏等历史空间的展开（堀敏一，2008）。

些地域自然地（也就是据文化自身的价值）传播、扩大，中国王朝同周边势力通过接受官爵的册封而成为一种政治结合的媒介。这种政治结合的"册封体制"，是推动东亚国际秩序、国际政局的形式，东亚的国际秩序正是把这种体制作为媒介而形成，文化的波及也随着这种体制进行。

对册封体制论来说就远离了东亚的"平行性"，中国王朝政治的向心力就出现在面前。从古代的汉王朝一直到近代的甲午中日战争，册封在中国王朝和东亚诸国被当做政治关系反复地进行，可以用册封体制的消长来描述东亚诸国的关系史。被西岛当做具体分析对象的是始于汉[①]，完成于唐的被当做国际秩序的册封体制。册封怎么说都是政治关系的表露，在其外缘伴随着"朝贡"行为，有关册封未必举行的时代、地域扩大论述也成为可能，因此也就成为了把东亚当做一个历史性的地域概念来考虑的基础。

对于西岛的册封体制论，马上就有几个批判。如，册封只不过是一个制度形式，他自身不可能推动国际关系。所以，册封体制论忽略了规定国际关系的国家间相互的力量对比，也就变成了轻视周边国家的主体性。但是西岛的着力点在东亚的国际关系是通过册封来表现，上述批判就难说是得当的。

不如说问题在于，以中国王朝为中心的国际秩序的框架，有超过现实的、过分的强调中国政治势力的存在的危险性。且册封体制是与所谓"华夷有别"这种特殊的中国式意识形态不可分的体制，适合于把国家作为一个单位来分析，我们必须给从这里面脱离的交流、交涉等的周边存在以定位。村井章介等日本中世史的研究者认为的国家控制化无法进行的各种交流、交涉，在西岛的册封体制论中不是能很顺利的定位吗？（村井章介1988）

但是还有一点需要补充说明。最初的事实是，册封体制论是从在东亚史甚至在世界史中应该如何定位日本史这一问题意识中诞生的。象征性的是，把册封体制论的开端（西岛定生1962）作为《日本历史》的一章来写。像李成市明确指出的那样，西岛的册封体制论是在和如何面对东亚，如何在东亚史中定位日本史的研究主题意识的密切关连中诞生的。（李成市2000）（李成市2007）。也就是说与前田直典相同，西岛的册封体制论的目的也是对日本历史学界固有课题的回答，也是研究者所生活的时代状况的产物。

[①] 西岛认为秦没有册封的原理。事实上，统一的秦朝国内不存在封君，也未对内臣进行封建。且皇帝的称号具有耀眼的上帝（闪耀光辉的绝对神）之意，因为不是超越"王""侯"的"天子"，认为对郡县以外进行扩大支配是不可能的。

四、"世界体系论"的接近

虽不是把东亚作为直接的对象,但与上述问题相关,我们应该记住两位巨人。布罗代尔和沃勒斯坦(本报告不涉及布罗代尔)。沃勒斯坦的所谓"世界体系论"是以近代资本主义为主题的,乍一看和前近代的东亚没什么联系,"中心"、"周边"、"半周边"等世界体系的等级制度,在东亚世界的历史中也经常被引用,以中国为中心的朝贡贸易"体系"这个概念也具有与沃勒斯坦的想法相近的特点。

在此我们向沃勒斯坦举目并不是要把体系论投射到东亚。而是对从"世界体系论"中看到的规则深感兴趣。也就是,"世界体系论"的规则本来是西欧"近代资本主义"历史过程的模式,现在把它当做非欧洲世界的流入装置来使用。

就像近代化必然伴随着"资本主义化"变得清晰明白那样,近代和资本主义是表里一体的。正因为如此,不能自生资本主义的非欧洲世界对"近代"的把握,是与如何在各个世界中定位西欧带来的冲击的议论是密不可分的,由此导出的近代化这条路上所说的先进和后进,不是建设性的视角。例如,在19世纪的加勒比海和印度,是很难找到立足于"近代资本主义"的近代社会。正因为如此,在这些地域很难达成近代。这就是所谓的"近代化论"。

但是毋庸置疑19世纪的牙买加和印度都是构成近代世界的地域。也就是说,殖民地化或从属化不是近代的挫折,而是该地域的近代的形式。换句话说,这个地域也共有"近代"。从该地域无法发现"近代",如果至今为止还只能评价未达成"近代"的话,那难道不是我们无法设想西欧式的近代以外的近代的形式吗?当然把这个适用于前近代的东亚,确实很勉强。但是,作为融解"先进和后进"、"文明和未开"的固定框架的想法,具有一定的有效性的。并且,有可能把较早就拥有高度成熟的政治和文化的中国和很晚才开始探索国家形式的东亚诸国,诸地区放在共有可能的平台上探讨。

五、"共时性"概念的有效性

这里所说的"共时性",是指广义的同时性,也就是字典上说的"二个以上的事情同时发生，看起来意思有一定关联的，因果关系不明确现象"的原理之意①。但，虽因果关系不明，但并不一定没有因果关系。例如，汉王朝倒塌后的欧亚大陆东半和罗马帝国解体时期的欧亚大陆西半分别发生的"共时性"虽谁都明白，但我们没有把两者联系起来理解说明。近年来，虽有以欧亚大陆中央的游牧民的活动为媒介尝试理解这两者关系的，目前尚未得出结论。

历史学以把事情放到时间轴上去考虑为本质。所以，把"共时性"的研究方法导入进来，在某种意义上可以说是自杀行为。但是，考虑到东亚的情况，我们注意到通过"共时性"检出的东西实在丰富。

近代以来，由于西方冲击和"近代化"的大状况俨然存在，"共时性"意识就很淡薄。可以说正是由于太丰富了，反而研究者缺乏这种意识。如果东亚所有共通的情况都了解明白的话，在几个地域或国家同时发生的现象，处理大状况带来的东西就成为可能。

与此相对，东亚前近代的事例检出本来就可以成为课题。现在瞬间就可以据记忆列举出，佛教的受容和国家的礼仪，律令体制的构建，朱子学和政治精英层的形成及朱子学对立面的出现，国家贸易统治和非国家的交易等。想举其中一例，有关册封赐予称号问题。此外，关于此问题甘怀真氏已取得很大的成绩（甘怀真2009），本报告将从共时性的视角进行论述。

众所周知，日本的政治势力最早接受中国王朝的册封事例是后汉建武中元二年（AD57年）的"汉倭（委）奴国王"，接着是三国魏的景初三年（239年）的"亲魏倭王"。这些成为对国内诸王的封号，拥有对"外臣"的形式。

可是，5世纪即所说的"倭五王"时期，情形有了很大的变化。

（1）宋永初二年（421）册封倭王讃为"安东将军、倭国王"。

（2）元嘉十五年（438）倭王珍自称"使持节、都督倭、百济、新罗、任那、秦韩、慕韩、六国诸军事、安东大将军、倭国王"，册封为"安东将军、倭国王"。

（3）元嘉二十年（443）册封倭王济为"安东将军、倭国王"。

（4）元嘉二十八年（451）加封倭王济为"使持节、都督倭、新罗、任那、秦韩、慕韩、六国诸军事"。

---

① Synchronicity是原来用在语言学上的术语，与通时性相对被译为共时性。现在在人类学和社会学中也经常运用，在荣格心理学中意思有很大的差别。

（5）大明六年（462）册封倭王兴为"安东将军、倭国王"。倭王武自称"使持节、都督倭、百济、新罗、任那、加罗、秦韩、慕韩七国诸军事、安东大将军、倭国王"。

（6）升明二年（478）册封倭王武为"使持节、都督倭、新罗、任那、加罗、秦韩、慕韩六国诸军事、安东大将军、倭王"。

关于"倭五王"时代的倭政权和东晋、南朝的外交关系，已经有大量的先行研究，有关国家形成和册封号等也提出了重要见解（铃木靖民 1985）。如同甘怀真论文指出的那样，这样的册封号是中国王朝内部常用的授位形式，即同"某某将军、都督，某某州诸军事，某某刺史"是同系统的，重要的是内臣和外臣的形式上的区别消失了。甘氏论述的是将军拥有的"开府"的权能，也就是由于军府的开设独自官制形成的意义，在此想强调的是，这种形式不是南朝和倭特有的。同样和南朝保持外交关系的百济，或是同五胡政权、北朝有关系的高句丽也同被赐予同样的册封号，所以这种功能封号的意思是共通的。还有，对内臣来说，都督号自动表示军事影响范围，刺史表示行政影响范围，对外臣的都督号和王号大概也拥有同样的意思吧。

这种现象为中国王朝内部的组织原理被拿到外部的解释是正确的，作为合适的背景，也可能可以想象中国和外臣诸国拥有共同的历史状况。

4 世纪以来分裂时期的中国王朝，主要是采用军事手段支配领域。地方长官全部带有上述官号，更有后来的西魏王朝采用"都督中外诸军事"为府兵制的最高职位，这种在事实上是王朝的最高者说明，魏晋南北朝时期的王朝，分散在地方的军事实力构成组成国家规模，成为国家构成的骨干。另一方面，调整拥有一定领域的古代国家形式的"外臣"诸国首长，在对内部军事压制或编制的同时，也有根据同他国关系造成的军事影响范围而调整的情况。

从国家形成的"阶段"、"成熟度"的观点来看，中国和其他诸国有着很大的差别。但是仅限于与其他势力的军事紧张的一面，二者还是有一定的共同之处的。这种"共时性"拥有"都督某某诸军事、某某刺史（或是某某王）"等称号在中外都使用的背景。

六、结语

这种共同的情况，怎么说也只是一方面的东西。但是即使是部分情况，一种共时性也有可能打开全体情况的不同地域间的回路。

　　在古代和中世，设想贯穿东亚的共同的大状况是不容易的。并且从诸地域的历史展开中导出这种的必然性现在也是很困难的。但是，目前摆脱因果关系，检出所说的共有状况意思的"共时性"，是今后我们在把握"历史世界"的东亚的基础上应该追求的东西。据此，就有可能把诸国，诸民族的固有性、独自性与东亚的关联性一起纳入我们考虑的视野。

【参考文献】

　　[1] [日] 荒野泰典（2005）：《近世日本东亚的发现》，收入贵志俊彦、荒野泰典、小风秀雅编：《"东亚"的时代性》，溪水社。

　　[2] 甘怀真（2009）：《东亚古代册封体制下的将军号》，收入关西大学东亚文化交流研究中心编：《东亚文化交流与经典诠释》。

　　[3] [日] 铃木靖民（1985）：《倭五王的外交与内政——府官职秩序的形成》，收入林睦郎先生花甲纪念会编《日本古代的政治与制度》。之后收于小笠原好彦、吉村武彦编：《展望日本历史4：大和政权》，东京堂2000年版。

　　[4] [日] 谷川道雄（1993）：《战后日本的中国史论争》，河合教育文化研究所。

　　[5] [日] 西岛定生（1962）：《东亚世界与册封体制——6~8世纪的东亚》，收入岩波讲座：《世界历史》第二卷（古代2）。之后收于西岛定生：《中国古代国家与东亚世界》，东京大学出版会1983年版。

　　[6] [日] 西岛定生（1970a）：《序说：东亚世界的形成》，收入岩波讲座：《世界历史》第四卷（古代4）。后收于西岛定生：《中国古代国家与东亚世界》，东京大学出版会1983年版。

　　[7] [日] 西岛定生（1975~1976）：《东亚世界与日本史》，载《历史公论》创刊号——第二卷第十一号，1975年12月~1976年11月。之后收于西岛定生：《中国古代国家与东亚世界》，东京大学出版会1983年版。

　　[8] [日] 藤田高夫（2005）：《中日文化交涉史研究的未来——日中学术交流史与比较中国学》，载《关西大学东西学术研究所纪要》第38辑。

　　[9] [日] 堀敏一（2008）：《东亚世界的历史》，讲谈社学术文库。

　　[10] [日] 前田直典（1948a）：《东亚古代的终结》，载《历史》第1卷

四4号。之后分别被铃木俊、西岛定生编:《中国史的时代划分》(东京大学出版会1957年版)及前田直典的《元朝史的研究》(东京大学出版会1973年版)所收。

[11] [日] 村井章介 (1988):《亚洲中的中世日本》, 校仓书房。

[12] 李成市 (2007):《古代东亚世界论再考》, 载《历史评论》, 2007年11月号(通号691)。

[13] 李成市 (2000):《解说》, 收入西岛定生:《古代东亚世界与日本》, 岩波现代文库。

第二章 东亚海上的"丝路"与"书路"

北京大学中文系 王勇

谈到东西文化交流,一般人会联想到"丝绸之路",专业人士或许会提到"陶瓷之路"、"香料之路"等等。如果范围缩小到"东亚",尤其是海上交通,许多人依然会套用"丝绸之路",不过通行的说法叫"海上丝路"。

"东西"和"东亚"虽只一字之差,但涉及不同的地域,涵盖迥异的文明,"丝路"是否可畅通无阻,放之四海而皆准呢?

一、"海上丝路"由来

众所周知,"丝绸之路"的概念,最早由普鲁士地理学家费迪南·冯·李希霍芬(Ferdinand von Richthofen,1833~1905)首创,他在1877年出版的《中国》① 一书中,用以指称两汉之际中国与中亚两河地区以及印度之间的贸易通道。继李希霍芬之后,赫尔曼(Albert. Herrman)、斯坦因(Marc Aurel Stein)等西方学者通过文献考证和实地勘查,进一步拓展其内涵和外延,使之成为世界上"最长、最古、最高"② 的东西交通路线。

1903年,法国汉学家沙畹(Edouard Chavannes,1865~1918),在《西突

---

① 李希霍芬:China: Ergebnisse eigener Reisen, Dietrich Reimer, Berlin, 1877.
② "丝绸之路"在时间上持续数千年,在空间上绵延数千里,穿越有"世界屋脊"之称的帕米尔高原,所以堪称世界上"最长、最古、最高"的贸易通道。

厥史料》中提出丝绸之路有"海陆两途"①，欧洲汉学家的探险目光，第一次从沙漠转向海洋。

自1968年，日本陶瓷史专家三杉隆敏（Misugi Takatosi）出版一系列探讨"海上丝路"的著作，虽然他把"丝绸"置换成"陶瓷"，但对文物流通与海上交通的关系、机制、历史等，摹画出更加清晰的构图。②

从1980年开始，北京大学教授陈炎（Chen Yan）发表多篇论文，从文化交流史的角度追踪"海上丝路"，这些论文后来汇编成《陆上与海上丝绸之路》（中国画报出版公司，1989）、《海上丝绸之路研究》（［台北］文史哲出版社，1995）、《海上丝绸之路与中外文化交流》（北京大学出版社，1996）等，是目前为止有关"海上丝路"研究的集大成者。

此外，还值得一提的是，联合国教科文组织（UNESCO）从1987年至1997年，实施了大规模的"丝绸之路考察"（Silk Road Expedition），重点放在海上交通，从而将"海上丝路"的概念推向全球。

日本拘囿于海隅，自古憧憬富有浪漫色彩的西域，自司马辽太郎、陈舜臣等所谓的"西域物语"的问世，尤其以NHK播放大型纪录片《丝绸之路》为契机，"海上丝路"可谓家喻户晓。奈良市更以"海上丝路终点站"自居，成立了"丝绸之路研究所"，每两年召开一次"海上丝路"国际研讨会，国宝级文物荟萃的正仓院也打出"海上丝路博物馆"的招牌。然而，我对"海上丝路"的质疑，正是由正仓院引发的。

二、正仓院宝物探秘

2001年10月，第53届"正仓院展"在奈良开幕，某日传出一个惊人信息，赫然出现在各家报刊的头版：展品唐写本《成唯识论》卷第四的卷

---

① 沙畹指出："中国之丝绢贸易，昔为亚洲之一重要商业。其商道有二：其一最古，为出康居（Sogdiane）之一道；其一为通印度诸港之海道，而以婆庐羯泚为要港。当时之顾客，要为罗马人与波斯人，而居间贩卖者，乃中亚之游牧与印度洋之舟航也。"参见沙畹著、冯承钧译：《西突厥史料》，中华书局2004年新版。

② ［日］三杉隆敏：《海のシルクロードを求めて》，创元社1968年版。此外，1982年三杉隆敏与藤本胜次等合著《海のシルクロード——绢·香料·陶磁器——》（大阪书籍1982年版），书中提到"海上丝绸之路"乃由朝日新闻社记者榊原昭二最早命名（此据浙江工商大学研究生丁洁云调查）。

末，发现"显庆四年润十月廿七日"墨书文字。其时，我正在出席奈良市主办的"往返丝绸之路的遣隋使·遣唐使"国际会议，即与几位同行前去核实。

《成唯识论》10卷，系玄奘西天求法携归之佛经，从显庆四年（659）闰十月开译，同年十二月完成，其徒窥基（慈恩）担任笔受（记录）。卷末墨书文字表明第四卷译完的时间，按照一般程序，再经润文、缮写等之后才上呈朝廷。

现藏正仓院的《成唯识论》卷第四，很可能是未经润文、缮写的窥基手稿，在佛教史上意义重大。查考同一时期日本的入唐僧，道照和尚曾在玄奘门下求学，回国时玄奘"以所持舍利、经论咸授和尚"。由此看来，这部《成唯识论》大概是回国时玄奘所赠，这在中日文化交流史上，又可增添一桩美谈佳话。

正仓院被称为"海上丝路博物馆"，与其独特的历史密切相关。奈良时代原是东大寺的校仓，天平胜宝八年（756）圣武太上天皇去世，光明皇太后捐入先帝把玩的"国家珍宝"600多件，其后光明皇太后又4次捐物。

在琳琅满目的正仓院宝藏中，汉文典籍尤为珍贵，仅特藏"圣语藏"就有隋代写经22卷、唐代写经221卷，总数达4960卷之多。前述《成唯识论》只是其中一卷而已。近10余年来，笔者多次赴正仓院探秘寻宝，"海上丝路博物馆"并没有让我对丝绸残片产生兴趣，反而触发了我从书籍的角度来考察古代中日文化交流史。

这次经历诱发我思考：世界各地的文明内质既然存在差异，文化交流的形式就不可能划一。当西方人坚信丝绸是从"羊毛树"上采集而来时，日本列岛的先民已经开始养蚕植桑，并且能够生产丝绸了。追溯中日古代历史，持续性、大批量的丝绸交易未曾出现，其影响甚至不及陶瓷。从根本上影响日本文明进程的，究竟是什么呢？

三、遣隋唐使之使命

关于遣唐使的入唐使命，学界有各种揣摩，一般比较偏重于政治、外交、军事、经济、贸易的论述。然而，笔者倡导的"书籍之路"的一个重要基础，便认为从遣隋使开始，购求书籍一直是日本朝廷的国策。首先看《经籍后传记》的记载：

> 以小治田朝（今按推古天皇）十二年岁次甲子正月朔，始用历日。是时国家书籍未多，爰遣小野臣因高于隋国，买求书籍，兼聘隋天子。

从这则史料可得到某些重要信息，如推古十二年（604）的遣隋使，其他文献均未见记载，这是与"始用历日"——即遵奉"正朔"联动的举措，起因是"国家书籍未多"，目的是"买求书籍"，而"聘隋天子"的政治外交行为仅为"兼业"而已。接下来再看一则早期遣唐使的史料，《日本书纪》白雉五年（654）七月是月条载：

> 褒美西海使等奉对唐国天子，多得文书宝物。授小山上大使吉士长丹以小华下，赐封二百户，赐姓为吴氏。

遣唐大使吉士长丹因为"多得文书宝物"而受褒奖，包括授阶、封户、赐姓。值得注意的是，"文书"列在"宝物"之前，这绝不会是随意的排列，反映出日本朝廷的价值取向。

遣隋唐使肩负求书之使命，我们通过中国文献也能得到印证。开元五年（717）多治比真人县守领衔的遣唐使入华，随行人员中不仅包括著名的阿倍仲麻吕及井真成，还有日后携带《开元藏》回国的玄昉、携带《唐礼》一百三十卷回国的吉备真备等。《旧唐书·日本传》记载：

> 开元初，又遣使来朝，因请儒士授经。诏四门助教赵玄默就鸿胪寺教之，乃遣玄默阔幅布以为束修之礼，题云"白龟元年调布"。人亦疑其伪。所得锡赉，尽市文籍，泛海而还。

遣唐使一行抵达长安后，请求"儒士授经"，玄宗诏四门助教赵玄默到鸿胪寺授业。赵玄默为学官，乃国子祭酒阳峤所荐，时与尹知章、范行恭等齐名，号为"名儒"。这位被玄宗誉为"才比丘明，学兼儒墨"（《赐赞褒美》）的名儒赵玄默，究竟向遣唐使讲授了什么内容呢？《太平寰宇记》卷一《倭国》记载"表请儒者讲《论语》"，或有所据。

上述史料中最为关键的部分是"所得锡赉，尽市文籍，泛海而还"。所谓"锡赉"者，应为唐朝赐予各国贡使的褒奖之物，当时布帛具有国际货币功能，所以推测为丝绸之类。西域各国的使者正是为此而来，因而促成丝绸之路的繁盛。然而，日本遣唐使却不为所动，尽数换购"文籍"而还。这充分说明，日本朝廷对书籍的憧憬，远远超过对丝绸的渴求，所以我假设中日之间存在一条"书籍之路"。

四、唐代日本的藏书量

距第一次遣隋使（600）百余年，日本进入奈良时代（710~794），书籍的储量已经达到惊人的程度。以佛教书籍为例，651年开始读诵一切经，673年抄写一切经；进入奈良时代，各大寺院纷纷设立"写经所"、"写一切经所"等，朝廷主持的写经、校经、读经的记载，更是频频见于史料。

在上述写经、读经活动的背后，自然不能忽视遣唐使渡海求书的努力。比较著名的例子，是开元二十三年（735）归国的玄昉，《续日本纪》说他"赍经论五千余卷及诸佛像来"，他带回的无疑就是总数达5048卷的《开元藏》。值得关注的是，玄昉赍归《开元藏》仅隔4年，日本就开始着手抄写。

据石田茂作统计，奈良时代传抄的一切经，数量甚至超过同时代唐朝的佛经目录，如天平宝字五年（761）《奉写一切经所解》，称"合奉写大小乘经律论贤圣集别生疑伪并目录外经总五千三百卅卷"。这种异常情况的出现，大概与日本保存原有经书的同时，不断从唐朝求取新译、新撰的佛教书籍，收录的范围或许比中国更广有关。

以上概述了奈良时代佛经流传日本的情况，奈良时代佛教趋于鼎盛，实与大量书籍东传并被积极传抄密切相关。然而，与佛教书籍有稽可考相比，儒学书籍的传播情况却不太清楚。由于相关数据匮乏，论者也多语焉不详。

纵观遣隋唐使的历史，日本派往中国学习佛教的留学僧，与学习儒学及其他学问的留学生，数量大致是等量齐观的。按常理考虑，留学生与留学僧应该肩负同样的使命，那么他们带回的书籍必定也非常之多。

这种推测有一定根据，宽平三年（891）编成的《日本国见在书目录》，分"易家""尚书""诗""礼""乐""春秋""孝经""论语"等四十家，辑入书籍约当《隋书·经籍志》一半、《旧唐书·经籍志》三分之一强。如果考虑到这是在皇室图书馆（冷然院）化为灰烬（875年）之后网罗的残存书目，那么唐代传入日本的佛教以外的书籍也是非常惊人的。

五、"种本"的概念

已故大庭修先生专事"唐船持渡书"研究，廓清了清代中日书籍流通的脉络。不过明末至清代，书籍已经作为商品在中日间流通，这与古代——尤其在9世纪海上贸易出现之前的情况是大为不同的。

8世纪以前，由于航海、造船技术落后，往来东海风险极大，据统计遣唐使的死亡率约达三分之一，632年礼送第一批遣唐使赴日的唐使高表仁，在回国后的述职报告中说："路经地狱之门，亲见其上气色翁郁，又闻呼叫锤锻之声，甚可畏惧也。"①

如上所述，8世纪以前书籍倘若作为商品流通，无论如何是利不抵本，没有人愿意做这样的亏本生意。那么，隋唐时代中日书籍交流，究竟出于什么动机、在何种模式下运作的呢？日本正仓院保存的一份天平宝字五年（761）《奉写一切经所解》，也许为我们揭开疑窦提供线索。

合大小乘经论贤圣集别生并目录外经总一百七卷
用纸一千八百卅二张

大乘经	廿六卷
大乘论	一卷
小乘经	一卷
小乘论	卅七卷
贤圣集	十卷②
别生经	九卷
目录外经	十二卷

右　目　錄

大乘经

（01）	方广大莊严经	十二卷	二百六十六纸
（02）	大乘方广总持经	一卷	十四
（03）	文殊师利现宝藏经	二卷	卅三

---

① 《唐会要》卷九十九·倭国。
② 原文作"千卷"，根据总目及子目推断，"千"系"十"之误。

（04）证契大乘经　　　　　二卷　　　　　卅四
　　　（05）无极三昧经　　　　　一卷　　　　　廿
☆　（06）大庄严法门经　　　　　上卷　　　　　十三
　　　（07）浴像功德经　　　一卷（三藏义净译）　　四
☆　（08）宝雨经　　　　五卷（一、三、四、六、七）　　一百
大乘论
　　　（09）显扬圣教论颂　　　　一卷　　　　　十四
小乘经
　　　（10）杂阿含经　　　　　　一卷　　　　　廿二
小乘论
　　　（11）阿毗达摩集异门足论　　廿卷　　　　二百八十八
　　　（12）阿毗达摩品类足论　　十八卷　　　　二百六十七
★　（13）阿育王经　　　　九卷（欠第七）　　百十三
贤圣集
　　　（14）禅方要解　　　　　　二卷　　　　　卅六
　　　（15）劝发诸王要偈　　　　一卷　　　　　九
★　（16）金七十论　二卷（欠第一）卅六
　　　（17）胜宗十句义论　　　　一卷　　　　　十三
★　（18）集古今佛道论衡①　　一卷（第一 欠三）　　廿七
　　　（19）甄正论　　　　　　　三卷　　　　　卅七
别生经
★　（20）摄大乘论释②　　九卷（欠十、十一）　　二百卅七
　　　　　　　　　　目录外经
　　　（21）花严十恶经　　　　　一卷　　　　　八
☆　（22）一切经正名　　　　　第四卷　　　　十八

---

① 原文作"集古今佛道衡","衡"前疑漏"论"字。全书凡四卷，唐代道宣撰。兹据《大正新修大藏经》（第五十二册）补正书名。
② 《摄大乘论释》为无著所造《摄大乘论》之注释书，汉译本有三：(1) 陈真谛译，凡十二卷（一说十五卷）；(2) 隋笈多等译，凡十卷；(3) 唐玄奘译，凡十卷。《奉写一切经所解》作11卷，一种推测是玄奘译本而目录别为一卷。

（23）集要智因论	一卷（注）	五十一
（24）摄大乘论释（大业訳）		一百六十二

以前经论，并是旧元来无本，去天平胜宝六年（754）入唐回使所请来。今从内堂请，

奉写加如前，谨解决。

天平宝字五年（761）三月廿二日 史生下道朝臣
外从五位下行大外记兼坤宫少疏池原公
造东大寺司主典安都宿祢①

这通文书所列的 24 部一百余卷佛教典籍，其中 7 部非完卷（带☆或★号者），即（06）《大庄严法门经》仅上卷，缺下卷；（08）《宝雨经》仅 1、3、4、6、7 卷，缺其他 5 卷；（13）《阿育王经》仅 9 卷，缺第七卷；（16）《金七十论》仅 2 卷，缺第一卷；（18）《集古今佛道论衡》仅第一卷，缺余下 3 卷；（20）《摄大乘论释》为 9 卷，缺第十卷和第十一卷。据石田茂作考证，《大庄严法门经》、《宝雨经》、《阿育王经》等均非初传佛经，只是日本已有的佛经残缺不全，由遣唐使带回缺损的卷帙而已。②

然而，查考奈良时代的写经目录等，上述 7 部非完帙的佛经，并不是都在此前已传入日本，尤其是带"★"的 4 部均为新传入的佛经，遣唐使为何不把全帙带回日本呢？我们注意到，这 4 部佛经均标注"欠"字，而带"☆"的其他 3 部没有标注"欠"字。笔者推断，带"☆"的 3 部是补足日本已有佛经的缺卷，而带"★"的 4 部购求不到全书，只能先带回残卷。如果情况确如所测，那么遣唐使出国前一定备有《求书目录》之类的书单，日本已有的不重复购求，只带回缺损的部分；日本没有的全力搜寻，无法带回全书的，注明"欠"某某卷，以待下次遣唐使购求。

与江户时代中日图书贸易相比，江户时代的所谓"唐船持渡书"，商船动辄从中国载运数十本甚至数百本同样的图书至日本，以应公私需求；而奈良时代原则上不输入书籍复本，犹如把中国书籍作为"种子"，在日本抄写繁衍，故笔者暂且称之为"种本"，这是一种罕见而高效的文化输入形式。

---

① 《大日本古文书》四卷。
② ［日］石田茂作：《写経より見たる奈良朝仏教の研究》，东洋文库 1930 年版。

六、"海上丝路"再考

倡导"书籍之路",并非意味着否定"丝绸之路"的存在。隋唐时代,中日之间确实存在丝绸流通,但奇怪的是,如果限定在 8 世纪的奈良时代,迄今我们未能发现中国丝绸大规模传入日本的事例,连可能性最大的唐朝的赏赐,日本遣唐使也是"所得锡赉,尽市文籍,泛海而还"。然而,意想不到的是,同一时期却有大量丝绸从日本传入中国。

比如《延喜式》(大藏省·赐蕃客例·大唐皇),记载遣唐使带往中国的贡品,丝绸占了重头:

大唐皇:银大五百两,水织絁、美浓絁各二百疋,细絁、黄絁各三百疋,黄丝五百绚,细屯绵一千屯。

别送:彩帛二百疋,叠绵二百帖,屯绵二百屯,纻布三十端,望陀布一百端,木绵一百帖,出火水精十颗,玛瑙十颗,出火铁十具,海石榴油六斗,甘葛汁六斗,金漆四斗。

再比如,《延喜式》(大藏省·诸使给法·入诸蕃使给法),记载朝廷颁发给遣唐使成员的盘缠,几乎全部是丝绸、布帛之属:

入唐大使:絁六十疋,绵一百五十疋,布一百五十端;

副使:絁四十疋,绵一百疋,布一百端;

判官:各絁十疋,绵六十疋,布四十端;

录事:各絁六疋,绵四十疋,布二十端;

知乘船事、译语、请教生、主神、医师、阴阳师、画师:各絁五疋,绵四十疋,布十六端;

史生、射生、船师、音声长、新罗奄美等译语、卜部、留学生学问生傔从:各絁四疋,绵二十疋,布十三端;

杂使、音声生、玉生、锻生、细工生、船匠、柂师:各絁三疋,绵十五疋,布八端;

傔人、挟杪:各絁二疋,绵十二疋,布四端;

留学生、学问僧:各絁四十疋,绵一百疋,布八十端;

还学僧：絁二十疋，绵六十屯，布四十端。（已上布各三分之一给上总布）

水手长：絁一疋，绵四屯，布二端；

水手：各绵四屯，布二端。

不唯中日之间如此，日本与新罗、渤海等交往时，也未见大量进口丝绸的记录，反而每次均以丝绸作为回报。考其原因，日本从弥生时代已从朝鲜半岛传入植桑养蚕技术，古坟时代从中国江南引进纺织高手，飞鸟时代以后丝绸产量和质量迅猛提升，至奈良时代随着律令制度的趋于完善，全国的丝绸作为"调"汇集于朝廷，已经不需要从外国进口丝绸。另一方面，丝绸作为8世纪东亚的通行货币，随着日本积极开展国际交流而开始流出国外。总之，整个8世纪，日本通过"丝路"输出物质，通过"书路"汲取文化，在东亚世界扮演全新的角色。

第三章 东亚"书籍之路"上的《论语》
——研究新视野探索

台湾大学历史系 黄俊杰

一、绪言

文中从发展的观点出发，提出东亚"书籍之路"上《论语》研究的新方向，在于将《论语》学作为微观的各别儒者心路历程，或作为宏观的中、日、韩、越各地《论语》学动态发展的历程。在这种新的研究方向之下，中日韩各国大学的《论语》学材料就可以获得新的生命，为我们展开新的视域。这种作为过程的"东亚论语学"研究，与过去"作为结果的东亚论语学"研究相较，所着重的是动态的发展过程，与过去对某特定地域、时代或儒者的《论语》学所进行的、静态的、结构性的剖析，并不互相冲突。相反地，两者之互为补充，正是东亚《论语》学研究之所以日新又新的源头活水！

在东亚"书籍之路"[①] 上，《论语》是东亚思想世界最重要的经典之一，自从17世纪日本儒者伊藤仁斋推崇《论语》为"最上至极宇宙第一书"[②] 以后，《论语》更是成为近三百年来中日韩思想发展中重大议题之所从出的兵器

[①] 有关"书籍之路"的研究，请参看王勇等著：《中日"书籍之路"研究》，北京图书馆出版社2003年版。

[②] [日] 伊藤仁斋：《论语古义》，收入关仪一郎编：《日本名家四書註釋全書》第三卷《論語部一》，凤出版1973年版；亦见于 [日] 伊藤仁斋：《童子問》，收入家永三郎等校注：《近世思想家文集》卷上，岩波书店1966年、1981年版。

库,也是东亚思想变化的温度计。

但是,当代学术界有关《论语》的研究论著都集中在中国《论语》学①,直到最近学界才开始致力于开拓《论语》学研究的东亚视野②。所谓"东亚视野"兼摄二义:就消极义而言,"东亚论语学"研究应超越并扬弃20世纪以国族为中心的《论语》研究;就积极义而言,更应将《论语》作为东亚思想与文化的公分母,探讨这种作为东亚文明共同资产的《论语》学如何可能。本文写作旨趣在于探讨东亚"书籍之路"的重要经典《论语》的研究,提出新的研究视野。

二、东亚儒学脉络中的《论语》学

"东亚论语学"的研究,可以采取两个方法论的新视野。第一:我们必须将《论语》学研究,置于广袤的东亚儒学脉络之中,比较《论语》学在中、日、韩、越等地发展之异同,既求其异,又求其同。这里所谓"东亚儒学"的提法,有待进一步解释。

"东亚儒学"相对于20世纪东亚各国学界以国家为中心的儒学研究如"中国儒学"、"朝鲜儒学"、"日本儒学"而言,蕴涵着一种比较哲学或比较思想史的新观点。"东亚儒学"作为一种学术领域的提法,展现某种跨国界、跨语文、跨学门、跨领域的视野,致力于探索儒学在东亚各国具体而特殊的社会、政治、经济、思想与文化脉络中发展的同调及其异趣。正如笔者最近所说,"东亚儒学"的提法中蕴涵两项重要的理念:[1](pⅡ~Ⅲ)

第一,所谓"东亚"这个概念,并不是存在于东亚各国的关系之上而具有宰制的抽象概念。相反地,所谓"东亚"这个概念,存在于东亚各国之间,在东亚各国具体而特殊的关系脉络与情境的互动之中。因此,所谓"东亚"

---

① 例如,[日]高田贞治著:《论语文献·注释书》,春堂阳书店1937年版;藤冢邻著:《论语总说》,国书刊行会1949年、1988年版;[日]松川健二编:《论语の思想史》,汲古书院1994年版;[日]松川健二著:《宋明の论语》,汲古书院2000年版;John Makeham: Transmitters and Creators: Chinese Commentators and Commentaries on the Analects, Cambridge and London: Harvard University Asia Center, 2003年;唐明贵著:《〈论语〉学的形成、发展与中衰——汉魏六朝隋唐〈论语〉学研究》,中国社会科学出版社2005年版,等。
② 比如黄俊杰编:《中日"四书"诠释传统初探》(上、下),台大出版中心2004年版;黄俊杰编:《东亚儒者的四书诠释》,台大出版中心2005年版,等。

并不是僵硬而一成不变的固定概念。"东亚"是在变动的东亚各国互动的脉络中，与时俱进的概念。在这种意义之下的"东亚"，是在东亚各国及其文化传统的互动交流之中，逐渐酝酿形成的概念。只有深入东亚各国具有地域性特色的儒学思想及其互动关系之中，所谓"东亚儒学"的轮廓及其特质，才能被解读、被认知。因此，所谓"东亚儒学"的提法，实际上是以文化多元性作为基础，"东亚儒学"的研究也将充实东亚文化的多元性内涵。这种意义下的"东亚儒学"研究，必然是跨界的、多音的、对话的研究。

第二，所谓"东亚儒学"并不预设一个一元论的、僵硬的、相对于"边陲"而言的"中心"，如20世纪以前支配东亚世界的中华帝国、20世纪上半叶侵略并支配东亚各国的日本帝国，以及战后冷战岁月中以美国为"中心"的霸权秩序。相反地，在"东亚儒学"研究中，如果有所谓"中心"与"边陲"，那么，两者之间的界限也是随着时间的流动以及思想的发展，而不断地推移，绝对不是僵硬局滞或一成不变。

这种意义下的"东亚儒学"研究，着重探讨的不仅是东亚各国儒学所分享的儒家价值的公分母，更重视儒学传统在各国发展出的多元多样的思想内涵。因此，"东亚儒学"作为一个学术领域的提法，必然蕴涵一种比较的观点与方法。

早在四十几年前就有前辈学者提倡这种东亚比较儒学史的研究，1966年3月，阿部吉雄（1905～）教授在东京大学文学院届临退职前的演说中，就曾呼吁日本学者挣脱日本民族中心论，以比较之观点研究中、日、韩儒学之发展[1]。1976年余英时（1930～）亦尝呼吁学者从比较思想史之立场，注意儒学在日、韩、越等邻邦之发展。[2](p369~376) 除了近年来在各地零星举行的有关儒学与东亚相关议题的研讨会之外，针对"东亚儒学"这个议题所进行的研究，起步较早的是台北"中央"研究院中国文哲研究所从1993年8月起所推动的"当代儒学主题研究计划"。这项计划第二期以"儒家思想在近代东亚的发展及其现代意义"为主题，由刘述先教授与李明辉教授共同主持，执行期

---

[1] 参见［日］阿部吉雄：《日鲜中三国の新儒学の発展を比較して》，载《东京支那学报》第12号；Abe Yoshio: "The Characteristics of Japanese Confucianism", Acta Asiatica, 5, Toho Gakkai, 1973年, pp. 1~21；［日］阿部吉雄著、龚霓馨译：《中国儒学思想对日本的影响——日本儒学的特质》，载《中外文学》第8卷第6期，1979年12月。阿部吉雄也曾探讨日本朱子学与朝鲜之关系，参看［日］阿部吉雄：《日本朱子学と朝鲜》，东京大学出版会1965年版。

间自1996年8月至1999年7月。在1999年7月6日至8日在中央研究院举办"儒家思想在现代东亚国际研讨会",邀请各方学者就儒家思想在东亚各地(包括台湾、中国大陆、日本、韩、新加坡、马来西亚、越南等地)的现代发展,或者就现代儒学在整个东亚地区所面对的共同问题发表论文。[2](p364~371)这项计划第二期研究成果,共出版《现代儒家与东亚文明:问题与展望》、《现代儒家与东亚文明:地域与发展》、《儒家思想在现代东亚:总论篇》、《儒家思想在现代东亚:日本篇》、《儒家思想在现代东亚:中国大陆与台湾篇》、《儒家思想在现代东亚:韩国与东南亚篇》六本书,均由中央研究院中国文哲研究所出版。另外,台湾大学自2000年起所推动的《东亚近世儒学中的经典诠释传统》研究计划(2000~2004)、"东亚文明研究中心计划"(2002~2005)以及"东亚经典与文化研究计划"(2005年起),参与之教师与研究生更多,在这项研究计划的推动之下,中外学术界关于"东亚儒学"这个领域的研究活动日益活跃,台大已出版中文专书累计达70余册①。

如果从东亚儒学的视野来看,《论语》学研究显然不能局限在中国范围之内,而必须将台、日、韩、越各地域学者所撰有关《论语》的著作都纳入考虑,才能掌握东亚各地儒者如何推陈出新,赋古典以新义,共同建构一个同中有异并深具地域性特色的孔学思想世界。

三、作为思想发展过程的东亚《论语》学

我们可以采取的第二个新视野是:将"东亚论语学"作为东亚"书籍之路"思想发展的过程,而不是作为思想发展的结果。所谓"作为思想发展过程的东亚《论语》学"研究兼摄二义:

第一,分析《论语》学的发展过程中,所呈现的东亚各地域与时代之思想特质与思想倾向:以中国《论语》学发展过程而言,魏晋(265~317)正始时期的何晏总结两汉以来的注解,开启魏晋时代儒道融通之先河;皇侃(488~545)的《论语义疏》是六朝义疏之学的集大成者,也是目前唯一完整存世的义疏之作,对于后世了解六朝义疏之学贡献极大;朱熹考释群注,以北宋理学家及程门弟子的诠释为基础,编成《国朝诸老先生论语精义》,再

---

① 请参见东亚经典与文化研究计划主页(http://www.eastasia.ntu.edu.tw)。

以《精义》为底本，提出自己的诠释，撰成《论语集注》，并自设问答，撰成《论语或问》，也在《朱子语类》中发挥未尽之意，从而对近八百年东亚思想界产生了决定性的影响；到了清代的刘宝楠，则吸收乾嘉考据之学的研究成果，刘氏所撰《论语正义》可谓清代《论语》学的殿军。

再看日本《论语》学的发展，德川时代日本儒者对《论语》之解释著作数量甚多，自从17世纪古学派儒者伊藤仁斋以降，《论语》一书深契于日本儒者的心灵。近三百年来日本儒者对《论语》一书提出各种解释，其荦荦大者如17世纪伊藤仁斋对《论语》所进行的护教学的解读，与18世纪荻生徂徕的政治学解读，各自代表德川时代日本《论语》诠释学的两种典型。日本儒者对《论语》的重要篇章如"五十而知天命"、"吾道一以贯之"以及"学而时习之"等章的解释，其言论很具体地显示日本儒者对孔子思想的理解及其思想倾向。从东亚比较儒学史的视野来看，日本儒者之所以必须重新解释《论语》，个别儒者各有不同的原因。例如从伊藤仁斋以降，德川儒者都在不同程度之内对朱子学展开凌厉的批判，他们透过重新解释经典而摧毁从12世纪以降程朱学派所建立的"理"的形而上学世界。他们也透过对经典的重新解释，而建构以"实学"为特色的日本儒学。①

再看朝鲜时代朝鲜儒者解释《论语》的著作，不论数量与内容都极为可观。粗略言之，朝鲜儒者的《论语》学大致依循两种思想基础进行解释，第一是本《大学》解《论语》，第二是依循朱子的诠释典范。举例言之，第一个思想基础使多数朝鲜儒者将《论语·学而》孔子所说"学而时习之"的"学"字，理解为《大学》的"明明德"的工夫。第二个思想基础则使许多朝鲜儒者常透过朱子的哲学系统诠释孔学，其中尤其以朱子所触及的"心与理之关系"最为关键。朝鲜《论语》学与朱子学之深入交涉，很能体现朝鲜儒学之地域性特征。

第二，我们也可以分析东亚各别儒者苦心孤诣重建《论语》思想世界的过程，其中最具指标性的大儒当推朱子。朱子《论语集注》之撰写，历经长远之学思历程，从早年述而不作编纂《精义》到《或问》、《语类》，到毕生理会《四书》，勒成《集注》，将《四书》溶熔于一炉而冶之，诚然得之不

---

① 有关日本儒者对经典的重新解释并以此来建构以"实学"为特色的日本儒学，请参见黄俊杰著：《德川日本〈论语〉诠释史论》，台大出版中心2006年版。

易。我们可以追溯朱子思考孔学的心路历程,重新描绘朱子《论语》的发展图谱。

而且,我们也可以运用新数据,探讨朱子的《论语》学在东亚扩散发展之过程。以中国《论语》学而言,中国虽有长远的经典诠释传统,但由于历史久远、幅员广阔,许多处于学术边陲之儒者的《论语》诠释著作多隐而不彰,或因其版本的珍稀,而为藏书家所秘,而无法为学者所知。近世虽因丛书编纂工作之兴盛,使学者较容易接触各种《论语》注释书籍,但仍有其限制。1983年由台湾商务印书馆影印出版的《文渊阁四库全书》,虽搜罗颇多《论语》注释著作,但因清廷禁毁而无法流传之书亦所在多有,而且其版本不佳,早为学者所知;而由严灵峰(1904~?)所辑,于1966年由台北艺文印书馆所出版的《无求备斋论语集成》,内容较《四库全书》丰富,版本亦较为精确,但其完整性仍有待扩充。大陆民间社会收藏的各种珍本古籍近半个世纪以来多被集中至各大图书馆,使学者得以窥见许多以往仅知其作者或书名,但无法得见内容的《论语》注释著作,而代表性的丛书即是《四库全书存目丛书》。《存目丛书》搜罗了在《四库全书》中仅存其目而未见其书的各种著作,而且所收多属海内孤本,使当代学者所能掌握到有关历代《论语》注释的资源远较前代学者丰富。《存目丛书》于1995年由台南庄严文化事业公司出版,学界尚未能广泛应用《存目丛书》中新刊行之古籍,我们如能研究有关《论语》的注释书籍,并与其它现存的《论语》诠释相结合,所能获得的诠释数据以及能够开发的《论语》学发展过程及其思想内涵,将远较此前学者丰富。

上述研究提案并不局限于诸如汉宋之争或义理考据之争的传统视野,而试图站在一个更开阔的东亚视野,针对东亚儒者的《论语》诠释方法进行分析,以厘定在不同地域、不同学派与时代儒者诠释脉络的异同及其蕴涵的观念史、思想史与学术史意义。

四、结语

本文从发展的观点出发,提出东亚"书籍之路"上《论语》研究的新方向,在于将《论语》学作为微观的各别儒者心路历程,或作为宏观的中、日、韩、越各地《论语》学动态发展的历程。在这种新的研究方向之下,中日韩各国大学的《论语》学材料就可以获得新的生命，为我们展开新的视域。

这种作为过程的"东亚论语学"研究，与过去"作为结果的东亚论语学"研究相较，所着重的是动态的发展过程，与过去对某特定地域、时代或儒者的《论语》学所进行的、静态的、结构性的剖析，并不互相冲突。相反地，两者之互为补充，正是东亚《论语》研究之所以日新又新的源头活水！

【参考文献】

[1] 黄俊杰：《序言》，收入黄俊杰：《东亚儒学研究的回顾与展望》，台大出版中心2005年版。

[2] 李明辉：《中央研究院"当代儒学主题研究计划"概述》，载《汉学研究通讯》，2000年第11期。

[3] 黄俊杰：《德川日本〈论语〉诠释史论》，台大出版中心2006年版。

第四章 "书籍之路"概念再考

——王勇说的批判性继承

［日］立教大学　水口干记

一、引言

本文是以笔者2008年10月28日在浙江工商大学日本文化研究所（以下略称为"本研究所"）读书会中所作报告为基础写成的。报告之后，"书籍之路"概念创始人王勇受笔者报告的影响，于本研究所读书会（11月17日）发表了题为《从"丝绸之路"向"书籍之路"——东亚文明交流模范的构筑》的报告。12月16日，王勇与笔者的公开讨论会在本研究所举行，会上王勇叙述了"书籍之路"概念成立至今的历程。来自与会者的诸多疑问与意见，也对笔者与王勇的讨论作出了几分订正。这场研讨会的情况预定于其他形式发表，故在本文中仅涉及笔者最初报告中的内容。另外，笔者不过是从"书籍之路"概念在日本如何被理解以及被应用的视角进行论述，所以在文中不讨论该概念在中国的展开等方面，因此文中所举论考仅限日语论著，这一点请读者理解。

首先必须说明笔者为何要对"书籍之路"概念进行再次讨论，这也是写作本文的目的所在。

第一，"书籍之路"概念提出至今已十余年[①]，有必要让创立者王勇之外

[①] 根据王勇在讨论会上的发言，第一次使用的时是1992年，但是意识性明确地使用的时是在1996年的讲座会上。

的人对这一概念进行整理和验证。我想这应该是积极提倡、普及本概念的本研究所之职责。

第二，讨论"书籍之路"是否有可能成为"（日本）文化学"的术语。关于这一点，恐怕需要稍加补足。笔者任职的浙江工商大学日本语言文化学院开设有硕士研究生（日本语言文学）课程，这一课程由于日本相关的"日本文学"、"日本历史"、"日本文化"以及"日语（语言）"四个研究方向构成。在这些研究方向中，最有意思的是名为"日本文化"的研究方向。其他三个方向，均是既定的带有"学"字的研究方向，而"日本文化学"还没有一个清晰明了的方法论，所以并未被确立为一门学问的方向。"日本文化"方向的研究生今后被问及研究方向时会回答"日本文化"，但他们会不会加以任何说明地传达给别人呢？在这里笔者甚感疑问。因此，在此想讨论"书籍之路"概念成为"（日本）文化学"术语的可能性。

第三，笔者欲探讨"书籍之路"概念究竟是纯学术性概念还是政治立场的问题。

笔者心存上述三点思考，胸怀虔诚的学术探究意愿，下面对王勇提倡的"书籍之路"概念进行再讨论。

二、"书籍之路"概念——"王勇说"之整理与讨论

王勇曾发表过为数不少的含有"书籍之路"这一名称的论文，而使"书籍之路"概念在日本广为人知的恐怕是下面列举的论文 A[①]，此文全篇围绕"书籍之路"这一主题进行论述。在本节中，笔者欲以笔者的方式，以论文 A 为中心，辅以其他相关论文，整理导出王勇提倡的"何谓'书籍之路'"。另外，笔者重点参考的论文是以下 5 篇：

A.《何谓"书籍之路"?》（王勇、久保木秀夫编：《奈良、平安期日

---

① 这篇论文发表后的反应，可以列举对这一概念有所涉及的［日］加地伸行《活着的书籍之路》（《书的旅人》8-3，2002 年）、［日］津野海太郎《书籍之路今昔谈》（《季刊书与电脑第二期》7，2003 年）等文章。另外，本研究所与二松学舍大学 21 世纪 COE 项目"日本汉文学研究的世界性基地之构筑"共同举办的"书籍之路与文化交流——日本汉文学的源流"学术研讨会（2006 年 9 月 16 日、17 日于中国浙江省杭州市）的开幕，说明其名称的确渗透到了学术界之中。

中文化交流》，农山渔村文化协会2001年版）

　　B.《遣唐使时代的书籍之路》（《亚洲游学》3，1999年版）

　　C.《东亚的书籍之路——以〈三经义疏〉的流传为中心》（《文学》2-3，2001年）

　　D.《中日间的书籍之路——和刻本与华刻本》（《ユリイカ》35-7，2003年）

　　E.《鉴真僧团与书籍之路》（《书籍之路与文化交流——日本汉文学的源流学术研讨会报告要旨》，2006年）

　　首先，作为一个大前提，我们可以以确认①"书籍之路"是一个概念。王勇明确地指出"笔者为了抓住东亚文化交流的特质对应连接东西之间的丝绸之路，而提倡的概念"（A）。这一点很重要，所以在此先作列记。

　　其次，"书籍之路"是②相对于"丝绸之路"的概念，另外值得注意的是王勇有着③"丝绸之路"＝物质文明这一意识。这两点王勇在各篇论文中必定涉及，这对于他的"书籍之路"是不可或缺的观点。下面举几个例子。例如"以书籍为媒介的书籍之路，其特征为呈现出与西洋所说丝绸之路不同的景观，含有比'交易'更加深刻的意义。"（A）"如果说丝绸代表的是'物质文明'，那么我想把书籍象征的文明定义为'精神文明'。二者的不同之处在于，物质终将消耗殆尽而不能生产文明，而精神文明有着自我再生的机能"（A）。"如果将silk（丝绸）比作中华的物质文明，那么book（书籍）则正是中华精神文明的结晶。物质文明随潮流流行过后终将湮灭，而蕴含着再生能力的精神文明却可以超越时空，给予受容者创造力。因此，大量消费丝绸的欧洲各国在大概500年间自己不能生产丝绸，而从书籍中学习知识的日本却创造出与中国一模一样的文明"（C）由这些记述，我们可以导出"书籍之路"＝精神文明这一等式。

　　接下来，我们可以从各篇论文中知道④判明"历史真相"、"史实"、"书籍在文化交流中的作用与意义"是王勇提倡"书籍之路"的动机和目的。"何谓书籍之路？现在虽不能明确地作出回答，但作为提出者，我的动机就是超越国家与民族界线，通过讨论书籍的传播、流布、书写、翻刻、引用、翻案、改作等的具体情况，加之考察以书籍为原动力的文化之产生、继承、变貌以及创造的手法，判明东亚各国之间文化交流的历史真相。这也是书籍之

32

路今后的目标"（C）；"本报告的主要目的是从'书籍之路'的观点讨论与鉴真有关的史实，考察鉴真传播文化的路径与方式，在此基础上探讨书籍在文化交流中的作用以及意义。"（E）这些例子都是佐证。

另外，关于"书籍之路"的研究对象以及地域与时期，乃是王勇的研究方向⑤以古代东亚为中心。这一点可以从"正是因为有着这样明显的差异，在考察中日文化交流时如果轻易导入反映中国与西域交易实态的'丝绸之路'这一概念，恐怕会迷失古代东亚世界间交通的本质。"（A）"我提倡'书籍之路'这一用语的意图，是由于验证古代东亚各国间文化交流时，不用说内容和形式，就意义与影响这一点也与连接中国和西域的'丝绸之路'有所不同"（E）等文章中被领会。

其他方面，从书籍之外的视角①和"书籍之路"的具体讨论，其用例载于诸文种，总结起来应该如下：

"书籍之路"是被设想为与"丝绸之路"相对应，以抓住古代东亚区域间文化交流之特质为目的提出的概念。不同于代表物质文明的"丝绸之路"，古代东亚区域间文化交流的特质在于精神文明，通过探求这一特质，究明"历史真相"、"史实"、"书籍在文化交流中的作用及意义"。

三、"王勇之说"的动摇与问题所在

通过上一节的整理，可知王勇提倡的"书籍之路"有数个关键点（即上一节①~⑤）。他在诸多论文中，也以上述数个关键点为线索论述着"书籍之路"。这些论文（包含前节列举5篇论文之外的文章）中既有包含了所有关键点的，也有仅组合几个关键点进行论述的。但是，这些论文对"书籍之路"的论述并非每篇都毫无偏差、尽善尽美。详细地讨论这些论文后可以发现王勇本人对"书籍之路"下定义时也有动摇之处。在本节中欲指出动摇及问题之所在。

（一）是概念还是实体

在上一节中，我们已经确认"书籍之路"是一个概念，但是我们却可以

---

① 像"丝绸之路"内涵丰富内容那样，为了考察在"书籍之路"上的精神文明的流传，除了书籍以外，应该讨论书法、绘画、题跋、尺素、文案、简牍、图籍等。（E）。

在各篇论文中发现数处将"书籍之路"实体化的地方。

"五世纪末或六世纪初，中国南方与日本列岛之间以白济为中介，开通了一条'书籍之路'"。(A)

"从明末到清代，由于日本进入了锁国时代，中国的贸易商人频繁来往于书籍之路上，将书籍作为商品的时代到来了"。(A)

"遣唐使时代通过'书籍之路'流入朝鲜半岛、日本的一部分书籍，在五代之后经由同样的路径回流到中国"。(A)

"在明治时代的日本，……众多中国人为了寻找书籍，通过'书籍之路'去到日本，引发了一场找寻佚书的热潮"。(A)

"大约十年前，又换作日本的有识之士通过书籍之路来到中国，踏上了寻找佚书之旅"。(A)

诸如此类，能看到数处将"书籍之路"假设为实际上的"道路"，包含实体与概念两个方面的理解①。

（二）对于"书籍之路"的认识

"书籍之路"是作为"丝绸之路"的相对概念而成立的，这一点在上一节已经确认。"书籍之路"这一名称本来就对"丝绸之路"有着相当强的对立意识，如果没有"丝绸之路"，自然谈不上"书籍之路"概念的提出。换言之，"书籍之路"是建立在王勇对"丝绸之路"的理解这一基础之上提出的概念。在这里就不存在问题吗？特别是将"丝绸之路"等同于物质文明，将"书籍之路"等同于精神文明的对立图式真的就是正确的认识吗？笔者认为这里存在相当大的问题。

更值得一提的是，这个对立图式中可以看出精神文明＞物质文明的优劣观念。从前载文章的叙述方法——在说明"丝绸之路"时强调否定的侧面，在说明"书籍之路"时强调肯定的侧面中不难看出这一点。而且这样的做法是从自己的立场出发，为了提倡"书籍之路"，将自身立场正当化的言论。

另外，由于强调"书籍之路"就是精神文明，那么自然就包含了作为物

---

① 关于这一点，在公开讨论会之际成为了一个主题。因此在这一点上王勇说的详情，割爱于公开讨论会。

质的"书籍"自身有消失之危险这一矛盾。也就是说,在"王勇说"中,作为物质而存在的"书籍"有被轻视的可能性。

(三)以中国为中心史观的表现

王勇在涉及"丝绸之路"问题时,仅提及中国对西域的影响(而且是持否定态度的),而就西域对中国的影响只字不提。"丝绸之路"本来是以来往交流为基础的概念,只有讨论两个方面,才能称完全的考察。

还有,王勇否认以日本(奈良)为终点的"海上丝绸之路",这是拒绝将中国看作为丝绸之路的中继点。

(四)对于研究对象地域、时期发言的动摇

"王勇说"中,虽将研究对象地域、时期定位在"古代东亚",但是像(1)中所举各篇文章那样,关于时期有将古代之外的近现代列入研究对象的说法。另外关于地域,也有诸如"因此我想把中日之间的文化交流命名书籍之路"① 这样将研究对象限定于中日之间使用的例子。还有,"东亚各国"这一说法,也有范围不甚明确的问题。

如上4点,提及了"王勇说"的动摇以及问题点,从上述讨论中可以看出王勇自己对"书籍之路"概念的动摇,我认为这一概念的定义已经变得暧昧。

四、"丝绸之路"的研究现状

上一节指出,"王勇学说"中最大的问题,在于对"丝绸之路"的理解。只要"书籍之路"是作为"丝绸之路"的相对概念而存在的,那么一旦对"丝绸之路"的理解出现问题,"书籍之路"的理论基础就动摇了。在本节中,欲讨论验证王勇对"丝绸之路"的理解(特别是"丝绸之路"=物质文明的理解)是否妥当。

首先对"丝绸之路"进行简单说明②。"丝绸之路"是上古以来连接亚欧以及北非的东西交通路线的总称。具体包括穿越欧亚大陆的东西路以及南北

---

① 王勇:《埋骨日本的鉴真——鉴真赴日动机的若干考察》,收入住吉大社编:《遣隋使、遣唐使与住吉津》,东方2008年版。
② [日]长泽和俊:《丝绸之路》,讲谈社学术文库1993年版。

的联络路。这一名称以德国地理学家李希霍芬（1833~1905）使用"丝绸之路（Seidenstrassen）"为始，大致有草原路、绿洲路、"南海路"（海上丝绸之路）三条干线，以及连接南北的五条交通路。

不过在日本的历史学界，1970年代后期发生了一场被称为"丝绸之路史观争论"的学术争论。这场争论以野间英二发表《中亚的历史——草原与绿洲的世界》（讲谈社现代新书，1977）为发端[①]。

野间利用中亚土生土长的当权者在16世纪书写的书《巴布尔传》、《拉施德史》等中国文献以外的书籍，主张对于中亚的人们，比起东西交通和与中国的关系（几乎没有此方面的记述），最关心的还是居住在中亚南部草原地带的自己与在北部草原地带活动的突厥系游牧民，在中亚史的研究过程中应该更加重视对这一南北关系的论述。由此，拉开了"丝绸之路史观争论"的序幕。

对此，护雅夫（中亚史、亚洲内陆史）等人，以当地的史料没有书写并不能不代表东西交通不重要，必须考虑东西关系与南北关系错综复杂络合在一起的历史这一观点进行了反论。

两者的争论达到了一个共识点，即应该注意到无法还原为东向西交通"中继地"的中亚历史的独特性。另外，在无论其重要性如何，在认同可以用"丝绸之路"这一词汇表现的东西交涉的确存在的观点上，野间与护是一致的。

但就整体趋势来看，总体上来说"脱丝绸之路论"在事实上获得胜利，直到今天[②]。这一点从宇山胜彦"文化交流与交易是在人类社会的种种地域、时代都几乎可以看到的普遍现象，作为一个例子，对以中亚为舞台的交流、交易之论述有着重大意义。但是，将其作为一种特别的东西而单独列举无疑是一种偏见，我认为作为历史研究这样的说法能达到的境界有限"的看法中可以被充分认识。

总之，从"丝绸之路史观论争"中可知，这一论争并非要否定东西交

[①] 关于其要点，载于[日]野间《中亚史与丝绸之路——与丝绸之路史观诀别》（《朝日Asia Review》9-1，1978年）一文中。另外，[日]宇山胜彦在《中亚的历史与现在》（东洋书店，2000年）中有恰当的总结。以下有关"丝绸之路史观论争"的记述基本出自此书。

[②] 宇山以后，[日]安生孝夫：《丝绸之路与唐帝国》（讲谈社2007年版）与[日]野间英二：《"丝绸之路"史观再考——安森孝夫批判相关》（《史林》91-2，2008年）之间，可以看到一些具有感情色彩的部分以及对对手意见的还击。

涉史,"丝绸之路"是一个史观,并且至少是在学术界,"丝绸之路"这一"大故事"已经走向崩溃。如已经指出的那样,"丝绸之路"包含了19世纪的文明观与偏见("文明"只在东西才有,"途中"之事"文明经过的地方"之类的印象)①。这一视角必定对讲述"东亚"的"书籍之路"造成影响。

接下来谈谈王勇没有提到的"西域→中国"的影响,通过这一点可以验证王勇的纲领——"丝绸之路"=物质文明的认识以及"物质无法创造文明"观点是否妥当。

首先举"玉之路"进行说明。说到"丝绸之路",往往仅注目于隋唐时代,但是在这之前中国也与西方有着交易和交流。其中,最古老的丝绸之路也被称为"玉之路"。众所周知,在中国的历史中,玉是不可或缺的物质。但玉的主要来源并不是在当时的中国国内,多是从西方运至。特别是自殷周时代至唐宋时代坟墓中出土的大量的玉器,几乎都是从西域的和田地方进口的②。这不正是物质创造文明的一个例子吗?

接下来谈谈唐代的胡风。唐代是异国人频繁利用所谓的"丝绸之路"从西域来访的时代。其中带有"胡"(伊朗、波斯方面)这一词语的史料有很多留存至今。例如《旧唐书》卷四十五服制"开元来……太常乐尚胡曲,贵人御馔,尽供胡食,士女皆竞衣胡服……";《安禄山事迹》卷下"天宝初,贵游士庶好衣胡服,为豹皮帽;妇人则簪步摇,衩衣之制席,衿袖窄小。识者窃怪之,知其兆矣。"等史料,都表明胡风风靡一时。这也是"西域→中国"影响的一个例子吧③。

第三,不能无视中国去往天竺的求法僧。以法显、玄奘等为代表的众多中国求法僧,将大量佛典(可谓正是"书籍"本身)带回中国,给予了中国精神文明。这不正是王勇说的"书籍之路"吗?而他本人在论文上从未提及这一点。

接下来欲提及江户时代传到日本的天文书《天经或问》。《天经或问》

---

① [日]杉山正明:《中央欧亚的历史构图——连接世界史的东西》,收入《岩波讲座 世界历史11,中央欧亚的统合》,岩波书店1997年版。
② 以上与"玉之路"相关诸项,参考了前揭长泽《丝绸之路》。
③ [日]石田干之助:《增订 长安之春》(平凡社1967年版)中有关于"胡姬"、"胡旋舞"(从李白、白居易的诗中能够见到这些词语)等相关论考,指出了在长安胡风的流行。

是出身受耶稣会士影响下学门的游艺之著作，是包含了西洋宇宙观的中国风格解说天地之理的通俗读物。此书于日本再版，到了江户时代中期以后成为作为向一般人普及天地宇宙之理的读物而普及①。这正是"西洋→中国→日本"的天文知识普及传播。实际上，日本的阴阳道家土御门家在江户时代中期之后利用本书写作勘文（有天文异变之时向天皇进奏的报告书）②。

从以上的这些点来看，"丝绸之路"绝非仅仅是物质文明的象征，另外，从西域导入的物质对中国的精神文明亦造成了影响。也就是说，王勇强调的纲领"'丝绸之路'＝物质文明＜精神文明＝'书籍之路'"这一图式明显不成立。

如此，一旦"书籍之路"作为"丝绸之路"的相对概念登场，无论喜欢与否，"书籍之路"都是"大故事"被假设的，而在关键的"丝绸之路"作为"大故事"走向崩溃的现在，可以明确的是"书籍之路"作为"大故事"是无法成立的。

五、提倡"书籍之路"的意图

那么，王勇为何要提倡"书籍之路"这一概念呢。我认为，王勇的目标在于通过提倡"书籍之路"来提倡一个讲述"东亚各国"文化形成与同质性的"大故事"。这一点从以下文字中可以看出。

"通过以书籍为媒介的交流，<u>东亚各国通过各自构筑了同质的文明，从而共有了汉字文化圈</u>。到了这个地步，汉文书籍已经不受国家和民族的束缚，宛如活生生的生物一般跨越国境，在新天地生根发芽，最后绽放出美丽的花朵"。（C）

"东亚各国的汉文书籍，其大部分是在相互影响的过程中诞生，通过书籍之路拓展生存空间，其意义与价值，潜在于广阔的东亚世界与悠久的历史传统之中。以往的以地域和时代为划分的书籍研究，不能不令人感到

---

① ［日］中山茂：《日本的天文学——西洋认识之尖兵》，岩波书店1972年版。
② ［日］水口干记：《近世〈天地祥瑞志〉的利用及衰退》，收入《日本古代汉籍受容的史学研究》，汲古书院2005年版。

其具有的局限性"。(C)

但是王勇的"书籍之路"是建立在排除、否定的理论基础上的①。另外，在提及"东亚各国各自构筑了同质的文明""广泛的东亚世界与悠久的历史传统"时，不将目光放在考察"东亚"本身，即"东亚"这一概念诞生过程上，而将其归结于"同质文明"，而没有把目光放到"异质文明"上去。

关于西嶋定生提起的"东亚文化圈"（在以往，作为交流的手段，共有汉字，并以汉字为媒介接受儒教、律令、汉译佛教等在中国起源之文化的朝鲜、日本以及越南，和其起源为中国。这些的总称）及其问题点，在李成市著《东亚文化圈的形成》（山川出版社，2000）中论述颇为详细。在这里李指出，西嶋的"东亚世界论"（"东亚文化圈"的基础构想）是以1960年代及其现实课题（对抗美帝国主义）为出发，强烈认识到中国、朝鲜、越南以及日本是具有有机关联的地域，从而想要探索"东亚"不仅是在现代的一个时期，而是自古代以来形成的具有历史依据的地域世界之观点。换言之，在提及"东亚"的时候，必须留意"东亚"这一词汇是如何诞生的，以及它是使用的什么概念。

六、"书籍之路"的特征和优点

虽然此前一直在列举"书籍之路"存在的问题，但笔者绝非为了推翻"书籍之路"而写此文。毋宁说，这篇文章是为了让更多学者利用"书籍之路"而写成的，正是因此论文题目才定为"批判性继承"。"书籍之路"的特征和优点很多，我认为应当将之继承。

首先，王勇三番五次提到的是，"书籍之路"有超越时代的可能性。

"既有花费数十年数百年进行解读的，也有遣唐使等带回的，在千余年后的今天仍然被我们继续阅读的。我深深感到，一本优秀的书就像一粒文明的种子，比一个入唐僧或者一个渡来人更加广泛和持续地向更多人传播文明，并令文明之花盛开。"（A）

---

① 如前面所述，关于"丝绸之路"的理解是在排除、否定的理论基础上成立的。另外，在王勇的论述中几乎没有涉及政治因素的地方，这也可以说是在排除政治因素吧。

"可以明确地说，无论是写本还是版本，几百年几千年间流布于东亚之间的汉文书籍，已经无法从'国籍'这一狭隘的视点来看待了"（D）

我认为这一视点是以往拘泥于时代、专业的历史研究的漏网之鱼，"书籍之路"可以促进人们认识这一点的作用①。

接下来是"环流"这个词语。这个词语中包含的不仅仅是一个方向，而是包含了多个方向矢量的可能性，更蕴含了纠正以往仅以一国史观或两国在交流之研究的可能性。

接下来这点也很重要，即应该对王勇本人的实践活动作一评价。王勇通过罕见的行动能力以及实践能力，例如即便是作为"丝绸之路"这一名称的联想，"书籍之路"这一用语不仅是在学界内部，而广为一般人接受，引起了对"书籍交流史"等名称没有概念的读者层的注意也是事实。在这里可见"书籍之路"这一名称和王勇个人拥有的魅力之一斑，如果无视这一点，则无法讲述"书籍之路"。

七、结语

王勇在中日文化交流中发挥了（正在发挥着）非常重要的作用。虽然他提倡的"书籍之路"这一概念，在学术性概念上难免有上述暧昧之处，但就王勇的目标——推进中日间友好关系这一层面上，"书籍之路"给予人们的印象不是很有效果吗？这一点，难道没有作为异于不同于以往历史学等学科的层次而是包含了研究与实践这一新的层次，成为"文化学"的术语吗？

但是，"书籍之路"要成为一个新的术语，如以往那样继续下去是很困难的。笔者从上述讨论中深感要将"书籍之路"作为"（日本）文化学"的术语使用，必须舍弃其与"丝绸之路"的二项对立图式。也就是说，不要将"书籍之路"作为一个"很大的故事"，而是作为有数的"小故事"中的一个来使用。应该保持除了"书籍之路"以外，还存在其他的"小故事"的意

---

① 但是，在这里恐怕必须从详细的"读书论"进行讨论。Roger Chartier 提示的读书论可以作为参考——在对读书进行历史学考证时必须以"文本"、"作为物品的书籍"以及"读书行为"三个方面的关系为中心进行。Roger Chartier：《书籍的秩序》，［日］长谷川辉夫译，筑摩书房 1996 年版（原著出版于 1992 年）等。

识。换言之,保持"书籍之路"并非作为一个能够完全解决东亚文化现象的概念,而是与各种各样"小故事"之间相互缠绕的存在这一意识尤为重要①。否则,"书籍之路"很有可能变质为过去日本鼓吹的"东亚"概念将中心由日本转移至中国而产生的其他亚种。

那么,具体怎么做才好呢。笔者认为不应像"丝绸之路"那样,提出种种论点,"书籍之路"应该论如其字,紧紧围绕"书籍"的传来、环流这个中心展开讨论。大庭修在"书籍之路的验证方法"一文中,也是紧紧围绕"书籍的移动"展开讨论的②。笔者认为,通过这样的讨论,"书籍之路"在给相互缠绕的其他"小故事"提供有益信息的同时,在这些"小故事"的相互缠绕中也产生了将对东亚的文化、历史的认识和讨论进行下去的可能性。另外,这也应该能够成为重新讨论东亚的契机。

不断地讨论个别问题,但是,为了不只讨论个别问题,将"书籍之路"的概念放在心上继续进行研究。虽然普通而平凡,但我认为这是现阶段最好的道路。不过,在研究的时候,千万别忘记还有遗漏的东西,不要仅仅研究"同质",还要将目光放到"异质"上面去。另外,不保持对其他"小故事"的留意,恐怕也是不行的。

翻译:董科(浙江工商大学日本语言文化学院)

【编者注】 水口干记于 2005 年就任浙江工商大学日本文化研究所特聘副教授,现为日本立教大学教师。该文是他在中国工作期间撰写的。

---

① 金文京提倡的"汉文文化圈"也是一个"小故事"的例子。参考《文学》6-6,2005 年;特集《东亚——重新读着汉文文化圈》。
② 《奈良、平安期的日中文化交流》所收。后再录于《残留于木片的文字——大庭修遗稿集》,柳原 2007 年版。

第二编 **02**

| **典籍环流** |

第五章　六朝文化东渐与书籍之路开启

北京大学中文系　王勇

一、引言

在中国语境里，六朝以文学著称。然在当时的文化交流中，东亚各国——尤其是地处边缘的倭国（日本），尚未充分具备摄取、接纳、消化六朝时期最辉煌的文学精华之能力与条件，而是与日常生活关系更为密切的宗教信仰、风俗习惯、工具器皿等，络绎被日本社会所吸纳。大概出于上述原因，"六朝文化"的术语在日本学术界更为通行。六朝时期正值日本文明开化之初，日本文献往往以"吴"统称六朝，说明促成日本摆脱野蛮社会的大陆文明，具有明显的江南地缘特征。从这个角度观察书籍之路通往日本列岛的过程，可以描摹出如下线路图：具有浓郁江南特色的六朝文化，首先传播到朝鲜半岛，然后通过百济延伸至日本；最早传到日本的书籍，应该是《千字文》之类的童蒙读物，然后才是《论语》之类的儒教书籍；百济派遣王子及博士为日本皇室启蒙，带有百济特色的六朝文化极大地影响了日本文明进程，遂于5~6世纪之际，日本列岛呈现"俗渐洙泗之风，人趋齐鲁之学"的文明景象。

《怀风藻》是日本现存最古的一部汉诗集，成书于天平胜宝三年（751），编者不详，或为淡海三船，全书共收汉诗一百十八首，诗风明显受六朝、初唐诗影响。此诗集《序》以四六骈俪写成，追叙古代文明开化的一幕，言简意赅，兹录如次：

邈听前修,遐观载籍。袭山降跸之世,橿原建邦之时,天造草创,人文未作。至于神后征坎,品帝乘乾,百济入朝,启龙编于马厩;高丽上表,图乌册于鸟文。王仁始导蒙于轻岛,辰尔终敷教于译田,遂使俗渐洙泗之风,人趋齐鲁之学。

作者通过"邈听前修,遐观载籍",相信天孙降临(袭山降跸)、神武东征(橿原建邦)之时,日本列岛尚处于"天造草创,人文未作"状态。然而,经"神后征坎,品帝乘乾"之世,则出现"俗渐洙泗之风,人趋齐鲁之学"盛况。我们不禁要问:这种繁荣的文明局面,究竟由谁一手缔造?开拓于哪个时代?具体地说,"神后征坎"、"品帝乘乾"发生于何时?"百济入朝"、"高丽上表"是什么事件?"王仁"、"辰尔"又是何等人物?

二、神功皇后"掠书说"

两汉之际佛教从印度传入中国,公元384年胡僧摩罗难陀自东晋入百济,枕流王延之入宫奉若贵宾,《三国史记》说"佛法始于此"。尔后又经150多年,佛教从百济传入日本,终于完成漫长的东传历程。[①]

《日本书纪》钦明天皇壬申年(552)十月条,描述了佛教传入日本的最初一幕:百济圣明王遣使献"释迦佛金铜像一躯、幡盖若干、经论若干卷",并付表称颂佛法"于诸法中最为殊胜……周公、孔子尚不能知",天皇闻之大喜,说"朕从昔来,未曾得闻如是微妙之法"。

从百济王的赞颂表文推之,佛教东传日本之际[②],"周公、孔子"已为日本皇室所知,因而儒学应该在此前传入倭国。那么儒教及相关书籍,究竟于何时首传倭国的呢?《怀风藻》提到"神后征坎","坎"与"韩"不仅音通,且系《易》八卦之一,当三韩所处之正北方,所以指神功皇后征三韩。然此

[①] 关于佛教传入日本的经路,《隋书》(倭国传)明载:"敬佛法,于百济求得佛经,始有文字。"
[②] 佛教正式传入日本的时间,后世文献多取"壬申年说",然而比《日本书纪》成书更早的《元兴寺伽蓝缘起并流记资财帐》及《上官圣德法王帝说》均作"戊午年(538)",两者相距14年。虽然"壬申年说"出自正史,但"戊午年说"似乎更近事实。根据之一是,钦明十四年(553)日本要求百济按例轮换博士,翌年百济"皆依请代之",除了儒学博士之外,还以"僧昙慧等九人,代僧道深等七人",说明百济与日本之间亦存在定期派遣僧侣的协议。

事与书籍东传、倭国开化有何关联呢?

　　据《日本书纪》神功皇后摄政前纪(仲哀天皇九年)十月条载,神功皇后率船队扬帆出征朝鲜半岛,新罗王"素旆而自服,素组以面缚,封图籍降于王船之前",高句丽、百济闻皇后入新罗"封重宝府库,收图籍文书",相继表示"从今以后,永称西蕃,不绝朝贡"。

　　神功皇后出征三韩的最初动机,显然为了掠夺财富和扩张领土。《古事记》借神言谕示皇后:"西方有国,金银为本,目之炎耀,种种珍宝,多在其国。吾今归赐其国。"《日本书纪》亦见"振兵甲而渡险流,整舻船以求财土"之言。文明程度的高低与军事力量的强弱,在世界古代史中屡成反比。野蛮民族往往通过掠夺性战争,一方面对文明地区造成严重破坏,另一方面又在文明冲击下逐渐开化。倭国入侵朝鲜亦未脱其例:他们既肆意抢掠"重宝府库",又苦心搜罗"图籍文书",从而使其文明进程又迈出一大步。

　　由于图籍文书是思想文化的重要载体,故江户时代以来,一部分学者把神功皇后征韩,视作中国书籍东传之始。如松下见林(1637~1703年)在《本朝学源》中推断:"住吉大神美彼国,令神功皇后平定,以授应神天皇,当斯之时,三韩文献都归本朝。"伊地知季安(1782~1867年)在《汉学纪原》中说得更为肯定:"海西书籍之入国朝,盖应首乎皇后亲征新罗所收还本也。"谷川士清在《日本书纪通证》(1747年)中主张:"文书则经史百家之言,盖此时既来于我邦也明矣。"

　　《怀风藻》将"神后征坎"视为本国文明开化之最早契机,很显然关注到了"收图籍文书"的举措,也就是说"图籍文书"的传播是开启文明新纪元的标志。倭国从贪婪物质财富到索取精神文化,具有一定的事实根据,也符合文明进化的一般规律。然而事情发生在仲哀天皇九年(200),就与史实有些龃龉了。关于《日本书纪》的纪年,从江户时代开始即有学者疑之,尤以那珂通世(1851~1908年)的考证最为精详。经与朝鲜古史比照,神功、应神二代比实际纪年提前约两个甲子(120年)以上。

　　神功皇后征韩的时间,目前无法精确考定。大致推断,此事应该发生于4世纪中叶前后,大略相当于中国的东晋时期(317~420年)。到了4世纪末,倭在朝鲜南部称霸一时,先后将新罗、百济纳入势力范围,从而与图谋南下的高句丽形成正面冲突。现存吉林省集安县内的《好太王碑》,记录了这一时期倭兵渡海破百济、新罗,其后高句丽好太王(374~413年)率大军数败倭寇的事迹。这块碑文与《日本书纪》的皇后征韩记事,恰可互为佐证。

奈良时代成书的《怀风藻》,追忆文明开化历史时,首先提到"神后征坎",折射此事历4个世纪后,已然成为文化人的某种共识。如《万叶集》卷五收录山上忆良"镇怀石之歌",说的是神功皇后身怀皇子(应神天皇),渡海亲征新罗,为延缓分娩,腰悬两石镇胎云云。此歌作于天平元年(729),当时镇怀石立于伊都县道侧。

虽然我们无法确定,神功皇后是否历史上实有其人;也无法具体考证,哪些书籍被倭人掠夺回国。但是,4世纪中叶前后,朝鲜半岛局势混乱,高句丽、新罗、百济逐鹿争雄,倭国在此期间出兵海外,迅速扩张势力,应该是毫无疑问的事实。

回到本文的主题,具有象征意义的"神后征坎",本意当在垂涎财富,可事实上不可避免地演变成一场文化掠夺。据《日本书纪》记载,神功皇后凯旋归国时,仅从新罗一地就获战利品八十船,其中肯定夹有"图籍文书"之类的书籍,这是否意味着书籍之路的开启呢?笔者的回答是有所保留的。

本文所要讨论的书籍之路,是把书籍传播视为文化的流动形式,即是一种文化对另一种文化的影响过程。从文化交流的角度视之,神功皇后"掠书说"纵然实有其事,但倭国在4世纪时汉字尚未普及到一定程度,更遑论很少有人能读懂书籍。在此情况下,书籍也仅仅是个摆设或象征,未能对倭国文化形成实质性影响,所以这仅仅是书籍东传之滥觞,而书籍之路的开启,必须等待此后的"品帝乘乾"。

三、阿直岐其人其事

神功皇后在位六十九年而卒,第四子应神登基继位,是为日本历史上第十六代天皇。这就是《怀风藻》所说的"品帝乘乾"①,按照《日本书纪》的纪年为270年,如前所述,加上两个甲子则为390年,时值东晋晚期,朝鲜半岛局势极度不稳。

据《三国史记》(百济本纪)记载,阿莘王于392年继位,次年(393)

---

① 应神天皇名"誉田(honda)",日语"品"、"誉"同音,故"品帝"指"誉田",即应神天皇。"乾"为《易》中的"天",所谓"乘乾"喻指登基继位。

开始频频挑战高句丽，395年惨败于浿水，397年"王与倭国结好，以太子腆支为质"。对百济来说，为了与强敌高句丽周旋，同时提防宿敌新罗，与倭国结盟甚至入质，实是无奈之举。对倭国而言，在半岛几番进退，切身感受到彼此之间文明落差，迫使倭王宁可牺牲物质利益，以换取文化输入。

具体地说，"神功征坎"一役，倭国将新罗王室的"图籍文书"席卷而归，但却没有能力去读懂、消化这些书籍，于是从百济招请专家成为当务之急。诚如牧野谦次郎在《日本汉学史》所言："遂征新罗而入其国都，封重宝府库、收图籍文书凯旋，盖此一役为经籍传入我国之滥觞，使我国文化一跃迈入文明开化。其年更遣荒田别等使百济，恐为当时无人能读经籍，而特聘其国识者。"①

据《日本书纪》记载，百济派遣为倭皇室启蒙的文化使节，滥觞于应神天皇十五年八月六日抵达倭国的阿直岐：

百济王遣阿直岐贡良马二匹，即养于轻坂上厩。因以阿直岐令掌饲。故号其养马之处曰厩坂也。阿直岐亦能读经典，即太子菟道稚郎子师焉。……阿直岐者，阿直岐史之始祖也。

《怀风藻》所说的"百济入朝，启龙编于马厩"，便是指这段史事。"马厩"即阿直岐饲养贡马之处，借指阿直岐生活与工作之所，在此开启"龙编"，是为太子菟道稚郎子启蒙。"龙编"一般指龙宫的经藏，多用于佛教经书。如唐人王勃《梓州通泉县惠普寺碑》："彩帙瑶箱，龙编月久。"蒋清翊注云："经有出于龙宫者，故曰龙编，犹今言龙藏矣。"也有指其他书籍的，如唐人司空图《复安南碑》："中权令峻，按虎节以风生；上将策奇，指龙编而天落。"此处当作兵书解。

阿直岐用以启蒙太子菟道稚郎子的"龙编"，与《日本书纪》中的"经典"应该同义，主要包括四书五经之类的儒学典籍。朝鲜史书《海东绎史》（韩致奫，1823年），列出一个具体书目：

应神十五年秋十月丁卯，百济王遣使阿直岐者，贡《易经》、《孝经》、《论语》、《山海经》及良马二匹。阿直岐能通经典。

这是后人的揣测，不足为信史。然而，阿直岐既为太子之师，又被崇为

---

① ［日］牧野谦次郎述、三浦叶笔记：《日本汉学史》，世界堂书店1938年版。

"史"（专事文书工作）之祖，随身携带并习得一些儒教经典，也在情理之中。

关于阿直岐其人其事的虚实真伪，学术界一直有很大争议，如笠井倭人认为，《古事记》、《日本书纪》所载应神天皇治世来自百济的阿直岐、王仁等，皆系编者为附和神功征三韩传说而编撰，不能视为确定他们赴倭时间的可信史料。① 反之，也有人认为阿直岐不仅在历史上实有其人，而且就是入倭为质的百济太子腆支王。

阿直岐抵达倭国的次年，即《日本书纪》应神十六年是岁条，有如下记载："百济阿花王薨。天皇召直支王，谓之曰：'汝返于国以嗣位。'仍且赐东韩之地而遣之。"上述记事系于"乙巳"，按《日本书纪》纪年为285年。查朝鲜史书《三国史记》，百济阿莘王十四年（405）载"秋九月，王薨"，其年亦当"乙巳"，两者干支相同，恰好相差两个甲子。《三国史记》（百济本纪）阿莘王元年条说"阿莘王（或云阿芳）"，《三国史记》（年表）云"莘"为"华"之讹，阿莘王十四年当东晋义熙元年（405）。由此可以认定，《日本书纪》的"阿花王"即《三国史记》的阿莘王，其薨于乙巳年（405），则阿直岐、王仁赴日的年次皆可考定。

前面提到，百济阿莘王（即阿花王）六年（397），为抗高句丽而结好倭国，遂"以太子腆支为质"。查《日本书纪》应神八年（推定397年）三月条，果真载有"百济人来朝"，又引《百济记》云："阿花王立无礼于贵国，故夺我枕弥多礼及岘南、支侵、谷那东韩之地。是以遣王子直支于天朝，以修先王之好也。"直支王归国时，天皇"赐东韩之地"，即为回应太子入质时所请。

综合朝鲜和日本史料，腆支王与应神天皇十六年"返于国以嗣位"的直支王，当为同一人物。《三国史记》（百济本纪）载腆支王本纪，说腆支亦云"直支"，《梁书》称作"映"，阿莘王死后，由倭兵百人护送，渡海回国继位。②

---

① [日]井上秀行编：《セミナー日朝関係史Ⅰ》，櫻枫枫社1969年版。
② 《三国史记》（腆支王纪）载："腆支王，或云直支，《梁书》名映，阿莘之元子。阿莘在位第三年，立为太子。六年，出质于倭国。十四年，王薨。王仲弟训解摄政，以待太子还国。季弟碟礼杀训解，自立为王。腆支在倭闻讣，哭泣请归。倭王以兵士百人卫送。既至国界，汉城人解忠来告曰：'大王弃世，王弟碟礼杀兄自王，愿太子无轻入。'腆支留倭人自卫，依海岛以待之。国人杀碟礼，迎支即位。"

"腆支"即为"直支",还有一个旁证。《三国遗事》(王历第一)载:"腆支王,一作真支王,名映,阿莘子。乙巳立,治十五年。"此处的"真"、"攴",恐为"直"、"支"形讹,则"直支王"即"腆支王"可成定论。《三国遗事》说腆支王"名映",《三国史记》举《梁书》为证,其实《宋书》(百济国传)即已出现。①

韩国学者柳承国,不仅注意到腆支王与直支王为同一人,而且还大胆推断阿直岐即是直支王:

《日本书纪》应神天皇十六年条记云:"是岁,百济阿华王薨,天皇召有支王(即腆支王)谓之曰:'汝返于国以嗣位。'"将此天皇十六年(公元二八五年)之史实推后一二〇年,则腆支王即是直支王,阿直岐即是直支王可知。②

柳承国仅以"岐"、"支"均发音 ki、且二字通用为据,回避了其他需要解释的问题,如阿直岐的"阿"代表何义?直支王比阿直岐早7年赴倭如何说明?《日本书纪》并未明确记载阿直岐于应神十六年回国,这又作何解释?

笔者以为,阿直岐其人其事,最好放在当时的历史背景和国际环境中,加以宏观展望,不宜拘泥细节。他既然被奉为"史"族群的始祖,不免出现杂糅群贤、夸大失真的情况。比如《古事记》(应神记)记载:"亦百济国主照古王,以牡马壹疋、牝马壹疋付阿知吉师以贡上。此阿知吉师者,阿直史等之祖,亦贡上横刀及大镜。"不仅年代有异,名字也不同。③ 此"阿知吉师"与应神二十年(推定410年)赴倭的汉族移民"阿知使主"似有关联,《续日本纪》、《续日本后纪》等称阿知使主为"阿智王"④,则似乎又有百济太子直支王的投影。

---

① 《宋书》(百济国传)载:"义熙十二年,以百济余映为使持节、都督百济诸军事、镇东将军、百济王。"此处"余"乃百济王族之姓,"映"应该是腆支王的汉名。此后频频朝贡南朝的"倭王五",中国文献记载为赞、珍(弥)、济、兴、武,取用这样的汉式名字,大概也是受到百济的影响。
② [韩]柳承国著:《韩国儒学史》,傅济功译,台湾商务印书馆1989年版。书中所引《日本书纪》,如阿华王的"华"、有支王的"有",皆与通行本不同,姑照录之。
③ 名字虽然不同,但《古事记》的"阿直史等之祖"与《日本书纪》的"阿直岐史之始祖"类似,应该视作同一人。
④ 参见《续日本纪》延历四年(785)六月十日条、《续日本后纪》天长十年(833)十二月二十六日条。

我们回到《怀风藻》的"百济入朝,启龙编于马厩",如果阿直岐系虚构人物,那他身上必定融入直支王的部分事迹,很难想象一位太子入质倭国皇室7年,史书竟然对他没有任何记载。一个比较合理的解释,便是包括太子在内的许多人物,被拼合成某个族群的始祖,而应神天皇治世赴倭百济人的最大功勋,大概就是"启龙编于马厩"。

四、王仁与王辰尔

《日本书纪》应神十五年八月六日条,即阿直岐朝贡记事的后半段,即紧接着"阿直岐亦能读经典,即太子菟道稚郎子师焉"之后,天皇和阿直岐有如下一段对话:

于是天皇问阿直岐曰:"如胜汝博士亦有耶?"对曰:"有王仁者,是秀也。"时遣上毛野君祖荒田别、巫别于百济,仍征王仁也。其阿直岐者,阿直岐史之始祖也。

天皇问"胜汝博士",可以理解为太子已尽得阿直岐所传,所以需要更高明的学者;阿直岐举荐王仁,或许跟回国在即、找人接替有关,这使人联想到次年百济太子直支王回国继位事。不管怎样,天皇派专使前往百济"征王仁",其结果在《日本书纪》应神十六年(推定406)二月条中有交待:

王仁来之,则太子菟道稚郎子师之,习诸典籍于王仁,莫不通达。所谓王仁者,是书首等之始祖也。

太子菟道稚郎子拜王仁为师,即《怀风藻》所云"王仁始导蒙于轻岛"。应神天皇居住的皇宫称"轻岛丰明宫",王仁在此教授太子,所以说"导蒙于轻岛"。太子随王仁"习诸典籍",而且"莫不通达"。一个"诸"字挑明典籍不是少数,但未明是什么书籍。然而,《古事记》则记载稍详:

又科赐百济国,若有贤人者贡上。故受命以贡上人,名和迩吉师。即《论语》十卷、《千字文》一卷,并十一卷,付是人即贡进。

《古事记》不仅明示书名,而且标出卷数,这条记载遂成为后世学者确定汉字及汉籍东传的重要依据。本居宣长在《古事记传》中写道:

西土文字东传之嚆矢,《古事记》作应神天皇御代百济遣和迩吉师贡

《论语》和《千字文》,当为是时。且《怀风藻·序》等亦见其旨,奈良时代必如此传闻。在此之前,尽管也有外国人……迁来,然书籍并未传来。

"王仁献书说",大致反映了五世纪初儒学书籍东传的某些史实,但《古事记》的这条记载,我们也不能不加分析地全部目为事实。举例说,《千字文》作者周兴嗣卒于梁普通二年(521),如果信从《日本书纪》与《古事记》的记载,这部书在著者去世前百余年就已传到东邻,这显然不符合实际情况。

王仁被奉为"书首等之始祖",作为一个拥有高度文化知识的族群领袖,他也同样吸纳了同时代精英的众多事迹,被塑造成近乎超人的形象。《续日本纪》延历九年(790)七月十七日条,载百济王仁贞等所上表文,叙述王辰尔家谱传说:

> 降及近肖古王,遥慕圣化,始聘贵国,是则神功皇后摄政之年也。其后轻岛丰明朝御宇应神天皇,命上毛野氏远祖荒田别,使于百济搜聘有识者。国主贵须王恭奉使旨,择采宗族,遣其孙辰孙王〈一名智宗王〉随使入朝。天皇嘉焉,特加宠命,以为皇太子之师矣。于是始传书籍,大阐儒风;文教之兴,诚在于此。

这里的辰孙王(智宗王)为百济贵须王孙,应神天皇遣荒田别赴百济"征王仁",事见前引应神十五年八月六日条;王仁为太子师,见应神十六年二月条。然而,在这篇表文中,辰孙王与王仁几乎合为一体,共享"始传书籍,大阐儒风"之功劳。①

应神天皇治世,以移民为主体的知识精英族群有三个,其一为西文首,以王仁为始祖;其二为东文直,尊阿知使主为始祖;其三为船史(连),奉王辰尔为始祖。王辰尔为辰孙王四世孙,敏达天皇元年(572)五月十五日因破译高句丽表疏而名声大振。兹从《日本书纪》引录如下:

> 天皇执高丽表疏授予大臣,召聚诸史令读解之。是时诸史于三日内皆不能读。爰有船史祖王辰尔,能奉读释。由是天皇与大臣俱为赞美曰:"勤乎辰尔,懿哉辰尔。汝若不爱于学,谁能读解?宜从今始,近侍殿

---

① 关于王仁的祖籍,一般认为出自乐浪王氏,奉汉高帝为祖。《续日本纪》延历十年(791)四月八日条,载文忌寸最弟等上表:"汉高帝之后日鸾,鸾之后王狗转至百济。百济久素王时,圣朝遣使征召文人,久素王即以狗孙王仁贡焉。是文、武生等之祖也。"

中。"既而诏东西诸史曰:"汝等所习之业,何故不就?汝等虽众,不及辰尔。"①

我们从7世纪中叶的《船氏王后墓志》推断,王辰尔亦称"王智仁",历史上实有其人,他能够超越东西文众人,原因是窥破了高句丽表疏的诀窍:"高丽上表疏,书于乌羽。字随羽黑,既无识者。辰尔乃蒸羽于饭气,以帛印羽,悉写其字。朝庭悉之异。"这就是《怀风藻》所说的"高丽上表,图乌册于鸟文"。王辰尔活跃于敏达天皇治世,"译田"乃敏达天皇都城,所以有"终敷教于译田"之说。

五、结语

本文限于篇幅和时间,有些观点无法完全展开。尤其是关于六朝文化与书籍之路的关联,原本是论文的一个重点,现在这能在结语中提纲挈领简述要义,留待其他机会再作详论求教大方。

书籍之路开启之初,并非从中国直达日本,而是从中国东晋传入百济,再从百济传入倭国。从中国长江流域经百济而至日本的书籍流播主流,在隋唐之前(虽然有"倭五王"朝贡南朝)这一格局基本没有变化。六朝文化对百济、倭国的影响,可谓极其深远。日本史籍(如《日本书纪》)多以"吴"指称隋唐以前的中国,在地域上限定在江南一带,时间上大致与六朝叠合。这一时期影响日本的六朝文化,如使用《元嘉历》,流行谈玄风,喜好骈俪文等等。

倭国融入汉字文化圈大家庭,其契机当是4世纪中叶,以"神功征坎"为象征的朝鲜经略。倭人在掠夺战争中,有两项意外收获,一是领教了高句丽骑兵的利害,5世纪初迅速从百济引进马匹,改变作战方式;二是明白了从书籍汲取知识的重要性,苦于国内缺乏识字阶层,5世纪前后从百济招聘文化人才,并在此后形成轮代制度,极大地提高了精神文明程度。如果神功皇后征三韩,与"图籍文书"只是偶然邂逅的话,聘请阿直岐为太子师体现了求学热情,而应神天皇遣使赴百济"征王仁"则属于主动出击。从被动接受到

---

① 《续日本纪》延历九年(790)七月十七日条:"逮于他田朝御宇敏达天皇御世,高丽国遣使上乌羽之表。群臣诸史莫之能读,而辰尔进取其表,能读巧写,详奏表文。天皇嘉其笃学,深加赏叹。诏曰:'勤乎懿哉!汝若不爱学,谁能解读?宜从今始,近侍殿中。'既而又诏东西诸史曰:'汝等虽众,不及辰尔。'"

主动索求，标志着书籍之路的真正开启。

关于《古事记》所载王仁携带的《千字文》，学术界争议颇多。有人以《千字文》东传比周兴嗣去世早了上百年，因而否定《古事记》此条记事的真实性；也有人指出中国古代同名《千字文》的识字本不止周兴嗣一种，《古事记》所指《千字文》很可能是现已失传的别本，如魏钟繇的《千字文》或汉章帝的《千字文残卷》等；还有人绝对信任《古事记》的记载，不过以周兴嗣卒年为依据，认为王仁赴日当在521年之后。笔者以为，书籍东传始于"神功征坎"，《日本书纪》未标明具体书名，或许说明书籍从各个渠道传入，皇室无非是为了要读懂这些书籍延聘阿直岐、王仁为师的。阿直岐、王仁用以启蒙太子的课本，绝不可能是周兴嗣次韵的《千字文》，但必定是《千字文》之类的童蒙读本，也有可能是五世纪之前的别本《千字文》，或者是开启蒙读本先河的《仓颉篇》、《急就篇》之类。因为日本人要学习汉籍，必先掌握汉字，故此，以识字为目的编纂的各种童蒙读本，无疑是最先影响日本文化的中国典籍。

倭国太子菟道稚郎子，先后师承阿直岐、王仁，学习"经典"、"典籍"，达到"莫不通达"的境界，可以看作"俗渐洙泗之风，人趋齐鲁之学"的典型。我们举两个例子，看看这位被寄予厚望的皇位继承人，是如何学以致用的。其一，应神天皇二十八年（推定417年）九月，高句丽上表云"高丽王教日本国"，太子怒责"表状无礼，则破其表"。（《日本书纪》）这个事例说明太子不仅精通汉文，而且熟悉外交规范，恪守儒教礼数。其二，应神天皇四十年（429），立菟道稚郎子为嗣，次年天皇驾崩，菟道稚郎子执意让位于兄大鹪鹩（仁德天皇），而其兄也坚辞不受，相互推让3年，最终菟道稚郎子自杀明志，大鹪鹩登基而为仁德天皇。这个事例说明菟道稚郎子模仿儒教的禅让故事，有太伯、许由遗风，具有崇高的道德理想。

我们以《怀风藻》序言为线索，稽考了神功皇后、应神天皇、阿知岐（直支王、阿知使主）、王仁（辰孙王、王辰尔）、菟道稚郎子等人的事迹，在5世纪前后的时空中，描摹出一条发自六朝建康、途径朝鲜半岛百济，蜿蜒通达倭国的书籍之路。进入5世纪"倭五王"时代，这条书籍通道得到加强；随着遣隋唐使往返东海，书籍之路的源头由南而北，追溯到中原地区。这是后话，兹不赘言。

第六章 《兔园策府》的成书及东传日本

郑州大学外语学院　葛继勇

　　《杜嗣先墓志》记载了杜嗣先本人的生平活动以及《兔园策府》成书的时间。杜嗣先生前曾参与接待八世纪初来华的日本遣唐使，其著作《兔园策府》撰写于七世纪中叶。《兔园策府》很可能在八世纪初已传入日本，并作为启蒙教材而广为流播，是唐代中日"书籍之路"上一道不可多得的亮丽风景。

　　《兔园策府》为唐代诞生的一部文字尔雅、专讲掌故的蒙书。内叙自然社会名物、人文仪礼、政事征讨等，自设问答，引经史为训注，训释相关问题。在唐代已流行甚广，播至域外。然南宋以后，已成亡佚之书。关于《兔园策府》的作者和成书年代、卷数历来为后人所论争。自上世纪初敦煌写本发现之后，罗振玉、王国维、周丕显、郭长城、王三庆、屈直敏以及日本学者那波利贞等先后对《兔园策府》进行了深入的研究。然诸位先辈在撰文时均未提到《徐州刺史杜嗣先墓志》（以下略称《杜嗣先墓志》）。亲眼目睹《杜嗣先墓志》的台湾学者叶国良对《兔园策府》的成书年代提出新说，但未对《兔园策府》流播日本的情况进行分析。① 如下，笔者结合《杜嗣先墓志》、敦煌文书以及日本文献的相关记载，对《兔园策府》的成书及流播日本等问

---

① 参见罗振玉：《兔园册府残卷提要》，收入《鸣沙石室佚书初编》，东方学会影印本，1925年；王国维：《唐写本〈兔园册府〉（残卷）跋》，收入《王国维学术经典集》，江西人民出版社1997年版；郭长城：《敦煌写本兔园策府叙录》，载《敦煌学》第八卷，台湾中国文化大学1984年版；周丕显：《敦煌古钞〈兔园策府〉考析》，载《敦煌学辑刊》，1994年第2期；屈直敏：《敦煌本〈兔园策府〉考辨》，载《敦煌研究》，2001年第3期；[日]那波利贞：《唐钞本杂抄考》，收入《唐代社会文化史研究》，东京创文社1974年版；叶国良：《唐代墓志考释八则》，收入《石学续探》，大安出版社1999年版，等。

题进行梳理，试以探讨中日"书籍之路"的轨迹。

一、《兔园策府》的成书年代

据叶国良《唐代墓志考释八则》记载，其曾于1992年在台北一家名为"寒舍"的古玩店所见《杜嗣先墓志》原石实物。该墓志二十八行，每行二十八字，遇"皇"、"制"、"恩"、"敕"等字则挪抬一字或二字。其中，第十八行第20字至28字载为："其所撰兔园策府及杂文笔"，第十九行第1字至第7字载为："合廿卷见行于时"［1］（p128）。也就是说，《杜嗣先墓志》记载杜嗣先撰有"《兔园策府》及杂文笔合廿卷"，并"见行于时"。

近来，《杜嗣先墓志》伴随着唐代来华日本人井真成墓志的发现而引起了学界的瞩目。《井真成墓志》中载有"日本国号"四字，被认为是最早记载"日本"国号的实物资料，备受学界、媒体乃至一般民众的关注。但是，《杜嗣先墓志》第二十二行第19字至第二十四行第1字载为："又属皇明远被日本来庭有敕令公与李怀远、豆卢钦望、祝钦明等宾于蕃使共其语话"。也即，《杜嗣先墓志》记载杜嗣先本人曾经参与"日本来庭"之事。由于杜嗣先与夫人"祔葬"于先天二年（713）二月，比井真成埋葬的时间开元二十二年（734）二月早21年，故《杜嗣先墓志》自然而然地成为记载日本国号的最古资料。笔者已曾指出，《杜嗣先墓志》所载日本遣唐使赴唐朝贡之事与中日两国的文献记载可相互印证。①

墓志文中的"永崇元年"之"崇"当为"隆"。永隆元年为680年，而唐玄宗李隆基即位于先天元年（712）八月，该墓志制作时李隆基已即位为帝，故为避唐玄宗李隆基之讳而改为"崇"。此外，墓志文中所载"明庆三年"当为显庆三年（658），改"显"为"明"为避中宗皇帝李显之讳。据墓志文可知，杜嗣先为唐高宗朝至武则天周朝人，乃著名文人杜预的裔孙，墓志所载其世次谱系：杜预——跻——胄——巘——铨——振——遇——琳——歆——业——嗣先——维骥，与事实较为符合。叶国良指出，作为当时的文雅之士，杜嗣先本人也曾给别人撰写墓志文，如朝议郎行荆州钜鹿县

---

① 参见拙文《"日本"国号问题再议——〈井真成墓志〉与〈杜嗣先墓志〉浅析》，《日语教学与研究暨庆贺刘德润教授从事日语教学30周年国际研讨会》发表论文，2007年6月。《杜嗣先墓志》的全文已在此文中进行梳理，请参照。

丞王义墓志题有"朝散大夫苏州吴县令杜嗣先撰"。[1](p129)根据《杜嗣先墓志》记载可知，杜嗣先任苏州吴县令的时间在唐高宗永崇（隆）元年（680）和唐中宗神龙元年（705）之间。而撰写《王义墓志》为长寿二年（693），两者所载相符。

综上可知，《杜嗣先墓志》的记载与古代文献、金石文可以相互佐证，虽然目前尚无照片和拓本，且不知何人收藏，但其所载文字内容的真实性还是可以得到确认的。

宋元之际已散逸的《兔园策府》之所以引起世人注目乃是由于上世纪初敦煌文书中发现了该书的残卷。残卷共有四份，先后为英国斯坦因和法国伯希和所得，编号分别为斯六一四、一零八六、一七二二号和伯二五七三号（通称为 s.614、s.1086、s.1722 和 p.2573）。其中，s.1722 和 p.2573 两卷可以缀合，是完整的"兔园策府卷第一 并序"，存书名、第次、作者、序文。s.1722 以"一戎先动云雷之气"开始，末尾部为"兔园策府卷第二"，当是该书第二卷之始，惜未接着传抄，续抄者为"周南关雎诂训传卷第一，毛诗国凤"。s.614 起"精则桂林之响发"，迄"兔园策第一"，即起序文之第四句，至第一卷完。s.1722 写本卷末"兔园策府第二"之后续抄的是《毛诗·周南》11 篇 3936 个文字。p.2573 写本卷首载"兔园策府卷第一并序，杜嗣先奉教撰"。卷背面写有"四月三日，内亲使、都头、银青光禄大夫、检校国子祭酒、御史中丞高延德状上。"s.1086 起"推寻而罕就"，迄"圣上以飞天御历，括地开家"，即起该书第一卷第二章《正质数》第二句之末尾，至第四章《征东夷》之三分之二处。周丕显指出，此卷特点在于有注，双行小注，且系作者自注，更能反映《兔园策府》作者写作之宗旨，就理解《兔园策府》内容言，此卷更具价值。[2](p18)

s.614 卷末所载"兔园策第一"之后，还有"巳年四月六日，学生索广翼写了。高门出贵子，好木不良才。易见不学问"等 29 字。此 29 字的笔迹拙劣无章，显然与上述《兔园策府》的抄写者不同。目前，我们不能判断"巳年"具体为何年、"学生索广翼"为何时之人。另在 s.3466《吉凶书仪残卷》的纸背写有："金光明寺学师显须等 金光明寺学郎索憨"。那波利贞指出，"金光明寺学郎索憨"是居住在金光明寺附近学习的学生，生活的年代为唐后期。[3](p208) "学生索广翼"如果与学郎索憨的生活年代相同，那么此 s.614 写本的抄写时间则为唐后期。s.1722 写本后续抄的是《毛诗周南关雎诂训传第一》，也不是正规的抄写本。另据《新唐书》卷五十《兵志》记载可知，都头为军职名，唐后期都将的别称。可见，p.2573抄写的时间也在唐后期，王国维断定其"虽仅存卷首，然犹贞观时写本"[4](p363)，则明显有误。另外，抄有双行小注的s.1086写本虽被认为"略窥著者的学识和该书原本的概貌"[5](p126)、"更能反映《兔园策府》作者写作之宗旨"，但撰写于何时尚难断定。因此，在不能搞清写本的抄录时间，仅根据缺笔或避讳来推断《兔园策府》的撰写年代，存在一定的危险。

关于《兔园策府》的成书年代，屈直敏撰文对文献所载以及前人的先行研究进行了详细的梳理，推定《兔园策府》"撰写于高宗李治立为太子之前"，即贞观十七年（643）四月之前。[5](p128)但是，贞观十七年（643），79岁卒于先天元年（712）九月的杜嗣先仅仅10岁，是不可能撰写出《兔园策府》的。叶国良结合《宋史·艺文志》和宋人王应麟撰《困学纪闻》卷十四所载，并梳理罗振玉、郭长城等的先行研究之后指出："杜嗣先为蒋王府典籤在显庆三年，时蒋王已离安州六、七年矣，是《兔园策府》之编纂虽不知在梁（州）在遂（州）在相（州），然不在安州必矣。……郭氏不知杜嗣先生卒年，所论之误，与罗氏略同。"[1](p131~132)可知，杜嗣先撰写《兔园策府》"不知在梁（州）在遂（州）在相（州），然不在安州必矣"。笔者认为，从命名为"兔园策府"来看，应当在梁州。据郁贤皓考证，蒋王李恽任遂州刺史的时间为乾封年间（666~667）。[6](p2660)因此，杜嗣先撰写《兔园策府》当在此前。据《杜嗣先墓志》载："明（显）庆三年，释褐蒋王府典籤。麟德元年，河南道大使、左相窦公旌节星移，州郡风靡，出轘辕之路，入许颖之郊，官僚之中，特加礼接。时即表荐，驰驿就征。遂于合璧宫引见，制试干元殿颂，即降恩旨，授昭文馆直学士、借马人。仍令于洛城门待制。寻授太子左率府仓曹参军。"可知，杜嗣先任蒋王僚佐的时间当在显庆三年（658）至麟德元年（664）之间，从杜嗣先的年龄来看，当时其在25岁至31岁之间。蒋王恽于永徽三年（652）被任命为梁州都督，对于"少好经史兼属文"的杜嗣先来说，此期间撰写并命名为"兔园策府"应该是合情合理的。

二、《兔园策府》的东传日本

能证明《兔园策府》流播日本的材料为《本朝见在书目录》。严绍璗考证指出，日本清和天皇贞观乙未（即875年）天皇御书所"冷然院"失火，翌年担任大学头的藤原佐世即奉敕编撰《本朝见在书目录》。该书著录的汉籍有一千五百六十八部，共计一万七千二百零二卷。"这一被著录的典籍数字，如果与它稍前的中国大陆的《隋书·纪籍志》作比较，则为《隋志》全部著录的50%（《隋志》著录为三千一百二十七种）；如果与它稍后的《唐书·经籍志》作比较，则为《唐志》全部著录的51.2%（《唐志》著录为三千零六十种）。这一组数字表明，在九世纪后期，中国文献典籍的50%，已经东传日本。"[7](p37)《本朝见在书目录》收录的书籍目录是经历大火之后的所存书籍的目录，未遭火灾之前的书目无疑超过此数量。因此，在杜嗣先在世之前即已"见行于时"的《兔园策》被舶载至日本，也是极为平常之事。但其何时舶载到日本，在日本如何使用呢？

《兔园策府》乃仿应科目策而撰成，在杜嗣先在世之时，即已"见行于时"。唐人白居易的文集中即载有《兔园策府》，宋人孔傅指出："《兔园册》者，乡校里儒教田夫牧子之所诵。"① 也就是说，《兔园策府》从应对科举考试的参考书转变为庶民普通教育的教材，而为"乡校"所使用，以至于"田夫牧子"即能随口诵读。《旧五代史·冯道传》载："有工部侍郎任赞，因班退，与同列戏道于后曰：'若急行必遗下《兔园策》。'道知之，召赞谓曰：'《兔园策》皆名儒所集，道能讽之。中朝士子止看《文场秀句》，便为举业。皆窃取公卿，何浅狭之甚耶？'赞大愧焉。"可见，冯道认为《兔园策府》乃"名儒所集"，较当时流行的《文场秀句》优秀。另宋人孙光宪撰《北梦琐言》卷十九也载有："北中村墅多以《兔园册》教童蒙，以是讥之。然《兔园册》乃徐、庾文体，非鄙朴之谈。但家藏一本，人多贱之也。"可知，《兔园策府》被作为教材，衍教儒童，甚至达到了"家藏一本"的普及程度。

另敦煌写本《杂抄》中载有《兔园策府》（括号内文字为双行小字）：

经史何人撰修制注？《史记》（司马迁修）《三国志》（陈寿修）《春

---

① [唐]白居易撰、[宋]孔傅续撰：《白孔六帖》卷二十四载："《兔园册》（小字注：《刘岳传》）：宰相冯道，世本田家，状貌质野，朝士多笑其陋。道且入朝，兵部侍郎任赞与岳在其后，道行数反顾，赞问：'何为？'岳曰：'遗下乃《兔园册》尔！'《兔园册》者，乡校里儒教田夫牧子之所诵，故岳举以诮道也。）"按《刘岳传》乃为《五代史·刘岳传》。明人徐应秋在《玉芝堂谈荟》卷十六"儒童菩萨"条也指出："故唐杜嗣先有吉祥御字，儒童衍教之说。"关于《兔园策府》的卷数、名称，历来典籍记载不一，学界也众说纷纭，笔者将另文考察。

秋》（孔子修、杜预注）《老子》（河上注）《三礼》（孔子修、郑玄注）《周礼》（王弼注）《离骚经》（屈原注）《流子》（刘协注）《尔雅》（郭璞注）《文场秀》（孟宪子作）《庄子》（郭象注）《切韵》（六法言作）《毛诗孝经论语》（孔子作、郑玄注）《急救章》（史猷撰）《文选》（昭明太子召天下才子相共撰，谓之文选）《汉书》（班固撰修）《典言》（李德林撰之）《尚书》（孔安国注）《尚书几家书》（虞夏商周作）《兔园策》（杜嗣先撰之）《开蒙要训》（马仁寿撰之）《千字文》（钟繇撰、李暹注）《周兴嗣切韵》。①

但正如敦煌写本《杂抄》又名为《珠玉抄》、《易智文》、《随身宝》那样，这些著作乃是面向庶民进行普通教育的通俗读物。周一良指出，《兔园策》与《开蒙要训》为当时流行供训蒙与獭祭之用。[8](p219)那波利贞也指出，与《开蒙要训》、《千字文》相比，《兔园策府》的程度稍高，是作为普通文官的考试即乡试的参考书而编撰的。[3](p259)因此，《兔园策府》与《文场秀句》一样，在当时是一部可与《史记》、《尔雅》等相提并论的庶民教育教材。

《兔园策府》载于《本朝见在书目录》的卷四十、"总集"类（括号内文字为双行小字）：

《文心雕龙》十（刘勰在杂家）《兔园策》九《注策林》廿《文选》卅（昭明太子撰）《文选》六十卷（李善注）《文选钞》六十九（公孙罗撰）《文选钞》卅《文选音义》十（李善撰）《文选音决》十（公孙罗撰）《文选音义》十（释道淹撰）《文选音义》十三（曹宪撰）《文选抄韵》一《小文选》九《文馆词林千金轮万载集》五十一（一卷目录）……《秀句集》一、《杂文集》一……[9](p91~82)

值得注意的是，其中《兔园策》排列在《文心雕龙》之后，与《文选》、《文选钞》、《文选音义》等一起作为总集类之一而收录的。关于《文选》，《养老令》卷五《选叙令》"秀才进士"条载：

凡秀才，取博学高才者。明经取学通二经以上者，进士取明闲时务，并读《文选》、《尔雅》者。明法取通达律令者，皆须方正清循，名行相副。[10](p277)

---

① 《敦煌宝藏》第123册。另敦煌写本"杂抄"（s.5685）中也载有"《兔园策》（杜司先撰之）"。参见《敦煌宝藏》第44册。

《养老令》卷五《考课令》"进士"条载：

凡进士，试时务策二条，帖所读。《文选》上七帖、《尔雅》三帖。其策文词顺序，义理慥当。并帖过者，为通。事义有滞、词句不伦，及帖不过者，为不。[10](p301)

也就是说，《文选》作为国家的最高教育机构——大学寮的教材而使用的。《文心雕龙》、《文馆词林》对于备考"文词顺序，义理慥当"为主要内容的试策也大有裨益。《兔园策府》与《文选》、《文心雕龙》等一样，也当是时人看重的教材之一。因此可以说，流播至日的《兔园策府》也应是作为教材来使用的。正如那波利贞所指出的那样，唐代的初学入门书在日本也是作为大学、地方国学以及缙绅贵族家的私学的入学书而备受重视的，这些在唐朝被作为普通教育的书籍，乃是自推古天皇时代开始至六条天皇时代被派遣赴唐的留学僧六十余人、留学生二十七八人陆续舶载而来的。至于何人携回何书，除为数极少的书籍之外至今已难以究明，但只要看一看《本朝见在书目录》即可明确有多少书籍流传至日。那些启蒙用的书籍在唐代也是极为普及的学习教材，在唐的日本留学生也对他们极为熟悉，他们会在归国之际带回，作为私学的教科书而被传抄诵读。[3](p216~217)

由于《兔园策府》撰写于显庆三年（658）至麟德元年（664）之间，故《兔园策府》流播日本的时间无疑在此之后。《本朝见在书目录》编撰成书的时间即876年至886年之间，此也是《兔园策府》舶载至日本的下限。在此期间，赴唐的遣唐使共有十一次。但最有可能的有两次，即庆云年间和天平年间归国的遣唐使团。庆云年间归国的遣唐使分为两次，即庆云元年（704，周则天长安四年）七月、庆云四年（707 唐中宗景龙元年）三月，此次遣唐使于大宝元年（701，周则天长安元年）正月任命、翌年六月出发。据《杜嗣先墓志》载，杜嗣先本人受敕"与李怀远、豆卢钦望、祝钦明等宾于蕃使共其语话"。也就是说，杜嗣先曾经参与这次遣唐使的接待工作。由于《兔园策府》撰成不久，即"见行于时"，故杜嗣先把自己的著作馈赠日本遣唐使，或遣唐使购买此著作而后舶载至日，也是很有可能的。关于日本遣唐使在唐购求书籍之事，《旧唐书·日本国传》载："所得锡赉，尽市文籍，返海而还。……（朝）衡留京师五十年，好书籍，放归乡，逗留不去。"据《日本书纪》卷二五《孝德纪》"白雉五年（654）七月"条也载有："是月，褒美西海使等奉对唐国天子多得文书宝物。"

天平年间归国的遣唐使也分两次，即天平六年（734，唐玄宗开元二十二年）十一月、天平八年（736）八月。其中，遣唐大使多治比广成第一船于天平六年（734）十一月至多祢岛，翌年三月至京师。同行归国的有下道真备（即吉备真备）、僧玄昉、秦大麻吕、羽栗翼父子等，此外还有袁晋卿与李元璟、金礼信等唐人。副使中臣名代第二船于天平八年（736）八月至日，同行归国者有大伴首名等人。随同至日者唐人三人，其中一人为皇甫东朝；唐僧一人即道璿。相比来说，《兔园策府》为日本留学生吉备真备和唐人袁晋卿携至日本的可能性较大。

先看吉备真备，《扶桑略记》卷六《圣武纪》"天平七年（735）四月"条载：

辛亥，入唐留学生从八位下下道朝臣真备献《唐礼》一百卅卷、《大衍历经》一卷、《大衍历立成》十二卷、测影铁尺一枚、《乐书要录》十卷、马上饮水漆角弓一张并种种书迹、要物等，不能具载。留学之间，历十九年。凡所传学，三史、五经、名刑、算术、阴阳、历道、天文、漏刻、汉音、书道、秘术、杂占一十三道。夫所受业，涉穷众艺。

《续日本纪》卷三三《光仁纪》"宝龟六年（775）十月"条载：

壬戌，前右大臣正二位勋二等吉备朝臣真备薨。右卫士少尉下道朝臣国胜之子也。灵龟二年，年廿二，从使入唐，留学受业。研览经史，该涉众艺。我朝学生播名唐国者，唯大臣及朝衡二人而已。天平七年归朝，授正六位下，拜大学助。高野天皇师之，受《礼记》及《汉书》。恩宠甚渥，赐姓吉备朝臣。

可见，在唐留学十九年且博涉众艺、归国之后任大学助（最高教育机构的第二负责人）的吉备真备很有可能把《兔园策府》携至日本，作为日本大学的启蒙教材。再看袁晋卿。《续日本纪》卷三五《光仁纪》"宝龟九年（778）十二月"条载：

庚寅，玄蕃头从五位上袁晋卿赐姓清村宿祢。晋卿，唐人也。天平七年随我朝使归朝，时年十八九。学得《文选》《尔雅》音，为大学音博士。于后，历大学头、安房守。

其中，"学得《文选》《尔雅》音"且"为大学音博士"的袁晋卿携带

《兔园策府》至日的可能性也当存在。倘若吉备真备和袁晋卿携至日本,则《兔园策府》很可能作为日本大学寮学生的启蒙教材而流播。

综上可知,杜嗣先曾于八世纪初参与招待日本使节,"共其语话"。其著作《兔园策府》也在九世纪之前即已漂洋过海,作为启蒙教材而流播日本。这一现象乃是唐代中日"书籍之路"中一道不可多见的亮丽风景[1],很值得我们仔细分析。

【附记】此文作成之际,曾得到兰州大学屈直敏先生、关东学院大学田中史生先生的大力相助,不仅复印邮寄来有关《兔园策府》的研究文献,而且还给笔者诸多启发。恩师浙江大学张涌泉教授、王勇教授也给予了诸多指导,在此一并致谢。

【参考文献】

[1] 叶国良:《石学续探》,大安出版社1999年版。

[2] 周丕显:《敦煌古钞〈兔园策府〉考析》,载《敦煌学辑刊》,1994年第2期。

[3] [日] 那波利贞:《唐代社会文化史研究》,创文社1974年版。

[4] 王国维:《唐写本〈兔园册府〉(残卷)跋》,收入干春松、孟彦弘编:《王国维学术经典集》,江西人民出版社1997年版。

[5] 屈直敏:《敦煌本〈兔园策府〉考辨》,载《敦煌研究》,2001年第3期。

[6] 郁贤皓:《唐刺史考》,江苏古籍出版社1987年版。

[7] 严绍璗:《〈本朝见在书目录〉的学术价值与问题的思考》,收入王勇主编:《中日关系史料与研究》第一辑,北京图书馆出版社2002年版。

[8] 周一良:《唐代密宗》(钱文忠译),上海远东出版社1996年版。

[9] [日] 藤原佐世:《日本国见在书目录》,名著刊行会1996年版。

[10] [日] 井上光贞等:《律令》,岩波书店2001年版。

---

[1] 有关隋唐时代中日"书籍之路"的研究,请参见王勇等著:《中日"书籍之路"研究》,北京图书馆出版社2003年版。

第七章　奈良寺院摄取汉文典籍小考

[日]早稻田大学文学学术院　河野贵美子

一、前言

奈良时代有大量的汉文典籍从中国传入日本寺院，其中有与佛教息息相关的内典，也有门类众多的外典。为了详细了解该时期日本寺院对汉文典籍的受容情况，本文将以智光所著的《净名玄论略述》为中心展开论述。

智光（约708——宝龟［770~781］）出家元兴寺，在那里学习三论宗。《日本灵异记》中卷第七缘，记载他因为嫉妒行基而堕入地狱。《净名玄论略述》流传至今，是智光的重要学术著作。

在这本书中，智光引用大量汉籍经典，对嘉祥大师的《净名玄论》进行了详尽的注释，其中引用频率最高的是梁朝顾野王的《玉篇》。虽然早已有学者关注《净名玄论略述》对《玉篇》的利用情况，但是本文从另一角度，试着通过探讨《玉篇》所转引的其他汉文典籍的文本，进而窥探奈良时代传入日本寺院的汉文典籍的意义和特点。

此外要说明的是，现在我们可以看到日本大藏经所收录的活字本《净名玄论略述》，本文的论述就是以这个活字本抄本的调查为基础展开的。

在智光之后，兴福寺的善珠和大安寺的安成也以《玉篇》等众多汉文典籍为依据编写了佛典注释书。本文也将这些书籍纳入视野，考察南都寺院对汉文典籍的利用情况。

二、智光和《净名玄论略述》

有关智光生平的资料甚少，我们无从知晓他的详细情况①。但是，从智光执笔的著作的序文中可以推知他是从小好学，励精图治的人。原文如下：

△智光《般若心经述义》序（大正新修大藏经第五七卷）

……徒生九岁，避愦肉处，游止珈蓝。然自志学至于天平胜宝四年，和三十简年，专憩松林，练身研神，随堪礼赞周览圣教……。

△智光《净名玄论略述》序（日本大藏经方等部章疏）

……智光生自日本，守朴成逸。徒以面墙，元崇修学。……松林独步，看读未几。只以微词，赞仰述论。

另外，刚才提到的《日本灵异记》的开头部分，有这样的描述：

△景戒《日本灵异记》中卷第七缘（新日本古典文学大系）

释智光者，河内国人，其安宿郡锄田寺之沙门也。俗姓锄田连，后改姓上村主也（母氏飞鸟部造也）。天年聪明，智惠第一。制盂兰盆、大般若、心般若等经疏，为诸学生，续传佛教。……

以上序文将智光描述为充满智慧之人，并著有盂兰盆经、大般若经、般若心经等佛教内典的注释书。实际上，智光的著作如下所示：

《大惠度经疏》二十卷、《般若心经述义》一卷、《盂兰盆经疏述义》一卷、《法华玄论略述》五卷、《净名玄论略述》五卷、《中论疏记》三卷、《肇论述义》、《正观论》一卷、《玄音论》、《初学三论标宗义》一卷、《无量寿经论释》五卷、《四十八愿释》一卷、《观无量寿经疏》、《安养赋》。

遗憾的是以上大部分都已遗失，只有《般若心经述义》还完整保存至今，本文选取的《净名玄论略述》也只是残本，卷四末和卷五末已经无从查找。但考虑到同时期的著作已散逸殆尽，《净名玄论略述》的价值也愈加珍贵。这

---

① 参考寺［日］崎修一：《元兴寺智光の事ども》，载《现代佛教》6-62，1929年6月；［日］堀池春峰执笔：日本大藏经解题《净名玄论略述》项；［日］末木文美士：《元兴寺智光の生涯と著述》，载《仏教学》14，1982年10月。

部书中不仅引用了佛教内典，还大量引用了外典，通过它可以解答奈良时代日本寺院都流传有哪些汉文典籍，人们又是如何利用这些典籍这一问题，有很高的研究价值。

《净名玄论略述》是为中国三论宗集大成者吉藏所著的《净名玄论》添加注释的注释书。在进入下文的正式讨论之前，我们有必要先进行版本确认。

现存唯一的抄本是写于建长三年的东大寺图书馆藏本（贵重书111函68号。卷一本、卷三本附有跋。显庆抄写）。但是，只残存卷一本·末、卷二本·末、卷三本·末和卷五本七册，卷四本·末、卷五末已不知散逸何处。

现在最便于使用的版本是收录于日本大藏经所的活字本①。这个版本以上述东大寺图书馆藏本为底本，并依照续藏经所藏有的《净名玄论》补上了残缺部分。不过，这个翻刻本保留了原有版本的不确定之处。下文所采用的引用文本基本来源于日本大藏经所的活字翻刻版，与写本有不同之处时，会结合写本情况来探讨。

三、《净名玄论略述》对《玉篇》的引用

在这一部分，我们首先来考察《净名玄论略述》中利用《玉篇》所做出的注释文句。

《玉篇》是梁朝顾野王编纂的辞典，即包含汉字标音，又引经据典训诂汉字。在古代日本人们也频繁使用它。现在在中国国内，只存有宋代时再编的简化版《玉篇》即《大广益会玉篇》，原本《玉篇》的抄本只有在日本还有部分残留②。奈良和平安时代的著作常利用原本《玉篇》，本文选取的《净名玄论略述》中，利用原本《玉篇》写下的注释文达到了相当的数目。

---

① 旧版中收录了方等部章疏5，新版中收录了方等部章疏9、10。
② 参照［日］冈井慎吾：《玉篇の研究》，东洋文库1933年版；［日］马渊和夫：《玉篇佚文補正》，东京文理科大学国语国文学会1952年版；《原本玉篇残卷》，中华书局1985年版。

井野口孝①认为，《净名玄论略述》中共有 57 处引自《玉篇》，其中只有 8 处是智光本人标明引自《玉篇》，其他 49 处可以通过其他资料推定或者断定引自《玉篇》②。本部分就在先行研究的基础上，以智光的引用文为中心，展开论述。

（一）《净名玄论略述》所引训诂和《大广益会玉篇》内容一致的实例

A.《净名玄论略述》卷一本（【玄论】是指吉藏的《净名玄论》原文的部分；【略述】是指智光给出的注释。以下同。）

【玄论】……白首之年翫味弥笃。

【略述】……《左传注》曰：翫，犹习也。

上述例 A 中，智光引用《左传注》中的"习也"这一训诂，来解释《净名玄论》中的"翫味"一词的"翫"字。"翫，习也"确实是出自《春秋左氏传》僖公五年传的杜预注。这是智光专门从《春秋左氏传》杜预注中找出的吗？

事实上，这条训诂也出现在《大广益会玉篇》卷二六·习部中，原文如下："翫：（午乱）切。习也。众也。又贪悦也。"

这里虽然出现了"习也"这一训诂，可是并没有说明这是引自《左氏传》，在现存的原本《玉篇》残卷中，关于"翫"的部分已经丢失，因此，也无法从中确认它是否标明这引自《左氏传》。但是，《大广益会玉篇》是原本基础上的简化版，它之前的原本《玉篇》中很有可能明确说明这一训诂出自《左氏传》。

---

① ［日］井野口孝：《智光『浄名玄論略述』に引く『玉篇』の佚文について》，载《大谷女子大国文》28，1998 年 3 月。另外关于《净名玄论略述》中对《玉篇》的利用情况，还参考了白藤礼幸《上代文献に見える字音注について（一）（二）》，载《茨城大学人文学部紀要 文学科論集》2、3，1968 年 12 月、1969 年 12 月；［日］白藤礼幸：《上代言語資料としての仏典注釈書》，载《国語と国文学》46－10，1969 年 10 月；［日］小島憲之：《原本系『玉篇』佚文拾遺の問題に関して》，收入《大坪併治教授退官記念　国語史論集》，表現社 1976 年版；［日］小島憲之：《万葉以前——上代びとの表現》第三章，岩波書店 1986 年版；［日］上田正：《玉篇逸文論考》，载《訓点語と訓点資料》73，1985 年 4 月，等。

② 依据井野口孝的《智光『浄名玄論略述』に引く『玉篇』の佚文について》（载《大谷女子大国文》28，1998 年 3 月），在《净名玄论略述》中明确标明引自《玉篇》的注释文共有 8 例，有《玉篇》表记风格的注释文 3 例，和其它佚文相比较可以被证实是出自《玉篇》佚文的注释文有 5 例，可以作为校订《玉篇》残卷的注释文有 3 例，疑似是《玉篇》佚文的有 38 例。

当然，不可否认《春秋左氏传》同《玉篇》一样，也是古代日本知识分子的必读书。但是，我们可以看到智光在著作中频频引用《玉篇》的训诂，那么我们可以进一步推测，"习也"是不是也是直接引自《玉篇》。也就是说，《净名玄论略述》中的"左传注曰，酖，犹习也"事实上是完整要引用了《玉篇》的内容。下面再举一个类似的实例。

B.《净名玄论略述》卷二本

【玄论】问曰不二法门即为其本请闻其要……

【略述】……"要"者，旨也。所为物体。《说文》曰："要，犹身中也。"谓于人身所有中旨此喉衿耳。《毛诗》：偶號要女。《传》曰："要"，成也。为所成立物之体也。

这里智光引用了《说文》中的"身中也"这一训诂来注释《净名玄论》中的"要"字。同实例 A 一样，这一训诂也可以在《大广益会玉篇》中找到原文，在"卷六·臼部"有如下记载："要：（于宵）切。说文曰，身中也。象人要自臼之形，今为要约自。又（于笑）切。"

这里，使用了"身中也"这一训诂，并注明了出处。原本《玉篇》中与之相关的部分已经缺失，无法进行直接确认，但是在智光那个时代的《玉篇》中存有这一记载的可能性是相当高的，由此可以推测，这个训诂也不是直接引自《说文》，而是同样来源于《玉篇》。

另外，在实例 B 的"《说文》曰"的后面又出现了"《毛诗》"、"《毛传》"等书名，针对同一个字引用多本典籍，给出了多个注释。这很有可能是这些训诂出自同一本辞书，即原本《玉篇》①。实例 B 中有下划线的部分是和现在通行的《毛诗》版本有出入的地方。《毛诗》的"郑风·蘀兮"中有如下记载："叔兮伯兮倡予要女。《毛传》：要，成也。"

看了抄本的《净名玄论略述》，我们可以发现实例 B 中的下划线部分并不写作"偶號"，而写作"偶号"。再结合"倡予要女"一句，可以发现这种情况极有可能是因为字体相近而把"倡予"误写成"偶号"。在之后的活字本翻刻过程中，"号"又被翻刻成"號"，窥视原文风貌也就变得愈加困难。还有些地方也似类似情况。

---

① 参考［日］西端幸雄：《原本玉篇の出典配列形式》，载《訓点語と訓点資料》59，1976 年 11 月。

（二）新确认的抄本《净名玄论略述》对《玉篇》的引用

C.《净名玄论略述》卷三本

【玄论】……次即如来印欢兼世人嗟美……

【略述】……《毛诗注》曰：嗟欢（写本中写作"嗟"）美之深也。三（写本中写作"王"）弼《周易注》曰：忧叹（写本中写作"欢"）之辞也。今须前训。

这个实例中的引用在活字翻刻本中写作"嗟欢美之深也"，抄写本中则是"嗟嗟美之深也"。这样就可以推知，这部分的情况和下面要列举的《毛诗》商颂·列祖的郑笺基本一致。

△《毛诗》商颂·列祖：嗟嗟列祖……

【郑笺】……重言嗟嗟，美欢之深。

虽然智光在著作中还同时引用了"王弼《周易注》"①，但恐怕这些也不是专门从《毛诗》和《周易》中找出引用，而是一并引自原本的《玉篇》。现在，原本《玉篇》有关"嗟"的部分已经散佚，那么是不是可以把智光的引用文当做一条复原线索呢？

（三）《净名玄论略述》中出自《玉篇》的引用文中和汉文典籍佚文相关的实例

接下来，让我们来探讨《净名玄论略述》中出自《玉篇》的引用文中和汉文典籍佚文相关的实例。

D.①《净名玄论略述》卷一末

【玄论】而玄藉弥布。

【略述】……言"弥布"者。……《山海经》：体始布士。郭璞解曰：布，犹敷也。《国语》：敢私布之。贾逵注曰：布，陈也。《玉篇》曰：布，犹宣扬也。随宜须之。

D.②《净名玄论略述》卷三末

【玄论】……答此开十地及二生死……

---

① 王弼注《周易》离卦"不鼓缶而歌，则大耋之嗟。凶"有"嗟，忧欢之辞也"。

【略述】……"开"者，兼也。《国语》：乐以开山川之风。贾逵曰：开，通也。《尚书》：三王之义先后相开。开，犹相闲涉也。《大戴礼》：察一而开乎多。案：开，解悟也。

以上阴影部分都引自《国语》贾逵注，下面将它们与现行版本的《国语》原文进行比较。

△《国语》晋语四：敢私布于吏。

【韦昭注】布，陈也。

△《国语》晋语二：释其闭修。

【韦昭注】闭，守也。

△《国语》晋语八：夫乐以开山川之风也。

【韦昭注】开，通也。

这三条是《国语》原文和韦昭的注释。吴·韦昭所著的是现存最古的《国语》注释书。分析《净名玄论略述》的引用文可知，后汉·贾逵为《国语》做注是参考了韦昭注，而智光引用的，是后汉贾逵所做的注。

下面再来分析D①，在"贾逵注"后面紧跟有"《玉篇》曰"。从中可推知，从郭璞为《山海经》做的注释到贾逵为《国语》做的注释，再到"《玉篇》曰"所引用注释，可能全部来自原本的《玉篇》。虽然，原本的《玉篇》中，关于"布"的部分业已散佚，无从查询，但是现存的原本《玉篇》其它部分常常引用上文所提郭璞《山海经注》和贾逵《国语注》，因此，可以判定D①中引用的《山海经》和《国语》的注释，也一并间接从原本的《玉篇》转引的。

由此可见，智光从《玉篇》中转引的引用文不仅是原本《玉篇》的佚文，如果原载这些佚文的汉文典籍也已经散佚，那么同样也可以把智光的引文视作这些汉文典籍的佚文，通过智光的引用文，我们可以窥探《玉篇》的成书期——六朝时代的书籍状况。

（四）与现行版本相悖的出自《玉篇》的引用文实例

这种情况我们通过下面的实例E分析。

F.《净名玄论略述》卷一末

【玄论】无言而无不言故即张大教网亘生死流。

【略述】……毛诗，亘之秬秠①。《传》曰：亘，遍也。《方言》：亘，竟也。今须初训。犹遍义。

实例F中引自《毛诗》和《方言》的引用文也是通过《玉篇》转引的。这里转引自《毛诗》的引用文和现行版本《毛诗》存在着微妙的差异。

△《毛诗》大雅·生民：恒之秬秠。

【毛传】恒，徧。

可见，现行版本《毛诗》中，阴影部分的字写作"恒"，而智光的引用文中写作"亘"，这一点陆德明在《经典释文》中业已当做异本原文明确指出②：

【释文】恒之：（古邓）反。徧也。本又作"亘"。……

也就是说，智光的引用文中有一部分是有别于现行版本的，可以在一定程度上反映六朝到隋唐时期的异本原文情况。从这个意义上讲，他的著作也可作为中日古典文献研究的重要参考。

四、《玉篇》以外汉文典籍的引用

这一部分围绕《净名玄论略述》对《玉篇》以外的汉文典籍的引用展开论述。

（一）来源于《老子》及河上公注、《庄子》及郭象注和成玄英疏的引用

G. 然有雌雄，像于男女。雄为左契，雌为右契。

《老子德经》云：是以圣人执左契而不责于人。河上公注曰：古者，

---

① 活字本写作"礻+不"，但现在一般采用抄写本写法。
② 还应指出，阮元的《毛诗注书校勘记》中有"唐石经，同。小字本、相台本，同。案：释文云：'恒'，本又作'亘'。《正义》云：定本作'恒'。《集注》皆作'亘'字。考'恒'、'亘'是一字"。玄应《一切经音义》卷四中有"亘然：……《诗传》曰：'亘'，遍也"，智光认为与出自《毛诗》的引用一致。

圣人执左契合符信。无文法，刻契合符，以为信也。但刻契为信，不责人以他事也。

H.《净名玄论略述》卷二本

【玄论】论曰夫有无相生高下相倾。……

【略述】……《老子道经》云：故有无之相生。难易之相成。长短之相形。高下之相倾。河上公注曰："见有而为无也"。乃至"高见而为下也"。略引二句，今以证之。

I.《净名玄论略述》卷二本

【玄论】……答仲尼之遇伯雪可目击而道存……

【略述】……《庄子》云：仲尼见温伯雪子不言。子路曰：夫子欲见温伯雪子久也。见之不言何也？仲尼曰：若夫人者目击而道存。亦不可以容声也。成法师云：姓温，名伯，字雪子。楚之怀道人也。具如《肇论述义》。

J.《净名玄论略述》卷五本

【玄论】亦为简庄周义毛嫱丽姬人之所美也鱼见之深入鸟见之高飞鹿见之决骤……

【略述】此简外典为二，初引彼文，后为释成。《庄子·内篇·齐物章》云：毛嫱、丽姬，人之所美也。鱼见之深入，鸟见之高飞，麋鹿见之决骤。四者孰知天下之正色邪。郭象注曰：此略举四者以明天下所好之不同也。而非之即无以知所同之必是矣。成法师解曰：毛嫱，越王之嬖妾。丽姬，晋献公宠嫔。此二人者，姝妍冠世，人谓之美也。然鱼见怖而深入，鸟见惊而高飞，麋鹿走而不预。举此四者，谁知宇内定是美色邪。故知凡鄙愚迷，妄生憎爱。以理观察，孰是孰非哉。决卒疾狼也。

以上实例G引自《老子》第七十九章和河上公注，实例H引自《老子》第二章和河上公注，实例I引自《庄子》田子方第二和成玄英疏，实例J引自《庄子》齐物论第二、郭象注和成玄英疏。这些引文和现行版本的《老子》河上公注、《庄子》成玄英疏等多少有些差异，因为这些引文都比较长，

73

可以推测这些是智光直接引用了《老子》、《庄子》的文句。继智光之后，善珠、安澄等奈良僧侣也从这些典籍中引用了较长的文句①。

（二）对玄应《一切经音义》的使用情况

下面开始考察对玄应《一切经音义》的使用情况。

K.《净名玄论略述》卷二末

【玄论】……故释迦掩室于摩竭净名杜口于毗耶……

【略述】……"摩竭提"者，又言"摩伽陀"，又言"摩竭陀"。皆讹传也。正言"摩揭陀"。此云"善胜"。又云"无恼害"。或说"摩伽"，星名。此云"不恶"。主十二月。"陀"者，处也。谓"不恶处国"焉。"毗耶离"者。又云"毗舍离"。又言"维耶离"。皆讹传也。正言"吠舍釐"。此云"广严"。在恒河南。七百贤圣于中结集处也。

以上是智光对《净名玄论》中出现的"摩竭"、"毗耶"这两个印度地名添加的注释。下面再举出唐朝玄应所著的《一切经音义》中与此表述一致的记述。

△玄应《一切经音义》卷一（大治本）②

摩竭提：或云"摩竭陀"。亦言"默竭陀"。又作"摩伽陀"。皆梵音。讹传也。正言"摩揭陀"。此译云"善胜国"。或云"无恼害国"。一说云"摩伽"，星名。此言"不恶"。主十二月。"陀"者，处也。名为"不恶处国"。亦名"星处国"也。"揭"，音（渠谒）反。

△玄应《一切经音义》卷八（高丽藏本）

毗耶离：或作"毗舍离"。或言"维耶离"。亦云"鞞奢网夜"。皆梵音。讹传也。正言"吠舍釐"。在恒河南中天竺界。七百贤圣于中结集处也。

以上阴影部分是和智光的所作的注释文一致的部分。虽然智光没有标明这些文句引自玄应的《一切经音义》，但从两者的一致程度可以确定它们之

---

① 参见拙论:《善珠撰述佛典注释书における老荘関係書の引用》，载《アジア遊学》73，2005年3月。

② 参照古辞书音义集成《一切经音义》，汲古书院1980～1981年版。

间引用和被引用关系。

实际上紧随智光出现的兴福寺僧侣善珠也在佛典注释书中解释过"摩竭陀"一词，只不过他使用了另一本汉文典籍——《华严音义》。与智光相比较，善珠更加频繁地引用《一切经音义》作注，但是注释"摩竭陀"这一条时，却另外选用了《华严音义》。

△善珠《因明论疏明灯抄》卷一本（《大正新修大藏经》第六八卷）

"摩竭陀国"者。此有多说。《华严音义》云："摩竭提"者，或云"摩"者，不也；"竭提"者，至也。言其国将谋兵勇，邻敌不能侵至也。或云"摩"者，遍也；"竭提"者，聪慧也。言聪慧之人，遍其国内也。或云"摩"，大也；"竭提"者，体也。言五印度中，此国最大统摄诸国，故云"大体"。或云"摩"，无也；"竭提"，害也。言此国法不行刑戮，其有犯死罪者，送置寒林耳。

以上善珠的引文和慧苑所著《新译大方广佛华严经音义》卷上的"摩竭提国"一条内容完全一致。

在天平八年（736）九月二十九日的《写经请本帐》①和天平胜宝五年（753）五月七日的《未写经律论集目录》②等书目中，可以找到关于《一切经音义》和《新译大方广佛华严经音义》的记录，可以确定它们都是在奈良时代传入日本的音义书。不管是《一切经音义》还是《新译大方广佛华严经音义》，智光和善珠的引用都是日本利用这些书籍的早期例证。二人引用不同的书来解释"摩竭陀"一词展，现在本文就对这一情况展开论述。

与此类似的例证还包括：善珠的注释书屡次使用《文选》李善注和五臣注，但目前无法确认智光的《净名玄论略述》有哪些注释引自《文选》。因此可以推断，二人都曾引用《玉篇》、《老子》和《庄子》等，它们使用过相同的汉文典籍，但对有些汉文典籍的使用，他们又是不同的。根据这些不同点，可以发现先于善珠和安澄进行佛典注释的智光的特点，也进一步可推知智光所处的书籍环境。

---

① 参照《大日本古文书》七。
② 参照《大日本古文书》十二。

五、智光在《净名玄论略述》中采用的方法和态度

奈良时代末到平安初期，善珠和安澄所著的佛典注释书相继问世，本部分将比较智光的《净名玄论略述》和它们的异同，进而找出智光在注释时所用的方法和态度。

（一）以反切为依据的音释

首先来进行量的比较。这里分别选取智光的《净名玄论略述》、善珠的《因明论疏明灯抄》和安澄的《中论疏记》来作比较。三本著作本身在书籍的薄厚和大小方面无甚差异。

· 智光《净名玄论略述》中的反切共3例
· 善珠《因明论疏明灯抄》中的反切及直音共163例[①]
· 安澄《中论疏记》中的反切及直音共255例[②]

前文已经论述，原本《玉篇》是《净名玄论略述》的主要参考依据，智光从中引用了大量训诂文句。但是如上面的实例所示，这本书中以反切作为依据的音释只有3例。不过，紧随智光之后的善珠和安澄却大不相同，他们在做注时，不仅利用训诂文句，更是大量地利用反切和直切来进行音释。下面，本文通过三人对相同字句所做的注释，来分析他们在方法和态度上的不同点。

（二）通过智光和善珠对相同字句所做的注释来分析他们所使用的不同方法

1. 《净名玄论略述》卷二本

【玄论】……即事相违义如钅享楯……

【略述】……如此相违犹若"钅享楯"。三阶之言如"钅享"。不二之理如"楯"。何者"钅享"形专长。"楯"形方短。以形相违故为譬耳。又"钅享"

[①] 在《因明论疏明灯抄》中的163例音释中，有67例和原本《玉篇》的反切一致（其中包括和《篆隶万象名义》一致的情况），和玄应《一切经音义》一致的反切和直音有42例，与《切音系韵书》一致的有反切16例。参考拙论：《古代日本の仏典注釈書における漢籍の引用——善珠撰『因明論疏明灯抄』の反切注記を中心に——》，收入早稻田大学古代文学比較文学研究所编《アジア遊学別冊3 日本·中国 交流の諸相》，勉诚2006版。

[②] 在《中论疏记》的255例音释中，有127例出自原本《玉篇》，有45例虽未标明但却和原本《玉篇》一致（包括与《篆隶万象名义》一致），有1例出自《切韵》。

者摧破义。"楯"者蔽障义。乃取人心彼此相违之见为譬也。《说文》曰，"铩"，长二丈逮（写本中写作"建"）于兵库。此就大分言。"铩"正应言戟。戟，长一丈六尺也。"楯"者，所以扞身以蔽目也。"楯"，即大橹。《西域记》曰，"步军轻捍敢勇。充（写本中写作"应"）选负大橹执长戟"。即是事也。

上文中阴影部分和《说文解字》内容一致：

△《说文解字》十四上·矛部
矛：犹如矛也。建于兵车、长二丈。象形。凡矛之属皆从矛。"矛+戈"、古文矛从戈。

△《说文解字》十二下·戈部
戟：有枝兵也。从戈、"幹——干"。周礼、戟长丈六尺。读若棘。

△《说文解字》四上·盾部
盾：瞂也。所以扞身蔽目。象形。凡盾之属皆从盾。

从实例L可以看出，智光对《净名玄论》中"铩楯"的解释引自《说文解字》中"矛"、"戟"和"盾"的解释①。而善珠的《因明论疏明灯抄》对"矛楯"一词，解释如下：

△善珠《因明论疏明灯抄》卷六本
"解义既相矛楯"者。"矛"，（莫候）反。说文、长二丈、建于兵车。或为铩字。"楯"，（食准）反。御敌也。排也。或为□字。

善珠在这里首先按照反切法给出了音释，然后训诂，最后还指出了它们的同义异形字。可见，不管是"铩楯"还是"矛楯"，总之是同义词用不同的汉字进行表记。智光的注释专注于对"铩"、"楯"的字义解释，善珠的注释则依次注明读音、训诂解释和同义异形字，包含更多的信息。

（三）通过智光和善珠对相同字句所做的注释来分析他们所使用的不同方法

下面来比较智光和安澄的注释方法。

---

① 《说文解字》六上·木部中有"楯，阑楯也。从木、盾声"。那么，实例L中提到的从《说文解字》中的引用也是通过《玉篇》转引的。此点待考证。

M.《净名玄论略述》卷二末

【玄论】……即无圣应不接凡……

【略述】……《礼记》：无辞不接。郑玄曰：接，犹会也。《庄子》：知者，接也。司马彪曰：接，持也。今言"接"者，化也。即，济度义。

上面实例 M 中，智光引用《礼记》和郑玄注①、《庄子》和司马彪注②的文句做"接"字的注释文。但在下面的例子中，可以发现同样的文句，安澄标明它们引自原本《玉篇》，这也可以间接证明以上智光的引用文转引自原本《玉篇》③。

△安澄《中论疏记》卷三本（大正新修大藏经第六五卷）

言"接仍"者。上，《玉篇》：会也。《庄子》：知者，接也。司马彪云：接，犹持也。《述义》云：接，犹续也。

安澄还在另一处对"接"字添加的注释，不过，"接"和"椄"偏旁不同，这里安澄先分别把它们的反切和训诂都详细列出，然后判定"椄"应该选用"续"的意义。

△安澄《中论疏记》卷五本

所言"逐接"者。《玉篇》：上，……下，（子业）反。会也，交也，持也，合也。接续之接。为接字。在木部。（子猎）反。续也，近也，捷也，连也，逮也，偏也。今须续训也。

这个例子中，安澄依汉字不同的字体及音释给出相应的训诂。这是安澄的常用方法，但智光却不同，在他的著作中没有看到使用这种方法的痕迹④。

智光注释的另一个特点正如实例 M 中阴影部分所示，常常在引用文后出现"今者〇也，即〇〇义"的文句，以此给出更贴切的注释。

另外智光还在著作中通过比较新译佛典和旧译佛典，选出合适的注释，这可以视作他的另一大特点。相关内容将在下一部分中详细论述。

---

① 《礼记》表记中有"子曰无辞不相接也"。但郑玄注中没有"会也"这一训诂。
② 一般认为是《庄子》庚桑楚第二三和司马彪注，但司马彪注的这部分已经遗失。
③ 参照［日］西崎亨：《東大寺図書館蔵中観論疏記（卷六末）引玉篇佚文考》，载《訓点語と訓点資料》62，1979 年 3 月；［日］井野口孝：《智光『浄名玄論略述』に引く『玉篇』の佚文について》，载《大谷女子大国文》28，1998 年 3 月。
④ 关于"枢"字，《净名玄论略述》卷三末和善珠《因明论疏明灯抄》卷五末也不尽相同。

（四）对旧译佛典和新译佛典的评价

N.《净名玄论略述》卷三末

"高广之座"者。《不思议品》中，文殊言：东方度三十六恒河沙国有世界，名须弥相，其佛号须弥灯王，身长八万四千由旬。其师子座高八万四千由旬，严饰第一。维摩诘现神通力，即时彼佛遣三万二千师子座高广严净来入维摩诘室。又，《无垢称经》云：东方去此过三十六殑伽沙国土有佛世界。名曰山幢，如来号山灯王，身长八十四亿踰缮那量。其师子座高六十八亿踰缮那量，菩萨身长四十二亿踰缮那量，座高三十四亿踰缮那量。时无垢称摄念入定起大神通，山灯王佛遣三十二亿大师子座，高广严净甚可爱乐，乘空来入无垢称室。今以新译为正，前乃传译之误。而所遣者是菩萨座。

针对"不思议品"，智光分别引用了鸠摩罗什所译《维摩诘所说经》和玄奘所译的《说无垢称经》中的内容，并肯定了玄奘的新译。

由此可知，智光在着手完成《净名玄论略述》的时候，博览了奈良寺院的汉文典籍，为己所用，并根据自己的判断选择适当的文句为《净名玄论》做注，融汇了他本人的思考与判断，后人即可从中了解汉文典籍传入情况，又能发现其使用方法，还可一瞥当时僧侣的汉学素养。

六、结语

现在研究还无法确定智光到底是师从于三论宗第二传知藏还是第三传道慈，但是可以确定他曾在元兴寺居住。而日本三论宗开山始祖惠灌生前也住在元兴寺。惠灌是入隋高丽僧，曾直接跟随吉藏学习三论佛法。因此，元兴寺的三论佛法和汉文典籍是通过朝鲜半岛直接传入日本的。智光正是沐浴在这样的环境中才促使他完成了《净名玄论略述》等多部著作。

《净名玄论略述》等佛典都是在《玉篇》等辞书，以及传入奈良寺院的其它汉文典籍的依基础上完成的。之后又有同类书籍出现，比如法相宗慈恩大师的《妙法莲华经玄赞》等[①]。在朝鲜半岛，新罗璟兴的《无量寿经连义

[①] 参照［日］白藤礼幸：《注釈の輸入——窺基撰『法華経玄賛』について——》，收入《五味智英先生追悼 上代文学論叢》，笠间书院1984年版。

述文赞》是一部兼有音释和训注的注释书,也是依据《一切经音义》、《切韵》等汉文典籍完成的①。

古代的佛典注释书是考察古代中国、朝鲜半岛、日本三地的书籍、学问往来的重要资料之一。笔者今后将继续关注日本与中国和朝鲜半岛之间同类书籍的关系,以便进一步发掘日本在遣隋使、遣唐使时代对大陆文化的吸收和摄取。

翻译:裴晓宇(浙江工商大学硕士研究生)

---

① 参考[韩]李丞宰:《七世紀末葉の韓国語資料——璟興撰『无量寿経連義述文賛』の注釈を中心に》,收入首尔大学校奎章阁韩国学研究院・口诀学会主办的"2007 韩日国际研究会发表论文集《古代韓日の言語と文字》",2007 年 7 月。

第八章　唐历在东亚的传播

北京大学中文系　王勇

中国历法在东亚的传播，具有多重涵义及复合影响。然而，学术界过于注重其科学技术的层面，较少论及其政治和文化涵义。事实上，在近代以前，东亚诸国基本袭用中国的历法，不仅把历法作为先进的天文知识加以摄取，而且作为『尊奉正朔』的标志以寻求文化认同。

基于上述观点，本文在追踪唐历传播日本的过程中，将百济、新罗、渤海纳入视野，以东亚文化联动为背景探讨中国历法对日本政治及文化的影响。同时在汲取先人研究成果的基础上，重点讨论下列几个问题。

（一）中国历法最初传入日本的时间及途径。百济的历博士王保孙于五五四年赴日传授历法，百济僧观勒于六〇二年将历本并历法传授给玉陈，其时百济使用南朝梁的《元嘉历》，可知南朝系统的历法在七世纪前传入日本。

（二）日本始用中国历法有六〇四年、六九〇年两说，前者推测使用观勒带来的《元嘉历》，后者则是《元嘉历》和《仪凤历》并行。笔者以为，六〇四年使用的是传自百济的舶来历本，六九〇年则是根据中国历经自造的历本。

（三）《仪凤历》之谜。日本沿用了七十三年的《仪凤历》，学界普遍认为是《麟德历》的别称，但在中国和朝鲜的文献中找不出证据。根据《日本国见在书目录》"《麟德历》八，《仪凤历》三"的记载，可知两者卷次不同，推测中国历史上存在过三卷本的《仪凤历》。

一、引言

日本明治维新后，经历"欧风美雨"的洗礼，从典章制度到风俗习惯，逐渐"脱亚入欧"，人文景观发生嬗变。面对传统的东亚文化圈趋于分崩瓦解，中国的士大夫受到巨大的精神冲击。

清光绪三年（1877），黄遵宪随首任驻日公使何如璋赴日，亲眼目睹了明治维新后的日本"上至官府，下及学校，凡制度、器物、语言、文字，靡然以泰西为式"。① 他在《日本国志·天文志》中附记一段与友人的争论，足证在诸般新政中，改历最遭物议。

> 余在日本与一友论历事，余意改历似可不必。其人以为："此乃维新第一美政。太阳历岁有定日，于制国用、颁官禄、定刑律均精核画一，绝无参差。比之旧历，便益实多。"余谓："中、东两国，沿用夏正已二千余年，未见其不便。且二国均为农国，而夏时实便于农。夺其所习而易之，无怪民间之嚣然异论也。"彼又谓："此第一时不习耳，日久则习而相安矣。且三代之时，三正叠用，改易正朔乃有国者之常。子不议古人而断断于是，不亦拘乎？"余无以难之也。既而其人又谓："置闰之法，本出于不得已。若不必置闰而岁岁齐尽，其法实精，中国特无人创论及此耳。苟有之，未必不变法也。"余乃举沈存中用十二气为一年之说以告之，谓中国特不欲更改，并非无人及此。其人愕眙良久，亦无以应我也。今附录于此，以塞专尚西法者之口。②

黄遵宪对日本的改历进行委婉的批驳，言语之间尚留有一些余地，代表着少数开明人士的意见。③ 与黄遵宪同时抵日的副使张斯桂，说话就有些刻薄了。他的《使东诗录》中有一首〈改正朔〉，嘲笑改历给社会带来诸多不便（夹注从略）：

> 行夏建寅自古传，阴阳两历说多偏。

---

① 何如璋：《使东述略》，收入王晓秋等点校：《日本日记·甲午以前日本游记五种·扶桑日记·日本杂事诗（广注）》，岳麓书社1985年版。
② 黄遵宪：《日本国志》，上海古籍出版社影印本，2001年。
③ 所谓"开明人士"，对待日本的改历，也还是持批判态度的。如黄遵宪在《日本杂事诗》中的《旧历》指责"如何数典祖先忘"，《新历》说"改朔书焚夏小正"，把改历与"焚书坑儒"扯到一块。参见王晓秋等点校《日本日记·甲午以前日本游记五种·扶桑日记·日本杂事诗（广注）》，岳麓书社1985年版。

> 万千红紫乘风信，三五团圞误月圆。
> 桐叶添时非纪闰，葭灰飞后即编年。
> 岁周三百六旬六，春仲如何四七天。①

日本改历之初，确实给人们的日常生活带来不便，在社会上引起某些混乱。阙名《日本杂记》载："日本历法向同中国，明治新政并历法改之，如西洋之不置闰。新历虽颁，民皆不便。"作者引"法不甚敝，不轻改"之古谚，叹息："吾不知其二千余年之历法，有何敝坏而轻改之也。"②

光绪十一年（1885），一位自称"四明浮槎客"的宁波商人，在《东洋神户日本竹枝词》中忿忿不平地说："移风易俗太荒唐，正朔衣冠祖制亡。"这还算克制的。有位名叫易顺鼎的儒生，写了篇〈讨日本檄文〉，对日本的大逆不道，不仅口诛笔伐，似乎还要动刀动枪：③

> 效冠服于他人，驴非驴，马非马。纪年僭称明治，实愈纵其淫昏。改正妄号维新，且弥滋其污秽。

明治维新时期，日本政府提倡"文明开化"，事无巨细皆以西洋为圭臬，改历只不过是诸多新政中的一项，为何会引起中国文人如此激愤和焦虑呢？

二、"正朔本乎夏时"

秦汉帝国在亚洲大陆的崛起，犹似一轮朝阳高悬中天，使东亚诸国从蒙昧的黑暗中迎来文明的曙光，一个以中国为核心的文明圈渐露端倪。

秦汉之后，经隋唐五代至宋元明清，东亚文明圈日趋成熟，共同的文化要素加强了相互之间的连带意识。北宋宣和五年（1123），徐兢奉命出访高丽，发现彼地的文明景观与故国何其相似，于是发出如下感叹：

> 臣闻："正朔，所以统天下之治也；儒学，所以美天下之化也；乐律，所以导天下之和也；度量权衡，所以示天下之公也。……虽高句丽域居海

---

① 张斯桂：《使东诗录》，收入王晓秋等点校：《日本日记·甲午以前日本游记五种·扶桑日记·日本杂事诗（广注）》，岳麓书社1985年版。
② 阙名：《日本杂记》，收入王锡祺编：《小方壶斋舆地丛钞》第10帙，杭州古籍书店（影上海著易堂本）1985年版。
③ 易顺鼎：《盾墨拾余》卷三。转引自王晓秋著：《近代中日启示录》，北京出版社1987年版。

岛，鲸波限之，不在九服之内；然禀受正朔，遵奉儒学，乐律同和，度量同制。"①

徐兢将正朔、儒学、乐律、度量四者视作文化认同的基准，而置"正朔"于首位。再看盛唐诗人王维，在送别阿倍仲麻吕（唐名"朝衡"，一作"晁衡"）时所吟《送秘书晁监还日本国》诗序中的一段：

海东国，日本为大，服圣人之训，有君子之风。正朔本乎夏时，衣裳同乎汉制。历岁方达，继旧好于行人；滔天无涯，贡方物于天子。②

在王维看来，奉正朔、同衣冠、贡方物三者，乃是"服圣人之训，有君子之风"的具体标志，而犹以"正朔"为三者之冠。此外，《全唐诗》（卷606）所载林宽《送人归日东》诗，也使用了"正朔"一词：

沧溟西畔望，一望一心摧。
地即同正朔，天教阻往来。
波翻夜作电，鲸吼昼为雷。
门外人参径，到时花几开。

此诗中的"日东"指日本还是新罗，学术界仍存争议。但"波翻夜作电，鲸吼昼为雷"，更似描摹横渡东海的景状；唐与新罗交往密切，故"天教阻往来"用于绝域日本也较贴切。

在古代东亚文明圈中，地位如此显赫的"正朔"，究竟指的是什么呢？单从词义来看，"正"指一年之始，"朔"为一月之初；两字合用，即代指人们根据日月星辰的变化而制定岁时节气的"历"。若从文化学的角度来分析，还有更深一层涵义：中国每当改朝换代，往往要复位正朔，颁布新历，以此作为皇权的象征。

历代帝王开拓疆域与颁布历法，两者相辅相成，表现出统御时空的占有欲。周边民族倘若尊奉正朔，即被编入中国帝王支配的时间序列，政治上意味着臣服，空间上则被纳入共同的文明圈，经济上获准参与朝贡贸易。下面

---

① 徐兢：《宣和奉使高丽图经》，收入文渊阁本：《四库全书》卷四十，武汉大学出版社1997年版（原文电子版）。
② 顾可久注：《唐王右丞诗集》，收入长泽规矩也编：《和刻本汉诗集成》第一辑（卷五），汲古书院影正德四年和刻本，1975年。

试举两个例子。

显庆五年（660）唐灭百济，继而征讨高句丽。麟德二年（665）高宗封禅泰山，带方州刺史刘仁轨领新罗、百济、耽罗、倭四国酋长赴会，可谓衣锦还乡，甚得高宗宠遇，擢拜为大司宪。《旧唐书·刘仁轨传》记其逸闻：

> 初，仁轨将发带方州，谓人曰："天将富贵此翁耳！"于州司请历日一卷，并七庙讳，人怪其故。答曰："拟削平辽海，颁示国家正朔，使夷俗遵奉焉。"至是皆如其言。①

刘仁轨文武双全，他认为削平百济之目的，是为了"颁示国家正朔"，其标志便是"历日一卷"。唐武德二年（619）始用傅仁均的《戊寅历》，麟德二年改行《麟德历》，从时间上推断，刘仁轨在百济颁布的应该是《戊寅历》。

明朝的开国皇帝朱元璋登极之际（1368），按照传统的程序，定国号为"明"、改年号为"洪武"、颁历曰《大统历》。这部新颁的历法尽管是元朝《授时历》的翻版，但开国皇帝的尊严迫使他改换名称。

一切准备就绪，朱元璋遣使分赴四方招谕，以重整东亚世界秩序。洪武初年，高丽、日本、琉球、安南、占城、真腊、暹罗、爪哇、三佛齐、琐里等接踵遣使朝贡，明朝在分封各国王号的同时，各赐《大统历》以示正朔。

或许可以说，在古代东亚文明圈中，中国帝王的封号与赐历具有某种相似的意义。换言之，周边各国使用中国历法，不仅仅是对科技知识的渴求，而且是以"尊奉正朔"的形式，表现出对中华文明的归同。

三、唐历东传之轨迹

日本自古无历，《魏略》说："其俗不知正岁四节，但记春耕秋收为年纪。"江户时代编纂的《大日本史》亦云："上古民物淳朴，机智未开，是以历数占测之术，未闻其有。"

七世纪初日本与隋通交，继而屡次遣使入唐，试图以中国为蓝本建设律令制国家。大化革新后加快模仿唐制的步伐，六六八年颁布《近江令》，六八

---

① 刘昫等：《旧唐书》卷八十四，中华书局校注本1975年版。

九年施行《净御原令》，次年持统天皇『始行《元嘉历》与《仪凤历》』，① 从而遵奉中国之正朔，堂堂正正地成为汉字文化圈中的一员。

《元嘉历》为南朝何承天编撰，刘宋元嘉二十二年（445）颁行启用。《仪凤历》中国文献不载，一般认为即《麟德历》之别称，系唐人李淳风所造，始行于麟德二年（665）。② 这两种历法先后相距二百余年，但在日本却并行施用，笔者以为是日本对华关系急速转型的过渡措施，即从中介百济汲取南朝文化，转向直接学习更为先进的隋唐文化。有关这些问题，后面还将专节探讨。

日本颁行历法不久，先后编撰了《大宝律令》（701）和《养老律令》（718），③ 在中务省下置阴阳寮，兼有唐朝太卜署和太史局的功能，掌管天文、历法、占卜诸事，其中设历博士一人、历生十人。历博士负责教授历生，并且于每年十一月一日前预造翌年的历本，由中务省奉呈御览，然后分颁诸司官厅。从这一时期开始，日本已有精通中国历法的专门人才，并据此每年编出实用历本。

公历七三四年，入唐留学十八年的吉备真备学成归国，将唐朝正在施行的《大衍历经》带回日本，同时携归与此配套的《大衍历立成》十卷及测影铁尺等。（《扶桑略记》等）《大衍历》系唐僧一行（本名张遂）所撰，成书于开元十五年（727），二年后正式颁用。这部唐代新历大概很快被送往阴阳寮，由历博士进行研读。七五七年，孝谦天皇敕令历算生必须学习下列书目：《汉书》（律历志）、《晋书》（律历志）、《大衍历议》、《九章》、《周髀》、《定天论》。《大衍历议》十篇，专门探讨历学理论，既然定为历生的必读书目，说明至少历博士已经掌握其中的原理。果然六年后（763），朝廷下令停用《仪凤历》，改用《大衍历》编制新历，翌年开始施行。

从吉备真备携归《大衍历》到阴阳寮据此造历，其间整整花费了三十年时间。然而，正当《仪凤历》与《大衍历》在日本实行新旧交替的前一年

---

① ［日］坂本太郎等校注：《日本书纪》卷三十，岩波书店1978年版。
② ［日］吉田忠：《日本历法的渊源与演进》，收入李廷举等编：《中日文化交流史大系·科技卷》，浙江人民出版社1996年版。
③ 据《续日本纪》（卷二）（《国史大系》第二卷，经济杂志社1906年版。《大宝律令》完成于大宝元年（701）八月三日，翌年（702）十月十四日颁布诸国。相比之下，《养老律令》完成于养老二年（718），直到天平宝字元年（757）才得施用。

(762)，唐朝已经启用郭献之编撰的《五纪历》，中日之间的历法时差又大大拉开了。

公历七七七年，日本派出第十六批遣唐使，担任准判官的羽栗翼是一位中日混血儿，他于四十三年前随父东归，当时年仅十六岁。回到隔别已久的故乡，羽栗翼尽其所能更新知识。翌年（778）随遣唐使团归国后不久，奉命试制"朴硝"（中药名），旋即升任内药正兼侍医。羽栗翼入唐的另一项收获，是将《五纪历》携归献呈朝廷，并奏云："大唐今停《大衍历》，唯用此经。"① 天皇遂于七八一年敕令阴阳寮依照《五纪历》造历。可是因当时"无人习学，不得传业"，只能继续沿用过时的《大衍历》。

一晃又是半个多世纪，历博士大春日真野麻吕以唐开成四年（839）及大中三年（849）的历本检勘依《大衍历》所造的日本历本，发现"注月大小，颇有相谬"，于是再次奏请改用《五纪历》。朝廷的答复是："国家据《大衍经》造历日尚矣，去圣已远，义贵两存，宜暂相兼，不得偏用。"② 算是勉强允许《五纪历》与《大衍历》并用。

从《五纪历》传入日本之年（778）算起，这部唐历因无人识读而被封存了约八十年，等到大春日真野麻吕获准用此造历时（857），发现实际已经过时。

事隔二年，渤海国大使乌孝慎奉使日本，献上得自唐朝的《宣明历》。时任阴阳头兼历博士的大春日真野麻吕，抓住这个机会，向朝廷建议停用《大衍历》和《五纪历》，颁行唐朝正在使用的《宣明历》，八六一年此议获准施行。

徐昂编撰的《宣明历》，唐朝从八二二年开始启用，这样中日历法的时差又缩小了。可是其后日本再也没有派出遣唐使，这部《宣明历》竟在日本行用了八百余年，直到一六八四年日本启用自造的《贞享历》，袭用中国历法的历史才告结束。③

四、从百济到日本

传播到日本的中国历法，除了前述《元嘉历》、《仪凤历》、《大衍历》、

---

① 《日本三代实录》卷五，《国史大系》第四卷，经济杂志社1906年版。
② 《日本三代实录》卷五。
③ 关于唐历东传日本，亦可参见王勇：《日本における中国历法》，收入蔡毅编：《日本における中国传统文化》，勉诚2002年版。

《五纪历》、《宣明历》之外，还有唐代曹士蒍编撰的《符天历》、元代郭守敬所造的《授时历》、明代元统修订的《大统历》等。这些历法的传播经纬，大抵有文献资料可作稽考，唯独《元嘉历》与《仪凤历》似乎"来路不明"。

前面已经提到，持统天皇四年（690）"始行《元嘉历》与《仪凤历》"。这段文字并不意味两种历法同时传入日本，也不能据此断定是从中国直接传入日本的。事实上，百济与日本的历法交流，可以追溯到六世纪中叶。

据《日本书纪》钦明天皇十四年（553）六月条载，与新罗争城夺地的百济向日本求助援兵，钦明天皇从其请，但作为回报，要求百济输送技术人才：

> 遣内臣（阙名）使于百济……别敕：医博士、易博士、历博士等，宜依番上下。今上件色人，正当相代年月，宜付还使相代。又卜书、历本、种种药物，可付送。①

从行文分析，是年正值诸博士交班轮换，则百济向日本输送博士，必定肇始于此前。第二年二月，百济依约选派十九位学有专长的博士和身怀特技的工匠赴日，其中包括"历博士王保孙"。

带有"博士"头衔的高级人才，当时在百济也非常紧缺，常常遣使中国南朝请求下赐。比如，《梁书·百济传》记载中大通六年（534）、大同七年（541），百济使节二次朝贡梁朝，主要目的就是为了招聘博士：

> 中大通六年、大同七年累遣使献方物，并请《涅盘》等经义、《毛诗》博士并工匠、画师等，敕并给之。②

一些学者注意到当时东亚的历史背景，推断百济所贡的博士及工匠多为南朝人。虽然没有足够的证据，但从"王保孙"等汉式姓名判断，他们即使不是南朝人，至少也是寓居百济的汉人。因为，《日本书纪》在标记外国人名时自有分寸：凡汉族直接使用原来的汉字，韩族则多采用标音汉字（如"己麻次"、"进陀"等）。

六世纪中叶，百济境内居住着许多来自中国的汉族移民，他们拥有较高

---

① ［日］坂本太郎等校注：《日本书纪》，卷十九。
② 姚思廉：《梁书》卷五十九，收入文渊阁本：《四库全书》，武汉大学出版社1997年版（原文电子版）。

的文化，医学、易学、历学等高深的学问，正是汉族移民驰骋才华的领域，土著韩人一时无法涉足。

王保孙赴日后的行迹不见史载，既然拥有"历博士"的头衔，必定精通天文学和数学，但是他所掌握的这门玄奥学问，恐怕仅能作为皇室的点缀，当时的日本尚无条件加以传习。正如黄遵宪在《日本国志·天文志》中所云：

当时历博士征之百济，依番上下，第袭用汉历而已，未尝习学其术也。①

然而事隔半个世纪，博学多才的百济僧人观勒自西渡海东来，在日本历法发展史上掀开崭新的一页。《日本书纪》推古十年（602）十月条载：

百济僧人观勒来之，仍贡历本及天文地理书并遁甲方术之书也。是时，选书生三、四人，以裨学习于观勒矣。阳胡史祖玉陈习历法，大友村主高聪学天文遁甲，山背臣日立学方术，皆学以成业。②

观勒身为出家之人，不仅深谙天文、地理之术，而且精通道教和玄学，所以受到日本朝廷重用。师从观勒学习历法的是一位名叫"玉陈"的移民后裔，据说他"学以成业"，那么意味着日本总算有了通解历法的传人。

日本推古元年（593）四月，皇太子圣德太子任摄政，推古女帝以万机悉委之。圣德太子以大隋帝国为蓝本，推行一系列内政外交的改革。他大概意识到历法作为文明标志的重要性，观勒乍到即聘为历学之师，二年后（604）的正月仓促"始用历日"。③

我们注意到，关于日本最早使用历日，《日本书纪》说是持统四年（690），《政事要略》则作推古十二年（604），两者相距八十六年。一般而论，日本学术界比较重视前者，对后者多持怀疑态度。④

然而，圣德太子"始用历日"也未必无据，一是这条记事与观勒传来历本、玉陈习学历法前后贯通，形成一个完整的时间系列，包涵合理的来龙去脉；二是颁历之举与前后事件有机关联，如施行《冠位十二阶》（603）、颁布《宪法十七条》（604）、派出遣隋使（607）等，将颁历置于圣德太子施政

---

① 黄遵宪：《日本国志》。
② ［日］坂本太郎等校注：《日本书纪》卷二十二。
③ 《政事要略》，收入《改订史籍集览》第29册，史籍集览研究会1969年版。
④ ［日］吉田忠：《日本历法的渊源与演进》。

的大背景中加以关照，那无疑是不可或缺的重要一环。

现在，我们再回头来探讨王保孙、观勒从百济携带而来的"历本"究竟为何？六世纪前后，百济实际使用中国南朝的《元嘉历》，这在《周书·百济传》中有明确的记载：

俗重骑射，兼爱坟史。其秀异者，颇解属文，又解阴阳五行。用宋《元嘉历》，以建寅月为岁首。亦解医药、卜筮、占相之术。①

百济从南朝梁招聘博士、工匠，散见于《梁书》、《陈书》等，而《元嘉历》早在刘宋时（420～479）就已传入百济，并且被一直袭用到百济亡国（661），说明百济与南朝在文化上具有很深的渊源关系。

王保孙和观勒均来自百济，他们所传授的应该是百济正在使用的历法，黄遵宪《日本国志·天文志》断言"观勒所献乃宋何承天之《元嘉历》"，应该是可信的。既然王保孙和观勒携带而来的是《元嘉历》，那么玉陈师从观勒传习的必是《元嘉历》，圣德太子于推古十二年（604）施行的自然也是《元嘉历》。

这里需要说明的是，我们所说的"历法"，严格地说应该分成两种。一种是一年一换的实用历，习称"历本"或"历日"；另一种叫做"历经"或"历议"，是根据长期观察天象总结出来的理论公式，每年的实用历本便是据此编造的。

日本历史上出现两次"始用"历法，这究竟该如何解释呢？笔者以为，第一次圣德太子"始用"的《元嘉历》，应该是实用的"历本"（《政事要略》作"历日"），时距观勒抵日仅仅二年，日本还不具备自己造历的能力；第二次持统天皇"始行《元嘉历》与《仪凤历》"，大概已经依据"历经"编制出本国的"历本"，因而使用了"始行"的措辞。②

五、《仪凤历》之谜

持统四年（690），日本经过"大化革新"（645），律令体制渐趋完备，

---

① 令狐德棻等：《周书》卷四十一，收入文渊阁本：《四库全书》，武汉大学出版社1997年版（原文电子版）。
② 七世纪末日本有无造历能力，目前尚无确凿的证据。不过在六九〇年之前，日本已经有了阴阳寮和占星台，《日本书纪》卷二十九、天武天皇四年（当白凤三年，675）正月条出现"阴阳寮"和"始兴占星台"的记载，说明日本具备了造历的技术条件。

90

天皇下诏启用《元嘉历》和《仪凤历》，用意显然在于融入东亚共享的时空世界。这一举措与推古朝『始用历日』具有本质上的区别：颁历不再是一种时尚追求或猎奇行为，而成为一种政治策略及文化取向。自此，中国历法成为日本典章制度及社会生活中不可或缺的有机部分，日本的文明进程也因此而被精确地镌刻在东亚史册之中。

长期以来，人们对新旧两历并用感到疑惑不解，提出过种种猜测。江户时代后期，藤田一正在《元嘉历草》序文中指出：

> 以元嘉历法测算推古十二年至持统五年干支，皆一一吻合。然至持统六年，则十一月辛卯朔与《元嘉历》差一天，若用《仪凤历》即合。①

按照藤田一正的说法，《元嘉历》从推古十二年（604）用到持统五年（691），至持统六年（692）十一月为《仪凤历》所取代。翻检《日本三代实录》，有"始用《元嘉历》，次用《仪凤历》"的记载，或可视为旁证。

推古十二年（604）至持统五年（691）期间，《元嘉历》是否一直在使用，很值得怀疑；《元嘉历》与《仪凤历》并用之说，也需斟酌一番。《元嘉历》采用平朔，《仪凤历》依据定朔，计算时间的方法既不同，也就难以和平相处。

近年，一种折中意见比较受人关注，内田正男在《日本历日原典》（雄山阁，1975）中最早提出：持统六年（692）至文武元年（697）依然以《元嘉历》为主，所谓"两历并用"，是指月朔按《元嘉历》计算，日食则依《仪凤历》预报。②

虽然这个问题还无法获得终极解决，但可以肯定的是，《元嘉历》和《仪凤历》有过一个并用及过渡的过程。日本在采纳新历时，为了顾及传统，往往允许旧历继续沿用某个时期，《元嘉历》和《仪凤历》并非孤例，《大衍历》与《五纪历》的情况亦如此。

《元嘉历》和《仪凤历》的新旧交替，折射出这一时期日本文化面临转型的世相。亦即，日本在完善律令制度的过程中，从中介百济转向与中国直接通交，从汲取南朝文化转向以隋唐为楷模。因而启用南朝旧历，采纳唐朝新历，无疑是历史发展的必然结果。

---

① 转引自［日］能田忠亮：《历》，至文堂1957年版。
② ［日］吉田忠：《日本历法的渊源与演进》。

然而，出乎人们预料的是，在日本正式颁行、且施用七十余年之久的《仪凤历》，却在中国找不到同名的历本。归纳诸家之说，大致有以下几种解释：其一，《仪凤历》即《麟德历》的别称，因仪凤年间传入日本，故名；其二，《麟德历》在仪凤年间传至新罗，彼地俗称《仪凤历》，日本从新罗得之，遂袭其名；其三，《大日本史·用历次第》提出一种见解，认为《麟德历》在仪凤年间曾一度改称过《仪凤历》。目前，第二种观点的支持者最多，如李廷举教授断言：

日本人之所以称麟德历为仪凤历，有其历史上的原因。如前所述，较早传入日本的元嘉历是来自百济；这是因为，飞鸟时代日本与百济的关系比较亲密。而到持统帝时代，新罗已经统一三国（高句丽、百济、新罗三国于六六八年统一）。此时，唐朝已实行新历即麟德历。这个麟德历是在唐仪凤年间传入新罗，故名之为仪凤历。后来它又经由新罗传入日本，日本就仍沿用新罗的名称，谓之仪凤历。①

这种代表中日学术界主流的观点，其实陷入一个巨大的误区：《仪凤历》并非仪凤年间传入新罗。据朝鲜史籍《三国史记·新罗本纪》文武王十四年（674）正月条载，入唐宿卫的德福传习历术而归，是年新罗改行新历。② 这部"新历"无疑就是《麟德历》（中国使用的时期是665～728），事在仪凤年之前，"新罗命名说"不能成立。

至于第一种意见即"日本命名说"，纵观日本采纳中国历法的历史，都尽可能保持原汁原味，绝无擅自改名的类例。而且，日本于持统四年（690）采用《仪凤历》时，已是仪凤年间之后，为何特意用"仪凤"之旧年号改称《麟德历》呢？目前还无法对此作出合理解释。

《大日本史》之说看似牵强，却未必无据。《日本国见在书目录》（9世纪末）载有"《麟德历》八，《仪凤历》三"，可知日本确实有过《仪凤历》，且卷次与《麟德历》不同，似乎不像是新罗或日本的俗称。

唐代颁历甚频，《新唐书》举出八部。其中《光宅历》与《景龙历》属于换汤不换药，如《旧唐书·历志》云："天后时，瞿昙罗造《光宅历》；中

---

① 李廷举：《中国天文历法的东传》，收入李廷举等编：《中日文化交流史大系·科技卷》，浙江人民出版社1996年版。

② ［高丽］金富轼：《三国史记》卷七，景仁文化社1982年版。

宗时，南宫说造《景龙历》，皆旧法之所弃者，复取用之。徒云革易，宁造深微，寻亦不行。"①

可见以年号命名的上述两历均未正式行世，《仪凤历》的情况是否类似呢？即仪凤年间曾将《麟德历》改头换面而称之《仪凤历》，或许在某种范围内短期流通过，因为内容无甚创新复又启用《麟德历》。② 这种可能还是存在的，如韩颖所造《至德历》就有过这样的经历。③

关于《仪凤历》传入日本的途径，中外学者多认为是来自新罗，根据是仪凤年间中日无聘交，而新罗与日本频繁通使。不过，迄今为止还未在朝鲜文献中发现《仪凤历》之名，则新罗传入说不能视为定论。

然而，日本佛教史籍《三国佛法传通缘起》有关入唐僧道光的记载，或许能为我们揭开《仪凤历》之谜提供一些新的线索。据载，六五三年随遣唐使吉士长丹入华的道光，留学二十五年后于仪凤三年（678）九月十九日离唐归国。道光专攻律宗，曾携归大量佛教书籍，并撰有《四分律抄撰录文》一书。④ 在道光归国的行囊中，是否夹带着一部《仪凤历》呢？

我们期待着新史料的发现，目前只能作出上述推测而已。

六、结语

通过上述考论可以发现，从七世纪初至十七世纪末的千余年间，日本先后袭用《元嘉历》、《仪凤历》、《大衍历》、《五纪历》、《宣明历》等，一部日本文明发展史处处留下中国历法的痕迹，而尤以唐历的影响最为深远，体现了日本汲取中国文化的鲜明特征。

不过，我们也必须看到事情的另一面，亦即日本的历术水准严重滞后，掌握一部新历往往需要花费几十年时间，跟不上唐历发展的步伐。唐代的

---

① 刘昫等：《旧唐书》卷三十二。
② 还有一种值得参考的意见，即认为《仪凤历》就是《麟德历》的节本，史书在计算唐代历书时未单独列出，而日本则取其节本行用。
③ 《新唐书·历志》三下云："至肃宗时，山人韩颖上言《大衍历》或误。帝疑之，以颖为太子宫门郎，直司天台。又损益其术，每节增二日，更名《至德历》，起乾元元年用之，讫上元三年。"
④ ［日］凝然：《三国佛法传通缘起》卷下；参照［日］茂在寅男等著：《遣唐使研究と史料》，东海大学出版社1989年版。

《宣明历》在日本一直袭用到清代（长达八百余年），意味着五代、宋、元、明的历法成果未被日本吸纳，这从两国文化交流的整体上看也是很不正常的。原因肯定是多方面的，最主要的大概有以下两条：

其一，遣唐使制度废止（894）以后，两国的交往由政府转为民间，像历经这类由国家直接控制的书籍，很难通过民间途经流出海外。当然，这不包括实用历本，如历博士大春日真野麻吕，曾以唐开成四年（839）、大中三年（849）之历本检勘《大衍历》，发现月之大小有误；又如后晋天福二年（937），朝廷命大宰府抄送当年与明年的唐朝历本，事虽未成，但说明往来海途的商人或僧侣可以将历本带到日本。

其二，历博士基本被贺茂等几个家族世袭垄断，由于是家传的学问，所以少有竞争者，长此以往便不思进取，趋于封闭和保守。《续日本后纪》记载了一则颇为典型的例子：承和五年（838）最后一次遣唐使出发，入选使团的历请益生刀岐雄贞、历留学生佐伯安道、天文留学生志斐永世等，因为畏惧海途危险，居然在起航前偷偷逃跑，结果被判斩刑，罪减一等配流佐渡岛。随此次使团入唐的有圆仁、圆载、圆行等，与他们冒死求法的精神相比，真可谓天壤之别。①

尽管现在东亚诸国普遍使用西方传入的太阳历，但在曾经深受唐历影响的地区，如朝鲜半岛和日本，阴历（农历）的痕迹不仅永久镌刻在历史中，而且还活生生地渗透在日常生活里。

---

① 《续日本后纪》卷八，收入《国史大系》第三卷，经济杂志社1906年版。

附录　中国历法东传略年表（初稿）

公历	中国年号	日本年号	关连事项
554	承圣三	钦明十五	百济派遣历博士王保孙赴日
602	仁寿二	推古十	百济僧观勒携《元嘉历》赴日，并向玉陈传授历法
604	仁寿四	推古十二	圣德太子始用历日（《元嘉历》）
674	咸亨五	天武三	德福自唐携归《麟德历》，新罗据此颁布新历
675	上元二	天武四	日本始兴占星台，此前已设阴阳寮
678	仪凤三	天武七	留学僧道光自唐而归，可能带回《仪凤历》
690	天授元	持统四	持统天皇始行《元嘉历》和《仪凤历》
692	长寿元	持统六	日本停用《元嘉历》，施行《仪凤历》
718	开元六	养老二	日本在阴阳寮置历博士和历生
734	开元二二	天平六	吉备真备自唐携归《大衍历》
757	至德二	天平宝字符	日本将《大衍历议》定为历生必读之书
763	广德元	天平宝字七	日本停用《仪凤历》，施行《大衍历》
778	大历十三	宝龟九	羽栗翼自唐带回《五纪历》
780	建中元	宝龟十一	羽栗翼建议朝廷改用《五纪历》
781	建中二	天应元	光仁天皇敕命依《五纪历》造历，然事未果
822	长庆二	弘仁十三	渤海国始行《宣明历》
856	大中十	齐衡三	历博士大春日真野麻吕奏请采用《五纪历》
857	大中十一	天安元	日本并用《大衍历》和《五纪历》
859	大中十三	贞观元	渤海大使乌孝慎抵达日本，进献《宣明历》
861	咸通二	贞观三	日本据大春日真野麻吕奏请，采用《宣明历》
937	天福二	承平七	朝廷命大宰府抄送当年与明年的唐朝历本
957	显德四	天德元	天台僧日延自吴越国携归《符天历》
1078	元丰元	承历二	宋司天监调查辽、高丽、日本的历本
1303	大德七	嘉元元	高丽使用《授时历》
1369	洪武二	正平二十四	明太祖赐高丽《大统历》
1371	洪武四	建德二	明太祖赐日本使祖来《大统历》
1625	天启五	宽永二	日本试用《授时历》
1684	康熙二十三	贞享元	日本施行自创的《贞享历》

第九章　略论日本宫内厅书陵部所藏宋本《初学记》

北京大学中文系　刘芸

一、引言

《初学记》三十卷，唐徐坚等奉敕撰。唐初文风上承六朝之余绪，写诗作文讲究典故辞藻。为便于皇太子等人更好地学习诗文，唐玄宗命令徐坚等人按照"以类相从，务取省便"的原则，"撰集要事并要文"①，书成取名《初学记》。全书三十卷，共二十三部，三百一十三个子目。其体例先为"叙事"，汇集相关资料简要说明子目标题；次为"事对"，列出对偶式典故，下注出处；最后是"诗文"，按诗文体裁罗列诗文佳作。唐代中日书籍交流密切，至迟在平安早期，《初学记》已传入日本。日本今存《初学记》刻本多部，其中宫内厅书陵部所藏宋本《初学记》为目前所知唯一宋本，在版本、辨伪、校勘等方面具有重要价值。

二、《初学记》传入日本及现藏情况

一般认为《初学记》成书于开元十五年（727），《唐会要》载："（开元）十五年五月一日，集贤学士徐坚等纂经史文章之要，以类相从，上制名曰

---

① [唐] 刘肃：《大唐新语》，卷九。

《初学记》，至是上之。"隋唐时期，以遣唐使为主要依托，中日书籍交流日益密切，中国典籍大规模传入日本。关于《初学记》传入日本的大致时间，松浦友久先生认为早在天平七年（735）已传入日本。奈良时代藤原宇合所作《枣赋》部分典故见于《初学记》卷二十八枣类，又"枣赋"这一文学形式最早由《初学记》加以介绍，推测藤原氏《枣赋》作于《初学记》传入日本之后；而《枣赋》创作于天平八年（736），可知天平七年第九次遣唐使吉备真备回国带回的书籍中，应当已有《初学记》①。对于蒲松氏的观点，市川任三先生通过考证认为，藤原氏《枣赋》当作于神龟三年（726）年，比《初学记》成书早一年，其所用典故出自其他典籍，而非《初学记》；又《续日本纪》卷十二所载吉备真备所献四部书籍中，未见《初学记》，藤原佐世所撰《日本国见在书目录》一般会标注将来人姓名，而在《初学记》下没有任何标注，考虑到古代文化的传播速度，《初学记》很难早在天平七年就传入日本②。

日本孝谦天皇天平胜宝三年（751）所编《怀风藻》，为日本第一部汉诗集。诗歌所用典故多处见于《初学记》，如治部卿犬上王《游览山水》"吹台弄莺始"之"吹台"，《初学记》引《水经注》曰："陈留县有仓颉师旷城，上有列仙吹台。梁王曾筑以为吹台。"又如美努连净麻吕《临水观鱼》一诗，基本为六朝张正见《钓竿篇》的翻作，而张正见此诗见于《初学记》。如果这些用典、翻作确实出自《初学记》，说明当时《初学记》已传入日本，并且对日本文学产生了一定的影响。当然，因为没有明确提及《初学记》，这些用典、翻作也可能是通过其他汉籍获得的。

目前可知最早引用《初学记》的日本书籍，是成书于日本淳和天皇（在位823~833年）时期的《秘府略》。《秘府略》一千卷，滋野贞主等编纂，是日本第一部大型汉籍类书。《秘府略》大部分已佚失，目前残存卷八六四"百谷部"及卷八六八"布帛部"。其中卷八六八明引《初学记》，云"徐坚《初学记》'事对'曰"，下引《初学记》卷二十八绣第七【连烟 布地】、【加五采 成六币】、【衣马 藻龙】三个事对及梁张率《绣赋》。从征引篇幅之大来看，当时《初学记》应当已传入日本。又日本阳成天皇（在位877~884年）

---

① ［日］松浦友久：《初学记の渡来と〈枣赋〉の成立》，《城南汉学》，1962年第4期。
② ［日］市川任三：《初学记渡来考》，《立正大学教养部纪要》，1971年第4期。

时期藤原佐世所撰《日本国见在书目录》① 第三十"杂家"著录《初学记》三卷（案，"三"当为"三十"之脱误。），题"徐坚撰"，此为《初学记》最早著录于日本书目。

明清以来，多种刻本《初学记》通过商船等途径流入日本。日本桃园天皇宝历四年（1754），长崎港《舶来书籍大意书》著录《初学记》一部一帙八册，其识文曰："此系唐徐坚等奉敕撰。摘六经诸子百家之言，分天、地、帝王、职官、礼乐、政理、服食、果木、鸟兽等二十三门。每门叙事，标事对诗赋铭赞六目，类从其言，并加分注，合为三十卷。此本由明徐守铭校正，明万历十五年（1587）刊行。"② 据桃园天皇宝历九年（1759）《长崎官府贸易外船赍来书目》记载，当年中国商船"一番船"载《初学记》一部抵日本。据《商舶载来书目》记载，桃园天皇宝历十一年（1762）中国商船"志字号"载《初学记》一部一帙抵日本。据《外船书籍元帐》记载，仁孝天皇宏化五年（1848）中国商船"未四蕃"载《初学记》一部二帙抵日本，售价八匁。

日本今存《初学记》刻本多部，兹据严绍璗先生《日藏汉籍善本书录》及"全國漢籍データベース"数据库的相关著录，将日藏《初学记》版本及藏所情况列表如下：

版本	藏所
宋绍熙十七年（1147）东阳崇川余四十三郎宅刻本	宫内厅书陵部
明嘉靖十年（1531）安国桂坡馆刻本	东洋文库 静嘉堂文库 京都大学人文科学研究所东洋学文献中心 京都阳明文库 京都产业大学图书馆 一桥大学图书馆 天理图书馆

---

① 关于《日本国见在书目录》的编撰年代，学者争议较多，这里取严绍璗先生一说。见严绍璗：《汉籍在日本的流布研究》，江苏古籍出版社1992年版。
② 严绍璗：《日藏汉籍善本书录》，中华书局2007年版。

续表

版本	藏所
明嘉靖十年（1531）晋陵杨鑨九州书屋本	宫内厅书陵部 静嘉堂文库 天理图书馆
明嘉靖十三年（1534）晋藩虚益堂刻本	宫内厅书陵部 内阁文库 尊经阁文库
明嘉靖二十年（1541）序刊本	京都大学中国语学文学哲学研究室
明嘉靖二十三年（1544）沈藩刻本	内阁文库 东京大学总合图书馆
万历十五年（1587）徐守铭宁寿堂刻本	内阁文库 东洋文库 东京大学法学部 早稻田大学图书馆 御茶之水图书馆 大阪天满宫御文库
万历二十五年（1597）崇川陈大科刻本	静嘉堂文库 东京大学东洋文化研究所 京都大学人文科学研究所东洋学文献中心 爱媛大学图书馆 名古屋大学附属图书馆 一桥大学图书馆
明刊本	东京大学总合图书馆
清光绪九年（1883）南海孔氏岳雪楼古香斋刻本	东洋文库 东京大学东洋文化研究所 京都大学人文科学研究所 立命馆大学图书馆 神户大学图书馆 新潟大学图书馆 爱知大学图书馆 东北大学图书馆
清光绪十四年（1888）蕴石斋黄加焜刻本	国会图书馆 京都大学人文科学研究所 东北大学图书馆

从上表可知，《初学记》的几个主要版本在日本都有收藏（详下文），且

藏量可观。尤为重要的是，宫内厅书陵部所藏宋本《初学记》，为现存唯一的一部宋本。此本原为金泽文库旧藏，仁孝天皇文政年间（1818～1829）出云守毛利高翰将此书献给幕府，明治初期归内阁文库。其款式密行细字，半页十二行、行二十二至二十五字不等，注双行三十字。前有绍兴四年（1134）福唐刘本序，序后刊有牌记四行，曰："东阳崇川余四十三郎宅，今将监本写作大字校正雕开，并无讹谬，收书贤士幸详鉴焉，绍兴丁卯（1147）季冬日谨题。"卷中有抄配，钤有"金泽文库"、"土屋守楷之印"、"虎五郎文库"等印。岛田翰《古文旧书考》认为，此书"纯乎宋时坊刻之中上也"；傅增湘以为"刊工精湛，笔迹瘦劲、与余藏百衲本《通鉴》中十四五行本相类"[1]。近年《日本宫内厅书陵部藏宋元版汉籍影印丛书》据以影印，为学者利用提供了方便。

三、宋本《初学记》的版本价值

《初学记》五代即有刊行，《宋史·西蜀孟氏传》："毋守素，父昭裔，性好藏书，在成都令门人勾中正、孙逢吉书《文选》、《初学记》、《白氏六帖》镂板。"五代、宋元版《初学记》国内已不存。《天路琳琅书目续编》、汪士钟《艺芸书舍宋元本书目》著录有宋本，后经鉴别均为明安国刻本。孙星衍《平津馆鉴藏记》著录有元版，实为荥阳郑氏本，书贾剜去牌记下文冒充元刻[2]。

明清《初学记》多次刊刻，主要版本有：明嘉靖十年（1513）安国桂坡馆刻本。安国本前有锡山秦金序，云《初学记》"岁久板废，抄本狼藉，字多舛误，观者病之。锡义士安国购得善本，谋诸塾宾郭禾，相与校雠厘正，遂成完书，选能鸠工缮写锓梓以传"。安国本问世以后，一时称善，明清两代多有据以翻刻者，俨然成为《初学记》之祖本。如嘉靖十年（1531）晋陵杨鑨九洲书屋本、嘉靖十三年（1534）晋藩虚益堂本、嘉靖二十三年（1544）沈藩刻本、万历十五年（1587）太学徐守铭宁寿堂本、万历二十五年至二十六年（1597～1598）扬州陈大科刻本，以上各本均出自安国本。万历三十四年

---

[1] 傅增湘：《藏园群书经眼录》，中华书局1983年版。
[2] 胡道静：《中国古代的类书》，中华书局2005年版。

（1606）虎林沈宗培刊巾箱本，源出宁寿堂本，但分卷改为三十二卷，每类诗赋，有据《艺文类聚》、《太平御览》增入者。明代又有嘉靖十六年（1573）荥阳郑氏刊本。清代有乾隆时内府古香斋刻本巾箱本，所据底本未经交代。其卷数为三十卷，安国之误字经沈本改正者多从沈本，故杨守敬云："古香斋本似以安国之卷第，而据沈氏为底本。"① 又有光绪九年（1883）南海孔氏岳雪楼重刊古香斋本、光绪十四年（1888）蕴石斋黄加焜刻本。

清代王昶旧藏大字本《初学记》，严可均以为是宋刻，据以校徐守铭宁寿堂刻本（覆刻安本），出入较多，遂认为"安国本得宋板大字本，多阙叶，倩馆客郭禾采他书补足，而通部亦改窜删补，非宋旧也。……卷二十五、二十六、二十八、二十九、三十，凡二十二叶，宋与徐绝异，皆安国所据本之阙叶而郭禾补足者也"②。王昶藏《初学记》后归陆心源，陆心源定为元刻，据以校安刻本系统的本子，写成校勘记八卷，刻入《群书校补》。后杨守敬、傅增湘经过详细的文字比勘，指出严、陆二人所谓宋刻、元刻，实为明荥阳郑氏刊本。

自严、陆校勘记行世之后，学者对安国本多有诟病，认为安国本所据是残缺的宋本，甚至怀疑是否为真宋本，而对郑氏本评价较高。傅增湘即以为，郑氏本"镌椠尚精，文字佳胜，远出他明本上"③。又，叶德辉称其从子启蕃购得安国活字本《初学记》残本，"书中详记缺卷为第七、第十、第二十一至二十五、第三十卷之下半，共八卷半"④，推测安国所得宋本本不完全，最初以活字排印，后请塾师郭禾将缺卷补完，刊刻行世，但郭禾多以臆窜补，大失本真。叶氏所谓活字本他处不见著录，亦不见真本，然此说影响较大，司义祖、胡道静等均从其说。

目前关于安国本劣、郑氏本优的评价，学界似乎已成定论。不过这一观点基本是严可均、陆心源等前代学者观点的延续，而很少利用到日本所藏宋本《初学记》。笔者通过对宋本、安国本、郑氏本初步的文字比勘，认为郑氏本前二十五卷在文字、体例等方面与宋本相近，而安国本与宋本差异较大；

---

① ［清］杨守敬撰、张蕾点校：《日本访书志》，辽宁教育出版社2003年版。
② ［清］严可均：《书初学记校宋本后》，《铁桥漫稿》卷八，清道光十八年（1838）四录堂刻本。
③ 傅增湘：《藏园群书经眼录》。
④ 叶德辉撰、杨洪升点校：《郋园读书志》，上海古籍出版社2010年版。

后五卷异文安国本与宋本基本相同，根据《艺文类聚》、《文苑英华》等相关文献，基本可以断定，郑氏本异文非《初学记》原貌。学界关于安国本、郑氏本的评价，或应作某种程度的修正。

据宋本牌记"今将监本写作大字，校正开雕"，宋本《初学记》当源于监本。安国本秦金序言"安国购得善本"，未言所据就是宋本，而历来学者皆以为出自宋刻。郑氏本《重刊大字初学记序》后有"谨依古本荥阳郑氏重刊印行"字一行，序末有牌记云"近将监本是正讹谬，重写雕镂，校勘精细，并无荒错。买书君子，幸希评鉴。"郑氏本自称所据为"古本"、"监本"。又郑氏本三十卷末有跋云："《初学记》三十卷，宋后刻于麻沙，今岁书林郑逸叟再购以板其书……以钞本而赝字残简为多，献观于予，予谂隘弗敢雠也。敢求正于识奇字、记杂书，如扬子云、郑康成君子云。时嘉靖丙申冬，壶云子后跋。"据此，则郑氏本所本当为钞本，而非刻本。

从郑氏本文本状况来看，当以后跋所言为确。卷一天第一叙事，"是生两仪，两仪未分"①，郑氏本作"是生两仪，未分"；事对【紫电 文虹】小注"翳翳四区昏"，郑氏本作"翳四区昏"。推测郑氏本底本或作重文号，刻书者不识，造成两处脱误。又卷一天第一事对【覆盆 转毂】小注"浑天仪曰"，郑氏本作"挥之天仪曰"；【象盖 如笠】小注"颛顼造浑天仪"，郑氏本作"颛顼造运天仪"；【设位 垂象】小注"易行乎其中"（安国本作"易行于其中"），郑氏本作"易行平其中"；【三体 六气】小注"降生五味"，郑氏本作"降生王味"。此类简单明显之讹误，或为底本字迹较为潦草，在将钞本刻板过程中，刻书者未能正确辨识，造成讹误。故笔者以为，郑氏本底本当为钞本，而与监本没有直接渊源关系，其卷首牌记当为郑氏的自我标榜。

郑氏本所据并非监本，但若不考虑最后五卷的异文情况，郑氏本似乎在文字、体例等方面与宋本较为接近，而安国本则与宋本有一定差距。主要表现在以下几个方面：一是，宋本、郑氏本《初学记序》中刘本的署名，都是"福唐刘本序"，安国本则为"右修职郎建阳县丞福唐刘本序"，多"右修职郎建阳县丞"八字。

二是，郑氏本"事对"小注较安国本繁复，这一特点与宋本相近。《初学

---

① 本文所引《初学记》原文，若无特殊说明，均出自日藏宋本《初学记》，《日本官内厅书陵部藏宋元版汉籍影印丛书》本，线装书局2002年版。

记》"事对"小注中，有些注文已在上文"叙事"或"事对"中出现，这种情况下相关小注或依然详列注文，或加以简化，仅言"见上叙事"等。总体而言，宋本、郑氏本小注比安国本繁复。杨守敬即指出，安国本"全书中删节不为少"，"大抵'事对'中，宋本（笔者按，即郑氏本，下同。）所引稍烦。标题相应而止，或已见上文，安本则但录其与本则以见者，宋本多复举，安上文括之。"①

如卷一，天第一【四极 九野】，宋本、郑氏本作"九野，九天也，见上叙事中"，安国本作"九野，见上"。月第三【合璧 破环】，宋本、郑氏本作"《汉书》曰：太初历晦朔弦望皆最密，日月如合璧，五星如连珠"，安国本作"合璧，已见上"。卷二，雪第二【北阙车 东郭履】，宋本、郑氏本作"北阙车事已见上'周阙'注中"，安国本作"事见上"。雹第四【如桃李 似杯棬】，宋本、郑氏本作"《孔丛子》曰：永初二年夏，河西县大雨雹，如杯棬，大者或如斗，杀畜生鸡兔，折树木"，安国本作"下见上《孔丛子》"。宋本、郑氏本有些地方也比较简略，与安国本基本相同。如卷一雷第七【出豫 作解】，宋本、郑氏本作"出豫事见上"，安国本作"上事见上"。卷二雹第四【阳愆 阴伏】，宋本、郑氏本作"事并见上"，安国本作"并见上"。但总体而言，同安国本相比，宋本、郑氏本小注多引作原文，部分省略的小注一般会指出参见之处，而安国本多简化为见上某某处，有时甚至把参见之处也省略。

三是，在"叙事"、"事对"的小注中，安国本删节较多，而宋本、郑氏本相对完整。如卷一云第五【沛歌 汾辞】，"沛歌"小注宋本、郑氏本有"安得猛士兮守四方"，"汾辞"小注宋本、郑氏本有"兰有秀兮菊有芳……横中流兮扬素波"数句，安国本无。卷一风第六"叙事""光风"小注，宋本作"楚词曰：光风转蕙泛崇兰。注云"，郑氏本作"楚词：光风转蕙泛崇兰。注曰"，安国本则作"楚词注"；"绪风"小注，宋本、郑氏本作"楚辞曰：疑（按，郑氏本作'凝'）秋冬之绪风。注曰"，安国本则作"楚辞注曰"。卷一风第六【猎蕙 泛兰】，"猎蕙"小注宋本、郑氏本作"宋玉《风赋》曰：翱翔激水之上，将击芙蓉之精，猎蕙草，离秦蘅，概新夷，被矴杨"，安国本则作"宋玉《风赋》曰：猎蕙草"；"泛兰"小注宋本、郑氏本作"楚词曰：川

---

① ［清］杨守敬撰、张蕾点校：《日本访书志》。

谷径履复流潺湲，光风转蕙泛崇兰"，安国本则无"川谷"句。安国本在小注方面多有删节，这些删节大体不影响文本理解，但改变了《初学记》原貌。

郑氏本以钞本为底本，同宋本、安国本相比，脱文较多。如卷二雪第二，郑氏本脱"上官仪《咏雪诗》"下"禁园凝朔气……董思恭《咏雪诗》"四十余字；卷三冬第四，郑氏本脱"叙事""季冬之月……建丑之辰"三十余字；卷六海第二，郑氏本脱晋木玄虚《海赋》"揭百尺……济所屈"二十余字。宋本、安国本在这些地方不脱。但是，郑氏本有些脱文，在宋本中也为脱文，而安国本则不脱。如卷一星第四【编珠 连贝】，安国本"编珠"小注云："《尚书·中候》曰：天地开辟，甲子冬至，日月若悬璧，五星若编珠"，宋本、郑氏本无此二十余字。卷一风第六"叙事"，安国本有"秋分阊阖风至（西方。），立冬不周风至（西北方。）"，宋本、郑氏本无此十七字。卷二十四城郭第二宋鲍照《芜城赋》，安国本有"至若白杨……起黄埃"数句，宋本、郑氏本无此四十余字。卷二十四殿第四陈徐陵《太极殿铭》，安国本有"往朝煟烬……乃元皇而斯宅"数句，宋本、郑氏本无此一百余字。卷二十四园圃第十三晋潘尼《后园颂》，安国本有"茫茫在昔……文质迭兴"、"神祇告吉……游鱼载浮"数句，宋本、郑氏本无此一百余字。从这些篇幅较大的相同的脱文来看，郑氏本与宋本关系较为密切。

在征引诗文时，郑氏本有时会使用"曰"字，如卷一天第一"晋傅玄《两仪诗》曰"。这种现象在前几卷较为突出，而这一特点也见于宋本，安国本则极少使用"曰"字。从传抄刊刻过程的复杂情况来看，是否有"曰"字有各种偶然因素，可能顺笔加一"曰"字，也可能为图简便省去"曰"。但从前两卷情况来看，郑氏本与宋本每一子目都有使用"曰"字，且出现"曰"字的地方大体相同，而安国本则没有使用"曰"字的现象。如卷一天第一征引诗文8篇，宋本4篇使用"曰"，郑氏本亦4篇，3篇同宋本；日第二征引诗文10篇，宋本、郑氏本10篇皆有"曰"；月第三征引诗文13篇，宋本、郑氏本12篇使用"曰"，且篇什同；星第四征引诗文10篇，宋本、郑氏本10篇皆有"曰"。可见，郑氏本与宋本更为接近，其所据钞本可能源出某一较早版本。

此外，《初学记》"诗文"部分收录唐太宗诗文多篇。宋本、安国本、郑氏本在征引时，对唐太宗的称谓有细微区别，但总体而言，宋本、郑氏本较为复杂，安国本相对简略。如卷一云第五《同赋含峰云诗》，宋本、郑氏本作

"太宗文皇帝",安国本作"唐太宗";卷三春第一《首春诗》,宋本、郑氏本作"太宗文武圣皇帝",安国本作"唐太宗";卷五总载山第二《小山赋》,宋本、郑氏本作"唐太宗文武圣皇帝",安国本作"唐太宗"。《初学记》所引其他唐朝皇帝诗文,大体亦如此。如卷七骊山汤第三《过温汤诗》,宋本、郑氏本作"高宗天皇大帝",安国本作"唐高宗";卷九总叙帝王《汉高祖讚》,宋本、郑氏本作"唐睿宗大圣真皇帝",安国本作"唐睿宗";卷十驸马第七《赐驸马封制》,宋本、郑氏本作"中宗孝和皇帝",安国本作"唐中宗"。从对唐朝皇帝的称谓来看,宋本、郑氏本较为接近《初学记》原貌,而安国本作了较大简化。

由于时间有限,笔者未能对宋本、安国本、郑氏本作全面比勘。从前二十五卷部分卷次的文字、体例来看,郑氏本与宋本接近,而安国本则与宋本差别较大,推测郑氏本所据底本可能与宋本有同源关系。

四、宋本《初学记》的辨伪价值

严可均、陆心源等人因安国本与郑氏本后五卷二十多叶文字绝异,以为安国本为妄补,对安国本多有诟病。现将后五卷异文与宋本略作对比,发现安国本与宋本更为接近,说明即使安国本有残缺,也并非臆补,而是有所依据。由上文可知,宋本、郑氏本或有同源关系,那么宋本、郑氏本后五卷异文,哪一个更符合《初学记》原貌呢?笔者以为,根据《艺文类聚》、《文苑英华》等相关文献,基本可以判断宋本文本更可靠,郑氏本当为后人补足。

北宋初所编《文苑英华》是一部上起魏晋、下迄晚唐五代的文学总集,书成后,因原稿讹误较多,北宋真宗、南宋孝宗年间曾做过数次校勘。其后,周必大主持了一次更为全面的校勘。此次校勘征引典籍广泛,其中就有《初学记》。"凡经、史、子、集、传注、《通典》及《艺文类聚》、《初学记》,下至乐府、释、老、小说之类,无不参用。"[①] 校出的错误,分别用小字夹注或篇末黑地大字的形式一一标明。校定完后,于宋宁宗嘉泰元年至四年(1201~1204)刻板,并将校勘成果也一起刊行。通过《文苑英华》,我们可以窥见当时《初学记》的部分文本信息。

---

① [宋]周必大:纂修《〈文苑英华〉事始》,见《文苑英华》,中华书局1966年版。

从《文苑英华》中有关《初学记》的校勘记来看，宋本比较接近校勘时所采用的本子。如《文苑英华》卷三二六王筠《答元金紫饷朱李》"秾华春发结彩果"①，"秾"字下有校勘记云："《初学记》作'李'"。宋本《初学记》卷二十八李第一收录同首诗，"秾"字正作"李"，而郑氏本无此诗。《文苑英华》卷三二一萧悫《奉和咏龙门桃花》"抵言轻摘罢"，"轻"字下有校勘记云："《初学记》作'经'"。宋本《初学记》卷二十八桃第三收录同首诗，"轻"字正作"经"，而郑氏本亦不载此诗。

又如《文苑英华》卷三二二梁简文帝《雪里觅梅花》"学作两三枝"后有校勘记，云："以下六篇并见《初学记》"。按，"以下几篇并见《初学记》"的校勘记在《文苑英华》中另有数条，从这几条来看，"以下几篇"应当是包含校勘记前面一篇诗文在内的几篇。《文苑英华》卷三百十卢思道《彭城王挽歌》"空山照秋月"后有校勘记，云："以下三篇并见《初学记》"。如果不包含卢思道此诗，以下三篇当是卢思道《乐平长公主挽歌》、骆宾王《乐大夫挽歌》二首。卢思道《乐平长公主挽歌》和骆宾王《乐大夫挽歌》之一，见于《初学记》卷十四挽歌第十，而骆宾王《乐大夫挽歌》之二则不见于《初学记》，又卢思道《彭城王挽歌》也见于《初学记》卷十四挽歌第十，若包含卢思道此篇，那么校勘记就和《初学记》相符。《文苑英华》卷三百二十六梁元帝《石榴》"映水珊瑚开"后校勘记云："以下五篇并见《初学记》"；《文苑英华》卷三二七梁孝元帝《赋得兰泽多芳草》"十步岂难希"后校勘记云："以下四篇并见《初学记》"：在计算诗文篇数时，情况也是如此。

这里"以下六篇并见《初学记》"的六篇，应指梁简文帝《雪里觅梅花》、吴筠《梅花》、何逊《早梅》、王筠《和孔中丘雪里梅花》、庾肩吾《同萧左丞咏摘梅花》、庾信《梅花》。宋本《初学记》卷二十八梅第十收录除吴筠以外的其他五首，且诗序相同，诗名、诗句基本相同。而郑氏本所载诗歌则为梁简文帝《雪里觅梅花诗》、梁元帝《咏梅花诗》、梁鲍泉诗、梁何逊《早梅诗》、庾肩吾诗、陈阴铿《雪梅诗》，其中同《文苑英华》所载相比，梁元帝诗脱"俱羞惜腕露，相让道腰羸"一句，何逊《早梅诗》脱"朝洒长门泣，夕驻临邛杯"一句，庾肩吾诗从诗歌内容来看，即《文苑英华》所载庾肩吾《同萧左丞咏摘梅花》。相比较而言，宋本更接近《文苑英华》校勘

---

① 本文所引《文苑英华》，均出自中华书局1966年版。

记所使用的《初学记》。宋本不载吴筠《梅花》一诗，这里的吴筠为六朝人，而非唐人吴筠，宋本不载，可能是脱漏。

《文苑英华》此次校勘由周必大主持，实际工作则多由彭叔夏等完成，其校勘所用《初学记》应该比较可靠。从校勘记来看，当时使用的版本同余氏宋本《初学记》的文本面貌接近。当然余氏宋本《初学记》刊行于绍兴十七年，比周必大校勘《文苑英华》早五十余年，不排除周必大使用跟余氏宋本同一系统《初学记》的可能性，不过即使如此，也说明周必大等人认为余氏宋本《初学记》是比较可靠的。

《文苑英华》不仅在这次校勘中征引了《初学记》，在编撰过程中也大量征引《初学记》，内容上的承袭是《文苑英华》校勘得以引用《初学记》的重要原因。《文苑英华》在编撰体例上，先按文体分为赋、诗、行、杂文、中书制诰等若干类，文体下按诗文内容再细分若干子目，如赋类下分天象、岁时、地类、水、帝德等若干类，天象下又细分天、日、月、星等小类。大体而言，《文苑英华》参考了《文选》和类书的分类，尤其是各类文体下的分类与《艺文类聚》、《初学记》等唐代类书有很多共通或相似之处。比较《文苑英华》和《初学记》相同的子目，我们发现《文苑英华》部分子目收录的诗文明显承袭自《初学记》。

如《文苑英华》卷一五一天部日类，梁简文帝《咏朝日》至董思恭《日》等十首诗也见于《初学记》，诗名、诗句基本相同。除了《初学记》将唐太宗《赋秋日悬清光赐房玄龄》、《赋得白日半西山》两首诗列于诗类的开头，《文苑英华》则完全按照时间排序外，其他诗歌顺序都相同。其中，梁李镜远《日》、刘孝绰《咏日应令》二首诗也见于《艺文类聚》，从古代大型类书的编纂实情来看，《文苑英华》此类所载诗篇应承袭自《初学记》，而不是先取《艺文类聚》两篇，在此基础上再用《初学记》补足。又如《文苑英华》卷一五三天部星类，隋炀帝《月夜观星》，诸葛颖、袁庆、萧琮、虞世南《奉和御制月夜观星示百僚》，董思恭《咏星》等六首诗；卷一五六天部风类，阮卓、唐太宗、虞世南、董思恭、王勃等五首《咏风诗》；卷一六一地部石类，梁萧雉《赋得翠石头应令》至苏味道《石》等六首诗：皆见于《初学记》，诗序、诗名、诗句基本相同。

不难看出，《文苑英华》在编纂时广泛征引了《初学记》。而宋本、郑氏本《初学记》文本差别较大的几个子目，《文苑英华》同类子目收录的诗文

107

与宋本相近。如《文苑英华》卷三二六花木桃李类收录沈约《麦李》、王筠《答元金紫饷朱李》、唐太宗《赋得李》三首诗，这三首见于宋本《初学记》，且文字基本相同。郑氏本所录诗为《古歌诗》、梁沈约《咏李诗》、隋江总《李诗》，其中沈约一诗无"在先良足贤，因小邈难逾"、"摘时欲以献，尚食且踟蹰"四小句。又《文苑英华》卷三三零禽兽蝉类所载褚云《咏蝉》，萧子范《后唐听蝉》，沈君攸《同陆廷尉惊早蝉》，张正见《赋得新题寒树晚蝉疏》、《赋得秋蝉喝柳应衡阳王教》等五首诗，卷三二九禽兽萤类所载梁简文帝《咏蝉》、纪少瑜《月中飞萤》、沈旋《咏萤》、杨缙《照帙秋萤》、虞世南《咏秋萤》等五首诗，亦见于宋本《初学记》，诗序、诗名、诗句基本相同。其中个别诗篇也见于郑氏本，但郑氏本诗名略有差异，且有脱句现象。可见，《文苑英华》与宋本《初学记》关系较为密切。

《文苑英华》编撰于北宋初，且为官修，所据《初学记》自然是当时最好的本子，余氏宋本《初学记》异文多见于《文苑英华》，可知宋本《初学记》应当保存了《初学记》原貌。那么是否有可能是宋本《初学记》所依据底本原有残缺，后人用《文苑英华》补足，造成了这一现象呢？笔者以为，这种可能性不大，相反，应该是郑氏本《初学记》所据底本残缺，后人用《艺文类聚》加以补足。除去和宋本相同的诗文，郑氏本其他诗文基本都见于《艺文类聚》，且篇名、文字基本相同。如郑氏本卷二十八李第一《古歌诗》、梁沈约《咏李诗》、隋江总《李诗》三首诗，见于《艺文类聚》，且《艺文类聚》沈约诗亦无"在先良足贤，因小邈难逾"、"摘时欲以献，尚食且踟蹰"四小句。郑氏本卷二十八柰第二梁褚湮《柰诗》，见于《艺文类聚》，且郑氏本、《艺文类聚》同宋本、《文苑英华》相比，无"映日照新芳，丛林抽晚带"、"不让圆邱中，粲洁华庭际"四小句。郑氏本卷二十八桃第三宋伍辑之《桃园赋》、陈张正见《哀桃赋》、梁简文帝《咏初桃诗》、梁任昉《咏池边桃诗》；柑第八晋胡济《黄赋》、宋谢惠连《柑赋》、梁徐陵《咏柑诗》、梁庾肩《谢赉柑启》（按，"肩"下脱"吾"字）、晋王升之《甘橘讚》、宗炳《其颂》（按，"其"当为"甘"之讹）；卷三十鸟部鸡第三，梁简文帝《斗鸡篇》、梁刘孝威《鸡鸣篇》、周庾信《斗鸡篇》、陈徐陵《斗鸡诗》、陈周弘正《咏老败斗鸡诗》等，以上各篇皆见于《艺文类聚》，且文字基本相同。

《初学记》编撰于唐玄宗时，内容上对《艺文类聚》有所承袭，但同时也增加了很多《艺文类聚》没有的文献，尤其是在收录诗文时，增加了较多隋代、初唐文献。郑氏本除去和宋本《初学记》相同的诗文,其他诗文基本见于《艺文类聚》,而宋本《初学记》则有较多诗文不见于《艺文类聚》。宋本、郑氏本的这一差别,说明郑氏本有可能是用《艺文类聚》补足的,而这一点可以从郑氏本个别异文中得到证实。

如郑氏本卷二十八李第一晋傅玄《李赋》作"乃有河沂黄建□□,房陵缥青,一树三色,异味殊名。潜实内结,丰彩外盈,翠质未变,行随运成。种别类分,或朱或黄。甘酸得适,美逾蜜房。"同宋本相比,郑氏本文本错乱十分严重。在宋本中,"乃有河沂黄建……异味殊名"在"潜实内结……美逾蜜房"句后,且宋本"行随运成"与"种别类分"中间有"青角奏而微酸起,大宫动而和甘生。既变洽热,五色有章"数句,"美逾蜜房"与"乃有河沂黄建"之间有"浮彩点驳,赤者如丹。入口流溅,逸味难原。见之则心悦,含之则神安"数句。笔者以为,郑氏本这一文本面貌当是臆补造成的。郑氏本底本残缺不全,事对最后一词条【庐山白 房陵缥】残存"房陵缥"小注"傅玄《李赋》曰:乃有河沂黄建,房陵缥青,一树三色,异味殊名",而征引诗文部分亦残缺。补缺者以为这里的"傅玄《李赋》"是属于征引诗文的部分,于是用《艺文类聚》中的傅玄《李赋》补足。但《艺文类聚》中的傅玄《李赋》乃是节略,并不完整,仅"潜实内结,丰彩外盈。翠质未变,行随运成。种别类分,或朱或黄。甘酸得适,美逾蜜房"数句。补缺者将《艺文类聚》的傅玄《李赋》接续到原本为"事对"小注的傅玄《李赋》上,造成文本上的错乱。

又如郑氏本卷二十八梅第十,陈阴鉴《雪梅诗》前四句韵脚为"飘"、"销"、"条"、"朝",而末句为"早知觉不见,真悔著衣单",韵脚"单",与前四句不押韵。在宋本《初学记》中,"早知觉不见,真悔著衣单"为周庾信《咏梅花诗》最后一句,该诗前三句韵脚为"阑"、"看"、"寒","单"字与前三句押韵。而此句又见于《庾子山集》、《文苑英华》、《容斋随笔》等文献,皆作庾信诗。可知郑氏本此诗有误,而其原因当是底本残缺不全、误补造成的。郑氏本所据底本,残存梁庾肩吾《同萧左丞咏摘梅花诗》一诗,及周庾信《咏梅花诗》末句"早知觉不见,真悔著衣单"。补足者用《艺文类聚》相关诗文补足,由于庾肩吾一诗诗名不全,而此诗又不见于《艺文类聚》,故仅题作"庾肩吾诗",又在庾肩吾诗后补入陈阴鉴《雪梅诗》,但没有删去原本属于庾信《咏梅花诗》的末句"早知觉不见,真悔著衣单",于是阴铿诗便成了五言十小句，且末句与前四句不押韵。

可见，从宋本、郑氏本"诗文"部分的异文来看，基本可以判断郑氏本非《初学记》原貌。另外，就"叙事"部分而言，郑氏本也不尽符合《初学记》的一般体例。《初学记》"叙事"通常先解释字义或阐释词条的内容、性质，后列举相关文献作进一步说明。宋本卷二十八李第一，"叙事"首条为"许慎《说文》曰：李，果也，从木子声。杍，古文李"，解释字义。而郑氏本首条则为"《毛诗》曰：何彼秾矣，华如桃李。投我以桃，报之以李"，只是单纯罗列资料，没有解释"李"为何种植物。宋本卷二十八柰第二，"叙事"首条引"《晋起居注》曰：嘉柰，一蒂十五实，或七实，生于酒泉"，郑氏本则为"《西京杂记》曰：上林苑有白柰、紫柰、绿柰"。宋本说明柰这种果实的结果情况，郑氏本则是说明柰的种类，从解释事物的一般顺序而言，似以宋本为佳。其他几个子目亦是如此，宋本或引《说文》、《尔雅》，或引《诗义疏》，解释相关事物，而郑氏本则多引《毛诗》，且诗句内容基本没有说明相关事物的作用。

《初学记》的"叙事"不是简单的资料汇辑，而是经过精心编撰，把相关文献连贯起来，成为一篇文章。《四库全书总目》即言："叙事虽杂取群书，而次第若相连属。"笔者以为，宋本卷二十八果木类各子目"叙事"部分，各条目之间有较强的逻辑性，大体先解释字义，次引相关文献介绍果木的种类、种植范围、贡奉等情况，最后则指出食用果实的功效及相关禁忌。如宋本李第一，先引《说文》解释字义，次引《尔雅》、《西京杂记》、《汉武内传》、陆翙《邺中记》等介绍李的种类，又引《盐铁论》说明桃李与农业收成的关系，最后引《本草》介绍食李有"除固热"、"调中"等功效。宋本柰第二，先引《晋起居注》介绍柰为何种果实，次引《西京杂记》、《汉武内传》、《广志》介绍柰的品种，再引《本草》指出柰味苦，病人不可多食。而郑氏本"叙事"各条目之间关系较为松散，更像简单的罗列资料。郑氏本"叙事"所引各条目多见于《艺文类聚》、《太平御览》等书，从郑氏本"诗文"部分多引《艺文类聚》加以补足来看，郑氏本很可能从《艺文类聚》摘录数条文献，略作编辑而成。

从宋本、郑氏本异文情况来看，郑氏本所据底本残缺十分严重。如宋本卷二十八李第一"事对"有【采春山 沉寒水】，郑氏本"事对"有【玄泉 寒水】。"采春山"小注引《山海经》，"玄泉"小注引庾玄默《水井赋》，而

"寒水"小注引魏文帝《与吴质书》，同宋本"沉寒水"小注，但脱"浮甘瓜于清泉"一句，而《艺文类聚》此条亦无"浮甘瓜于清泉"一句。可知，当为郑氏本底本残存词头中"寒水"二字，郑氏本引《艺文类聚》补足"寒水"小注，再臆补上"玄泉"及小注。再如宋本卷二十九狗第十"事对"有【赍书 衔卵】，郑氏本"事对"有【黄耳 白苍】，"白苍"小注引郭缘生《述征记》，同"衔卵"小注，"黄耳"小注引《述异记》，同"赍书"小注，而文字略有差异，更接近《艺文类聚》。推测，当是郑氏本底本缺【赍书 衔卵】这一词头，残存《述异记》部分内容及《述征记》全条，补足者据《艺文类聚》补足《述异记》，又重新概括出【黄耳 白苍】这一词头。

那么郑氏本后五卷的异文大概在何时由何人补入呢？郑氏本卷三十虫部萤第十四"事对"【腐草化 湿地生】"湿地生"小注引"《格物论》曰：萤是腐草根及烂竹根所化……得大火之气而化此照明也"。《格物论》一书，自宋至清，有大量文献加以征引，但都未提到这部书的作者。从各书所引片段来看，当是介绍动植物的百科性质的书籍。又《格物论》此段文字，据目前笔者所查阅的资料来看，最早见于《事类备要》别集卷九十四萤类，题作《格物总论》。《事类备要》别集由宋虞载所编，卷二十二以后，在编撰体例上基本先引《格物总论》或《格物蘽话》，对子目标题作简要说明，次"事类"列举相关文献，次"诗集"征引诗文。宋代朱熹等理学家强调"格物致知"，《格物总论》以"格物"命名，当是受此思潮的影响，其年代极有可能为南宋。如果这一推测成立，那么郑氏本异文补入的时间当不早于南宋。

笔者以为，郑氏本异文极可能为郑逸叟在板刻时所补入。据郑氏本三十卷后跋，其所据底本为钞本，且"赝字残简为多"，壶云子自称"谫陋弗敢饎"，"敢求正于识奇字、记杂书如扬子云、郑康成君子"。从郑氏本文本状况来看，一方面确实少有校勘，卷中多有缺字及形近而讹，杨守敬即言郑氏本"其所长一一与严校相应，而其误处反数倍于安本"①。另一方面，底本后五卷残损严重，如果完全照底本原貌加以刊刻，其书恐怕是无人问津，难以销售，因此只能据其他文献稍作补足，以示全本。其补入者很可能为署名"壶云子"的这个人，此名不见于其他文献，相关情况只能付之阙如。

明万历二十五年（1597）陈大科翻刻安国本，前有自序云："南国一妄男

---

① 《日本访书志》。

子，谬以其意损益之，至窜入宋事十二三。"叶德辉受严可均、陆心源校勘记影响，对安国本多有诟病，以为陈大科所称"妄男子"即指安国，同时对陈大科贬抑安国、又以安国本为底本感到不解。笔者以为，这里的"南国一妄男子"实指郑逸叟，郑氏为福建人，安国为江苏无锡人，陈大科大概知晓郑氏本实非原貌，才以"南国一妄男子"称之。

五、结语

由上文可知，日藏宋本《初学记》对于我们重新评价安国本、郑氏本有重要价值。严可均、陆心源误以王昶旧藏郑氏本为宋本、元本，今与日藏宋本略作对比，在文字、体例等方面，郑氏本与宋本接近，两者可能有同源关系，从这一点来看，严、陆二人的推断有其可取之处。但郑氏本所据底本为钞本，且讹字脱误较多，尤其是后五卷残损严重，从而影响了郑氏本的质量。而安国本虽然对文字多有删节，大体仍是《初学记》原貌，不少地方还能补日藏宋本之不足。如日藏宋本卷二十八甘类残缺有补配，从补配文字来看，所据者当是郑氏本，这种情况下，安国本就成了我们可以依据的最早版本。除了版本、辨伪价值，日藏宋本在校勘方面也有较高价值，因篇幅所限，兹不赘述。

【参考文献】

[1][唐]徐坚等撰：《初学记》，《日本宫内厅书陵部藏宋元版汉籍影印丛书》本，线装书局2002年版。

[2]《初学记》：明嘉靖十年（1531），安国桂坡馆刻本。

[3]《初学记》：明嘉靖十六年（1537年），荥阳郑氏刻本。

[4]《初学记》：中华书局1962年版。

[5][唐]欧阳询等撰、汪绍楹校：《艺文类聚》，上海古籍出版社1982年版。

[6][宋]李昉等撰：《文苑英华》，中华书局1966年版。

[7][清]陆心源辑：《群书校补》，清刻本。

[8]傅增湘：《藏园群书经眼录》，中华书局1983年版。

［9］［清］杨守敬撰、张蕾点校：《日本访书志》，辽宁教育出版社2003年版。

［10］［清］叶德辉撰、杨洪升点校：《郋园读书志》，上海古籍出版社2010年版。

［11］胡道静：《中国古代的类书》，中华书局2005年版。

［12］严绍璗：《汉籍在日本的流布研究》，江苏古籍出版社1992年版。

［13］严绍璗：《日藏汉籍善本书录》，中华书局2007年版。

［14］［日］市川任三：《初学记渡来考》，《立正大学教养部纪要》，1971年第4期。

第十章 日本现存宋版大藏经相关问题一二

[日] 实践女子大学 牧野和夫

迄今为止，承蒙各收藏单位的厚爱以及在诸位研究生同学的帮助下，现已完成调查的大藏经已为数不少。比如，本源寺所藏（三圣寺旧藏）藏本，相关调查已全部完成；还有一部分是经过逐一检查后才得以阅读其折帖的大藏经。

对此加以整合，包括之前发表过的内容，在此请允许我对相关几个问题做一个综合性的报告。

一、刻工名、追雕等问题

《关于日本船载输入的东禅寺版一切经的刊刻、印刷、修订相关问题一二》（《东亚出版文化研究 榁潦》所收 2004 年 二玄社刊）这篇论文所提到的补刻叶的墨丁部分，我想从"刻工名"和"施财刊语"两个方面来提出其涉及和影响到的诸多问题。补刻叶很多是根据清晰的印面来进行准确地判断，但难以判断或无法判断的情况也不少。其中，有混入绍兴年间的补刻"木板"，一看就是经历过好几次的补刻，有着在不同层面的反复补刻的痕迹。虽可以假定它们是在几次短期而集中的过程中完成补刻的，倒不如说，补刻是在一个持续不断的过程中得以完成的。这更加不得不考虑到墨丁部分的施财刊语的追刻以及"填木"等"事业"。再与"劝化"等活动相联系，情况变得更加地错综复杂（还涉及到"混合帖"的问题）。另外，这是否只限于佛典刊刻的情况也不得而知。

汉籍刊刻的情况又怎么样呢。是否可以推导出类似的"情况"呢？作为今后的课题，理应该考虑下相关的几个问题点，但是由于篇幅的限制，只待留与下次探讨。

二、墨丁与追刻

我想以墨丁与追刻的事例为切入点，对几个问题点进行梳理。由于已经完成了东禅寺版经本的事例调查，有关东禅寺版经本，我将列举一两个事例，并对其结论进行归纳。重点放在对开元寺版的墨丁和追刻事例的分析，从书目层面对开元寺版经本的施财刊语的追刻问题进行探讨。其次，再列举一部分与开元寺版的题记相关的事例调查，并对今后的研究课题之一做出提示。

（一）东禅寺版的墨丁与追刻

我在《关于日本船载输入的东禅寺版一切经的刊刻、印刷、修订相关问题一二》里，对相关问题进行总结以来，我们在东寺藏宋版大藏经调查方面没有取得新的进展，故无法添加一些新的事例。因此，我将再次列举出东寺藏大般若经（包含在宋版一切经以内）的墨丁部分（前）以及大约三十年后的追刻（后）的事例，再简单归纳得出的结论。

     东寺藏本   书陵部藏本

①《大般若波罗蜜多经》卷18、9版"■■■"——"住弥陀宗福二片为恩有"

②《大般若波罗蜜多经》卷22、7版"■■明"——"住神光宗浩舍十版"

③《大般若波罗蜜多经》卷42、6版"庚辰　江旦■■"——"庚辰　江旦　弟子施通东法林尼显用各五百修版"

④《大般若波罗蜜多经》卷135、2版"■泗"——"仕古下口音宏智舍二版泗"

⑤《大般若波罗蜜多经》卷159、9版"■泗"——"住永固庵永昭舍甲辰"

⑥《大般若波罗蜜多经》卷217、1版"■■ 庚辰 林赐"——"住弥陀宗福二口"

⑦《大般若波罗蜜多经》卷550、13版"庚辰■■江旦"——"甲辰聪道化安人李氏妙宁舍祈安"

追雕了墨丁部分，并留下了刻工名"江旦"、纪年"庚辰"的一例，是卷42、6版"庚辰 江旦■"（东寺藏本）——"庚辰 江旦 弟子施通东法林尼显用各五百修版"（书陵部藏本·金泽文库本）。追雕了新的纪年"甲辰"的一例是，卷159、9版"■■泗"（东寺藏本）——"住永固翔永昭舍甲辰"（书陵部藏本·金泽文库本）（消除了刻工名"泗"）。另外，添加了"甲辰"的是卷550、13版。除此之外，追雕的内容全部是施财刊语。当下，有关追雕施财刊语的信息，一般都是以版心的纪年和刻工名为中心进行考察的，但或许可以从公开刊行了报告书的金泽文库藏（也参考了书陵部本）东禅寺版《大般若波罗蜜多经》中寻求某些线索。

"庚辰"年出自刻工之手的补刻叶版心下方，留有墨丁，这意味着《大般若经》卷42第6版的补刻不是对施财者的确定，而是被雕刻这个事实。

"庚辰（嘉定13年·1220年）"的补刻叶依据《神奈川县立金泽文库保管宋版一切经》（平成10年3月刊）记录，共存在九例。首先举出《大般若波罗蜜多经》卷213、8版卷"慧泽化汀州施主舍 庚辰 林赐"，还有《大般若波罗蜜多经》卷43、5版"庚辰 江旦 汀州开元寺比丘宝舍3片"等。劝化僧慧泽在汀州一带进行了劝募，于是雕刻了汀州的布施募捐者的施财刊语。至于东禅寺（前）知藏道永的劝募活动的相关情况，则如下文所述：

道永的劝募活动以福州为中心，淳佑四年、五年（甲辰、乙巳）左右，有关他活跃的劝募活动，野泽佳美在《金泽文库藏宋（福州）版一切经》（《神奈川县立金泽文库保管宋版一切经目录》）里有所提及，另外，本人在《结合日宋的"版刻"》（《日本文学》7月号、2001·7·10）中，也对道永劝募的时期与日本僧庆政、了行、意教的施财时期之间密切的关系进行了考察。另外，虽然福建与庆政渡宋之间的关系意义重大，但在此将其省略。

116

至于劝化僧慧泽在汀州一带的劝募活动，其推测情况如下：

东寺藏《大般若波罗蜜多经》东禅寺版的版心墨丁部分，推测是在庚辰的1220年左右补刻的时候留下的。但如果考虑庚辰这个时间点与慧泽在汀州的劝募同属一个时间，那么卷42第6板的墨丁部分，就会使这一点存在相当大的疑问。其实可以这样认为，从补刻的庚辰之年（1220）开始，到东寺藏宋版一切经的印刷为止的某个时候，首先是劝化僧慧泽在汀州一带进行劝募，之后将汀州各位布施者的名字分配到墨丁部分进行追雕。接下来，淳祐四年、五年（1244、1245）左右，在剩下的墨丁处继续追雕那些响应东禅寺的前知藏道永的劝募号召的各僧俗布施者之名。也就是说，并不是等到劝募带来资财以后，才开始进行补刻工作，而是在补刻活动完成之后，在不同的时期、不同的地域（汀州等）展开劝募活动，再进行追雕。有时候，无法类比推定布施者的情况，"墨丁"部分就会一直以"墨丁"的状态持续，24年、抑或是40年。换言之，"刻工"与"布施者"之间的关联极其淡薄。

另外，有关这个时期日本入宋僧庆政、了行、意教的相关情况，由于九条道家的关系，设置了道家的"宗教的构想"（从另外的角度继承松本郁代的主张）这样一个框架，经本中曾多次提及。详情请参考《庆政与圣德太子信仰——以宋版一切经补刻事业为中心》（《佛教史学研究》50卷1号2007年11月）。

（二）开元寺版的墨丁与追刻

有关开元寺版补刻的事例报告，与东禅寺版相比较少。尤其是墨丁与追刻的相关报告可以说极其缺乏。

1. 事例报告——佼成图书馆藏《大般若波罗蜜多经》

佼成图书馆所藏的开元寺版《大般若波罗蜜多经》共计七帖，分别为卷四、卷十二、卷四十八、卷六十、卷一百十一、卷二百四十七、卷二百四十八。

佼成图书馆藏《大般若波罗蜜多经》卷十二的《题记》为："前住福州东禅寺沙门祖意募诸路四众寄开元寺补完经版恭为/今上皇帝祝延圣寿文武官僚同资禄位/至正之年辛巳岁月 日助缘比丘■正谨题。"

如上所示，题记中提到"至正之年辛巳"，这是元代至正元年（1341）

的纪年，虽可以推定它是在1341年刊行的，但至正元年这个纪年是否就是所有帖的刊行时间呢？详情不得而知。再者，③板1、2面之间的"地 二卷 三遂刀"、④板1、2面之间的"地 二卷 四 遂"两处记载，印面漫漶，刻工作"遂"，这与十二世纪末印刷的知恩院藏本和醍醐寺藏本等的刻工名③板"遂刀"、④板"遂"相同，因此可以将它们推测为同一版页。即，应将其理解为至正元年修补。然而，佼成图书馆藏《大般若波罗蜜多经》卷一百十一里又有，⑫板（5面1纸）2、3面之间的"吴 一卷 十二 大德丁未经司刊换"、⑬板1、2面之间的"大德丁未经司刊换"。大德丁未年，即大德十一年（1307），由此可断定是一三〇七年的补刻叶，于是我们可以判断这是递修版本。

被认为与〔元代递修〕开元寺版《大般若波罗蜜多经》同类的一些经本，美国哈佛大学燕京图书馆等地也有收藏，很多东西都依赖于今后的调查。

佼成图书馆开元寺版《大般若波罗蜜多经》里，可以找到三例墨丁。

《大般若波罗蜜多经》　　卷二百四十七　闰

①版2面第2行"■■■（墨丁约6字分）义刀"

②版1、2面间版心　　"闰 七卷　二■■■（墨丁约6字分）王底"

《大般若波罗蜜多经》　　卷二百四十八　闰

②版1、2面间版心　　"闰 八卷　二■■■（墨丁约6字分）■信"

以上留下墨丁的这三页，是什么时候补刻时留下的呢，情况不得而知。关于开元寺版的墨丁的报告，我将敬陈管见，虽有诸多不明之处，但作为重要的事例，我将在此列出。在今后的调查中，期待能补充更多。

这里，就佼成图书馆藏《大般若波罗蜜多经》当中，应该留意的施财刊语和刻工名的相关情况摘录几例，并附上若干说明。

《大般若波罗蜜多经》卷六十　宙

④版1、2面间"宙　十卷　四　嘉定庚辰经司换邓洽"

⑤版1、2面间"宙　十卷　五　甲辰日本国比丘净刹舍"

⑧版（5面1纸）1、2面间"宙　十卷　八　日本国北京法华寺比丘

意教舍"

⑫版2、3面间"宙　十卷　十二　咸淳戊辰常住余利刊换　何"

从⑤版的施财刊语，可以判断日本僧净刹的施财时期是在"甲辰"。"净刹"这个名字在书陵部藏一切经开元寺版里也能看到，"甲辰"即是淳祐四年（1244，相当于日本的宽元二年）。意教赖贤也是在那个时候之前入宋的吧。④板的"嘉定庚辰"即是嘉定十三年，相当于公元1220年。"咸淳戊辰"就是咸淳四年，即1268年。从金泽文库藏大藏经的东禅寺版《大般若波罗蜜多经》中，将"邓洽"补刻的板摘录出来，可以举出以下三个事例。

8　《大般若波罗蜜多经》卷八·"⑦广东运使曾寺正舍⑦邓洽"

36　《大般若波罗蜜多经》卷四·"②广东运使曾噩舍②邓洽"

198　《大般若波罗蜜多经》卷二十二·"①邓洽①广东运使寺正曾噩舍"

东寺藏宋版大藏经作为补充：

《大般若经》第一百十九①版1、2面间版心"广东运使曾寺正舍/邓洽"

《大般若波罗蜜多经》卷第一百三十三"宿　三卷　七　邓洽刀/广东运使寺正曾噩舍"

全部的施财刊语都可以看到"广东运使寺正曾噩舍"的字样。可以将曾噩施财于版刻的时期定位在一二二〇年左右。这与④版的"嘉定庚辰"即嘉定十三年一二二〇年几乎吻合。

接着举出一些佼成图书馆藏本里应当注意的事例，摘录如下：

《大般若波罗蜜多经》卷四十八

④版1、2面间"宇　八卷　四　【泉州德化祖明舍】付诏刀"

⑧版2、3面间"宇　八卷　八　日本国北京西山法华寺比丘乘莲舍浚刀"

《大般若波罗蜜多经》卷二四七

⑥版1、2面间"闰　七卷　六　日本国比丘净刹舍"

⑦版（5面1纸）1、2面间"闰　七卷　七　【■宗万舍】诏刀"

⑫版2、3面间"闰　七卷　十二　日本国比丘净刹舍"

卷四十八④版"付诏"、卷二四七⑦版"诏",可以说与"郑洽"的情况相同。

从金泽文库藏大藏经的东禅寺版《大般若波罗蜜多经》中,将刻工名"付诏"刻的版摘录出来,可以举出以下事例。

275　《大般若波罗蜜多经》卷三〇九『⑨知藏道永化【帰善里郑氏二娘舍一千刊版二片为自身平安】⑨付诏』

297　《大般若说罗蜜多经》卷三三二『来仪里郑氏真求舍　付诏』

305　《大般若波罗蜜多经》卷三四〇『②付诏刀②【连江永贵林德乡舍一版祈安［甲辰化主道永］】

333　大般若波罗蜜多经卷三六八『⑧【乙巳住神光比丘宗浩舍十版】⑧付诏』

378　大般若波罗蜜多经卷四二二『②住檗山端友舍□千二百修版为□□②付诏』

有关道永的劝募活动,在东禅寺版的墨丁、追雕一节已有叙述,是在"甲辰"、"乙巳"干支之年进行。从东禅寺版的事例归纳而出的"甲辰"、"乙巳",推导出是淳祐四年、五年(日本宽元二、三年)。卷四八④板"付诏"、卷二四七⑦板"诏",从印面状况判断,可以认定是淳祐四年、五年的补刻叶的刻工名。但是,出自"付诏"之手的补刻叶,除了因道永劝募相关的施财刊语的版页外,必须注意到也存在施财刊语为"广东运使寺正曾噩舍"的补刻叶。金泽文库藏大藏经里,有:

298　《大般若波罗蜜多经》卷三三三『②付诏刊②广东运使寺正曾噩舍』

如上记述。东寺藏一切经中,东禅寺版《大般若波罗蜜多经》里,刻工名"付诏"可以确定,但全部都是与"广东运使寺正曾噩舍"连在一起。卷三〇九⑨、卷三三二⑬、卷三四〇②、卷三六八⑧、卷四二二②,都没有记录与道永劝募相关的施财刊语,全部都是没有刻工名、印面磨损极其严重的补刻叶。

也就是说,东寺藏一切经中,东禅寺版是出自道永劝募的淳祐四年、五年左右以前的印刷,关于这一点,已经提出来。

问题是"付诏"这个刻工的活跃时期。如果在"墨丁、追刻"这个系统被设想和采用之前来判断的话，可以这样想象，"付诏"是在一二二〇左右"广东运使寺正曾噩舍"开始，到一二四四、一二四五年左右的道永劝募为止的二十多年里，出自东禅寺、开元寺两版的补刻事业。

　　但是，从东禅寺版的墨丁、追刻方面的事例来类推，有可能付诏的补刻时期与一二二〇年左右"广东运使寺正曾噩"施财而刻的补刻叶的时间及其接近（推测为一二二〇年代初前期左右），补刻时留下的墨丁部分，约二十年后由于道永劝募而将其布施追加雕刻上。事实上其痕迹就在于被【　】包围的施财刊语。

　　因此，佼成图书馆藏《大般若波罗蜜多经》卷四八④版的1、2面之间版心处"宇　八卷　四　【泉州德化祖明舍】付诏刀"，"付诏"的补刻时间为"宇　八卷　四 付诏刀"；佼成图书馆藏《大般若波罗蜜多经》卷二四七⑦版（5面1纸）1、2面之间版心处『闰　七卷　七　【■宗万舍】诏刀』，"付诏"的补刻时间为"闰　七卷　七　　　诏刀"。据此可以作出以上推论吧。

　　应道永劝募的施主所募捐的资财，是以追雕这种形式，在"东禅寺、开元寺两大藏经补刻劝募刊行系统"中，作为版刻资金流动的。

　　现在，如果从金泽文库藏大藏经里将由【　】括起来的施财刊语列出来，则可以看到如下所示。①、⑨等用〇圈起来的数字，表示的是版数。

　　《大般若波罗蜜多经》　卷一三五　②【仕古下□音宏宾舍二板】②泗

　　《大般若波罗蜜多经》　卷三〇七　⑥【化主前知藏道求。】【松峯尼契宗舍祈平安】

　　《大般若波罗蜜多经》　卷三〇九　⑨止⑨【知藏道永化】归善里郑氏二娘舍一千刊版二片为自身平安⑨付诏

　　《大般若波罗蜜多经》　卷三一二　⑦【时升里信女柯氏真常舍】十片结世世佛缘⑨□⑨广东运使寺正曾噩舍

　　《大般若波罗蜜多经》　卷三一六　②【前住长溪观音端省舍】甲辰化主道永

　　《大般若波罗蜜多经》　卷三四〇　②付诏刀②【连江永贵林德乡舍一版祈安】【甲辰化主道永】

121

《大般若波罗蜜多经》　　卷三六四　③【住神光比丘宗浩舍十版】

《大般若波罗蜜多经》　　卷三六八　⑧【乙巳住神光比丘宗浩舍十版】⑧付诏

《大般若波罗蜜多经》　　卷四三二　【住东山保福德璧舍五百文足】

《大般若波罗蜜多经》　　卷四六九　⑧【住円明比丘绍衣旋入钱乙千刊版二片化主道永】⑧傅诏⑩【住长生寺愈明舍会廿干住观音正定舍十□　前住马鞍山永晤舍化主道永】

《大般若波罗蜜多经》　　卷五三五　【住神光宗浩舍】

《大般若波罗蜜多经》　　卷五五五　⑤【住方岁师舍五版前知藏道永化】

《大般若波罗蜜多经》　　卷五七二　保　住万岁师杰舍五版助化缘【住神光宗浩】【干缘前知藏道永】

《大般若波罗蜜多经》　　卷五八一　④【住万岁□杰舍】

《禅行法想经》、《长者子懊恼三处经》、《佛说犍陀国王经》、《佛说须摩提长者经》⑤【住保福了孜舍】

《佛说出家家缘经》、《阿含正行经》、《十八泥犁经》、《法受尘经》⑥【住永福重光正瓊五十券】⑥莊顺刀

《十诵律》　卷三八　⑩【潭州龙安寺僧妙国舍恩有】⑩顺顺刀【福安缪尊耀舍祈平安】钱千？五　【五仙东堂舍升券】丁未　化主道永　付

《十诵律》　卷五四　确【净业尼定□舍】

《根本说一切有部毘奈耶杂事》　卷三九　②卓文②【丁未化主修】

《解脱戒本经》　四　【住石和泉至华舍刊十板】丁未化主首座道永

《阿毘达磨大毘婆沙论》　卷一二七　⑤【景星尼慧志舍祈平安】⑤陈付

《阿毘达磨藏显宗论》　卷三三　①莊顺刊①淳祐八年戊申执事不勤看视致蚊磊版多　【得明监寺化到建昌軍法水寺僧慧珪舍换十版　化主道永】（卷首辩贤圣品第七之六品名的下方有如下雕刻）

《佛说净意优婆塞所问经》、《大乘破有论》　⑤【天宫？主？奉男赵有孙舍祈平安】

122

另外，没有被【　】围起来追雕的施财刊语也很多。这样的事例，理应越增越多。如果将金泽文库、东寺、书陵部的大藏经和佼成图书馆藏的《大般若波罗蜜多经》综合起来考察，持续了七八年左右、出自道永之手的施财刊语的追雕情况，可以立刻列出如下所示的一览表：

淳祐二年壬寅〈一二四二〉（金泽文库《大般若波罗蜜多经》卷七十八等）

淳祐三年癸卯〈一二四三〉（东寺《大般若波罗蜜多经》卷五六六）

淳祐四年甲辰〈一二四四〉（金泽文库《大般若波罗蜜多经》卷三四〇等）

淳祐五年乙巳〈一二四五〉（金泽文库《大般若波罗蜜多经》卷三六八等）

淳祐七年丁未〈一二四七〉（金泽文库《解脱戒本经》）

淳祐八年戊申〈一二四八〉（金泽文库《阿毘达磨藏显宗论》卷三三）

即是说，劝募是需要经过很多年时间的，追雕也不可能一下子就能完成。可以这样认为，大藏经最初期的补刻（如一些外部因素导致的板木损坏等）另当别论，中后期的补刻通常持续了数年，并不是一时短暂的事业，而应该像平稳的波状线持续进行的。以一二二〇年左右为巅峰进行的，"广东运使寺正曾噩"的施财相关的补刻，也不是在一年乃至两年这样短暂集中的时间内完成的，而是一边进行补刻，一边为了募集到更多的布施者（施主），而特地空出专门用于刻"施财刊语"的位置，即墨丁部分。还能够确定"安撫使賈侍郎"的施财和补刻，不是一时集中完成的，也是经过了好几年。由此推论，板木雕刻的年月、施财刊语的追刻（墨丁部分在版心、尾题后等位置）及填木雕刻的年月是错开的，然而连续资金周转的大部头经典的开版劝募系统，实际上从一开始就存在于"私版"大藏经的刊行当中。

2. 题记的问题

关于开元寺版，其题记问题自古以来就是摆在研究者眼前的重要课题。下面要列出的是卷首三行题记的典型例子。

福州东禅等觉院住持慧空大师冲真于元丰

123

三年庚申岁勤谨募众缘开大藏经印版一副上祝
今上皇帝圣寿无穷国泰民安法轮常转

这是金刚峰寺藏东禅寺版《法苑珠林》卷第一（杜 481）的卷首题记，在其卷末，小川贯弌留意到如下施财刊记：

弟子赵逵为亡室关三十五娘请『僧礼诵佛名经一百部僧集成伯修等劝』……『元丰八年乙丑岁六月十五日谨题』……

他在《福州崇宁万寿大藏的雕造》（《印度学佛教学研究》6-2，1958年）中指出：题记的年月不一定表示的是其开版的年月。

同样地，金刚峰寺藏东禅寺版《法苑珠林》卷第五十卷首的题记：

福州东禅等觉院住持传法赐紫智华与僧契璋等谨募众缘恭为
今上皇帝太皇太后皇太后祝延圣寿国泰民安开镂
大藏经印版一副计五百余函元丰三年六月　日谨题

与此相对，其卷末的施财刊记：

女弟子黄二十娘舍钱开此卷愿延景福
元丰八年十月　日慧空大师　冲真

卷首与卷末，年月记载发生分歧。卷末的尾题后虽然没有年月的记载，但东禅寺版里频繁出现刻有施财刊记的相关事例。试着从《水原尧荣》第四卷（昭和 56 年 2 月、同朋舍）"宋版奥书目录"里寻找，仅《大般若波罗蜜多经》就有二十二例：

大般若经　八　尾
泉州陈公明刊版舍片
同　一〇　尾
请主参知政事元绛舍钱开此函用延台算
同　一二　尾
李二十八娘舍一十贯
同　一四　尾
泉州陈逢宗刊版舍片
同　三一　尾

郑知什舍经一贯

同　四八　尾

泉州僧善余觉先舍钱一贯刊版

同　五七　尾

陈登为亡公陈十二郎婆林六娘雕舍

同　一五六　尾

泉州文殊院尼正规

正性　共刊版参片

同　二〇四　尾

泉州尼全礼自广宗本重刊版参片

同　二一四　尾

泉州陈积舍钱刊版二□

同　二四四　尾

李三十八娘舍钱二贯

同　二四七　尾

虫县洪氏十一娘舍

同　二四八　尾

建府将仕郎刘元偕妻吴氏等舍

建府将仕郎刘元同妻吴氏等舍

同　二六六　尾

比丘法悟钱开版

同　二七七　尾

当寺比丘道昕施财刊此版

同　三六九　尾

泉州资寿院尼继隆刊版参片

同　三七三　尾

住瑞迹法珠舍钱三贯

同　三七六　尾

泉州招福院尼　道溢　净戒各刊版乙片

同　三八七　尾

享熙己亥闽县倪嗣保安雕舍
同　四八〇　尾
荣子邵珍为父母舍钱伍贯文
开岗享函经二卷愿延景福
同　五三八　尾
泉州住三植院惠椿舍钱重刊版三片
同　五八六　尾
泉州陈逢原刊版伍片

　　特别是卷三八七有年代的记载，可以很清楚地看到施财时间是"享熙己亥"（1179）年，并且要么是填木（镶木），要么是一整板的补刻叶，两者选其一。不太可能是1179年的原刻叶，因此，追刻的可能性也比较小。恐怕不是填木（镶木）而是补刻叶的施财刊语与经本文的雕刻时间是同时进行的。的确，补刻的问题与尾题后的施财刊语的问题密切相关，这恐怕有待于今后对"实物"详细而深入的研究。

　　像这样的题记的纪年与施财刊语的纪年不一致的情况在开元寺版也能得到确认，野泽佳美在《有关金泽文库藏宋（福州）版一切经》（《神奈川县立金泽文库保管宋版一切经目录》一九九八年）中，列举了金泽文库藏大藏经开元寺版的事例，报告了这一点。

　　即，文库藏的开元寺版《阿毗昙毗婆沙论》卷五十一卷首的题记为"绍兴戊辰〈1148年〉闰八月"，与此相对，卷末的施财刊语为：

雪峰山住持嗣祖比丘继椿谨施长财入福州开元寺雕造大藏经版一函所将功德上报四恩资三有绍兴二十年三月廿日继椿谨题

　　以上指出了"雪峰山住持继椿布施'长财'于开元寺，在'绍兴二十年'这部佛典的一函（十帖）开版了"。此外，野泽佳美近年又发表了《宋·福州版开元寺藏的题记——整理与问题点》（《立正大学文学部论丛》129号，2009年3月）一文，对知恩院藏的开元寺藏本进行了相关问题的确认，并提出了问题。

　　劝募开始的年月日、雕刻版木的年月、在版心、尾题后空白处等追雕施财刊语的年月以及填木（镶木）等的年月，它们之间存在分歧。恰是这些分歧提供了大部分的经典（"私版"大藏经刊行等）的"开版劝募系统"的依据，这些经典持续地利用资金周转，进行连续的刊行。这个系统也正是东北亚经典刊行而进行劝募活动的一个典型（此系统也适用于日本）。

三、现存大藏经的将来以及关于逦藏"传承"的再讨论

这里，继续承接上节题记的问题，介绍一个重要问题的提出。

野泽氏在《宋·福州版开元寺藏的题记——整理与问题点》一文里，报告了如下事例。

他指出"开元寺藏《大般若波罗蜜多经》卷第一（天）部分的题记，有两种类型"。即东寺藏开元寺版《大般若波罗蜜多经》卷一（六百卷，仁治三年〔1242〕行遍施舍于东寺版本）的题记，如下所示：

福州开元禅寺住持传法赐紫沙门本明与蔡俊臣陈询陈靖刘渐等募等缘恭为『今上 皇帝祝延 圣寿文武官僚同资禄位雕造』毘卢大藏经印版一副计五百余函

时政和乙未岁六月　日劝缘沙门　行崇谨题

另一方面，"知恩院藏大藏经当中，开元寺版《大般若波罗蜜多经》卷一"的题记，则如下：

福州众缘寄开元寺雕经都会蔡俊臣陈询陈靖刘渐与证会住持沙门本明恭为『今上 皇帝祝延 圣寿文武官僚同资禄位雕造』毘卢大藏经印版一副计五百余函

时政和乙未岁六月　日劝缘沙门　行崇谨题

对此，野泽是如下陈述的：

开元寺藏本《大般若波罗蜜多经》卷一上的题记，年月和题记的执笔者都相同，但开头第一行却出现了表记各异的【东寺本】题记和【知恩院本】题记两种。

东寺藏有宋版大藏经，其中《大般若波罗蜜多经》是东禅寺版的主体，卷一部分东禅寺版虽无法进行比较，但如上列出的题记是仁治三（一二四二）年，行遍施舍予东寺的《大般若波罗蜜多经》六百卷的卷一部分，属开元寺版。与知恩院所藏大藏经中、开元寺版《大般若波罗蜜多经》卷一的题记结

合起来看，似乎宋代开元寺版大藏经《大般若波罗蜜多经》卷一第一版——同一经典的同一版当中存在两种版木。

基于已经完成阅览的宋版大藏经而获得若干信息而言，就形态方面来说，根据《国宝·重要文化财大全（书迹 上卷）》七卷（每日新闻社刊1998年7月）所收的东寺藏开元寺版《大般若波罗蜜多经》卷一（六百卷〔仁治三（一二四二）年行遍东寺施入本〕）的卷首书影显示，题记第一行"福州開元禪寺住持传法賜紫沙門本明与蔡俊臣陈询陈靖刘渐等募等缘恭为"，看不出填木的痕迹。印面清爽。另外，第一版第五行下方有刻工名"刘"一字。

将若干信息与之整合来看，知恩院藏（大藏经内）开元寺版《大般若波罗蜜多经》卷一第一版第五行下方也刻有一字刻工名"刘"，中尊寺传承"二百二十六帖及其残篇"（破石澄元·政次浩氏《中尊寺大长寿院藏宋版经调查概报》（《中尊寺佛教文化研究所论集》2号2004年3月）的宋版大藏经《大般若波罗蜜多经》卷三百一（大般若残存下来唯一的东西）属开元寺版，题记与知恩院藏本相同，即

福州众缘开元寺雕经都会蔡俊臣陈询陈靖刘渐与证会住持沙门本明恭为『今上 皇帝祝延 圣寿文武官僚同资禄位雕造』毘卢大藏经印版一副计五百余函

时政和乙未岁六月　日劝缘沙门　行崇谨题

第一行整体上磨损之处可以辨认，特别是"福州众缘寄开元寺雕经"这九字的印面，虽破损严重但也容易理解，穿绳的地方难以辨读，与第一版印面整体上良好的印象不相符合。同样地，中尊寺藏宋版大藏经的《杂阿含经》卷四十六也是开元寺版，卷首题记三行处全是空白，似乎没有印刷。《神奈川县立金泽文库保管宋版一切经目录》曾指出，像这样的卷首题记部分三行空白的事例，在知恩院藏本、金泽文库藏本、书陵部藏本等里面都可以看到。

有关由东禅寺版、开元寺版、思溪版三版混合而成的中尊寺藏大藏经，前面提到的《调查概报》指出开版刊记"最迟是开元寺版《阿育王传》卷四等记载的绍兴十八（一一四八）年"，另外，思溪版《法苑珠林》卷七十里的施舍目录里有"绍兴十六年八月"的年代记载，而且《西字音释》里"明州城下吉祥院大藏经"盖有朱文印，思溪版《法苑珠林》卷八十一里的施舍目录有"舍入吉祥大藏内"的记载，基于这些事实，可以推定："大藏经入藏

吉祥院不可能是紧跟着绍兴十八（一一四八）年之后完成。"

中尊寺藏开元寺版《大般若波罗蜜多经》推测至少是在十二世纪中叶时印刷。卷三百一题记部分第一行为"福州众缘寄开元寺雕经都会蔡俊臣陈询陈靖刘渐与证会住持沙门本明恭为"，特别是"福州众缘寄开元寺雕经"的九个文字虽已磨损也能够确认的情况，再加上，十二世纪末期印刷的知恩院藏大藏经的开元寺版《大般若波罗蜜多经》卷一第一版与第五行下方都有刻工名"刘"一字，综合起来考虑，可以断定：必然为仁治三年施入本的东寺藏开元寺版《大般若波罗蜜多经》卷一的题记，也就是，题记第一行"福州开元禅寺住持传法赐紫沙门本明与蔡俊臣陈询陈靖刘渐等募等缘恭为"的三行题记，是在填木（埋木）之前、更早时期所印刷的。将此题记的第一行空着不印刷的佛教经帖也是存在的（醍醐寺藏本等）。本明与蔡俊的位置（职务）的转变是否持有重要的意义呢，疑点留作今后的课题再作研究。总之是，行遍在仁治三（一二四二）年，将十二世纪中叶（一一四〇年代）以前就已印刷的开元寺版《大般若波罗蜜多经》六百卷施舍于东寺。

在考虑这些施舍事例的同时，也让我想到，必须要明确区分并加以判断这些经典在中国的印刷时期、舶载时期以及施舍时期，关于船载而来的醍醐寺藏大藏经（十二世纪末期印刷）的"传承"问题，我将提示一具体事例，此记事是以中世以后"赖贤传"脱落部分（围绕"入唐"的相关情况）的内容为中心。印刷时期到舶载时期（舶载时期到施舍时期）这期间的"时间差"，让人不得不去设想这段时间内经典在中国（日本）的保管、活用的情况。有可能是对藏书印章、内容添加（墨笔、角笔等）方面的谨慎地研究探讨。在诸多可能性中，我将提出一些材料来考察其中一种可能性。即赖贤（意教）消失的（或消去的）传记部分——与"了行的谋反与受到天皇责难的九条家一族"存在某种关联（请参看本人论文《围绕中世前期学僧与近世书写一寺院缘起的两三个问题》《实践国文学》76 号）。

关于宋版一切经来由的记录如下所示。这些记录，由随心院藏《证道上人集作》所收载。《证道上人集作》一书，别名又作《证谈抄》等，醍醐寺等也有收藏。包括书目信息在内，将全文翻刻在了《随心院圣教与寺院网络》1 集（2004 年 3 月）里，敬请参阅。

實賢事
仰云實八　勝賢二　遂灌頂八　四月也僧正ノ化界八　七

月ナリ　サル程ニ　受法不終功　一其後範賢並静
遍ニ　三寶院方ヲハ　受給ケルトカヤ故意教上人
唐本ノ　一切経ヲ　自ラ　宋朝ヨリ　請来セラレタリ　此ノ
一切経供養ヲ　酉酉ニテ　被遂　一導師ニハ　實賢ヲ　召請
シ玉ヘリ其時實賢唱導ノ　次ニ　面々ノ　院家ヘ
参テモ　可申　一候ヘトモ今次能候ヘハ述懐申ヘ
シトテ静遍ノ　許ヨリ　三寶院ノ　方ヲハ　伝授ス　其外尚
範賢ニ　相承ス　是故ニ　我身ハ　遍知院ニハ　孫弟也相
構門徒ノ　人々我身不可隔　一云々

该书第二十九丁后半叶，尚存关于书籍传承信息的跋语，兹移录如下：

写本云

于时正中第二历沽洗三月下旬之比有人
受师主口传　当流书籍以下存知事被
记之予此事闻得　恳望之间被许披览
了仍此三帖诚七旬老眼写留了但根
本之本卷物即双子　成毕
金刚资心晓七十二才

据书后记载，此书是由受法于证道上人实融的某人（"有人"），记下了实融口授的"当流（三宝院?）书籍以下存知事"的内容，包括实融传法在内的极其重要的信息。实融的老师，就是意教上人赖贤。如果按照字面意思去理解这个原始后记，正如"实贤事"一项记述的那样，意教上人亲自将"唐本的一切经从宋朝请来"，并尊实贤为导师，在醍醐寺"供奉一切经"。恐怕这是从唐土归国后不久的事情。

翻译：倪佑密（浙江工商大学硕士研究生）

第三编 03
域外汉籍

第十一章 从"汉籍"到"域外汉籍"

北京大学中文系 王勇

一、绪言

在现代文献中,"汉籍"一词出现频率颇高,却罕有辞书收录之;学术界均以"汉籍"指称中国典籍,然此义项非中国固有。在中国语境里,扬雄《方言》最早使用"汉籍",尔后从魏晋至隋唐,再经宋元至明清,汉籍即"汉代典籍"之义项传续千有余年。在日本文脉中,"汉籍"相对"国书"指中国书籍,相对"和书"泛指汉文典籍,又相对"佛书"专指儒学经典。现代汉语中的"汉籍",既传承古汉语基因,又吸纳日语词血液,熔铸出一个新词——不仅包括中国传统的经史子集,还涵盖佛经及章疏乃至简帛、碑刻、尺牍、图赞之属。当今方兴未艾的"域外汉籍"研究,论者各自定义、随意取舍,呈现种种乱相。若从"汉籍"乃中华文明结晶推演,"域外汉籍"应定义为凝聚域外人士心智的汉文书籍,是在中华文明浸润下激发的文化创新,构成东亚"和而不同"的独特文明景观。

以汉唐为标帜的中国文化,曾经惠及四邻、泽被东亚,由民族文化发展为区域文化乃至国际文化。时逢中华民族崛起之盛世,际会传统文化复兴之佳季,追寻汉风唐韵之海外流绪,大致可分三个层次:(1)中国文化在域外的传播;(2)中国文化对域外文化的影响;(3)中国文化激发域外文化的创新。

中国文化对域外的影响,由衣裳而化为肌肤,再溶为骨骼与血肉,是个由浅入深、由表及里的历程。① 因之，我们的研究不能浅尝辄止，停留在第一层次，或踌躇于第二层次，应该深入至第三层次，最大限度地拓展中国文化的国际化意蕴。

二、书籍之路

大而言之，中国文化包含物质文化和精神文化，前者以丝绸为典型标志，在东西方之间架构起"丝绸之路"；后者以书籍为主要载体，在东亚地区开辟出"书籍之路"。尤其在中日之间，由于大海阻隔和官方交通短暂，近代以前人员往来极度稀少，书籍遂成为日本汲取中国文化的主要媒介。[1]

以书籍为主线追踪中日文化交流史事，国内外学术界已经做了大量前期工作。比如，北京大学严绍璗的《日藏汉籍善本书录》（中华书局，2007年版，获教育部第五届中国高校人文社会科学研究优秀成果一等奖），搜括日本蒐藏的中国古籍万余种，属于第一层次经典；再如，王勇主编的《中日汉籍交流史论》（杭州大学出版社，1992年版，获教育部首届中国高校人文社会科学研究优秀成果二等奖），考索中国典籍对日本的多维影响，归为第二层次作品。至于第三层次，虽然日本深受中国文化熏陶，历代学人用汉文撰写了大量书籍，其总量或以万计，却尚未见规范整理与系统研究。②

中外学者的大量研究成果显示，书籍之路并非中国文化一味输出的单行道；五代开始的"佚书回流"，证明这是一条互有往来的双通道；倘若从东亚全局来考察，或许称之为"环流"更为贴切。[2]130~171 亦即在东亚区域内，书籍交流呈现循环往复、纵横交错的多层次立体样态。

进而言之，文化交流的真谛，不仅在于传播的广度，更体现在影响的深度。以书籍为例，域外人士通过阅读中国典籍而受其熏陶或获得灵感，遂激发模仿与创新的欲念，取范汉文形式以吐露本民族心声，营造出崭新的文明

---

① 周作人在《日本的衣食住》说："我们在日本的感觉，一半是异域，一半却是古昔，而这古昔乃是健全地活在异域的，所以不是梦幻似地空假，而亦与高丽安南的优孟衣冠不相同也。"意指文化的影响由表及里，分为多个层次。参见周作人：《苦竹杂记》，河北教育出版社2002年版。

② 日本人历代用汉语撰著的书籍，据日本二松学舍大学"日本汉文学研究"国家基地统计，仅江户时代（1603~1868）就有约4000种，从6世纪到20世纪的约1500年间，推测现存汉文书籍总量会超过1万种。

景观。这既是书籍之路在空间的拓伸，也是中国文化国际化意蕴的展现。近年"域外汉籍"研究的勃兴，说明学术界开始关注这一领域。

三、域外汉籍

"域外汉籍"研究的兴起，至今不过30年。自上世纪80年代中期，台湾联合报文化基金会多次举办"中国域外汉籍"国际学术会议。① 此风气之先乍开，"以往汉学家们不曾注意，或是根本生疏的"[3]2领域，骤然引起国内学术界关注。这一时期，台湾学者开拓甚勤，造势最力。如林明德编《韩国汉文小说全集》（中国文化大学出版部，1980年），陈庆浩、王三庆编《越南汉文小说丛刊》（法国远东学院，1987年），加上其后王三庆编的《日本汉文小说丛刊》（学生书局，2003年），为"域外汉文小说"研究奠定基础。

大陆方面虽起步稍晚，但从90年代开始迎头追赶，一批具有外语背景的中青年学者加入垦荒者行列，他们与国学各分野专家合作，推出一系列原创成果，此为第一期；进入新世纪呈后来居上之势，无论研究思路抑或涉猎范围以及成果数量和质量，逐渐占据学术制高点并引领学界潮流，是为第二期。下面依次简述之。

首先是第一期。1989年杭州大学成立日本文化研究中心，研究重点定位于"以书籍为纽带的中日文化交流"。1990年陆坚、王勇主编《中国典籍在日本的流传与影响》，提出以"汉字文化圈"为视域之汉籍研究应具备三要素，即"海外佚书"、"中国典籍的影响"、"域外典籍"；[4]346 1992年王勇主编《中日汉籍交流史论》，倡导"汉籍宏观研究"，设专章探讨域外的汉文典籍；[5]1~13 1997年王宝平编纂《中国馆藏日人汉文书目》，收录总数达2671种，基本网罗了留存中国的日本汉籍；[6]加之，2004年王勇主持日本国际交流基金会项目"中国翻刻的日本汉籍"，成果汇编成《中国馆藏华刻本目录》，收录书目376种。在此基础上，王勇提出"书籍之路"构想，力图构建东亚文化交流新模式。[1]

其次是第二期。2000年南京大学成立域外汉籍研究所，自2005年张伯伟

---

① 自1986年至1995年，"中国域外汉籍"国际学术会议共举办过10届。前5届会议的概况，可参照陈捷：《中国域外汉籍国际学术会议述略》，载《中国典籍与文化》，1992年第1期。

主编的《域外汉籍研究集刊》陆续问世，把域外汉籍研究推向一个高潮。会议方面，2006年浙江工商大学与日本二松学舍大学"日本汉文学研究"国家基地联袂举办"书籍之路与文化交流"国际学术研讨会，来自日本、韩国、美国、英国、比利时、泰国、越南的国外学者达41名，"域外汉籍"成为东西方学者共同关注的热点；2007年南京大学召开"域外汉籍研究"国际学术研讨会，国内外80余名学者汇聚一堂，探讨涉及"域外汉籍"方方面面的问题。项目方面，2002年上海师范大学孙逊领衔国家社科基金项目"域外汉文小说整理与研究"，2006年中国社科院历史所主持的"域外汉籍珍本文库"列入国家"十一五"重点出版工程。文献整理方面，2008年人民出版社与西南师大出版社联手打造《域外汉籍珍本文库》，2010年复旦大学出版社推出《越南汉文燕行文献集成》，2011年《域外汉文小说大系》、《韩国汉文燕行文献选编》分别由上海古籍出版社和复旦大学出版社刊印出版。研究著作方面，王晓平著《亚洲汉文学》（天津人民出版社，2001年）、王勇等著《中日"书籍之路"研究》（北京图书馆出版社，2003年）、吕浩著《篆隶万象名义研究》（上海古籍出版社，2006年）、金成宇著《域外汉籍丛考》（中华书局，2007年）、张伯伟著《东亚汉籍研究论集》（台湾大学出版中心，2007年）、王勇编《书籍之路与文化交流》（上海辞书出版社，2009年）等先后问世。

由此可知，域外汉籍研究发轫于台湾而盛行于大陆，由小说为主而扩展至经史子集，从学术兴趣而提升至国家行为，从而催生出一门崭新的学科。

四、仁智各见

"域外汉籍"作为一门交叉学科，虽然诞生伊始，但已呈显学之势。各路精英学术背景既不同，概念定义自相异。

比如，台湾联合报文化基金会在1987年12月刊行的首届会议论文集中，开宗明义归纳会议的三个主题："（一）有关中国域外汉籍的流传、出版与版本等问题的；（二）有关中国域外汉籍现存情形与研究概况等问题的；（三）有关中国域外汉籍史料价值以及中国与亚洲各国当年关系等问题的。"[3]1

再如，王勇于1990年撰写的《汉籍与汉字文化圈》一文，对"域外汉籍"诠释如下："汉字文化圈诸国在摄取和消化中国文化的同时，历代留下大量汉文典籍,这些出自域外人之手的汉籍,不断丰富着汉字文化的内涵。域外汉籍至今仍是一座有待发掘的宝库,其中蕴藏着令人惊叹的汉文化遗产。……域外汉籍既与中国文化一脉相承,又与本土文化血肉相连,这无疑是汉籍研究的一个全新的领域。"[4]346

然而,进入新世纪以后,随着域外汉籍研究渐成气候,吸引各专业学者参与其中,尤其是文献学、历史学、文学等学科领域的学者,依托自身擅长的专业对"域外汉籍"作了独到的释义。

首先,南京大学中文系张伯伟教授,他把域外汉籍概括为三类:"1. 历史上域外人士用汉文书写的典籍,这些人包括朝鲜半岛、日本、琉球、越南、马来半岛等地的知识人,以及十七世纪以来欧美的传教士;2. 中国汉文典籍的域外刊本或抄本,比如大量现存的中国古籍的和刻本、朝鲜本、越南本等,以及许多域外人士对中国古籍的选本、注本和评本;3. 流失在域外的中国汉文古籍。"[7]2

其次,中国社会科学院中国历史研究所主持编撰的《域外汉籍珍本文库》,其《编纂凡例》也框定了三部分内容:(1)中国历史上流失到海外的汉文著述;(2)域外翻刻、整理、注释的汉文著作;(3)原采用汉字的国家与地区学人用汉文撰写的、与汉文化有关的著述。①

两相比较,虽然排列秩序有所不同,"域外所存的中国典籍"、"域外刊刻抄写的中国典籍"属于基本相同义项,而"域外人士撰写的汉文著作"则稍有不同,即《域外汉籍珍本文库》收录本限于"与汉文化有关的著述"。我们从"域外汉籍"作为独立的学科、新辟的领域来考量,上述定义尚有值得商榷之处。

先说"域外所存的中国典籍"。中国典籍至迟在两汉已然形成专学,从汉儒到宋学再朴学,数千年来师承有序;由校雠及训诂至考据,学风蔚然成型。这里所指的"域外",仅仅是个空间概念,以此类推的话,既然同一本书籍按收藏国而别为"日本汉籍"、"韩国汉籍"、"越南汉籍"等,那么是否也可按存放地而分成"北京汉籍"、"浙江汉籍"、"福建汉籍"等等?窃以为同一种书因分置不同地域,不足于将其另立门户。而且我们知道,有些域外汉籍如

---

① 参见钟楚:《筚路蓝缕 初现岚光——〈域外汉籍珍本文库〉(第一辑)出版》,载《中国出版》,2008年第12期。

静嘉堂的"皕宋楼"旧藏之类，是近代甚至现代才作为商品流出海外，作为"中国汉籍"研究才顺理成章。

再说"域外刊刻抄写的中国典籍"。张伯伟提到包括"域外人士对中国古籍的选本、注本和评本"，《域外汉籍珍本文库》还增加了"注释"本，即所谓的和刻本、朝鲜本、越南本之类。据日本学者长泽规矩也《和刻本汉籍分类目录》，中国典籍在日本刊刻，分和刻本与翻刻本两种，原书的白文再刻本属翻刻本，再刻时添加训点、假名则为和刻本；日本再刻时添加的音符、旁批、夹注等超过一定限度，或书名冠以"改订"、"增补"、"景印"之类，一概算作"日本汉籍"。[8]以此论之，和刻本大抵居于中国汉籍与日本汉籍之间。然而，据笔者经眼，有些冠以"景印"而归为"日本汉籍"者，本文一如原书；有些书名照旧而划入"和刻本"者，不仅增加序跋，甚至增删作品或添加图版。因此辨别困难，不妨单独立项为宜。

最后谈"域外人士撰写的汉文著作"。按照长泽规矩也的界定，日本人的意匠融入和刻本且达到一定数量，即可将之归为日本汉籍；这与国内部分学者把"选本、注本和评本"乃至"注释"本，一并划入和刻本范畴，显然不尽相同。笔者曾参与日本国文学研究资料馆项目，在中日两国公私图书馆查阅和刻本多年，时有发现在日本人刊写的中国书籍中，注释、批语、考据的文字往往超过原书，如果按现代行规排版，或许可算作一部新书，与仅仅为了助读原文而添加训点、假名的和刻本迥然相异，因而长泽规矩也的界定不能漠视。倘若这类书尚有商榷余地，那么完全由域外人士用汉语撰写的书籍，归入此类当无疑义。至于《域外汉籍珍本文库》所称域外汉籍限于"与汉文化有关的著述"，从内容的角度看，数以万计的日本汉文典籍，基本多属中日文化交融的结晶，欲分辨是否"与汉文化有关"，几乎不太可能。

在上述三种"域外汉籍"中，张伯伟认为主体是第一类，即"域外人士用汉文撰写的各种思想、历史、文学、宗教、艺术等方面的典籍"[7]2，这也是笔者主张应该重点研究的第三层次。如果将留存海外的中国典籍比喻为"衣裳"，和刻本类乎"肌肤"，那么日本汉籍相当于"骨骼与血肉"——虽属日本土生土长，但隐藏着中国文化的遗传基因。

五、"汉籍"新释

如前所述，"域外所存的中国典籍"之"域外"，是个空间定语，表示

"汉籍"的存储地;"域外人士撰写的汉文著作"之"域外",是个行为主语,表示"汉籍"的创作者。前者重在"汉籍",后者要在"域外",两者不可等量齐观而置乎同一平台。既然这是一门新兴的交叉学科,我们不妨在时空轴中为之重新诠释定义。

"域外汉籍"诞生不久,业外人士或许觉得陌生;至于"汉籍"两字,大概都耳熟能详。其实"汉籍"的古义,失传已久;而现在使用的概念,有可能是近代舶来之物。笔者曾探其由来,先查《现代汉语词典》、《古汉语词典》,继翻《辞海》、《辞源》,再阅《中国古文献辞典》、《康熙字典》,均未见收录。追踪至《汉语大词典》(汉语大词典出版社,1993年)、《中文大辞典》([台]中国文化研究所,1968年),终于如愿以偿,但释义颇令人意外。如《汉语大词典》有两个释项:(1)汉代典籍;(2)外国人特别是日本人称中国汉文典籍。

也就是说,"汉籍"的原意指汉代的典籍,犹如"唐诗"指唐代之诗、"宋词"称宋代之词,此处的"汉"是朝代名而非国家或民族名。《中文大辞典》在此义项引《宋书·历志》:"远考唐典,近征汉籍。"这是祖冲之上表文中的一段,以上古之"唐典"(如《尚书》中提到的"虞书"、"夏书"、"商书"之类)对应近代之"汉籍"。据笔者考索,最早的用例大概出自汉代扬雄《答刘歆书》:"其不劳戎马高车,令人君坐帷幕之中,知绝遐异俗之语,典流于昆嗣,言列于汉籍,诚雄心所绝极,至精之所想遘也夫。"① 这个义项传承至唐宋,元明以后日渐式微,迨及近代而遭遗忘。

大略在古汉语"汉籍"逐渐消亡之际,日本词汇"汉籍"传入中国。推想开始仅在涉日人员等小范围流通,真正进入大众视野则是比较晚近的事了。比如,清人姚文栋在《答近出东洋古书问》中提到日本富藏中国古书,"而明治维新以后,西学兴而汉籍替,世禄废而学士贫,将不能保其所有,其流落归于撕灭者,翘足可待也!"[9]426再如,清末大儒章太炎在《文学略论》中责难日本学人读书偏颇:"日本人所读汉籍,仅《中庸》以后之书耳,魏晋盛唐之遗文,已多废阁。至于周秦两汉,则称道者绝少,虽或略观大意,训诂文义,一切未知,由其不通小学耳。"[10]392考两人行实,姚文栋1881年曾出使日

---

① 张震泽注释"言列于汉籍"云:"言:指《方言》。汉籍:汉廷典籍。按汉有石渠阁,为庋藏典籍之所。扬雄此书写于新莽元凤年间,不言新籍,而言汉籍,当有用意。"《扬雄集校注》,上海古籍出版社1993年版。

本，章太炎自1899年多次东渡，他们以"汉籍"指称中国典籍，显然带着些日本学界的色彩。

在日本语境中，"汉籍"大致有以下几个义项：（1）相对"国书"（日本人撰写的书籍）而言，指中国人撰写的汉文典籍，这是狭义的；（2）相对"和书"（用假名撰写的书籍）而言，包括日本的汉文典籍，这是广义的；（3）相对"佛书"而言，指佛学以外的汉文书籍，尤其指儒学典籍。举例说，日本人读"汉籍"，多用长安一带的"汉音"，诵"佛经"则多用江南一带的"吴音"，两者泾渭分明，绝不混淆。

然而，这个词汇一旦在中国落地生根，马上显示出巨大的生命力，与日本"汉籍"的原意渐行渐远。姚文栋所言"汉籍"，相对于"西学"著作；章太炎所言"汉籍"，接着"彼论欧洲之文，则自可尔，而复持此以论汉文。吾汉人之不知文者，又取其言以相矜式，则未知汉文之所以为汉文也"[10]392 文脉，也与西学有关，已非日语"汉籍"之原义。时至今日，中日两国学者聚集一堂谈论"汉籍"，往往南辕北辙，甚至产生摩擦。①[11]57

概言之，中国目前使用的"汉籍"，既传承古汉语基因，又吸纳日语词血液，经扬弃而创制出一个新词——不仅包括中国传统的经史子集，还涵盖佛经及章疏、变文之类，甚至有人建议将简帛、碑刻、尺牍、图赞之属，凡传递汉字文化信息之载体尽纳其中，以构架面向未来的新汉字文化圈。

六、国际视野

如上所述，在中国语境中，古代称书籍为"书"或"典"或"籍"，而冠以"汉"字而言"汉籍"，祖冲之是为区分上古之"唐典"，扬雄或有意峻别于新莽之"新籍"（参照前引张震泽《扬雄集校注》）；在日韩语境中，日本学人言"汉籍"是在自家的"和书"出现之后，朝鲜半岛称"汉籍"乃为对应本国之"韩籍"[11]57。由此可见，"汉籍"概念萌生的契机，前者是在时间上被相对化，后者则是在空间上被相对化。

中国传统的汉籍研究，习惯在时间序列中上下求索，而当吾人视线指向

---

① 2007年南京大学召开"域外汉籍研究"国际学术研讨会，东京大学名誉教授户川芳郎在致辞中，对中国学术界所称"汉籍"与"域外汉籍"概念的模糊不清，提出了中肯的意见。

空间,蓦然发现其外延早已扩伸至域外,"汉籍虽发源于中国,但已非中国所独有"[5]2。这门千年传承、百炼成型的"国学",正演变为学科交叉且跨越国界的"东亚学"甚至"国际学"。从"汉籍"到"域外汉籍",正昭示这一趋势。

然而,任何一门新兴学科的诞生,均必须构架严谨的学理基础;尤其是一门国际性学科,获取相关国家学人的共识,亦属必不可缺之前提。这里仅就"域外人士撰写的汉文著作"之范畴略加探讨。

张伯伟主张所谓"域外人士",包括"朝鲜半岛、日本、琉球、越南、马来半岛等地的知识人,以及十七世纪以来欧美的传教士"[7]2。韩国留学生朴贞淑撰文与乃师商榷,指出东亚知识人的汉籍与西方传教士的汉籍不能相提并论,理由是"第一,从文化主体的立场来看,前者是参与汉文化圈的周边国家的文化产物,而后者却不是。第二,从文字的性质来看,前者是汉文化圈的共同语言,而后者只不过是当时的白话而已。第三,两者所撰写的主要目的也明显不同"。[11]57

此番言说颇值得倾听,但也有些偏颇之处。诚然,东亚的域外汉籍,不唯创作者是域外人士,原创地和传承地也在域外;而西人的汉文著述,大多有华人参与创作,原创地和传承地均在中国,与其说是域外汉籍,更接近中国汉籍。有关此点可作参照的是,往古众多天竺人参与译经事业,大量汉译佛经习惯上归入中国典籍。至于说西人的著述俱为"白话",则有以偏概全之嫌。

我们再回到东亚。张伯伟提到日本学者往往将本国人用汉语撰写的典籍称作"准汉籍"[7]2,此"准"字似乎暗示低一档次。朴贞淑指出"准汉籍"并非贬称,原因是文化圈的中心国只有一种语言,而周缘国家则使用双语(中心语与本国语),因而"日本所称的'准汉籍',只不过是为了和中国'汉籍'相区别而已。韩国也有'汉籍'和'韩籍',这是汉文化圈周边国家之共同的文化现象"。[11]57

上述两位所称"准汉籍"系日本汉籍的说法,在日本学术界并非主流。虽然有些熟悉中国文献学的学者,把日本汉籍称作"准汉籍",以对应正统的中国汉籍;但也有些日本学者着眼于本土文化,将本国人士撰著的汉文书籍,从文体上区分为"纯汉籍"与"准汉籍",前者一依汉文规范,后者夹杂日语文法。在日本享誉汉学研究重镇的二松学舍大学,2004年获准创建全国唯一的"日本汉文学研究"国家基地,其标志性成果是构建了"日本汉文文献目录"数据库,按"日本汉文"、"和刻本汉籍"、"准汉籍"分类,对"准汉籍"定义如下:"汉籍本文经日本人加工,从而改变了原本的形态……比之和刻本汉籍,日本人加工的痕迹尤为明显,所以更接近日本汉文。"[①] 这大概是目前日本学术界最专业的定义,可作为借鉴。据此,"汉籍"(中国汉籍)与"日本汉文"(日本汉籍)是对应概念,"和刻本汉籍"类乎"汉籍","准汉籍"则接近"日本汉文"。

七、结语

域外人士累代创造的数以万计的汉籍遗产,无疑是域外人士的精神发露,根植于异域土壤,汲取异域的历史养分,因而研究的起点在域外;与此相对,中国汉籍在域外的延伸扩展,尔后被抄写刊刻乃至注释考据,属于发自中国源头的分流,所以研究的基点在中国。两者互相辉映,蔚成景观。

总之,"汉籍"从中国传播到东亚,又从域外回馈至中华,再经两岸学者呵护,升华扩容为超越时空的"域外汉籍"新概念。如此环流吐纳而生生不息,中国文化的精髓在斯,东亚文化的真谛亦当在此。笔者在此建议,"汉籍"为不分时代、不别国籍、不拘种类、不囿内外之总称,中国人原创称"中国汉籍",日本人原创曰"日本汉籍",以此类推。由此,既可彰显中国文化普惠四邻之辉煌,亦可观摩东亚各国孜孜不倦之创意,庶几臻于"和而不同"之理想境界。

【参考文献】

[1] 王勇:《"丝绸之路"与"书籍之路"——试论东亚文化交流的独特模式》,载《浙江大学学报》第33卷第5期,2003年8月。

[2] 王勇等著:《中日"书籍之路"研究》,北京图书馆出版社2003年版。

---

① 此处所言"日本汉文",均为书籍体裁,所以等同于"日本汉籍"。详细内容请参照日本二松学舍大学"日本汉文学研究"国家基地官方网站:http://www.nishogakusha-kanbun.net/database/about.html。

［3］联合报文化基金会国学文献馆：《第一届中国域外汉籍国际学术会议论文集》，联合报文化基金会国学文献馆1978年版。

［4］陆坚、王勇主编：《中国典籍在日本的流传与影响》，杭州大学出版社1990年版。

［5］王勇主编：《中日汉籍交流史论》，杭州大学出版社1992年版。

［6］王宝平主编：《中国馆藏日人汉文书目》，杭州大学出版社1997年版。

［7］张伯伟：《东亚汉籍研究论集》，台湾大学出版中心2007年版。

［8］［日］长泽规矩也：《和刻本汉籍分类目录》，汲古书院1986年版。

［9］郑振铎：《晚清文选》中卷，中国社会科学出版社2002版。

［10］郑振铎：《晚清文选》下卷，中国社会科学出版社2002版。

［11］［韩］朴贞淑：《关于中国"域外汉籍"定义之我见》，载《长春大学学报》，第18卷第4期，2008年7月。

第十二章 《日本书纪》α群的唐人著述说

——兼论成书过程与记事的虚实

[日] 京都产业大学日本文化研究所　森博达

一、绪论

《日本书纪》（30卷，720年撰）是日本最初的正史。书中记事从神代开始，终于697年持统天皇的让位。若没有《日本书纪》，7世纪以前的日本历史则无从谈起，因而堪称古代史研究的卓越文献；同时，该书也是取获古代语言与书写的知识宝库。

《日本书纪》与《古事记》（3卷，712年撰）不同，是用汉文编写而成的。兹举卷24《皇极纪》三年六月条来看其记事体裁（引文据小学馆《新编日本古典文学全集》）。

是月，国内巫觋等折取枝叶，悬挂木绵，伺大臣渡桥之时，争陈神语入微之说。其巫甚多，不可具听。老人等曰："移风之兆也。"于时有谣歌三首，其一曰："波鲁波鲁俪渠腾曾枳举喻屡 之麻能野父播罗。"

这里的"谣歌"即歌谣（和歌），是用万叶假名记载的。在30卷中，有21卷都记载着此类歌谣，共有128首。用于歌谣记载的万叶假名有468字种，共计5480字。

万叶假名也被用于歌谣的所谓"训注"。训注是分注的一种，是表示正文中汉语的日语读法的。下面从卷4中举1例。

时以新罗人为典马。典马，此云"于麻柯毘"。

训注的万叶假名约有 300 字种，字数共计约 1300 字，不到歌谣总字数的四分之一。并且，训注万叶假名总字数的约三分之二集中在卷 1～3 中。但这也有好处。除去卷 27 的其余 29 卷里都有记载，由此可以窥知没有歌谣记载的卷册的特性。

我本是专攻汉语音韵学的，对《日本书纪》中的万叶假名产生深厚的兴趣。作为研究成果，1991 年出版了《古代的音韵与日本书纪的成立》一书。其核心是，《日本书纪》的一部分卷册（α 群）中的万叶假名，是由来自中国的移民用中国原音书写的。

于是，不仅是《日本书纪》的万叶假名，我对文章的编修过程颇感兴趣，并于 1999 年撰写了《日本书纪解谜——作者为何人》，这是一本根据《日本书纪》区分论，从音韵、训诂、考古学角度分析《日本书纪》，来解明其成书过程的书。结论如下：

《日本书纪》30 卷，根据书写的特性，可分为 α 群（卷 14～21、24～27）、β 群（卷 1～13、22～23、28～29）、卷 30 三部分。

α 群是在持统朝由唐人续守言和萨弘恪用正音、正格汉文著述的，β 群是文武朝时山田史御方用倭音、和化汉文撰述的，卷三十是元明朝时由纪朝臣清人撰述的；同时，三宅臣藤麻吕对 α 群和 β 群作了汉籍修辞的润色。清人的著述没什么倭习，但藤麻吕的修改则带有很浓厚的倭习。

自 2001 年春开始的一年时间，我在首尔学习了韩语。因为考虑到《日本书纪》的文章是由正格汉文与和化汉文组成的，而若要研究后者，则对古代韩国的汉文的研究必不可少。在首尔研修期间，承蒙高丽大学校沈庆昊教授的照顾，沈教授还将拙著翻译成韩语并出版（2006 年《일본서기의 비밀》）。

拙著有幸被翻译成韩语，感到万分光荣及意义重大。被我比拟成 β 群执笔者的文章博士山田史御方虽是倭人，但年轻时曾赴新罗留学，学习了新罗的汉文与佛教。不仅如此，"山田史"在《新撰姓氏录》中属于"诸蕃"一类，即祖先是从韩半岛渡日而来的移民。其姓名是由其氏族居住地的地名，即河内国交野郡山田乡而来的。

从山田史御方的出身和经历来看，β 群文章受古代韩国语言文化影响的可能性颇大，α 群中有关韩半岛的一些记载也是根据百济系史料著述的。

关于《日本书纪》与古代韩国的变体汉文（俗汉文）的关系，我在首尔发表了《〈日本书纪〉——其出典（资料）的研究方法与实际》（韩日国际 Work – shop "古代韩日的语言文化比较研究"，2008 年 2 月，首尔大学校、奎章阁韩国学研究院主办）和《日、韩俗汉文的世界——〈日本书纪〉区分论与终结辞"之"字》（国际学术会议"古代东亚的文化交流与沟通"2009 年 6 月，东北亚历史财团主办）。

二、α 群和 β 群

《日本书纪》30 卷并非只出自一人的手笔。例如，卷 14 之后与之前，使用语句有明显的差异。最先具体指出这一点的是冈田正之的遗稿《近江奈良朝的汉文学》（1929 年）。本人认为这是《日本书纪》区分论的开始。

其后，着眼于使用语句、假名字种、分注件数等的分布不均的区分论陆续问世，学术界逐渐将《日本书纪》卷 1 系列和卷 14 系列分为两类。但这些区分论只是划了区分线，并没有阐明《日本书纪》各卷文体上的特性。亦即只看到可视要素的分布不均，局限于表面的方法。

与此不同的是，以福田良辅《关于书纪中的"之"字》（1934 年）为嚆矢，从语法分析角度出发的区分论，则是更进一步的方法。因为根据情况，可以窥知各卷的内在特质。但在福田之后，学界停滞于对特例的解释，研究一度陷入僵局。

汉字有形、音、义三要素。我首先提出了从音韵分析角度出发的区分论。详查《日本书纪》的歌谣和训注的万叶假名，发现根据汉字音的不同，以下二群可截然地区别开来（参见拙文《〈日本书纪〉歌谣中万叶假名的特性之一》等，1977 年）。

α 群：卷 14 ~ 21 · 24 ~ 27
β 群：卷 1 ~ 13 · 22 ~ 23 · 28 ~ 29

万叶假名是推定上代日语音值的最重要的材料。但根据有坂秀世的遗稿《上代音韵考》（1955 年），万叶假名资料有着严重的局限性，即为之基础的汉字音是倭音（日本汉字音），而非中国原音。

例如，上代用来表示"カ"这个音，可使用"歌""诃""轲""加"等假名。隋唐时代的中国音则分别是"kα""hα""k'α""ka"，而汉字的日本音不论哪个都读作"カ"。万叶假名不是根据中国音，而是根据倭音来书写的。因此，不同的中国音所对应的多个汉字，全部没有区分地都用"カ"这个假名来表示了。这就是"有坂倭音说"。

然而，我详查了《日本书纪》歌谣的假名，终于摆脱了"有坂倭音说"的藩篱，发现《日本书纪》歌谣的假名根据汉字音的不同，可截然地区分为α群和β群两类。"倭音说"只适用于β群。我们还是从カ行假名中举例。《日本书纪》全体中，对于カ行，既用牙音k系统字，也用喉音h系统字。而令人惊奇的是，其分布存在着明显的不均衡。

请看【表Ⅰ】。对应カ行的喉音h系统字有"訶""河""胡""許""虚"5字种、共计67字，但都只在β群中出现。这一发现成为突破口，从汉字音角度来考察《日本书纪》区分论获得了进展，并且统和歌谣与训注的万叶假名的研究，得到了以下结论：

β群中混杂着多种基于字音体系的假名，并用倭音（汉字的日本音）书写。另一方面，α群的假名则基于单一的字音体系（唐代北方音），用原音（汉字的中国音）书写。也就是说，β群是由倭音写成的，α群是由正音（中国标准音）写成的。

α群的假名是万叶假名资料中具有卓越价值的。因为α群的歌谣将音素较少的日语直接音译成了音素较多的中文。因此，根据α群，上代日语的音价推定的精度得到了飞跃性的提高。

另外，通过高山伦明氏的《从原音声调来看〈日本书纪〉音假名表记试论》（1981年）等的研究，声调的研究也更进了一步。α群的其中一部分的歌谣，根据汉字的原音声调将日语的声调区别开来写。而且，判明了上代的声调与平安时代并无大差异。

高山氏以《日本书纪》的古写本为研究对象，对照比较了标记在歌谣的假名之上的声点（声调符号）与原音声调（四声），由此发现了两者一致率极高的歌谣。下面以卷24的第109首为例，附注了读音假名、原音声调（四声）、声点，声点根据岩崎本（平安期加点）附注。岩崎本的假名的声点标记在各字的左下、左中、左上、右上四个地方。以此为顺，暂且称之为"L、F、H、R"。平安时代的声调则为低平调、下降调、高平调、上升调。

表Ⅰ　用于カ行的喉音 h 系统字（晓母・匣母）的分布

假名		群卷	1	2	3	5	7	9	10	11	12	13	14	15	16	17	19	22	23	24	25	26	27
			β										α					β		α			
牙音	カ	十字種		10	12	8	7	10	11	29	1	5	20	3	19	10		6	1	7	6	14	3
	コ甲	五字種		1	4	2	1	2	3	7		3	7		4	2	2	3		2	2	4	6
	コ乙	六字種		3	4			1				4	8	1	3	3				8	1		2
喉音	カ	晓母『訶』		1				1	3			2						6					
	カ	匣母『河』																1					
	コ甲	匣母『胡』				1				1								1					
	コ乙	晓母『許』				2	3	2	1	4		2						2					
	コ乙	晓母『虛』			2		2	3	19		3							2					
		分布する卷	●	●	●	●	●	●	●			●						●	●				

【第109首】波魯波魯你　渠騰曾杙攀喻屢　之麻能野父播羅
　　　　　　ハロハロニ　　ことそキこュル　シマのヤブハラ

〔声　　调〕平上平上上　　平平平上上去去　　平平平上上去平

〔声　　点〕L H L H H　　L L F H H H　　L L L H H L

这第 109 首歌谣，原音声调与声点的整齐对应关系十分显然。也就是说，标注 L 声点的字，原音声调必然是平声。并且，H 声点的字，必然是上声或者去声。这首歌谣的原音声调与声点完全一致。

高山氏在前文所说的第一篇论文（1981 年）中，将上声与去声分为一组，并将其与平声对立。但上声与去声是高低不同的声调，为何没有选择其中的一方呢？高山氏没有提出答案，而在第二年的第二篇论文中指出了一个颇有趣味的现象（《书纪歌谣音假名与原音声调》）。他调查了各歌谣中上声字与去声字的势力比，结果在 β 群全卷中去声字占优势，而在 α 群全卷中上声字占优势。这一现象与我的区分完全一致。并且，两群的比率的差异也是十分显著的。以我的试算，β 群全体是 0.40，α 群全体是 1.54，相当于约 1 比 4 的比率。

三、倭习的分布不均

日本人所写的汉文中总会出现倭习（和臭）。"倭习"是指汉文中的和文性要素，是基于日语的表现，对汉字、汉文的误用或奇用（特殊的用法）。就万叶假名所论述的倭音，就是在音韵层面的倭习。如果要开展对《日本书纪》的资料批判，下一步当然要进行对词汇、语法、文体的倭习的研究。于是，我开始了《日本书纪》文章论研究。（参见拙稿《古代的文章与〈日本书纪〉的成书过程》等，1988 年）。

研究结果证明，与音韵论的结论形成一致。《日本书纪》中可见大量不同的倭习，但基本上都不均衡地存在于 β 群之中。以下举几个代表性的倭习例子。

（1）然后洗眼，因以生神，号曰天照大神。（卷1）
（2）是玉今有石上神宫。（卷6）
（3）高枕而永终百年，亦不快乎。（卷6）
（4）即德麻吕等为先锋以进射之。（卷28）

（1）中的"因以"这一接续词是词汇的奇用，或者说是笔癖。以前曾被认为是误用，而经过详查，虽然很少见，在汉籍中也有这样的用例。例如，《后汉书·陶谦传》中有如下一句。

a. 放兵大掠，因以过江。

令人感兴趣的是，比起汉籍，汉译佛典中的用例更多。[姚秦] 鸠摩罗什的《维摩经》、[梁] 宝唱等的《经律相异》中也可见到。《日本书纪》中有 113 例这样的"因以"，都不均衡地分布在 β 群（除卷 4 外）。

中的"有"是"在"的误用。正格汉文中两者的意义和用法都不同。"有"表示不特定的事物的存在，而特定的事物的存在则用"在"。此处的"有"是基于倭训的误用。此类"有"字的误用有 16 例，其中 14 例不均衡地分布在 β 群，剩余 2 例在 α 群。

是否定副词的语顺的错误。因为这里是反问，所以必须是"不亦快乎"。

恐怕是拘泥于"亦快からずや"这一训读的语顺而犯的错误吧。此类否定词的语顺的错误有 14 例，其中 12 例不均衡地分布在 β 群，剩余 2 例在 α 群。

　　是副词"即"的语顺的错误。"即"是普通副词，在正格汉文中是放在主语和谓语之间的。将"即"放在主语的前面则成了误用。"即"的倭训是"スナハチ"。日语的"すなはち"也是副词，但其除了"立即"的意思外，还有"于是""且说"这样的接续词性的用法。因此才犯了将汉语的副词"即"作为接续词，将其放在主语前面的错误吧。（但在佛教汉文中可见有此用例，可能受其影响。）此类"即"字的语顺的错误有 29 例，其中 28 例不均衡地分布在 β 群，剩余 1 例在 α 群。关于此类分布，请见【表Ⅱ】

表Ⅱ　具有代表性的奇用・误用・笔癖的分布

群卷 语句	β													α								β		α				β		
	1	2	3	4	5	6	7	8	9	10	11	12	13	14	15	16	17	18	19	20	21	22	23	24	25	26	27	28	29	30
『因以』	7	6	2		2	6	10	4	19	7	3	2	4									10	2					8	21	
『有』　所在					3	2		1		1	1	2													2				4	
『即』　语顺	7	2	1		1	3	1			2	2						1					4	1					3	1	
否定词　语顺					1	4					1				1							3	3	1						
『纵』　假定											1				1							2								
『于』　笔癖														1	1			1	1		3		3		1					1

四、正视例外

　　β 群是由从倭音而来的和化汉文写成的，α 群则是由从正音而来的正格汉文写成的。两群的性质基本上是倭汉的对立。但是也有例外。例外的存在是十分重要的。因为如能正视，就可以迫近其本质。

　　在前面一节中，我以代表性的 4 种倭习为对象，分析得出其大半都不均衡地存在于 β 群中。而作为例外，α 群中的误用有以下 5 例：

　　（5）此等虾夷国有何方。（卷26，分注）

　　（6）国有东北。（卷26，分注）

　　（7）大臣大连、将相诸臣，咸推寡人。寡人敢不乖。（卷17，润色文）

　　（8）斯等深不悟情。（卷25，大化诏敕）

(9) 即身心归附，于他易照。(卷19，百济《上表文》)

其中，(5) 和 (6) 都是卷26《齐明纪》的分注中所引用的《伊吉连博德书》中的文章。明确记载史料名，并原封不动地转载，因此留下了误用。由此可以窥知撰述者的谨慎态度。

是描述继体天皇接受即位时情景的文句。"敢不乖"的正确训读不是"敢へて乖じ"，而应是"敢へて乖かざらむや"。这是反问，如正确解读原文，则是拒绝即位的意思。是"不敢乖"的错误。其实，这是润色文，错误是因润笔者汉文能力的欠缺而产生的。出典是《吴志》〈孙休传〉，原文如下：

b. 将相诸侯，咸推寡人。寡人敢不承受玺符。

根据小岛宪之《上代日本文学与中国文学（上）》，引用汉籍进行文本润色，是在《日本书纪》撰述的最终阶段。α群的基本编修结束之后，后人在润色之时弄错了语顺。

(8) 出自卷25《孝德纪》中大化二年的诏敕。《孝德纪》的诏敕还有不少其他的误用，甚至包括《大宝令》颁布（702年）以后的用语"御宇"。我认为这是α群的基本编修结束之后，后人给《孝德纪》的诏敕所做的修改。

(9) 出自卷19《钦明纪》五年三月条中所载百济圣明王的《上表文》。此《上表文》为四字句的韵律工整的美文，但也混杂着其他误用与奇用。究竟是原史料的映照，还是由于后人的修改，这是一个重要的问题，因此后面会详细讨论。

五、α群中国人著述说

正如前文所述，α群文章的误用几乎只限于引用文与后人的润色、修改的几处，并非α群真正作者的责任。那么，用由正音而来的正格汉文写作的α群的作者，是否是日本人（倭人）呢？我确信是以中文为母语的中国人移民，最大的根据是万叶假名清浊的不规则。

在万叶假名的资料中，将中国原音的无声无气音（p^-, t^-, k^-等）用作清音假名是一种原则。但是，在α群中，与此原则相违背，它们也被用在浊音上。如将"水（ミヅ）"标记为"瀰都（ミツ）"，将"枝（エダ）"标记为"曳多（エタ）"等，多达7字种，共计11例。如果是日本人的话，应该不会弄错清音与浊音。这应该是日语并不娴熟的中国人所犯的错误。

据笔者对《日本书纪》古抄本中的声点（声调符号）所做的调查，与预想一致，这些不规则音节都是高平调的声调。高平调的声调发音高度高，喉头持续保持紧张状态，妨碍到声带的震动，所以浊音的要素被削弱了。因此中国人才将高平调的浊音音节误听成了清音吧。（森1991）

α群中国人著述说的证据在卷14中也可见到。安康天皇将皇后称作"吾妹"。此处有如下分注：

> 称妻为妹，盖古之俗乎。

男子将妻子称作"吾妹（わぎも）"，在奈良时代也是一般的习惯。而将此认为是不可思议的事，加上了"古代之习俗"的注释，说明α群的作者不知晓日本人的常识。

如将α群的作者看作是中国人，一直以来无法理解的问题也就迎刃而解了。例如，卷17《继体纪》记载有从七年到十年将伴跛国的带沙赠予百济的事件，以及二十三年将加罗的多沙津赠予百济的事件。据三品彰英《继体纪的诸问题》的考证，认为这是由于17卷的编修者将同一事件误认为是两个不同的事件。

此事件中由朝廷派遣的使者，前者引用《百济本纪》作"物部至至连"，后者则似根据日本史料作"物部伊势连父根"。《百济本纪》的"至至"是"チチ"的音译汉字，后者的"父"则与和训相一致。如果编修者是日本人，应该能够根据使者名字的类似而推测出这是同一事件。但编修者却将此误认为是两件不同的事件。恐怕是因为不知晓"父"的和训是"チチ"这一日本人的常识吧。

六、各卷的作者与编修的顺序

要知道编修的顺序，关键在于两群中有关安康天皇暗杀事件的记载。α群的开头——卷14，虽是《雄略纪》，却详细地记叙着先帝暗杀事件的来龙去脉。另一方面，卷13，虽是《安康纪》，却简洁地以"辞具在大泊濑天皇纪"一句分注掠过。这种本末倒置，说明α群的著作在先。

正如上文所述，α群的著述基本上是由渡来唐人所完成的。《日本书纪》

编纂是与律令撰修同等重要的国家大事。担起此重任的最适合的人选，无疑是担任大学音博士的唐人续守言与萨弘恪。此二人在持统朝共被赏赐过三次，其中第二次赏赐（691年九月四日）尤为重要，因为在赏赐前夕的八月十三日，天皇下诏十八氏族献上《日本书纪》编纂的重要史料《墓记》。

古代以雄略朝和大化改新为分期基准。笔者推测续守言是从卷14《雄略纪》开始执笔，而萨弘恪是从卷24《皇极纪》开始执笔的。续守言在660年的战争中成为百济军的俘虏，被献给日本。卷26《齐明纪》关于其来日的记载存有两种说法。萨弘恪执笔此处，也许当时续守言已经去世。萨弘恪则在文武四年（700）奉敕编纂《大宝律令》之后，再也没有在史料中出现。也许是在著述完卷24~27后便引退了。

另一方面，β群的著述则开始于文武朝。据小川清彦《关于〈日本书纪〉的历日》（1946年）一文，《日本书纪》用了两种历法。到卷13《安康即位前纪》为止用的是新历《仪凤历》，而从安康元年开始往后则用的是旧历《元嘉历》。其实从文武二年（698）开始，日本就只用《仪凤历》了。因此，β群的著述者应从文武朝以后的学者中寻求。

笔者认为山田史御方（三方）是首屈一指的候补。御方以学僧身份留学新罗，归国后还俗，成了文武朝的文章博士。707年受"优待学士"之赏赐，721年受"文章楷模"之褒赏。β群作者不精通正音，用训读写文章。并且，β群还受佛典与佛教汉文的影响。御方的经历与β群的特性相吻合。

据《续日本纪》，和铜七年（714），天皇敕命从六位上纪朝臣清人和正八位下三宅臣藤麻吕撰述国史。当时，《日本书纪》编修所还留有卷30《持统纪》尚未着笔，同时还留下已竣工诸卷的润色、修改等任务。从位阶和经历来看，可能清人担任了卷30的撰述，而藤麻吕则担任了润色与修改。

七、虚实·真伪的判别

笔者从音韵、词汇、语法到文体，全面追踪倭习和笔癖，对《日本书纪》的编修过程做了推测。因此，也得以从各卷的文章中摘出了原史料，并判明了后人修改的部分。这样，判定记载虚实与真伪的基础便齐备了。

例如卷21《推古纪》中圣德太子所撰《宪法十七条》的真伪。吉川幸次郎在1966年《圣德太子的文章》中写道，《宪法十七条》无论从文体上、还是从语法上来看都是出色的文章，这成为了普遍认可的说法。但这一说法是错误的。笔者从《宪法十七条》中摘出误用和奇用，例举了"倭习十七条"。

我们来看宪法的第七条，误用有以下3例：

（10）事无大少，得人必治。

（11）因此国家永久，社稷勿危。

（12）故古圣王为官以求人，为人不求官。

其中，（10）的"少"字是"小"的误用，是由倭音或者倭训诱发的。（11）的"勿"字是"不"字的误用，是由于混淆了命令的否定（禁止）与叙述的否定。（12）是否定词语顺的错误，正确写法应该是"不为人求官"，是因拘泥于日语语顺而产生的误用。类似于这样是误用，除宪法以外，在卷22的正文中也可见到，如以下：

（13）即化少鱼，以挟树枝。

（14）到于墓所而视之，封埋勿动。

（15）其为朕兴陵以勿厚葬。

（13）（14）（15）各与（10）（11）（12）是同类的错误。（13）的"少"字是"小"字的误用，（14）的"勿"字是"不"字的误用，（15）是否定词语顺的错误，正确写法应该是"其勿为朕兴陵以厚葬"。

宪法的倭习中的一大半都在宪法之外的卷22的正文中出现。并且不仅仅只有卷22，是β群中常见的倭习。笔者因此怀疑，宪法有可能是β群作者山田史御方的伪作。

八、α群特有的误用与笔癖

《日本书纪》的汉文的误用与奇用，基本上不均衡地分布在β群中，例外只在引用文与后人的修改文中出现。但是，虽然很稀少，α群也有着特有的误用与笔癖。下面各举一例。

（16）纵使星川得志共治家国，必当戮辱遍于臣连，酷毒流于民庶。（卷14）

（17）超摅绝于埃尘。（卷14）

将表示让步的接续词"纵〈たとひ～とも〉"误用成了假定,这是雄略天皇的遗诏,是润色文。出典来自《隋书》(高祖纪),原文如下:

c. <u>若</u>令勇秀得志共治家国、必当戮辱遍于公卿、酷毒流于人庶。

作为典据的《隋书》中用的是正确的表示假定的接续词"若",这是后人润色修改时的误用。"纵"的确凿的误用有5例,全都不均衡地分布在α群中。润色的错误有1例,韩半岛相关记载中有2例,大化诏敕中有2例。误用也有其特性。其中,润色和大化诏敕的部分应是修改者的误用。

也是润色文,出典来自《文选》(赭白马赋)中如下的文章:

d. 超摅绝夫尘辙。

在后人润色之时出现了"于"字的笔癖,这是训读中标上作为"语气助词"的"ヲ"这一送假名的用法。此类确凿的笔癖有12例,α群有11例,卷30有1例。α群的11例中,润色有2例,大化诏敕有2例,卷21有3例,卷19韩半岛相关记载有1例,其他有2例。润色和大化诏敕是后人的修改。卷21虽是α群,其他的误用和奇用也不少。卷21中除了这种笔癖外,笔者推测后人也做了修改(参见拙稿《圣德太子传说与用明、崇峻纪的成书过程》,2005年)。问题在于《日本书纪》中韩半岛相关记载的那1例,兹录如下:

(18)遣前将军(中略)等,救<u>于</u>百济。(卷27《天智纪》即位前纪七年八月条)

笔者也不能确定这是否是后人所做的修改。关于α群特有的误用("纵")与笔癖("于")的分布,请参照【表Ⅱ】。

韩半岛相关记载中也有确实是后人的修改的记载,出现在卷20《敏达纪》的"桧隈宫御寓天皇"中百济移民官僚的发话中。"寓"是"字"的异体字。"御宇"是对天皇的称号,是统治天下的意思。这种写法在大宝二年(702)《大宝令》颁布后才开始使用,在那之前都是用"治天下"这一写法(太田晶二郎《〈药师寺东塔檫铭并序〉杂记》,1931年)。因此,卷29的"桧隈宫御寓天皇"这一写法不是持统朝的续守言的手迹。证明了α群中韩半岛相关记载的一部分是后人的手迹。

155

九、韩半岛相关记载的资料问题

α群基本上是由正格汉文所写成的。汉文的误用与奇用远少于β群。α群的误用与奇用基本上可以分为引用文和后人的修改这两种情况。最大的问题是韩半岛的相关记载。

正如上文所述，接续词"纵"的8例都不均衡地分布在β群中。并且被用作假定，而非让步的确凿的误用有5例。其中润色文的误用1例，卷25《孝德纪》的大化诏敕2例，这些是后人的修改。剩余2例都是如下的韩半岛相关记载：

（19）纵削赐他，违本区域。（卷17《继体纪》六年十二月条，物部大连之妻关于任那割让问题的发话）

（20）纵使能用耆老之言，岂至于此。（卷19《钦明纪》十六年八月条，诸臣对百济王子余昌的发话）

（20）是百济群臣对余昌出家的劝谏的记载，此段落的最后以"云云"结尾。"云云"是"以下省略"的意思，可以推测这条记载是百济史料的引用文。此卷19《钦明纪》的分注引用了14条《百济本记》的记载。（20）也可能是根据《百济本记》而来的记载。

在此，我们来讨论一下前文所述的卷19《钦明纪》五年三月条所载百济圣明王的《上表文》。此上表文是四字句的格律工整的美文，但也可见到像（9）那样的副词"即"的语顺的错误。此外，还混有如下误用或奇用：

（21）国虽少，未必亡也。至于卓淳，亦复然之。

作为正格汉文来说是"少"的误用，句末的"之"可以说是奇用。这"少"字必须是"小"字。同样的"少"的误用在β群中有3例，α群（卷25的大化诏敕）中有1例。

在《日本书纪》中，句末的"之"不均衡地分布于β群，而在α群中则集中分布在卷19的韩半岛相关记载中。（参见拙文《日·韩俗汉文的世界——〈日本书纪〉区分论与终结辞"之"字》，2009年）众所周知，此类"之"字的用法，在古代韩国的文章中是表示终结的吏读表现的一种，使用频率颇高。下面是《高句丽广开土王碑》的末尾中见到的一例：

e. 其有违令卖者刑之，买人制令守墓之。

百济圣明王的《上表文》中所见的误用（"即"和"少"）同样也出现在古代韩国人的文章中。8世纪的新罗人——慧超所著《往五天竺国传》，即有类似的实例（参见桑山正进编《慧超往五天竺国传研究》图版，1992年）：

f. 此中天竺大小乘俱行，即此中天界内有四大塔。（第41行）
g. 衣着言音食饮，与吐火罗国大同少异。（第142行）

十、百济上表文的史料批判

由此可见，在卷19《钦明纪》五年三月条的百济圣明王的《上表文》中，有与古代韩国的文章相同的误用和奇用。这是关于"任那复兴问题"的长篇《上表文》，内容是要求"日本府"官员的退去。当然，文中屡次出现"任那"、"日本府"这样的单词。

那么，它究竟是否引用了真正的上表文呢？此《上表文》中有"日本"、"天皇"这样的单词，但在钦明五年（544），日本列岛还不存在"日本"和"天皇"，因此断定《上表文》是在"日本"、"天皇"这样的单词出现之后写成的文章。或者也有可能原本的上表文中用的是"倭"、"倭王"，而在之后被改成了"日本"、"天皇"。

此《上表文》的分注引用了3则《百济本记》的记载，在那之中"日本"也有出现。《百济本记》是所谓"百济三书"之一，其他两部是《百济记》和《百济新撰》。《百济记》对日本用的是"贵国"、"大倭"、"天朝"等敬语表现的词，也使用"天皇"一词；《百济新撰》记录日本为"大倭"、"倭"，也使用"天皇"一词。根据这些用词用语，《日本书纪》所载"百济三书"的最终编修时期和态度已经很明确。

关于"百济三书"，坂本太郎叙述如下（《继体纪的史料批判》，1961年）：

成书是在相当晚的时期，具体可能是在百济灭亡后，亡命日本的百济人根据带来的记录加以适当的编修，将书籍呈献给日本政府。

对此，笠井倭人认为坂本所说的"（亡命百济人）带来的记录"，才是

"百济三书"的原本（《日本文献中所见初期百济史料》，1981年）。总之，在呈献给日本政府时已经添加了出于政治考虑的修改。

一般说法认为，《日本书纪》原文的百济系史料的大部分来自"百济三书"。卷19《钦明纪》所载百济《上表文》，也可能是直接参照亡命百济人以呈献给日本政府为目的而编修的百济系史料所写成的。理所当然会在其中的某个阶段考虑到政治问题而做出修改。这完全是捏造，还是反映了一部分史实？另外，其中能看到多少百济或者古代韩国在文章表现上的特征呢？

《日本书纪》不仅是日本的，也是东亚古代史研究的重要史料。但它不光载有史实，还包含有大量的编造。编造的分析对于了解编修的意图是十分重要的。那么，该如何判别史实与编造呢？

读古代文献时，如果只注意表面的事件，就看不到真相。要想知道《日本书纪》中记载着什么，必须分析其如何编写，研究其成书目的。

翻译：丁洁云（浙江工商大学硕士研究生）

【参考文献】

[1][韩]李基文：《关于吏读的起源的考察》，载《震壇学报》52，1981年。

[2][日]太田晶二郎：《〈药师寺东塔檫铭并序〉杂记》，载武藏高等学校《校友会志》14，1931年。

[3][日]冈田正之：《近江奈良朝的汉文学》（遗稿），东洋文库1929年版。

[4]小川清彦：《关于日本书纪的历日》，收入内田正男编：《日本历日原典》，雄山阁1978年版（首次发表于1946年）。

[5][日]笠井倭人：《日本文献中所见初期百济史料》，收入《古代日朝关系与日本书纪》，吉川弘文馆2000年版（首次发表于1981年）。

[6][日]桑山正进编：《慧超往五天竺国传研究》，京都大学人文科学研究所1992年版。

[7][日]小岛宪之：《上代日本文学与中国文学》（上），塙书房1962年版。

[8][日]小岛宪之等校注：新编日本古典文学全集《日本书纪》3卷，

小学馆 1994~1998 年版。

[9] [日] 坂本太郎：《继体纪的史料批判》，载《国学院杂志》62-9，1961 年。

[10] 高山伦明：《从原音声调看日本书纪音假名表记试论》，载《语文研究》51，1981 年；《书纪歌谣假名与原音声调》，载《文献探求》10，1982 年。

[11] [韩] 南丰煊：《吏读研究》，太学社 2000 年版。

[12] [日] 福田良辅：《关于书纪中所见"之"字》，收入《古代语文笔记》，南云堂樱枫社 1964 年版（首次发表与 1934 年）。

[13] [日] 三品彰英：《继体纪的诸问题》，收入《日本书纪研究》第 2 册，墙书房 1966 年版。

[14] [日] 森博达：《〈日本书纪〉中万叶假名的一特质——从汉字原音看书纪区分论》，《（月刊）文学》45-2，岩波书店 1977 年版；《古代的音韵与日本书纪的成立》，大修馆书店 1991 年版；《解开日本书纪之谜——作者为何人》，中央公论新社 1999 年版；《日本书纪成书论小结——并论万叶假名的声调优先例》，载《国语学》通卷 214 号，2003 年；《圣德太子传说与用明、崇峻纪的成书过程——日本书纪箚记·其一》，载《东亚古代文化》122，大和书房 2005 年版 a；《惊叹怀德堂·五井兰洲的〈删正日本书纪〉——日本书纪箚记·其二》，载《东亚古代文化》123，大和书房 2005 年版 b；《从文章看〈日本书纪〉成书区分论——日本书纪箚记·其三》，载《东亚古代文化》124，大和书房 2005 年版 c；《日本书纪的万叶假名与上代语的声调——日本书纪箚记·其四》，载《东亚古代文化》125，大和书房 2005 年版 d；《日本史纪的秘密》，沈京浩译 2006 年版；《〈日本书纪〉——典据（资料）研究的方法与实际》，载《韩国文化》42，首尔大学、奎章阁韩国学研究院 2008 年版；《日·韩俗汉文的世界——〈日本书纪〉区分论与终结辞的"之"字》，东北亚历史财团主办国际学术会议"古代东亚细亚的文化交流与疏通"予稿集，2009 年。

[15] [日] 吉川幸次郎：《圣德太子的文章——〈十七条宪法〉的问题点》，收入《吉川幸次郎全集 23》，筑摩书房 1966 年版。

第十三章　关于"原日本书纪"

[日] 中部大学人文学部　大山诚一

一、《日本书纪》的叙述方针

《日本书纪》的编纂目的是描述根据《大宝律令》成立的日本这个律令国家的成立史。读者推想，不仅国内，相对唐与新罗该书也主张日本政治文化的高水平。

那种情况下，虽然根据645年大化改新以后的历史过程，《日本书纪》具体记述了日本的政治文化水平，但为了使记述更有说服力，有必要说明先前的6世纪中叶~7世纪中叶这一阶段已经达到了相当的文化水准这一情况。关于书的内容，《日本书纪》的编者考虑了两点，第一点是中国式律令国家变为可能的儒教的秩序观，简言之即是君臣民礼的秩序存在，第二点从思想上以及艺术上对律令国家进行补充的佛教文化的存在。

于是，第一点中圣德太子的宪法十七条作为展示儒教秩序观的存在被记录下来。其次，是佛教文化的存在，522年从百济传来的记录及持续而漫长的展开崇佛废佛的争论，之后记载飞鸟寺的创建，再者，圣德太子的宪法十七条中的"笃信三宝"被国教化。根据这些记录，该书主张日本较早地理解了中国文化。

但是，历史的事实是圣德太子并非真实存在的人物，另外，《日本书纪》的记述中关于佛教传来的记录也与历史事实无关。以下将会确认这件事。

二、圣德太子并非实际存在

自古以来，圣德太子这样的人物就是充满谜一般的存在。这是因为作为罕见的圣人，由于过多地被传说所装点，实像大体上不清楚了。

但是，明治的硕学久米邦武以来，一般认为作为太子真实存在的史料仅限定于《日本书纪》的宪法十七条，以及传到法隆寺的释迦像、药师像、天寿国绣帐的铭文，以及《三经义疏》等史料。

但是，这些已确认的史料也存在问题。

首先，《日本书纪》中的宪法十七条，江户后期的考证学者狩谷棭斋很早就判断这并非圣德太子的作品。到了昭和，津田左右吉在推进《日本书纪》史料批判的过程中，从用语和时代背景质疑推古朝成立一说，从宪法的文章与成书于奈良时代的《日本书纪》和《续日本纪》的文章相似这一点，得出结论，即《日本书纪》的编者假借圣德太子之名，以达到训诫官僚的目的。

实际上，宪法十七条引用了数十种中国古典著作，可以认为是由十分了解中国文化的人物创作出来的作品，据《隋书》记载，600年遣隋使的发言内容如下：

开皇二十年，倭王姓阿每，字多利思比孤，号阿辈鸡弥，遣使诣阙。上令所司访其风俗。使者言倭王以天为兄，以日为弟，天未明时出听政，跏趺坐，日出便停理务，云委我弟。高祖曰，此太无义理。于是训令改之。

这里所记载"以天为兄，以日为弟"的想法是极其原始的表述，与宪法十七条的思想并没有一致的地方。高祖吃惊并答复"此太无义理"也不是没有道理的。还是如津田一样，把宪法十七条看作是《日本书纪》的编者所创作的比较妥当。

其次是法隆系的史料，根据铭文记载，这些全是圣德太子（厩户王）生前或者死后不久完成。但是，例如药师像的铭文被看作太子自身为祈祷父亲用明天皇病愈而作成，根据记载天寿国绣帐是圣德太子死后不久妃子多至波奈大女郎请求推古女帝创作而成，此时使用的天皇号成立于7世纪末。天皇这个词本身就表示道教最高神，热忱的道教信徒唐高宗在674年采用天皇的称号取代皇帝，这一称号自天武朝传至日本。另外，释迦像的铭文被看作为祈祷圣德太子病愈而由亲信创作而成，但其中也能看到天武朝或者奈良时代才开始使用的"知识"、"佛师"等词语，无论如何也并非圣德太子时代的东西。在二战前京都大学的福山敏男就明确指出这些情况。加上近些年，天寿国绣帐的铭文上记载着圣德太子母亲及其自身死亡的日期，其中的历法已经确认为仪凤历，该历法的使用最早也是持统四年（六九〇），是后于圣德太子时代大约一个世纪。并且，确定无疑的是，二战后经京都大学的藤枝晃的考证《三经义疏》成立于六世纪后半期，中国北朝时期。敦煌学的权威藤枝通过与敦煌出土的其他胜鬘经的义疏类进行比较，明确证明该义疏是产自中国。也就是说，该义疏是输入品而不是圣德太子亲笔所写的作品。当然，除此之外还有许多观点，但仅是这些就足以说明法隆寺系的史料存在疑问吧。

此外，自古以来传说法隆寺本身也是圣德太子所建，事实上，《日本书纪》中天智九年（六七〇）四月壬申条上，记载着"夜半之后，灾法隆寺。一屋无余。大雨雷震。"由此，有观点认为今日的法隆寺是因雷电烧毁后重建的。但是，也有人不认可，由此展开了有名的法隆寺重建和非重建的争论。事实上，根据战前的发掘，能够确立创建法隆寺（称为若草加蓝）的存在，可以判断今日的法隆寺是重建后的产物。另外，根据最近的发掘明确了是由连金属都能够溶解的高温烧毁。也就是说，确实遭受过激烈的雷电。如今来看，法隆寺的释迦像加上佛像背后的光圈共有四二二千克，从雷电中救出来，却一个裂痕都没有是不可能的。果然是重建后新建造的。说是止利佛师的作品，这完全是虚构。

其他也有许多应该陈述的观点，不管怎样，可以确定的是完全没有关于圣德太子这个人物真实存在的根据。问题是何时何人创造出这位虚构的人物，省略详细的论证，包含宪法十七条《日本书纪》的文章中，成立于720年，圣德太子被描述成一位精通儒佛道中国思想的圣人。这大概是当权者藤原不比等为了使自己权力正当化而构想的产物。当时，可以确定的是718年从唐回国的道慈的学识起到了很大的作用吧。

另外，关于法隆寺系的史料，《三经义疏》是输入品，准确的成立年代不明，其他的成立于光明皇后畏惧长屋王之变（729）和疫病流行（735～731）所采取的行动中。全是天平十年以后的事情（大山诚一《"聖德太子"の誕生》，吉川弘文馆，1999年）。

三、佛教传来事件的虚构性

《日本书纪》的虚构不仅限于圣德太子。佛教传来事件的全部都有很大问题。关于这些，最近，吉田一彦、北条胜贵两位发表了优秀的研究成果，因此想介绍一下两位的研究成果。

众所周知，《日本书纪》中记载佛教传来的年代522年，是隋唐时代的中国佛法被称为末法元年的年份。所以，这个陈述很明显受到隋唐时代末法思想的影响。吉田氏关注到这点，作了一系列考论。

首先，关于佛教从百济传至日本的基本史料，《日本书纪》有以下几则相关记事：

①钦明十三年（522）十月，从百济圣明王处传来释了迦像、经纶等。天皇欢喜，向群臣询问礼佛与否，苏我稻目主张接受，物部尾舆和中臣镰子反对。于是，天皇许可稻目一人礼拜。稻目将佛像安置在小垦田的家中，并且将向原的家改成寺院。这之后，国内疫病四起，基于尾舆和镰子的奏本佛像被丢入难波的掘江，珈蓝被烧毁。于是，明明无风无云大殿（天皇的宫殿）却被烧毁。

②敏达十三年（584），苏我马子让司马达等的三名女性（善信尼）出家，并在自家东边建立佛殿用以安置鹿深臣从百济带来的弥勒石像，招来三名尼姑设斋（准备食物供养僧侣）。那时吃斋（指吃饭）后出现了佛舍利，司马达等们将之献给了马子。马子用铁槌敲打这个舍利，舍利也没有坏，入水之后沉浮依旧。于是，马子在石川的家里也设置了佛殿，称之为佛法初始。

③敏达十四年（585）二月，苏我马子在大野的山冈北面建了一座塔，将舍利藏在塔头上。之后不久马子卧病。问卜卦者，说是父亲时供奉的佛像在作祟，因此再次礼拜佛像，没多久国内疫病四起，许多民众死去。于是，同年三月，根据物部守屋和中臣胜海的奏本，天皇宣告停止佛法活动。物部守屋烧毁佛像、佛殿，将烧剩下的佛像丢弃于难波的掘江，抓住、侮辱善信尼们，用鞭子抽打。之后，天皇和守物突然得了湿疹，也有许多民众因病死去。人们都说是烧毁佛像的惩罚。于是，同年六月，天皇

将三名尼姑归还马子，不久，天皇因病去世。

④用明二年（587）四月，天皇得病，表示皈依三宝，因物部守物和中臣胜海的反对未能实现，痨越发严重，不久天皇（用明）去世。于是，紧接着围绕着皇位继承产生分歧，苏我马子集合诸豪族消灭物部守物，让崇峻天皇即位。临战之际，厩户王用盐肤木制成四天王像插入发髻发誓建成寺塔，马子也同样发誓。这就是后来建成的四天王寺和飞鸟寺。

⑤推古二年（594）二月，天皇向皇太子（厩户王、圣德太子）和大臣（苏我马子）下发兴盛三宝的诏书。诸豪族竞造寺院。另外，同十二年（604）皇太子所作宪法十七条中也写有"笃敬三宝"。由此王权和佛教实现了一体化。

以上是佛教传来事件的概要。根据吉田一彦所说，此佛教传来的故事有以下三个特征。(吉田一彦《古代仏教をよみなおす》，吉川弘文馆，二〇〇六年）。

第一，全部记述都是从捍卫佛法的角度撰写。例如，从①、③来看，钦明和敏达的决断中，一旦举行废佛活动像丢弃佛像烧毁珈蓝等，要么大殿受到火灾，要么天皇自己因病身亡。这是报复的思想，意味着佛的惩戒。这些记述，很明显是热心的佛法支持者或者是僧侣的作品。

第二，这一系列的记述都参照、模仿了中国的佛教文献，中国北魏的太武帝（408～452）和北周的武帝（543～578）都有过大规模的废佛活动，其经过详细记载于唐代道宣（596～667）《广弘明集》《集古今佛道论衡》《续高僧传》《集神州三宝感通录》以及道世（？～668?）的《法苑珠林》，《日本书纪》的文章参考这些书目写成。特别是，①的百济圣明王的上表文参考义净（635～713）翻译的《金光明最胜王经》的情况，通过井上薰氏的研究等闻名于世（井上薰《日本古代の政治と宗教》，吉川弘文馆，一九六一年）。另外，关于②中佛舍利出现的事，过去津田左右吉认为出自慧皎的《高僧传》康僧会传，吉田则指出是依据道宣的《集神州三宝感通录》和道世的《法苑珠林》所写。并且，关于参照这些中国文献写出《日本书纪》文章的人，和井上薰一样认为是大宝二年（702）入唐，养老二年（718）归国的道慈。道慈入住六九五年从印度归国的义净翻译《金光明最胜王经》的西明寺，并且，留学时深受与西明寺很有渊源的道宣思想的影响。

并且第三，不仅是个别事件的现象和表现，《日本书纪》一系列事件的展开全部可以说都是中国佛法兴衰的模仿。也就是说，经历过大规模废佛的隋唐佛教界流布着由"末法→废佛→与废佛之战→三宝兴隆"理论构成的末法思想。《日本书纪》的记述确实在模仿这些。这里所说的末法思想不是指佛法衰落的悲观思想，正因为是废佛流行的末法世界，信奉佛法才必须要拼尽全力迈入佛法再兴，也就是说，是为了兴隆佛法而鼓舞士气的思想。于是，《日本书纪》必须由熟悉中国当地佛法的人物来记述，当然拥有长时间留学中国经验的道慈是合适人选。

事实上，吉田氏详细论证了《日本书纪》的事件是引用了哪些以及如何引用中国文献创作而成的，可以说形成了无需置疑的学说。那么，不只是圣德太子，《日本书纪》记录的佛教传来以及之后的展开都不是事实。

进一步肯定前文吉田氏的研究的是北条胜贵的研究。(北条胜贵〈祟·病·仏神〉、《王権と信仰の古代史》所收，吉川弘文馆，二〇〇五) 北条胜贵氏首先指出，《日本书纪》记载佛教传来以后，以苏我稻目、马子的崇佛，物部守物、中臣胜海的废佛为中心的崇佛废佛争论事件的整体构架，就是排佛（废佛）、崇佛、疫病流行的反复。在此基础上，作为二度排佛（之前③，《日本书纪》敏达十四年三月条）的契机，苏我马子患病后，根据占卜表达对"佛神"的"祟"，而促使马子更加崇佛的不是日本的思想而是中国的思想，另外，从论述了佛教上病即是恶报的观点，在中国作为对国家废佛的抵抗及和其他教的竞争手段成立于五～七世纪，再者，从《日本书纪》的崇佛争论来看，排佛、佛神的尊崇、疫病流行物语的出处是摘自道世的《法苑珠林》十恶篇邪见部感应缘的魏崔浩条。通过北条自己的概括来表明这个魏崔浩条如下文所述。(北条胜贵"《日本书纪》和咎征"，《アリーナ》第5号，2008年)。

北魏的太平真君七年（446），受太武帝重用的宰相崔浩，谋求道教的国教化，以冠谦之为天师，进行大规模的废佛活动，如迫害僧尼，破坏伽蓝，废弃经典等。这之后，崔浩从后宫的庭院里挖出一尊金像，在弄脏这尊金像后不久阴部便感到疼痛。太史占卜后断定是"触犯大神所致"，四处去名山、祀庙祈愿都没有效果，宫人建议向佛祈请最后才痊愈。于是崔浩皈依佛门，但患病后心怀愧疚的太武帝对冠谦之施以酷刑，崔浩自己也被诛杀。太武帝驾崩，至孙子文成帝即位佛教再兴。

有这样一个过程，患病的崔浩倾心礼佛的事件，类似于③的敏达十四年条记载的苏我马子的行动。只是没有"祟"字，通过卜官的存在得知病因的流程是一样的。根据记载，太武帝死于废佛的恶报，敏达与用明也是以同样的方式驾崩。太武帝的病《辩正论》卷七信毁交报篇八等记载有疮，敏达、用明也是因疮而病死。④中用明临终之际决意崇佛，太武帝也在患病后开始后悔。诛杀引诱废佛的冠谦之和肇事者崔浩，与物部守屋与佛为敌被消灭相对应。文成帝以来佛教的复兴正如苏我马子创建法兴寺，结果都归结于佛法兴隆这一点也是一致的。确实是惊人的一致。正如北条所指，《日本书纪》的编者参照了《法苑珠林》的魏崔浩条，执笔崇佛争论事件是这点是没错的。并且，这个崔浩和冠谦之、太武帝的临终事实上并非史实。是从佛教方面恣意歪曲历史。但是，《日本书纪》的编者是参考这些，记录下了崇佛、废佛争论事件。这些内容北条作如下讲述。"初唐的佛教是为了抵抗儒教、道教以及王权废佛倾向的一种虚构存在。憧憬隋唐佛教的日本佛教界，因为有同样的历史观，所以构筑了从排佛（废佛）的故事"。确实，《日本书纪》的崇佛争论事件参照《法苑珠林》的崔浩条创造的虚拟故事。

并且，在此基础上，北条得出以下结论，"被日本古代律令国家作为理想的太武帝隋唐帝国的发展，特别是它佛教化的繁荣，许多是建立在废佛经验之上"，认为"日本古代佛教界大抵也是模仿上述内容"，另外也谈到作为成立这样的《日本书纪》构想的人物"是西明寺修学的道慈可能性很高，不管形式如何，他参与《日本书纪》编纂的这一点是不可否认的"，这些可以说与之前吉田的理解是大致相同的。

以上，根据吉田、北条的研究，可以看到《日本书纪》的佛教传来事件和崇佛争论事件，贯穿其中的思想，是从有大规模废佛经验的隋唐佛教，特别是从末法思想中学来的，《日本书纪》的记述并未根据历史事实来描述这一点是明显的。另外，作为记述人物，认为是直接体验隋唐佛教的道慈，首先是妥当的，即使没有必要限定全部是其一个人所作。

那么，可以说佛教传来事件全部内容都是虚构，接着，关于这层意思我们也来思考一下。

根据吉田、北条二位的研究，《日本书纪》的佛教传来事件与历史事实无关，应该无疑是根据隋唐佛教理论写出来的。最终，末法元年传来的佛教根据一贯的隋唐末法思想的理论，虽然摇摆于崇佛和废佛之间，但是一边受占卜和佛神崇拜的引导，一边朝推古和圣德太子的三宝兴隆发展。其间，作为《日本书纪》的理论，它的概要是巧妙的融入作恶就会疫病流行的佛法灵威，勉强确立了王权正当性。这个故事中，可以说我们能从隋唐佛教理论中领会王权。不是王权保护佛法，而是通过佛法使王权正当化。《日本书纪》的编者一边强调佛教所带咒术性的强大以及这背后中国文化的巨大，一边赞赏通过故事推进该思想的圣德太子。于是，圣德太子，是儒佛道圣天子的同时被描述成隋唐佛教的象征。这也是道慈等《日本书纪》的编者的深谋远虑吧。

四、《隋书》的倭王

纵观《日本书纪》的六世纪中叶～七世纪中叶的事件，关于佛教传来记述和圣德太子事件相关记述占篇幅较多。但是，这些内容都是虚构的。那么，《日本书纪》作为历史书是完全没有价值的吗。那个时代，被称为飞鸟文化的时代。那到底是什么样的时代呢。

《日本书纪》描述的圣德太子的人品，虽说是皇太子、摄政，却与实权政治无关，而是作为儒佛道圣人就像一位虔诚的宗教者。加上，推古女王也是像空气一般存在感稀薄的人物。《日本书纪》中记载着很多政变和血腥的事件，但是圣德太子和推古女帝的时代没有一件杀人事件的记述。

也就是说，关于圣德太子和推古女帝，《日本书纪》是没有现实感的。这么看来，不仅圣德太子是虚构的，对推古女帝的存在也不得不产生怀疑。关于这一点以前论述过，（大山诚一〈《日本書紀》の構想〉，《聖德太子の真実》），在这里我简单叙述自己的看法。

作为与推古朝相关的史料，写立于七二〇年《日本书纪》的史料性不高这一点已经很明确了吧。不仅因为年代相隔，正如所见，内容的虚构性也十分明显。与此相对，中国的《隋书》是唐魏征等六三六年撰写的史书，因为成立于隋灭亡后不久，所以史料价值较高。（榎木淳一《隋書》倭国伝の史料の性格について＞，《アリーナ》第5号，二〇〇八）。其中倭国传上，不仅记载着日本使臣带来的信息，还记载着派往倭国的使臣裴世清的见闻。也就是说，隋的使者确认了日本方面使者的发言。根据日本方面使者的报告，倭王名为タリシヒコ，妻子是おり，后宫有女子六、七百人。裴世清与这个人物交谈，与《日本书纪》记载的推古女帝十分不同。那么，真相是……。

飞鸟是当时的政权所在地。拜访飞鸟，最初令人震惊的是大和最大的前方后园墓见濑丸山古坟。全长三一〇米。巨大古坟多是天皇陵，不能靠近，但是该古坟能够接近。有各种说法，但是认为是苏我稻目的墓最为有说服力。其东方，甘樫的山丘的东南，跨国飞鸟川的地方有鸠宫的遗址。鸠宫是苏我马子宅邸的遗址。其东面有巨大的石舞台古坟。这就是马子的墓，大体上是没有疑问的。鸠宫往北是飞鸟寺。日本最初的正规寺院，是马子的氏寺。据说甘樫的山丘上，之后建造了苏我虾夷、入鹿的宅邸。当然，也有无数其他的遗址，但看这些，飞鸟的主人公苏我氏，这个时代是指马子也是明显的吧。这样说的话，"アスカ"的"ア"作为接头语"スカ"作为"スゲ"，如果是来自植物菅的话，那苏我的语源也说得通。

首先，飞鸟时代存在着历代的苏我一族、稻目、马子、虾夷、入鹿的墓。与此相对，《日本书纪》传达的当时的天皇敏达、用明、推古以及圣德太子等全是安葬在飞鸟的西方，跨过远山的河内矶长。那里有许多小的古坟，拿一些与之比较，这些并无王者风格。并且，那个矶长是苏我氏的根据地。

无论怎么看，作为飞鸟的支配者君临天下的是苏我氏。那么，裴世清所见的倭王不是苏我马子吗。作为一种说法，自古就很有说服力。我也认为如此。那个时候，值得注意的是，《隋书》中倭王后宫有女六、七百人的记载。有人认为这是荒诞无稽的，并因此质疑《隋书》史料的价值性。但是，是这样吗？和《日本书纪》上倭王是指推古的记载不一致是显然的，事实上，未必荒诞。这样说来，《日本书纪》钦明二十三年八月条，大伴狭手彦征伐高丽，获得很多财宝，那时，向苏我稻目大臣献上了高丽王宫殿里的美女媛以及从女吾田子，有大臣让她们住在轻之曲殿里的记录。这也是一种后宫。稻目是马子的父亲。马子的权势远远凌驾于父亲之上。那么，马子有后宫那样的东西也可以理解。当然，《隋书》中六、七百人的记载是有些夸张。

圣德太子是虚构的，推古女帝的存在像空气般稀薄。与此相反，苏我一族的权势现在依然能够覆盖整个飞鸟时代。特别是马子的存在十分特别。鸠宫、飞鸟寺、石舞台，全部是马子的东西。仔细想想，父亲稻目的墓见濑丸山古坟也一定是马子建造。进一步说，南北方向贯穿奈良盆地中央的道路称为下道，起点是见濑丸山古坟的前方部分中央。与下道平行，自难波跨越竹内峠，到达飞鸟的路上，该路称为横大路，《日本书纪》推古二十一年（613）十一月条完成记录。由此，从空间上也可以说飞鸟是都城。可以说整顿这些的也是苏我马子。这里也有是国王的可能性。那么，裴世清所见的倭王一定是苏我马子。圣德太子和推古是虚构的。苏我马子是真实存在的，这已经十分明显。

五、天皇记、国记

从《日本书纪》中排除圣德太子、佛教传来、推古女帝等虚构，就出现了从《隋书》和考古学所了解的飞鸟本身。君临飞鸟的是苏我马子。事实上，苏我马子建立飞鸟寺（法兴寺）的过程也被详细记载。一直以来，苏我马子都被评价为蔑视天皇的坏人。但是，事实上苏我马子正是当时的大王吧。

于是，可以进行如下理解。本来就有苏我马子是大王的历史。但是《日本书纪》的编者否定当时马子的王权，新创造了虚构的圣德太子、佛教传来、推古，并以此为中心换写历史。

并且，正是因为写有原来以马子为中心的历史，才有《日本书纪》推古二十八年条"皇太子·岛大臣共议之，录天皇记及国记……"的记录。

《日本书纪》皇极四年六月己酉条记载着，苏我虾夷被灭时，想烧毁天皇记·国记，船史惠尺迅速救出国记，并献给中大兄。当然，事实上哪里一定有抄本等。原日本书纪正是那些。

翻译：葛小丽（浙江工商大学硕士研究生）

第十四章 圆仁《入唐求法巡礼行记》中国早期流布考

浙江财经学院日本文化经济研究所 王丽萍

一、绪言

被称为"世界三大游记"之一的圆仁《入唐求法巡礼行记》，于日·承和十四年（847）成书，220余年后的宋·熙宁五年（1072），由圆仁的后辈成寻携带入宋并直接进呈于宋朝廷，此为该书中国流布之嚆矢。有关该书传入中国的情形，成寻的入宋日记《参天台五台山记》有详细记载。由于此前文献未见《入唐求法巡礼行记》书名，因此《参天台五台山记》便成为对该书书名的最早披露。《入唐求法巡礼行记》原本不传，正应四年（1291）由兼胤抄写的日本东寺观智院旧藏本为现存最古也是唯一的旧手抄本，而由成寻传入中国的版本，则为现有记载可知最早存在过的手抄本。

九世纪30年代，日本第17次遣唐使船从博多津启航，圆仁以请益僧身份同船入唐，开始其求法巡礼之行，并撰写了《入唐求法巡礼行记》。该日记不仅对研究唐代政治、经济、宗教、文化、地理有重要的参考价值，也是研究中日交流史的珍贵史料。它与玄奘《大唐西域记》、马可·波罗《东方见闻录》一起，被称为"世界三大游记"，久享盛誉。

目前，该书已被译为多国文字，广泛流传，学术界对该书的研究亦颇为重视，有关论著不断涌现，不胜枚举。然而，在众多研究中，对该书在中国的流布，似乎尚无人问津。据史料记载，该书在宋代就已传入中国，并有一段鲜为人知的故事。本文拟对该书的成书经过、西传始末、版本源流进行考察。

二、成书经过

圆仁（794~864），日本平安时代前期僧人，延历寺第三世座主，天台宗山门派之祖。俗姓壬生氏，生于下野国（今栃木县）都贺郡。15岁登京都比睿山，师从最澄学法。承和五年（唐开成三年，838）入唐，承和十四年（唐大中元年，847）归国。贞观六年（864）圆寂，谥号"慈觉大师"。《入唐求法巡礼行记》是其代表作之一。

《入唐求法巡礼行记》虽为日记形式，但并非每天都记。以下分别是第一天和最后一天的日记：

承和五年六月十三日，午时，第一、第四两舶诸使驾舶，缘无顺风，停宿三个日。①

（承和十四年十二月）十四日，午后，南忠阇梨到来。

日记起笔于承和五年（唐开成三年，838）六月十三日。年过不惑的圆仁登上遣唐第一船，七月抵达扬州海陵县。不久，他向扬州官府申请赴台州天台山巡礼，但由于是请益僧资格，属短期留学，请求未得批准。无奈逗留扬州开元寺，翌年与遣唐使同船归国，却遇逆风，漂至山东半岛文登县。上陆后，便暂留此地。翌年巡礼五台山后，入长安。承和十四年（唐大中元年，847）九月二日搭乘新罗商船离开登州赤山浦，九月十八日返回日本大宰府，十二月十四日弟子南忠来访，日记就此结束。

整个求法巡礼过程，长达九年之久。在漫长的岁月中，圆仁坚持不懈地将旅途的亲身经历、所见所闻记录下来。有关遣唐使的情况自不待言，唐朝各地的交通地理、风土人情、时政动向（如唐武宗废佛事件）乃至新罗人在唐活动情况等，均作了详细记载。

《入唐求法巡礼行记》成书至今已有1160余年，传入中国也至少已有940年，它是由圆仁的后辈成寻在入宋之际，携往中国的。

---

① 本文引用均据顾承甫、何泉达点校：《入唐求法巡礼行记》，上海古籍出版社1986年版，以下简称"顾何本"。

三、西传始末

圆仁入唐230余年后，延久四年（宋熙宁五年，1072）京都岩仓大云寺主成寻（1011~1081）踏着前人的足迹，开始了憧憬已久的中国之行，并撰写了入宋日记《参天台五台山记》。该日记与《入唐求法巡礼行记》一起，被誉为日本僧侣中国旅行记之双璧[1]71。两者虽有入唐入宋时代前后之别，然其内容本身实有密切关联。在成寻的入宋日记中，不仅出现了《入唐求法巡礼行记》的书名，而且还有不少与该书相关的内容。如：

今日滨雀二来船中，如《巡礼记》。①

此处出现了"巡礼记"，而《入唐求法巡礼行记》中能找到与此相吻合的内容：

疲信宿不去，或时西飞二三，又更还居，如斯数度。
（《入唐求法巡礼行记》卷一开成三年六月廿七日条）
早朝，鹭鸟指西北双飞。
（《入唐求法巡礼行记》卷一开成三年六月廿八日条）

因此，这里的"巡礼记"似乎是指《入唐求法巡礼行记》。但是，仅凭这一条记述，我们尚不能断定他当时手中确有此书。然而，成寻日记的下面一段内容引人注目：

皇太后宫《法花经》，依宣旨进上。六尺发，同依宣旨进上。《渝然日记》四卷、慈觉大师《巡礼记》三卷，依宣旨进上。至《巡礼记》第四卷，隐藏不进上，依思会昌天子恶事也。②

这里不但有"巡礼记"，而且标明了著者"慈觉大师"，即圆仁。因此毫无疑问，"巡礼记"就是指《入唐求法巡礼行记》。不仅如此，因有"依宣旨进上"，说明成寻当时手中有此书，并将此书进呈于宋朝廷，故而此书由他本人携带入宋无可置疑。

---

① 《参天台五台山记》卷一延久四年三月廿二日条。本文引用均据笔者：《新校参天台五台山记》，上海古籍出版社2009年版。
② 《参天台五台山记》卷四，延久四年十月十四日条。

172

有关《入唐求法巡礼行记》进呈时间，研究者中认为是在谒见宋神宗时者不乏其人，其中尚有明示延久四年（宋熙宁五年，1072）十月十四日日期者，并以此强调《入唐求法巡礼行记》之珍贵①。事实果真如此吗？据《宋史》载②：

熙宁五年，有僧诚〔成〕寻至台州，止天台国清寺，愿留。州以闻，诏使赴阙。诚〔成〕寻献银香炉，木槵子、白琉璃、五香、水精、紫檀、琥珀所饰念珠，及青色织物绫。神宗以其远人而有戒业，处之开宝寺，尽赐同来僧紫方袍。是后连贡方物，而来者皆僧也。

可见，谒见神宗时，他的进献物惟有"银香炉，木槵子、白琉璃、五香、水精、紫檀、琥珀所饰念珠，及青色织物绫"，而未见《入唐求法巡礼行记》。《文献通考》、《宋会要辑稿》所载进献物也如出一辙③，《入唐求法巡礼行记》同样不在其中。这说明直接进献神宗的可能性很小。因为若进献的话，写入《宋史》的概率应该很大。雍熙元年（984），入宋僧奝然进献《职员令》、《王年代纪》见于《宋史》，便是一例④。那么成寻本人对进献物又是如何记载的呢？

未时，少卿送天台县进奉皇帝色目，问："实否？"答实由了。念珠五串、银香炉一口、青色织物绫一疋也。⑤

这是成寻在天台山逗留期间，接到允许上京觐见神宗的圣旨后不久，少卿（即光禄少卿知军州事钱暄）向他确认进献物的记事，很明显这里也只有"念珠五串、银香炉一口、青色织物绫一疋"，而未见《入唐求法巡礼行记》的影子。与《宋史》记载相比，两者物品完全一致，仅具体内容各有侧重，详略不一。《参天台五台山记》"念珠五串、银香炉一口、青色织物绫一疋"，

---

① 如小野胜年《入唐求法巡礼行记の研究》（铃木学术财团，1964~1969年。以下简称"小野本"）卷1（页13）、顾何本"前言"（页7）均言进呈于谒见神宗时。顾何本"前言"则明示十月十四日谒见神宗时。
② 〔元〕脱脱等：《宋史》卷四九一《日本国传》，中华书局。
③ 〔元〕马端临：《文献通考》卷三二四《倭传》，新兴书局。〔清〕徐松：《宋会要辑稿》（蕃夷7之33），新文丰出版。
④ 《宋史》卷四九一《日本国传》："雍熙元年，日本国僧奝然与其徒五六人浮海而至，献铜器十余事，并本国《职员今〔令〕》、《王年代纪》各一卷。"
⑤ 《参天台五台山记》卷二，延久四年闰七月十三日条。

虽未注明是什么念珠，却写有数量；而《宋史》"银香炉，木槵子、白琉璃、五香、水精、紫檀、琥珀所饰念珠，及青色织物绫"，虽未写数量，却注明是什么念珠。因此，两者合而观之，可知全貌[2]。《入唐求法巡礼行记》未在进献物之列，毋庸置疑。

那么成寻是何时，又是在什么样的情况下进呈的呢？如其日记所述："慈觉大师《巡礼记》三卷，依宣旨进上。"成寻一到京城，敕使马上来到他的住地，与之见面交谈，或者说是对他进行朝见前的调查。交谈中，很有可能成寻在谈到圆仁时，自然吐露出携有《入唐求法巡礼行记》，才有让他进呈之事。因始料不及，以致被令进呈时，他慌忙将第四卷隐藏起来，只进呈前三卷。其理由是考虑到第四卷中记录了会昌年间（841~846）武宗废佛的有关内容。众所周知，成寻入宋后得到神宗特别优遇。神宗得知他已到天台山巡礼，并请求巡礼五台山后，就下圣旨："成寻等八人并通事客人陈咏，令台州选差使臣一名，优与盘缠，暂引伴赴阙。仍指挥两浙、淮南转运司，令沿路州军，厚与照管，量差人船。"① 这从一个侧面折射出神宗对佛教的重视。于是成寻非常幸运地结束了入宋初期诸事操心的自费跋涉，开始了舒适轻松的官费旅行，这与圆仁遭遇武宗废佛，历尽艰难困苦相比，不啻天壤之别[1]73~74。深受恩惠的成寻，出于对神宗的礼貌和感激，才藏之不呈。此举尽管出于好意，但作为完整一书，阙卷欠页，也不无遗憾。与《入唐求法巡礼行记》一同进呈的尚有《奝然日记》②。颇有意思的是，在当天的日记中他还写道：

申时，从内返给佛像、道具、梵字等，有感由告送，留下《法花经》、发、日记七卷者。③

由此可知，当天朝廷就将他进呈物品中的佛像等悉数归还，而"日记七卷"，即《奝然日记》四卷、《入唐求法巡礼行记》三卷则未还，因此《入唐求法巡礼行记》显然被留于朝廷。也就是说，在此之前，并不排除《入唐求法巡礼行记》有被归还的可能性。8天后，即十月二十二日，成寻谒见神宗。

---

① 《参天台五台山记》卷二，延久四年闰七月七日条。
② 奝然（938~1016），永观元年（983）入宋。《奝然日记》，又称《入宋巡礼记》，现仅存很少逸文。
③ 《参天台五台山记》卷四，延久四年十月十四日条。

有关十月二十二日朝见，《宋史》、《文献通考》虽未作交代，但《参天台五台山记》、《宋会要辑稿》则写得清清楚楚。因此，十月十四日朝见一说纯系误解。事实上，十月十四日也是不可能的。朝见非同寻常，况且是外国人，其程序复杂不言而喻。前述敕使与成寻见面交谈只不过是程序之一而已，此外还有诸多文书往来，包括成寻与朝廷有关部门，以及朝廷有关部门之间的联络沟通[3]。成寻一行是八月依圣旨从天台山出发的，十月十三日刚抵达京城的下榻处，翌日即朝见，似乎难以想象。据成寻日记，十月十四日他只是与敕使见面，这是继前一天他与敕使的再次见面。

因此，确切地说，成寻进呈《入唐求法巡礼行记》，并非在谒见神宗之时，而是在谒见神宗之前。其实，仅凭隐藏第四卷，足以说明与朝见进献无关。如前所述，至少在朝见三个多月前，即接到圣旨后，进献物就已确定。下面是他对为何进献"银香炉"和"念珠"的诠释：

  昔天台智者，以莲华、香炉、水精念珠献隋炀帝。今日域愚僧，以纯银香炉、五种念珠进今上圣主，共表祝延志，奉祈万岁旨奏之也。①

显而易见，这些礼物是他自己精心选定，并主动进献的，表达了对神宗的敬意。而进呈《入唐求法巡礼行记》，则是在与敕使交谈中的一个小插曲，事先并无进呈之打算，故其进呈是偶然的，或者说是被动的。然而，进呈于朝廷乃属事实。虽第四卷未进呈，但自踏上宋土，他再未离开，终成不归之客，因此可以说第四卷亦留于中国。再说从他入宋后积极与宋人进行书籍交流的情况来看②，他周围的宋人，或看过、或抄写了《入唐求法巡礼行记》，也是可以想象的。

《入唐求法巡礼行记》尽管不是成寻觐见神宗时的进献物，但其价值不可低估。当时宋日间无官方交流，通过日本人撰写的游华日记，能了解日本以及日本人眼中的中国等有关信息，因而宋朝廷对此颇感兴趣，并不失时机，得以入手。

至于成寻为何入宋携带《入唐求法巡礼行记》，并不难猜测。对他来说，《入唐求法巡礼行记》相当于旅行指南。当时对于立志渡宋之人来说，掌握和

---

  ① 《参天台五台山记》卷四，延久四年十月十一日条。
  ② 参见[日]藤善真澄：《成寻の齎した彼我の典籍——日宋文化交流の一齣》，载《佛教史学研究》第23卷第1号，1981年。

了解中国有关情况的途径之一，便是阅读前人留下的入唐、入宋旅行日记[4]。当如愿以偿时，将其随身携带也是顺理成章的。就成寻而言，除了《入唐求法巡礼行记》外，他还携带了《奝然日记》。作为"旅行指南"，由于旅行尚未结束，他内心也许并不愿意进呈，无奈有宣旨，只好忍痛割爱。

四、版本源流

《入唐求法巡礼行记》凡四卷，圆仁的亲笔本久佚不传，现存旧手抄本，惟有日本东寺观智院旧藏本（被列为日本国宝），该手抄本卷四附记云：

正应四年十月廿六日，于长乐寺坊，拭老眼书写毕。任本写之，后人以证本可校合耳。

法印大和尚位遍照金刚兼胤七十二记之。

以写本比较了。不审事注而已。

二位僧正宽圆本也。

可见，该手抄本是由兼胤抄写的，抄写年代为正应四年（1291），其底本是宽圆本。宽圆本的年代不详，但宽圆其人似为建历元年（1211）主持重建被烧毁的睿山大讲堂、文殊楼、总持院之人①。观智院旧藏本之影印本（《东洋文库论丛》第7，1926年）现行于世。此外，有信浓津金寺本，因是池田长田氏所藏，故亦称池田本，抄写年代为文化二年（1805），而该本的底本为比睿山松禅院本，松禅院本的年代亦不详。有关"池田本"系统，小野胜年认为："池田本"现所在不明，情况未详，但与"观智院本"应属同一系统②。顾何本则认为："池田本"所据的"松禅院本"虽已无考，但从"池田本"情况看，"松禅院本"与"观智院本"当属不同系统③。然而，据盐入良道调查，已判明津金寺本即"池田本"与"观智院本"系同一内容④。

由此可知，"观智院本"是现存最古的手抄本，"宽圆本"虽已散佚不

---

① 小野本卷1（第15页）。检《睿岳要记》卷上，其曰："元久二年乙丑十月二日，大讲堂、四王院、延命院、法华堂、文殊堂、总持院、五佛院、实相院、圆融房、极乐房等烧失毕，文殊师子烧毕。改造立毕。建历元年如元安置之。佛子法印宽圆。"
② 小野本卷4。
③ 顾何本"前言"。
④ [日] 足立喜六译注、盐入良道补注：《入唐求法巡礼行记》第2卷，平凡社1985年版。

存,我们无法确认具体年代,但"宽圆本"早于"观智院本"是无疑的。然而,"宽圆本"并非现知最早的手抄本。现知最早的手抄本,应该是前面提到的成寻进呈宋朝廷的本子,我们姑且称之为"成寻本"。

尽管我们无法断定"成寻本"的抄写年代,因其于熙宁五年(1072)十月进呈,当然是在此之前抄写的。而宽圆一般被认为是建历元年(1211)主持重建睿山大讲堂之人,如果此说无误,则"宽圆本"显然晚于"成寻本",因此"成寻本"是目前所知最早存在过的手抄本,比"观智院本"至少要早220年。

有关"成寻本",其抄写年代及底本等情况虽不得而知,但是其卷数与"观智院本"完全吻合,同为四卷。因成寻持有,也可以推测抄写者或许就是他本人。由此可知,《入唐求法巡礼行记》手抄本当时已传于世,并被简称为《巡礼记》。

《入唐求法巡礼行记》成书后,似乎在一定范围内流传,其体裁亦被后人模仿,如圆珍的《行历抄》①。不仅如此,《入唐求法巡礼行记》的记事,亦被间接或直接引用,如《慈觉大师传》(三千院本)、《慈觉大师传》(现行本)②。但是在这些书籍中,《入唐求法巡礼行记》书名均未出现。由于在《参天台五台山记》之前的文献中,《入唐求法巡礼行记》书名未见记载,因此《参天台五台山记》就成为对该书书名的最早披露。也就是说,《入唐求法巡礼行记》在完成220余年后,首次以成书见载于史乘。之后,日莲《立正安国论》③、宗性《弥勒如来感应抄》④、承澄《阿娑缚抄》⑤、佚名《睿岳要记》⑥等对该书均有述及引用,流传甚广,可见一斑。

---

① 小野本卷1。圆珍(814~891),仁寿三年(853)入唐。《行历抄》是他入唐旅行记《行历记》的节抄本,收入《大日本佛教全书》第113册。

② [日]福井康顺:《慈觉大师别传の形成》,收入福井康顺编《慈觉大师研究》,早稻田大学出版部1980年版。三千院本《慈觉大师传》录文,参见《佛教艺术》第48号;现行本《慈觉大师传》,收入《续群书类从》第8辑下。

③ 日莲(1222~1282),《立正安国论》,收入《大正新修大藏经》第84卷,大正新修大藏经刊行会,书中称"慈觉大师入唐巡礼记"。

④ 宗性(1201~1277),《弥勒如来感应抄》,参见平冈定海《東大寺宗性上人の研究並史料》下,日本学术振兴会1963年版,书中称"入唐求法巡礼行记"(卷五)。

⑤ [日]承澄(1205~1282):《阿娑缚抄》,收入《大日本佛教全书》第35~41册,佛书刊行会。书中称"巡礼记"(第41册,名所事)。

⑥ 《睿岳要记》,收入《群书类从》第24辑,续群书类从完成会1977年版,作者未详,一般认为平安时代末期成书。书中称"巡礼记"(卷上)。

至二十世纪初，始有《入唐求法巡礼行记》刊本行世。最早的排印本是《续续群书类从》第12册所收本（国书刊行会，1907年版）；随后《四明余霞》329号所收本（天台宗务厅文书课，1914年版）、《大日本佛教全书》第113册所收本（佛书刊行会，1915年版）先后问世。最早的日文译注本是《国译一切经》史传部所收本（堀一郎著，大东出版社，1939年版）；之后《入唐求法巡礼行记の研究》所收本（小野胜年著，铃木学术财团，1964~1969年版）、《入唐求法巡礼行记》（足立喜六译注、盐入良道补注，平凡社。卷1，1970年版；卷2，1985年版）、《入唐求法巡礼行记》（深谷宪一译，中公文库，1990年版）等陆续梓行。英文注本有《Ennin's Diary——THE RECORD OF A PILGRIMAGE TO CHINA IN SEARCH OF THE LAW》（EDWIN O. REISCHAUER, 1955, RONALD PRESS COMPANY, New York）①。

在中国，二十世纪30年代《入唐求法巡礼行记》刊本始得问世。最早是1936年发行的石印本，比日本最早的排印本约晚30年。翌年海上佛教净业社的一卷本（仅第一卷）出版②。进入80年代后，《入唐求法巡礼行记》（顾承甫、何泉达点校，上海古籍出版社，1986年）、《入唐求法巡礼行记校注》（小野胜年校注，白化文、李鼎霞、许德楠修订校注，花山文艺出版社，1992年）等相继问世。此外，2007年广西师范大学出版社推出新的版本。

综上所述，我们可以得出如下结论：

（1）《入唐求法巡礼行记》于承和十四年（847）成书，220余年后，由圆仁的后辈成寻在入宋之际传入中国，并因偶然因素被直接进呈于宋朝廷，此为该书中国流布之嚆矢，至今已有940年。

（2）《入唐求法巡礼行记》这一书名，最早记载见于《参天台五台山记》，并另称为《巡礼记》，称作者为"慈觉大师"，明示共有四卷。

（3）《入唐求法巡礼行记》原本不传，正应四年（1291）由兼胤抄写的日本东寺观智院旧藏本为现存最古也是唯一的旧手抄本，而北宋熙宁五年（1072）由日本僧人成寻传入中国的"成寻本"，则为现有记载可知最早存在过的手抄本。

---

① 据顾何本"前言"，此后又有法译本、德译本先后问世。
② 中国最早刊行的两个版本的情况，参见顾何本"前言"。

【参考文献】

[1] [日] 塚本善隆:《成尋の入宋旅行記に見る日中佛教の消長——天台山の卷》,收入《塚本善隆著作集》第6卷《日中佛教交涉史研究》,大东出版社1974年版。

[2] 王丽萍:《宋代の中日交流史研究》,勉诚2002年版。

[3] 王丽萍:《〈参天台五臺山記〉に見える文書について》,载《佛教史学研究》第42卷第1号,1999年。

[4] [日] 森克己:《入唐·入宋僧侣の旅行記について》,载《佛教史研究》第6号,1972年。

第十五章 《笑云瑞䜣入明记》的文献学研究

[日] 东京大学史料编纂所　须田牧子

一、史料概要

1453 年，日本曾有遣明使团到达明朝，而《笑云瑞䜣入明记》则正是对此次外交活动的记录。著者虽然是随从僧笑云瑞䜣，但是现行最为方便地被利用的版本，其名称却是取自遣明使团正使东洋允澎，以《允澎入唐记》之名而被广而知之。但是东洋允澎于 1454 年 5 月（阴历）便客死于中国杭州，而书中也记述了其去世以及被火葬的场景，故此书名应当并不合适。本稿取其著者之名，称其为《笑云瑞䜣入明记》。

笑云瑞䜣为临济宗梦窗派僧侣，乃是继承李章周宪法统之人。李章是茂林周春的弟子，茂林乃是梦窗疏石的弟子。笑云瑞䜣之出生地与俗姓均不详。他自明归后，曾先后主持京都的等持寺、相国寺、南禅寺。以上信息，均源于瑞溪周凤执笔的入明记之序文（见后）。而关于他的其他信息，目前尚无法获知。

《笑云瑞䜣入明记》一书从辛未年（1451）十月正使东洋允澎辞京之事开始写起。遣明使团经兵库、尾道、赤间关、博多、志贺岛、平户，于壬申年（1452）九月到达小豆岛，但因风浪过激，便断了出发之念。后于翌年癸酉年（1453）三月，自五岛奈留浦出发，同年四月抵达宁波。八月又自宁波出发，踏上进京的旅程，十月经运河之旅，到达北京，并拜谒皇帝。甲戌年（1454）二月离开北京，五月回到宁波，六月自舟山出发漂至济州岛，同年七月回到长门赤间关,书中之记录便止于此。该书是采用日记形式的行程录(以下简称使行录)。无需赘言,它不仅有助于我们研究日明关系,在帮助我们了解各时期对外交往的方面亦发挥了重要作用。本史料是有关宝德年间遣明船记录的唯一史料,可说是世人了解当时遣明使节旅程的具体情况及其在明代交涉状态的珍贵资料。

与14世纪末至16世纪中期十多次遣明船有关的使行录,据悉有三处来源。其一为《笑云瑞䜣入明记》,另一为1540年抵达明的遣明船(天文八年的船)时的使行录,由时任副使的策彦周良执笔。策彦周良在接下来1548年的遣明船使团中曾任正使,当时亦留下了该时期的使行录。前者为《策彦和尚初渡集》,后者为《策彦和尚再渡集》,均颇为人所知。其他以日记形式记录的有关遣明船的使行录尚为未知。也就是说《笑云瑞䜣入明记》作为日明外交的使行录,不仅是最古老的史料,同时它作为十五世纪唯一的使行录,为研究当时的日明外交状况提供了材料,同时,也为对十六世纪日明外交的研究提供了比较的对象。

然而,较之该史料的重要程度,目前对其书志方面的研究,可说是极不充分。策彦周良执笔的两本使行录都留下了其执笔的原本,但是该史料的原本却下落不明。目前现存的以下五种版本较为有名。

A. 东京大学综合图书馆所藏本《释笑云入明记》(手写本)
B. 宫内厅书陵部所藏本《入唐记》(手写本)
C. 内阁文库所藏本《入唐记》(手写本)
D. 《续史籍集一览》所收〈允澎入唐记〉(印刷本)
E. 《甲子夜话》(东洋文库)续编五九所收〈入唐记〉(印刷本)

以上各本中,最为知名的是续史籍集览本(以下称D本)。该史料收录于一八九四年刊行的续史籍集览丛书,被命名为《允澎入唐记》。此后,小叶田淳①介绍了东京大学综合图书馆本,即东大本(以下称A本),A本中收录了瑞溪周凤所作之序,而该序文在D本中未被收录。此后A本被当做最好的版本利用至今。

下面介绍一下瑞溪周凤的序文全文:

咲云西堂,讳瑞䜣,前临川季章宪禅师上足,盖一夔足者也。宝德三

---

① [日]小叶田淳:《中世日支通交贸易史の研究》,刀江书院1941年版。

年辛未岁从国使游大明。十月辞京师,壬申正月至筑紫博多,八月出博多,癸酉三月十九日始泛大洋,四月二十一日达大明宁波府,九月入北京。甲戌二月二十八日出北京,六月二十三日归船解缆,七月十四日到长门国。凡自辛未冬至甲戌秋,九百余日云云。所历览者无一不记,名曰《入唐记》焉。丙子春予偶居官院,屈咲云,表率京等持,纪满而去矣。未几又举住等持,分座、正座前后五岁矣。予每会必问大明事,一一谕告,颇详悉矣。予退藏弊庐之日,咲云亦归宇治钓月庵。然时时访及,交义可观也。予近述《善邻国宝记》,所谓《入唐记》附之《国宝记》末,以为异时入大明者南针云。

岜应仁丁亥初元仲秋　　　　　卧云僧叙

在本序文里包含了许多由其他史料所无法得知的重要内容,具体可归纳如下:①作者是笑云瑞䜣。②笑云瑞䜣的生平简介。③曾有人想把该书作为附录收于瑞溪周凤的著作《善邻国宝记》中。④该书的成立年代大致当是应仁丁亥年即应仁元年(1467)。序文的有无,将会让我们对该史料的了解产生重大差别。就此而言,A本的发现具有极其重要的意义。

然而,A本为最好的版本的认识并不是在和其他各本比较讨论之后得出来的结果。以前,没有人进行探求各手写本的流传或比较各版本以确认文字的异同的研究。尤其是宫内厅书陵部所藏的B本及内阁文库所藏的C本,在《国书总目录》中作为《入唐记》载入,尽管为人所知,但还尚未达到被研究程度。只是既然只留下了手写本,那么对其进行书志方面的研究以及探讨该利用何种版本的文本便成为了极为必要之事了。在本稿中,笔者考虑首先对现存的各本的作成及流传进行个别验证,然后有关这些内容作简单的比较讨论。

二、各本详析

(一) 各版本的流传及保存状况

A. 东京大学综合图书馆所藏本《释笑云入明记》

该手写本封面墨书《释笑云入明记》,书中印有五处藏书章,其中封面内侧为"东京帝国大学图书馆",第一页的上部,从左到右依次为"益堂藏书","不羁斋图书记","阳春庐记","南葵文库"。笔者将以这些藏书印为线索来推定A本的流传。

首先是"东京帝国大学图书馆"印。该印表明A本在东京帝国大学时代，曾在其现藏地东京大学图书馆上架。

"南葵文库"是南葵文库的藏书印。南葵文库是位于纪州德川家麻布区饭仓宅邸内的私立图书馆，明治后期至大正十三年（1924）间曾向公众开放。关东大地震的次月，德川赖伦向东大总长提出要捐献图书。图书总数达到了两万五千三百三十部，九万六千零一册，据说这些图书无论是从质量上来说还是从数量上来说，都奠定了东京大学综合图书馆藏书的基础①。

"阳春庐记"是小中村清矩的藏书印。小中村清矩，江户人，号阳春庐。文久二年（1862），成为纪州藩藩校古学馆的馆长，文久三年，被幕府任命为和学所的教授，明治十五年（1882）成为东京帝国大学教授，从事《古事类苑》的编纂。逝于明治二十八年（1895），享年七十四岁。据称南葵文库于明治三十五年（1920）购买了小中村清矩的五千〇十九册藏书②。其中属小中村清矩藏书的A本大概也是在此时移至南葵文库，然后被捐献给了东大图书馆。

"不羁斋图书记"是秋山不羁斋的藏书印。秋山不羁斋是东京教育大学即前东京师范大学的第三任校长③。本名为秋山恒太郎，出生于弘化元年（1844）④。越后长冈人，明治二年（1869）进入庆应义塾学习，并加入了明六社⑤。明治七年，任职文部省，明治九年，任长崎师范学校校长，明治十年至十一年间任东京师范学校校长。此后，相继担任福井县等各地中学和师范学校的校长，明治四十二年任群马县前桥中学校长。这是所有可以确认的与

---

① ［日］国立国会图书馆编：《国立国会图书馆藏书印谱》，青裳堂书店1995年版。东京大学综合图书馆HP（http：//www.lib.u-tokyo.ac.jp/tenjikai/tenjikai95/bnk/nanki.html）。
② 《藏书印集成解说》，东京大学出版会1974年版。
③ ［日］中野三敏：《近代藏书印谱》二编，青裳堂书店1986年版。
④ "明治三十一年八月十二日青森県第一尋常中学校長秋山恒太郎外一名特旨ヲ以テ位記ヲ賜フノ件"（国立公文书馆所藏公文书《太政官・内閣関係第五類 叙位裁可書/叙位裁可書・明治三十一年・叙位巻五》所収）之《履歴書》。
⑤ ［日］庆应义塾大学编：《福沢諭吉書簡集》一，岩波书店2001年版，第295页，同二第287页、同三第231页、同九第60页。［日］大久保利谦：《明六社》，讲谈社学术文库2007年版。

他有关的情况①。秋山恒太郎活跃的时期与小中村清矩相重合，而且秋山恒太郎的年纪还要小一些，但两人的关系不详，该手写本是如何传到秋山恒太郎手上的亦是不得而知。

"益堂藏书"是堀田益堂的藏书印。堀田益堂作为明远馆丛书的编者为人所知②，但其生卒年及相貌均不详，依笔者所见，目前尚未有关于明远馆丛书的研究。下面，笔者将对明远馆丛书进行讨论，并以此为线索对堀田益堂此人进行考量。

明远馆丛书现为国会图书馆所藏。在记载着"明治二十六年现在本馆所藏和汉图书的书名"的《帝国图书馆和汉图书书名目录第一编》中，可以看到"明远馆丛书 五十六种 堀田益堂编写本"，由此可确认该丛书在明治二十六年（1893）已经在东京图书馆入架。另一方面在明治十九年（1886）五月时的藏书目录《东京图书馆和汉书分类目录》里没有发现有关明远馆丛书的记载，因此可以认为该丛书是在1886年至1893年间，作为堀田益堂所编的丛书在东京图书馆上架的。而且，国会图书馆（1946年~）的前身为帝国图书馆（1897年~），帝国图书馆的前身为东京图书馆（1880年~）③。该明远馆丛书，共五十六种，由六十三册构成，主要收录了18世纪至19世纪前期的手写本以及著作。所有各册封面上均题有"明远馆丛书"，去除所收录内容的原封面统一装帧的很多。藏书印共有四种，分别为"益堂藏书""益堂藏书记""松田本生""裕轩藏书"。其中大部分都是印着两枚印，有"益堂藏书"及"松田本生"，也有"益堂藏书记"及"松田本生"。此外，只印有益堂的藏书印的有三册，只印有松田本生的藏书印的有八册，同时印有"松田本生"和"裕轩藏书"的有一册，无印的有五册。其中，该"益堂藏书"印与A本的"益堂藏书"印一致，表明明远馆丛书编者堀田益堂与A本原来的所有者益堂为同一人。

明远馆丛书的第五十九册《西游赠言》的后记中有如下记载，为我们了解益堂的形象提供了线索。"文政丁亥秋八月十日一校过，若夫加一、二批评

---

① [日]东京文理科大学编：《創立六十年》，1931年。前注《履歴書书》。《明治四十二年二月十日秋山恒太郎群馬県立前橋中学校長ニ任スルノ件》（国立公文书馆所藏公文书《太政官・内閣関係第五類任免裁可書/任免裁可書・明治四十二年・任免巻三》所收）。
② 《国書総目録——著者別索引》"堀田益堂"项，岩波书店1976年版。
③ 国立国会图书馆编：《国立国会図書館三十年史》，1979年。

者，以供他日展观耳，磐溪客渔崇识。""天保甲午夏六月十二日，此日清风颇好矣，益堂闲人修誊写。"由此可知，《西游赠言》是由益堂于天保甲午年将文政丁亥年（1827）的作品誊写而来，益堂的活跃时期为十九世纪前期。另外，明远馆丛书中所收录的书中，记载年份最晚的是第六十二册《拗律意鲜》，由其后记中的"于天保年庚子小春二十五日誊写完毕，菊泽逸渔"及"益堂藏书印"的书印可知，益堂的活动时期可持续到天保庚子年（1840）。

另一方面，在弘化四年（1847）发行的地图中也印有"松田本生"的藏书印①。此外，在国立功文书馆所藏的太政官发出的公文书中，有一篇"御用挂松田本生へ祭粱料下赐の件"的公文②，由此公文可知松田本生出生于文华十一年（1814），卒于明治十六年（1890）三月，出生地为鸟取藩，明治二年（1969）任教导局抄写员，此后任各种官职，职位达至"御用挂"。由此可推断，松田本生的活跃时期比堀田益堂晚。从藏书印的情况来看，可能是松田本生将到手的堀田益堂的一部分藏书以及自身的一部分藏书共同作为明远馆丛书，放到了东京图书馆。至于明远馆丛书是否是经松田本生直接进入东京图书馆便不得而知。此外，明远馆丛书本身并没有任何记载表明益堂就是"堀田"，因此可认为在明远馆丛书在进入东京图书馆之后，以某种形式让人了解到益堂正是堀田。

由以上可确认，和该明远馆丛书印有相同藏书印的 A 本是活跃于十九世纪前期的堀田益堂的藏书，该书的著成年份可追溯至十九世纪中期以前。该 A 本的字体与确定为堀田益堂本人所誊写的《西游赠言》的字体截然不同，故很难认为是出自堀田益堂之手，但是却与同样收录于明远馆丛书中的《策彦入明记》（由策彦周良本人执笔的策彦和尚初渡集、再渡集的缩略版）的字体如出一辙。故普遍认为该书可能是由堀田益堂周边之人执笔。该 A 本是否由堀田益堂直接传到了秋山恒太郎手里及在此期间是否曾发生过变动均不得而知。在明远馆丛书中尚存在着未印有松田本生印的一部分图书，因此，推测该书很有可能是经过了松田本生之手后，再传至秋山恒太郎。无论如何，从堀田益堂的活跃期为 19 世纪前期，以及小中村清矩卒于 1895 年这些情况

---

① 《欧州所在日本古書総合目録》（国文学研究资料馆 HP 内电子图书馆所收，http：//base1. nijl. ac. jp/~oushu/）
② 《太政官・内閣関係第一類　公文録　明治十六年/第二百卷　明治十六年三月　官吏雜件太政官——府県》所收。

来考虑，可以认为，该 A 本在入架东京帝国大学图书馆入架之前，经过了较短时间的辗转流传。

以上，笔者将对该 A 本的特征进行简单的总结。据推测，该书的著成年份为 19 世纪中期以前，收藏于 19 世纪中期以后，历经以下流传：堀田益堂→秋山恒太郎→小中村清矩→南葵文库→东京帝国大学图书馆。现为东京大学综合图书馆所藏。至于该手写本原本究竟为何物目前尚一无所知。

B. 宫内厅书陵部所藏《入唐记》

藏于宫内厅书陵部的该手写本封面上墨书"入唐记"三字，共印有三枚藏书印，分别为第一页右上角的"宫内省图书记"，右下角的"天爵堂图书记"及印于最后一页左下角文字上的"君美"。"天爵堂图书记"和"君美"是新井白石的藏书印[1]，新井白石生于 1657 年，卒于 1725 年，因此可确认 B 本的著成年份最迟也应是 1725 年以前。在新井白石以前该书为何人所藏尚不知晓，也无法明确是否可以认为该书就是出自新井白石之手，在新井白石将其入架宫内省（现在的宫内厅）之前的事情也不得而知。但是，宫内厅书陵部里藏有大量新井白石的藏书[2]。

单从该手写本的内容来看，完全不能明晰该手写本的原本到底为何物，另外，该手写本中也有瑞溪周凤的序文。此篇序文正是使得 A 本为世人所重视的契机。

C. 内阁文库所藏本《入唐记》

作为旧内阁文库所藏本，该手写本现藏于国立公文书馆。其封面墨书"入唐记"，封面右上角印了一枚黑印"昌平坂学问所"。第一页右边中央印了一枚珠印"日本政府图书"，同一页右下角印着珠印"浅草文库"，在最后一页上，左上角又印了一枚"昌平坂学问所"的黑印，左下角印着的是珠印"文化癸酉"。这种由年号加干支组成的印，据称是标示图书进入昌平坂学问所的年份的[3]，因此可确认该手写本是在文化癸酉年（1813）为昌平坂学问所所收藏的。浅草文库是明治八年建于浅草的图书馆，藏有旧幕府系的和学讲谈所、红叶山文库、昌平坂学问所等机构的藏书 11 万册，该藏书后来由内

---

[1] ［日］渡边守邦、［日］后藤宪二编：《新编藏书印谱》，青裳堂书店 2001 年版。
[2] 《和漢図書分類目録》上、下，宫内厅书陵部 1952～1953 年版。
[3] 《改訂増補内閣文庫藏書印譜》，国立公文书馆 1981 年版。

阁文库所继承①。印"日本政府图书"是内阁文库的藏书印②。

由以上内容首先可以确定，该手写本的著成年份是在 1813 年以前。1813 年入架昌平坂学问所，明治维新后移至浅草文库，接着被内阁文库所继承直至如今。有关该手写本究竟为何人所写尚不明了，但是其字迹和新井白石以前所藏 B 本的字迹几乎相同，异体字和相同汉字的类似点也很多，那么当可推定为二者属于同一系统的手写本吧。此外，该手写本里也有由瑞溪周凤执笔的序文。

D. 《续史籍集览》所收录的《允澎入唐记》

近藤瓶城将该书作为《允澎入唐记》收录于 1894 年的《续史籍集览》并发行。由文章最后的"右、二唐记二本、鹦鹉轩 横井时冬珍藏"可知，本书的原本应为横井时东的所藏本。这里所说的"唐记二本"是指《允澎入唐记》即《笑云瑞䜣入明记》和《策彦周良入唐记》（策彦周良本人执笔的策彦和尚初渡集、策彦和尚再渡集的缩略版）。

近藤瓶城是原冈崎藩的儒者，通称元三郎，后又称为圭造，隐居后取名瓶城。明治十四年（1881），设立活版所，与女婿近藤圭造一同着力于《史籍集览》的编集与印刷，明治 18 年完成。后于明治二十六年至三十一年又刊行了《续史籍集览》。明治三十三年还着手刊行了《改定史籍集览》，但因其在次年即明治三十四年去世，其事业有近藤圭造继承。③

横井时冬 1895 年出生于名古屋，没于 1906 年。1884 年进入早稻田专门学校学习，1886 年毕业于早稻田专门学校的法学部，同时他还兼修了同学校的英学科，并于 1887 年毕业。此间，据说他曾获得小中村清矩、本居丰颖、粟田宽的指导，并且可以确认的是，他与 A 本的持有者小中村清矩是曾经有往来的。此外，他于 1888 年成为早稻田高等商业学校教员，并兼职于同校新设的内国商业取调科，广泛涉猎文献，着力于对商业史的研究④。帝国大学书库、帝国博物馆、内阁文库、水户彰考馆等所藏的资料均在其饱览范围之内。被东京府厅所继承下来的旧幕府文书以及旧诸藩主府邸中残留的记录文书也曾被他研究。那么他也是很有可能见到 D 本的。但是，无论如何，既然横井

---

① 《内閣文庫百年史》，国立公文书馆 1985 年版。
② 《改訂増補内閣文庫蔵書印譜》，国立公文书馆 1981 年版。
③ ［日］近藤圭造编：《近藤瓶城翁伝》，1912 年版。
④ 《国史大辞典》（吉川弘文馆 1993 年版）"横井时冬"项（服部一马执笔）。

187

时冬藏本无法被确认，那么，对于一些问题，我们也就无法研究下去了，比如，其是否是横井时冬的亲笔所写之本，以及其是否是选择了 A 本以及 D 本的相同内容的产物。

以上，关于 D 本，其明确的刊行的时间是 1894 年，所以，作为其原本的横井时冬藏本的成立则是在 1898 年以前。由于现在横井时冬藏本的所在不明，故对于横井时冬以前的流传情况以及作为 D 本原本的横井时冬旧藏本的具体内容也无法得知。此外，本版本中也没有瑞溪周凤的序文。前三本中均有序文，那么没有序文当可称为此版本的特征之一。

E.《甲子夜话》所收《入唐记》

本书以《入唐记》为名，被收录于《甲子夜话》续编五九。《甲子夜话》为平户藩主松浦静山（本名清）编纂，始于 1821 年，成于 1841 年。其中正编 100 卷，续编 100 卷，计 278 卷。

关于此《入唐记》如何被松浦静山所见的始末，续编五九的开头部分有所记载：

二月初，柽宇赠书后曰，附呈《入唐记》一本。此书较之《策彦渡唐记》更为古老。予为观是书于宝德三年（辛未）十月辞京直至享德三年（甲戌）七月归京，故在他乡四年余。其人为僧瑞䜣，号笑云。西土正值明景帝之时……。

由本记述可知，E 本乃是松浦静山将柽宇所赠之《入唐记》抄写而成。关于赠送的时期，若是仅观 "二月之初" 的话，尚不明确，但是看前一卷，也即五八卷中，以 "辛卯二月，林子示书后所附之一小册曰" 起笔可知，五九中的二月，应当是同时辛卯年的二月，也即天保二年（1831）的二月。柽宇为林𰀎的号，而林𰀎则是林述斋（1768~1841）之子，曾担任大学头之职务。既然是林家之人所赠，那么 E 本所参照之本，很有可能是被收藏于昌平坂学问所的 C 本。

E 本也没有瑞溪周凤的序文。关于这一点，笔者以为，与其说是林𰀎所赠送的书中未附，倒不如说更有可能是松浦静山在抄写是将其省略。因为若是没有序文，便很难获取 "其人为僧瑞䜣，号为笑云" 这一信息。

故可以推测，E 本的成立乃是由松浦静山完成。可以确定的是，其依据的版本是由历任大学头的林家之人所提供的。

对于以上五种版本做了研究，最后对各本的成立年代做一总结如下。

A. 东大本：19 世纪中期之前成立

B. 宫内厅本：1725 年以前成立

C. 内阁本：1813 年以前成立

D. 史籍集览本：1894 年以前成立

E. 甲子夜话本：约 1831 年成立

因此，现行所知的诸本中，新井白石旧藏、宫内厅书陵部现藏的 B 本很有可能最为古老。

下面对诸本的内容做一简单的对比研究。

虽然 A 本从发现之后便被认为是善本，诸本之中，脱漏、误写之处为最多的版本。例如癸酉四月二十三日条"日本二号、六号、八号等船三只"中"八号"脱落了，还有随后的二四条的"游于府学，先生引到咏归亭、泮宫、大成之门、明伦堂、遂至湖心寺"中"泮宫"被误为"洋宫"，"湖心寺"被误写为"潮心寺"。

由瑞溪周凤的序文，我们开始重视 A 本。而这序文在 B 本和 C 本中也同样存在。D 本除了没有序文之外，在脱漏等谬误方面比 A 本要少得多。此外，也可以看出 D 本曾经在理解内容的基础上施以独立的校订。例如，其他诸本均记作"陈、季两大人"（癸酉四月二五日条），另外，"陈大人饯北上至众也"的"践"字除了 B、C 本之外，都是"钱"字，在这些地方，都有旁注"餞力"（癸酉八月四日条）。此外还有在 B 本中用『曰』来表示保留字迹的修正之处，也全部被删除（癸酉五月一四日条），还有对于涉及身份高贵人士的词语所采取的高出一行或另起一行的特殊格式"台头""平出"等也被省略，使得原本可能存在于写本中的一些信息被抹杀了，这些均是为了发行刊本而编辑写本内容所导致的后果。

从总体的内容来看，因脱漏或对内容的不理解而产生的误字较少，最有可能保持原貌的可能性是 B 本。如前研究所示，B 本是新井白石的旧藏本，其成立的年代是最为古老的。所以，从现状来看，B 本也就是宫内厅藏本被认为是最佳的版本。

以下将整理诸本的系统关系。正如在上文所阐述的，B 本（宫内厅本）与 C（内阁本）在文字排列、同字和异体字等方面均极具共通性，当是同一系统的写本。E 本（甲子夜话书）依据 C 本（内阁书）而成的可能性很高。

至于 A 本（东大本）与以横井时冬旧藏为基础的 D 本，他们与 B、C、E 本的关系尚不明确。以上各本的书写时代均不能追溯到中世，此外其先行写本的性质也不明。

三、《笑云瑞䜣入明记》在中世的流通

由前述瑞溪周凤所执笔的序文，《笑云瑞䜣入明记》乃是《善邻国宝记》的附录。但是，现在已经确认的数十种《善邻国宝记》中，无一附有本史料。若作为独立单体的现存《笑云瑞䜣入明记》写本无法追溯到中世纪，那么在中世纪，该史料又是如何受容与流通的呢？

关于这一问题，我们可以在癸酉八月一三日条"将游孤山，途中遇雨而还"的记述中得到暗示。关于该条中的"还"字，B 本（宫内厅本）以外的诸本均记作"远"，其中 C 本（内阁本）中右侧边尚有注释"四河入海卷一之一的引，作远为还"。据此查阅《四河入海》可知，确实有对该日条文的引用，现引录如下："䜣咲云入唐记宝德四年八月十三日将游孤山，途中遇雨而还，晚晴，入梵天寺，祠堂有苏子瞻像，牌曰，此山土地东坡居士护法明王①"。

《四河入海》是由笑云清三所撰之书，属于苏轼诗作的注释书，起笔于大永七年（1527），成书于天文三年（1534）。该书主要集成了大岳周崇《翰苑遗芳》、瑞溪周凤《脞说》、万里集九《天下白》、《蕉雨余滴》（桃源瑞仙述、一韩智翃编），此外，还包括了笑云清三自己的见解。除了存于东福寺的笑云清三手写稿以及建仁寺两足院的室町末期的古写本之外，尚存有庆长元和古活字版。据史料载，笑云清三属于临济宗圣一派的禅僧，伊势人，俗姓不详。参禅于伊势国无量寿寺严伯通噩，长成之后入京，成为东福寺大慈庵的塔主，并为该寺之复兴而竭尽全力。后由京城前往美浓，学于万里集九。晚年，接受建长寺之公贴，登上东堂之位。②

由以上分析可以得知，《笑云瑞䜣入明记》在应仁丁亥年（1467）左右被确认后，16 世纪初在一定范围内流通，被广泛传阅。

---

① 《抄物资料集成》第二卷，清文堂 1917 年版。
② ［日］玉村竹二：《五山禅僧传记集成》"笑云清三"项，思文阁 1983 年版。

在探讨《笑云瑞䜣入明记》流传问题的同时，笔者亦对《策彦入唐记》颇有兴趣。该书为策彦周良所撰，记录了天文时期两次遣明船的出行情况，是策彦亲自精选《策彦和尚初渡集》和《策彦和尚再渡集》中的内容写成，故也被称为《策彦和尚第一次渡唐、第二次渡唐》。林甃（檉宇）起初送给松浦静山的是《策彦入唐记》，后来又向其介绍了更为古老的《笑云瑞䜣入明记》。可以确认的是横井时冬和新井白石都曾持有这两本书。① 明远馆丛书曾将《策彦入唐记》作为《策彦入明记》收录，而堀田益堂也曾将此两本书作为中世纪的使行录收藏。为京都天龙寺妙智院所藏的诸如《戊子入明记》、《壬申入明记》、《策彦和尚初渡集》、《策彦和尚再渡集》等遣明船的使行录在近代之前均未被抄写，与之相较，此二书的流传自有其特征，同时，他们的流传在中近世日明外交知识的受容与积累方面，也为世人提供了不少饶有趣味的资料。

翻译：王丽（景德镇陶瓷学院）

---

① 在《策彦入唐雑錄》中作为《初渡日记》和《再渡日记》收录。

第十六章 明代中日书籍交流之研究

——以《卧云日件录拔尤》为例

浙江工商大学东亚文化研究院 陈小法[①]

一、前言

《卧云日件录拔尤》[②]是日本室町时代（1392~1573）中期京都相国寺禅僧瑞溪周凤的日记《卧云日件录》，经由同时代末期的禅僧惟高妙安（1480~1567）摘钞而成的。原书名盖据日记第一册卷头的注记"录其行事，日百八件"而来。"日件"一词，作为日记的冠名而流行一时，著名的就有《等持寺日件》（景徐周麟）、《横川日件录》（东云景岱）、《庆长日件录》（清原秀贤）等等。

永禄五年（1562），当惟高妙安抄录该日记时，也不排除冠以周凤生前最爱用的别号"卧云山人"中"卧云"二字之可能。但从《卧云日件录拔尤》底本（现藏东京大学史料编纂所）来看，"拔尤"与"卧云日件录"几字稍稍分离并略显偏小，所以"卧云日件录"这一书名为周凤自身命名、惟高妙安只是添加了"拔尤"二字的可能性很大。

原日记即《卧云日件录》记自日本文安三年（1446）三月，搁笔于文明五年（1473）周凤圆寂之前，总七十四册。周凤逝后由其门人秘藏传承，只有极少数的嫡传才能阅览，所以它的存在一直鲜为人知。周凤圆寂后百余年

[①] 本文系2010年教育部留学回国人员科研启动基金"日本遣明使与就杭大运河"（1174号）课题项目最终研究成果之一。
[②] 本文使用岩波书店于平成四年（1992）三月十八日出版的《大日本古記錄·臥雲日件錄拔尤》。

的永禄五年二月二十一日，同寺学僧景徐周麟（1440～1518）的门生惟高妙安把它进行了摘钞，并公之于世。然遗憾的是，日记原本经抄录后散佚而再也没能面世，现仅存抄录本《卧云日件录拔尤》。

钞本完全是根据惟高妙安的个人爱好而摘成。正如日记名中"拔尤"所示，文章局限于五山文笔僧的逸事、名尊追忆以及当时禅林的文艺活动等，对于记主周凤的日常生活、当时社会一般的政治事件，几乎没有涉及。此外还存在年代不详、事件重复等缺陷。

记主瑞溪周凤，道号瑞溪，别号卧云山人、竹乡子、刻楮子、闲云山人、北禅、泉南等。日本明德二年（1391）十二月八日出生于和泉（现大阪府南部）堺的伴氏家。其父名不详，只知是一位低级武士。一家因"明德之乱"①而迁居丹波（大部分属于现在的京都府）。"应永之乱"② 之际因父战死，乃和母亲一起上京，后寄寓外祖母。周凤十四岁入相国寺，参学无求周伸（1333～1413）。无求周伸乃天龙寺开山梦窗疎石（1275～1351）之弟。应永二十年（1413），恩师周伸圆寂，二十二岁的周凤乃转侍俨仲周噩（1359～1428），其间赴南都随总圆志玉（1383～1463）、玄启学戒律及华严。永享八年（1436）八月四日任景德寺住持，重开先师周伸之法。永享十二年（1440）八月二十九日出任相国寺住持一职。后退隐于寺内寿星轩，并兼任开山塔崇寿院、鹿苑院塔主，前后掌管僧录事务三次。受将军足利义教（1394～1441）、义政（1436～1490）之器重，参与幕府的外交之策，撰写外交文书而名声大振。文明五年（1473）五月八日在慈云庵圆寂，世寿八十二。后土御门天皇（1442～1500）赐号"兴宗明教禅师"。主要著作有《卧云日件录（拔尤）》、《卧云稿》、《卧云子尺素》、《卧云梦语集》、《脞说补遗》、《瑞溪和尚语录》、《禅僧诗集》、《竹乡集》、《人天眼目批却》、《坡诗脞说》、《碧岩集钞》、《无求伸禅师行实》、《绵谷飚禅师行状》、《瑞溪疏》、《刻楮》、《入东记》、《温泉行记》、《善邻国宝记》等。③

日记抄录者妙安，临济派禅僧，妙安为其法讳，道号惟高，别号业巢子、

---

① 明德二年（1391年）山名氏清、满幸等起乱。足利义满乘山名家内讧进行挑拨，导致氏清在京都内野战死，满幸逃至出云，应永元年（1394）战死。
② 应永六年（1399）大内义弘反抗室町幕府而起乱，后战死。
③ ［日］市古贞次监修、［日］堤精二等编纂：《国书人名辞典》（第二卷），岩波书店1995年版，第583页；《国史大事典》8，吉川弘文馆1987年版。

懒安、乌江等,文明十三年(1480)出生于近江(现滋贺县),一说出生于久我家。十四岁入京都相国寺,嗣法广德轩的瀑岩等绅。应伯耆(现鸟取县西部)山名氏、出云(现岛根县东部)尼子氏的邀请,曾住伯耆三十年,其间出任保安寺、海藏寺的住持。天文九年(1540)十一月二日,上洛任相国寺住持。同十二年十二月至十九年十月为相国寺鹿苑院塔主,掌管鹿苑寺并任僧录之职。晚年隐居广德轩,为山城久世华藏院的开山。永禄十年(1567)十二月三日圆寂,享年八十八。著有《惟高和尚法语》、《惟高诗集》、《皆有亭记》、《诸册拔萃录》(编)、《作物记》、《梦想联句》、《叶巢稿》、《诗渊一澜》等。① 此外还留有日记《梦升琐言》。妙安和策彦周良(1501~1579)、仁如集尧(1483~1574)等,被称为室町时代末期颓废的五山学艺界奇葩。

二、使者与书籍

日记中富含中日书籍交流的信息,如日本五山禅僧平时阅读的中国典籍、五山禅寺中开设的中国文献讲筵、阅读时产生的疑难困惑以及使者索求携回的典籍等。因限于篇幅,就使者与书籍这一问题作个简单分析研究。

这里所谓的使者,包括明廷派遣的官方使节和被称为"遣明使"的日本使臣。在日本史上,"遣明使"一词有其特殊的含义,是专指日本室町幕府向中国明朝政府派遣的朝贡使节,当时也称"入唐"或"渡唐"。遣明使搭乘的船只称"遣明船"。首次派遣的时间为建文三年(日本应永八、1401),正副使分别为博德商人肥富、僧祖阿。最后一次是在嘉靖二十六年(日本天文十六、1547),正使为策彦周良。期间跨度将近一个半世纪,派遣次数达十多次。

鉴于相国寺乃京都五山第二这一显要地位以及瑞溪周凤三任僧录之要职的特殊经历,与遣明使之间多有往来,熟知中日交流的信息。因此日记中也有多条关于两国使节与典籍交流的史料。

(一)九渊龙賝与中国典籍

日记的"享德三年(1454)十一月十一日"有这样一条史料:

---

① 《国书人名辞典》(第一卷),岩波书店1993年版。

九渊眛西堂归朝，今日来过，略说大方人境之美，因惠劝忍百箴考注二册。

"九渊眛"即"九渊龙眛（？~1498）"，号"葵斋"，自幼师事建仁寺的天祥一麟并嗣法。宝德三年（1451）作为遣明船的从僧随正使东洋允澎入明，1454年回国。在明期间，与宁波、杭州等地的文人之间有不少的诗文唱和，其中几首收录于《九渊诗稿》中。① 游学归来感叹明朝"遭时盛明，礼乐繁兴，人物秀整，实莫媲汉唐之化"②，因此也向瑞溪周凤说起大明的人境之美。同时作为礼物，赠与周凤《劝忍百箴考注》二册。

浙江近代藏书家张寿镛在《四明丛书》第六集中著录"劝忍百箴考注，四卷，（元）许名奎撰。（明）释觉澄考注。"可见，《劝忍百箴考注》一书的作者为明僧觉澄（澄）。觉澄，号古溪，族姓张氏，住南阳香严，终金陵高座寺，另著有《雨华集》。根据《山西通志》卷一百六十，其活动的年代主要为明朝的景泰至天顺年间（1450~1464）。因而虽然《劝忍百箴考注》的成立年代不详，但大致可以认定应该就在九渊龙眛归国前的那几年。

（二）天与清启与中国典籍

天与清启亦称清启西堂。清启，生卒年不详，号海樵、鹅湖、万里叟等等。日本信浓国（现长野县）伊那郡知久心源之子。室町时代中期临济宗大鉴派之僧。自幼于本地法全寺出家，曾上洛任建仁寺禅居庵塔主。于宝德三年（1451）入明，翌年回国。历住能登安国寺和信浓开禅寺，并任开禅寺住持。宽正元年（1460）被委任遣明使正使一职之同时，奉命出任建仁寺住持，但仅一日就因厌恶附和权贵而辞职。应仁二年（1468）再次奉命入明朝贡。回国后，因其随员在明朝发生暴力事件③而引咎辞去一切公职，退隐法全寺。

---

① 详见陈小法：《瑞溪周凤及其汉文日记〈卧云日件录拔尤〉》，载《日本思想文化研究》第七期，国际文化工房，2006年6月。
② [日]上村观光：《五山文学全集·别卷》，思文阁1973年版。
③ 《明宪宗实录》卷六十"成化四年十一月丁巳朔壬午"条："日本国使臣麻答二郎，于市买物，使酒手刃伤人。礼部奏，其强横行凶，宜加惩治。上以远夷免下狱，付其国王使清启治之。启奏，欲依臣俗事例处治，但在礼仪之地，不敢妄为；俟臣还国，依法治之。且引伏不能钤束醉。上皆宥之。既而所伤者死。礼部复奏，麻答二郎行凶伤人致死，难免问罪，宜依律追银十两，给死者之家埋葬。仍省谕各夷，使知朝廷宽宥怀柔之意。从之。"

晚年以诗文交游四方。著有《万里集》和入明日记《再渡集》，可惜不传。

关于天与清启与中国典籍的史料，本日记中主要有以下两条：

1. 享德三年十二月廿六日：禅居清启西堂来，出清江贝先生文集三册。

享德三年即明朝景泰五年（1454）。黄虞稷在《千顷堂书目》卷十七中载："贝琼，《清江贝先生文集》三十卷。海昌集一卷、云间集七卷、两峯集三卷、金陵集十卷、中都集九卷、归田稿一卷附。字廷琚，一名阙，字廷臣，崇德人。洪武初征修元史，除国子助教，迁中都国子助教。"天与清启出示的是三册，不知具体卷数。

2. 康正元年三月十一日：饭罢，直赴鹿苑寺，浴罢点心。案上有元史全部四十册。仍检目录，则本纪四十七卷，列传九十七卷也。此本启西堂自大明持来。列传第五十九，有程巨夫、赵孟頫、袁桷传。

康正元年即明朝景泰六年（1455）。《元史》成书于明初，部数较多。该书原由天与清启持回，但瑞溪周凤却在鹿苑寺中看到，可见《元史》之类的官修正史可能是奉命索求或者作为复命的呈上品。再，《元史》列传第五十九中除上述三人外，其实还有"邓文原、曹元用、齐履谦"之传。瑞溪周凤只举"程巨夫、赵孟頫、袁桷"三人，也是值得注意之处。

（三）咲云瑞忻与中国典籍

咲云西堂讳瑞忻，临川寺季章宪禅师法嗣，梦窗疎石的法孙。宝德三年（1451）从国使游大明，前后九百余日。集所历览者成《入唐记》（亦称《释咲云入唐记》）。归朝后，住临川寺，曾任等持寺首座。宽正六年（1465）左右视篆①南禅寺。长于辞赋，称誉中日两国。景泰三年（1452）十月九日，明朝的一位中书舍人至北京日本使者馆驿，遭明使咲云瑞忻呈诗一首。舍人赞曰："外域朝贡于大明者凡五百余国，唯日本人独读书。"②

与瑞溪周凤友情笃厚，每每询问大明之事，都一一相告，且颇详悉。后咲云又归宇治钓月庵，周凤仍时时访及，交情可观。因此，日记中多载咲云

---

① 视篆，禅林于新住持入院时检视寺印之谓。掌印。
② ［日］中村幸彦、［日］中野三敏校订：《甲子夜話続篇》五十九之《僧瑞訢入唐の事》，平凡社1980年版。

口述的游学明朝之见闻。其中关于典籍的有：

1. 长禄二年元月八日：等持寺首座欣咲云来，曰：某渡唐时，惟赍四扇去，一扇以代翰墨全书一部云云。

长禄二年即明天顺二年（1458）。咲云瑞忻在明朝以一扇换取一部《翰墨全书》，这已是中日交流史上的美谈，被众多学者所引用，无须赘言。值得注意的是，日本刀在中国很值钱这是众所周知的，从这条史料可以发现，一位日僧竟"惟赍四扇"而千里迢迢入明，可见日本扇子在当时明朝受欢迎的程度。①

当然，咲云在中国时不仅收集了很多书籍，还于回宁波途中的景泰五年（1454）五月廿三日，前往杭州仙林寺，请退隐的名僧云屋和尚为其先师像题了赞词。这位云屋禅师不仅"援笔立书，又做一偈钱予。"②

2. 宽正元年十月十一日：等持寺来，出惠放翁剑南续稿，盖全部四十册，卷乃八十五也。予问此本来由，则曰，上杉房州付柏心，栢心灭后，其徒卖与惠林某僧云云。

宽正元年即明天顺四年（1460）。"等持寺"指任该寺首座的咲云瑞忻。送给周凤的《剑南续稿》四十册不是咲云本人直接从中国求得，而是出自上杉房州。上杉房州即关东管领上杉宪实（1411～1466），以振兴足利学校著称于世。足利学校乃当时著名的儒学藩校，以讲授汉学为宗旨，内藏丰富的中国儒家典籍。据称，该校校门"学校"两字出自明人蒋洲之手。③

《剑南续稿》最初为上杉宪实所藏，后转交给栢心周操，周操死后其徒卖给了惠林寺某僧。惠林寺乃甲斐（山梨县）著名的禅寺，梦窗疎石为其开山之祖，与等持寺同为临济宗天龙寺派。因此相互之间的交往肯定不少。

从瑞溪周凤平时言谈中频频引用陆游诗句这一现象可知，《剑南续稿》

---

① 关于倭扇在明朝的流行情况，详见张哲俊：《中国古代文学中的日本形象研究》第五章第四节"方物的流行与富有的日本"，北京大学出版社2004年版。
② ［日］中村幸彦、［日］中野三敏校订：《甲子夜話続篇》五十九之《僧瑞訢入唐の事》。
③ ［日］田中健夫：《明人蒋洲の日本宣諭——王直の誘引と戦国日本の紹介》，收入《対外関係と社会経済－森克己博士還暦記念論文集》，塙書房1968年版。

197

一定备受珍重。《文渊阁书目》卷二著录"陆放翁《剑南续稿》（一部十九册）、陆放翁《剑南续稿》（一部十册）。"而《四库全书总目》卷一百六十载："《剑南诗稿》八十五卷（内府藏本），宋陆游撰。（中略）是以题其平生所为诗卷曰《剑南诗稿》，盖不独谓蜀道所赋诗也。又称戊申、巳酉后诗，游自大蓬谢事归山阴故庐，命子虞编次为四十卷，复题其签曰《剑南诗续稿》。自此至捐馆舍，通前稿为诗八十五卷。子虞假守九江，刊之郡斋，遂名曰《剑南诗稿》（案'遂'字文义求顺，疑当作'通名曰《剑南诗稿》'）云云。"因此，咲云瑞忻赠送的四十册、八十五卷本《剑南续稿》似同于《四库全书总目》著录的《剑南诗稿》。

（四）东传的其他中国典籍

1. 康正元年三月十一日：东岳又曰，前度大明船来时，得南北演禽本，即出示之，盖卜书也。岳曰："五家录中，佛鉴禽演，僧来上堂，有曰柳土獐变成尾大虎。此语不审，前辈皆不知援据，此书中有此语也。"

康正元年即明景泰六年（1455）。文中的"前度大明船"应该指宣德八年（1433）明廷任命的以潘赐、高迁、雷春等为代表的使者团。《宣宗实录》卷一〇三载："宣德八年六月壬午朔，壬辰，遣鸿胪寺少卿潘赐、行人高迁、中官雷春等使日本国，赐其王源义教白金、彩币等物。初，太宗皇帝时，日本国王源道义，恭事朝廷，勤修职贡。道义卒，使命不通已久，上尝赐敕抚谕。至是，义教嗣爵，遣使道渊奉表来朝，并献方物，故遣赐等报之。"根据日本方面的记载，此次的正使是内官雷春，副使是内官裴宽、王甫原、鸿胪寺少卿潘赐以及行人高迁。①

一行于宣德九年（1434）六月初一日入京都，《看闻御记》同日条载"闻唐人今夕入洛，官人五人乘舆。骑马辈千二三百人云云。方方道场宿被点被置云云。"②可见这次明使队伍声势之浩荡，据称"见物杂人群集数万人，希代之见物也。"③ 初五日幕府将军足利义教隆重会见了明使一行。值得注意的是这次明使带去的回赐品，这在《看闻御记》"永享六年六月五日"中有

---

① ［日］田中健夫：《善邻国宝记・新订统善邻国宝记》，集英社1995年版。
② ［日］后崇光院：《看闻御記》，续群书类从完成会1930年版。
③ ［日］后崇光院：《看闻御記》。

详细记载:"唐使室町殿参入之仪严重。申克参。官人五人乘舆,骑马辈杂人等六七百人。进物辛櫃五十合。鸟屋十笼,鹅眼①卅万贯云云。"② 而其中可能就有东岳澄昕手中的《南北演禽》一书。

演禽,占卜的一种。以星、禽推测人的禄命吉凶。其书有《演禽通纂》、《演禽图诀》等,而《南北演禽》不见《四库全书》等的著录。五家录即禅宗五家的语录,佛鉴即径山无准师范。史料中的"柳土獐"和"尾大虎(尾火虎之误)"都是二十八星宿的名称。根据东岳澄昕之说,"柳土獐变成尾火虎"之句一直不知出典,而在《南北演禽》一书中却有此语。

2. 康正二年三月十六日:外记又话近年自大明日书史会要者来,中载日本伊路叶,东福寺僧持之云云。

康正二年即明景泰七年(1456)。外记指清原业忠(1409~1467),出生于明经博士世家,当朝著名的学者,也是相国寺的常客之一。

《书史会要》乃明陶宗仪所撰,九卷补遗一卷。辑录从上古三皇至元末书家小传及书论,是我国第一部权威性的书史著作。其中不仅记载了日本的假名伊路叶(いろは),在卷八"外域"中还记载了较多的日本书史资料。③ 此外,在《补遗》"外域"中记有:"释中巽,字权中,日本人,书宗虞永兴。""释中巽"即权中中巽,他在洪武元年(1368)与绝海中津一起入明,曾任杭州中竺藏主一职。洪武五年(1372),明使仲猷祖阐、无逸克勤出使日本之际,曾充任通事一度回国。根据陶宗仪的记载,权中中巽书法学唐初四大书法家之一的虞世南。或许正是以上这几个原因,一本东福寺某僧持有的《书史会要》才引起了大家的注意,以至成为话题。

---

① 一种劣质的古钱。一千钱长不盈三寸,称为"鹅眼钱"。《宋书》卷七十五"颜竣传":"景和元年,沈庆之启通私铸,由是钱货乱败,一千钱长不盈三寸,大小称此,谓之鹅眼钱。"简称为"鹅眼"。
② [日]后崇光院:《看闻御记》。
③ 日本国于宋景德三年尝有僧入贡,不通华言,善笔札,命以牒对,名寂照,号圆通大师。国中多习王右军书,照颇得笔法。后南海商人船自其国还,得国王弟与照书,称野人若愚。又左大臣滕原道长书,又治部卿源从英书,凡三书皆二王之迹。而若愚屬章草特妙,中土能书者亦鲜能及。纸墨光精。左大臣乃国之上相,治部九卿之列也。曩余与其国僧曰克全字大用者,偶邂逅于海畔一禅刹中。颇习华言,云彼中自有国字,字母仅四十有七,能通识之便可解其音义。因索写,一过就叩以理。其□辏成字处,髣髴蒙古字法也。全又以彼中字体写中国诗文,虽不可读,而笔势纵横,龙蛇飞动,俨有颠素之遗则云。

199

3. 宽正五年八月六日：等持院栴室来，因话近时自大明宝镜三昧解释来。

宽正五年即明天顺八年（1464），"栴室"即洛西妙智院的"栴室周馥"，生卒年不详，常以读书为乐，曾钞东坡诗名曰《翰林残稿》，善讲《史记》并著有《史记抄》。桃源瑞仙在记禅师的遗事中写道："心华院栴室大和尚，乃山名氏之华胄也。幼养细川氏故赞州太守之家。自尔以来自谓，已冒性为人之子，若出入其故家，则是事两父母也。盖誓无二也。是以山名氏之门无足迹也。其行义可见，少折节困学，痛洗台阁之习，纨绮之心，自成大僧不吃放参，胁不沾席。凡无书不学矣，无学不精矣，尤长于易学。（中略）盖皆家学矣。贤首慈恩之教，能究其奥焉。至宗门语录以为己任。"①

《宝镜三昧》是由唐代曹洞宗祖洞山良价所撰。而上述的《宝镜三昧解释》可能是指宋代云外云岫所作的注释《宝镜三昧玄义》。

（五）幕府的求书清单

宽正五年（1464）七月十四日中有这样一条史料：

荫凉箴首座来问，就渡唐，自公方将乞书籍，有可录呈其名之命，不知日本未渡书，纵虽先来，最稀有者，何书可录呈耶。予曰，当加思惟耳，后便记十五部送之：北堂书钞一百七十三卷，虞世南撰；兔园策十卷，同世南撰；史韵四十九卷，钱讽正初撰；歌诗押韵，杨咨编；遯斋闲览②，陈正敏撰；老学庵笔记十卷，陆游撰；范石湖集，文献通考所载。此外杨诚斋文集、张舜民画墁集、挥尘录、宾退录、百川学海、三宝感应录、教乘法数、类说，此八部，予曾见一本，然不闻有别本，以为希矣。

文中的荫凉箴首座即益之宗箴，公方指当时的幕府将军足利义政。上述十五部书籍是在作遣明使表文之前应益之宗箴之请，瑞溪周凤专门开列的索书清单草稿。一个月后的八月十三日，在瑞溪周凤誊写的上呈明廷表文中，可以发现索书目完全没有变化，只是改为更简洁的"教乘法数全部、三宝感应录全部、宾退录全部、北堂书钞全部、兔园策全部、史韵全部、歌诗押韵全部、诚斋集全部、张浮休画墁集全部、遯斋闲览全部、石湖集全部、类说

---

① ［日］上村观光：《五山文学全集·别卷》。
② 即《遁斋闲览》。

全部、挥尘录全部附后录十一局第三录三局余录一局、百川学海全部、老学庵笔记全部"①而已。十五部书籍中，内典只有两部，而外学占十三部之多，可见日本丛林对中国典籍的需要程度。

对于上述请求，明廷全部照准。但是，正使天与清启在返回京都途中，为大内氏所袭，这批书或许落入了大内氏手中。因为足利义政于成化十三年(1477)以竺芳妙茂为正使来贡时，除乞讨铜钱外，又请赐"佛祖统纪全部、三宝感应录全部、法苑珠林、宾退录全部、兔园策全部、遯斋闲览全部、类说全部、百川学海全部、石湖集全部、老学庵笔记全部。"②但是这次明廷没有满足日方的要求，只"命以法苑珠林与之。"③

日本两次较大规模地提请明廷照单赠书，真乃惊世骇俗，史无前例。这种外事礼宾中回赐文献典籍，也许正是明代中国文献典籍东传的一个重要渠道吧。

(六) 东瀛求书

两国的文化交流，往往是互通有无，你来我往，书籍的交流也不例外。在明代，一次规模较大的东瀛求书活动发生在洪武五年(1372)，主人公为明朝公使无逸克勤④。这在《卧云日件录拔尤》的宽正五年(1464)八月六日中也有记载：

嵯峨宝光院，有大唐就日本求天台教诸释书。东溪曾出之，令伦有叙读之云云。

洪武五年五月，太祖命僧仲猷祖阐⑤、无逸克勤等人出使日本，一是送日

---

① [日] 田中健夫：《善隣国宝記·新訂続善隣国宝記》。
② [日] 横川景三：《補庵京華集·別集》。
③ 《宪宗实录》卷一七〇"成化十三年九月一五朔"。
④ 克勤，字无逸，亦称"且庵"。生卒年不详，绍兴萧山(今属杭州)人，少学浮图，通儒释书，天台宗澄性湛堂的法裔。洪武五年与仲猷祖阐等出使日本前被任命为金陵瓦官寺住持。回国后，赐白金百两，文绮二，令克勤之父华毅给克勤蓄发还俗。时朝中大夫竞相赋诗艳羡之，大学士宋濂亦作《送无逸勤公出使还乡省亲序》，克勤也和作《应制赋醉学士歌》。后封为考功监丞，并出任山西布政使。
⑤ 祖阐，鄞县人，俗姓陈氏。生卒年不详。道号仲猷，别号归庵、四明桴庵。从佛智匡禅师剃染，临济宗大惠派元叟行端(1255~1342)的法嗣，楚石梵琦(1296~1370)的法弟。历住江州圆通崇胜寺、明州慈溪芦山普光禅寺、香山智度禅寺等，赴日时为明州天宁寺住持。洪武五年奉命与无逸克勤出使日本，七年(1374)回国，隐居鄞之龙山。著有《禅宗杂毒海》十卷，为精选宋代偈颂而成，刊行于洪武十七年(1384)。

201

使还国，二是谕其来贡。其实，克勤这次出使日本，除了上述的政治目的外，还有一个重要任务就是向日本求取中国散佚的天台教典。详细书目在《致延历寺座主书并别幅》的后半部有记载：

> 今将天台教典籍散亡数目开其于后，南岳：大乘止观二卷、四十二字门二卷、无净行门二卷、三智观门一卷、（下同）次第禅要、释论玄；天台：智度论疏二十卷、弥勒成佛经疏五卷、观心释一切经义一卷、弥勒上生经疏一卷、仁王般若经疏二卷、禅门章一卷。（下去皆同）般若行法、杂观行、入道大旨、五方便门、七方便义、七学人义、一二三四身义、法门仪、禅门要署、弥陀经义疏、金刚般若经疏；章安：八教大意一卷、（下同）南岳记、真观法师传；荆溪：止观搜要记十卷、涅盘后分疏一卷、授菩萨戒文、止观文句一卷、方等补阙仪。右具在前。洪武五年九月日，瓦官克勤具。①

共计31部、67卷。

那么，作为天台宗僧的克勤为何会到日本求取散佚的本宗典籍？他在《致延历寺座主书并别幅》写道：

> 况闻天台之山，国之首刹，为其首者，必国族大姓，勤恃以为同宗之人，苟宜为我济事，则是天台宗人，能济两国之事，两国之君，必有以侍吾宗矣。勤又以此而不辞。列祖疏记，尝毁于五代，已虽观师来自高丽，亦多所未备，我往而询诸首刹主者，得奉以归国，后之读其书，而有必曰，某书由某人得之某人而来，此又兴复教藏之功，不专于高丽观师矣。勤又以此而不辞。学教之人，久而不通，晚以我去而彼来，则澄②、苂③诸师之后，有所继矣，勤又以此而不辞。

诚如克勤所说，在历史上，中国向日本求取散佚的天台教典，可以追溯到吴越国钱弘俶（929~988）的时代。广顺三年（953）吴越国使者蒋承勋赴日，带去钱弘俶以及国师德韶的求书信函，同年七月，日本天台座主延昌应

---

① 参考［日］上村观光：《日支兩國彼我逸存の典籍》，《五山文学全集·别卷》。
② 最澄（767~822），日本天台宗始祖，谥号"传教大师"。
③ 俊芿（1166~1227），镰仓初期僧侣，兼修律、天台、禅宗。谥号"大兴正法国师、月轮大师"。

德韶请，派日延随蒋承勋来华，送归佚书 500 卷。六年后的建隆元年（960），钱弘俶再次遣使往高丽、日本求取天台佚书。翌年，高丽僧人谛观携佚书入吴越国。①

克勤也有可能是受到这次著名的吴越国海外求书事件的启发，刚好利用这次出使日本的机会，以求取本宗散佚之典籍。值得一提的是，克勤在向承胤法亲王致函求书时，还送上自己旧藏的、出自宋代名匠之笔并由虚堂智愚（1185~1269）题赞的天台圣像一轴。最后还附上"疏记未全之目，具以别楮，悉望检内，待命海滨，瞻企极切不宣。"

关于这次求书，其它文献数据中很少记载。因此大致可以认为这是一次因私求书，不是官方行为。但是，在日本却反响很大，以至在将近一个世纪后还被五山禅僧津津乐道。

求书信确实被送至了比睿山，这在尊圆亲王（1298~1356）编的《门叶记》卷二六"门主行状"三"后青龙院宫尊道"中有详细记载：

同（应安五年）十一月十六日，唐土教僧金陵瓦官寺住持克勤送书。日本僧椿庭海寿多年在唐归朝之次，克勤同船云云。近日入洛，圣教目六唐朝欠书也。注之送之，自日本可写给云云。希代之珍事，犹不相应欤。又天台大师真影一铺送之，虚堂禅师铭云云。

这次求书有没有成功，不见文献记载。但是，洪武十一年（1378），"明太祖以佛书有遗帙，命宗泐引徒三十余人往西域求之，三年得《庄严宝王》、《文殊》等经还朝。姚广孝和宗泐使天竺取经回朝诗：'昙花瑞现传天界，贝叶文翻进帝宫。'"② 不知宗泐的这次西域求书与克勤的东瀛求书有何瓜葛或渊源就不甚明了了，谨记此史料以供参考。

三、结语

上文仅以瑞溪周凤的汉文日记《卧云日件录拔尤》为例，就中日书籍交流作了探讨，可以发现，在明代的中日书籍交流中，政府出面向明廷求书是

---

① 王勇：《吴越国海外求书缘起考》，收入王勇等著《中日"书籍之路"研究》，北京图书馆出版社 2003 年版。
② 姚之骃：《元明事类钞》卷十九。

典籍东传的主要渠道，但也不能忽视明廷方的主动赐予、入明僧的个人购买、友人间的相互馈赠等方式。同时，向日本求取佚书也是应该值得注意的动向。在周凤的日记中，虽然既没有涉及洪武五年求书的最终结果，也没有提到其它的明廷访书或者日籍西渐，但明代日本汉籍的回流实不在少数，有些作品不仅得到了明代文人的极力赞赏，还对明代文学产生了一定的刺激。

第四编 04
此伏彼存

第十七章　西魏写本《菩萨处胎经》东传及相关中日达人

[日] 二松学舍大学　町泉寿郎

一、绪言

本论所说的《菩萨处胎经》5卷，除去首尾2卷的另外3卷，为西魏大统十六年（550）由陶仵虎等发愿书写的《一切经》的一部分（首卷为平安后期写成，末卷为奈良朝写成）。藏于京都净土宗大本山知恩院中，现存于京都国立博物馆中，被指定为日本国宝。

20世纪初，敦煌、吐鲁番等地发现的大量文献被世人所知。在今天看来，唐以前的写本并不是那么珍贵了，但是在这以前，本书是作为最古的手写本的汉字文献，被人视作珍宝。本书的字体为唐代汉字标准体的楷书形成之前的带有隶书风格的字体。阅览本书的幕末至明治期（清末）的中日知识分子，都或多或少地注意并经常提及这一点。

本稿之目的是为了表明日本开国以来中日两国间人文交流逐渐正式化，在受西洋学术影响下中日近代研究成型之前[①]，从中国传来的日本现存的古写

[①] 1910年前后，受到从敦煌、吐鲁番出土了大量的文献资料，和因为辛亥革命而流亡的罗振玉、王国维等知识分子流亡日本等事件的刺激，京都帝国大学相继开办了有关中国学的讲座，开创了日本研究近代的中国古典研究的先河。就形成过程而言，因为受到清朝汉学学问的影响，一定程度上，避免了隶属西洋学派的同时，也限定在以前的日本汉学——日本方面的文献限定在六朝以后。

本作为佚存资料的性质,特别是从以汉字书写体为中心的知识阶层的谈论中来观察该问题,并且由此阐明该时期彼我有关文献研究的异同。

二、养鸬彻定《菩萨处胎经》的购入

《菩萨处胎经》广为世人所知的重要的起因,起源于养鸬彻定(1814～1891)于嘉永五年(1852)将本书购入奈良的念佛寺。养鸬彻定出身于久留米,是净土宗僧侣。擅长宗学和汉诗文、古写经的收集和鉴定。幕末期至明治初期,他致力于拜耶稣教运动,历任知恩院住持、净土宗管长,后来由于宗门纷争,度过其不遇的晚年。①

下面略述一下购入《菩萨处胎经》的背景。首先是江户初期(宽永年间)袋中良定(1552～1639)购入了因山城国净琉璃寺堂宇再建而卖掉的《一切经》。袋中进一步把它修订补充,这些资料就收藏于袋中开创的奈良念佛寺中。

17世纪后半期,黄檗僧铁眼道光(1630～1682)首次出版明版的《一切经》线装本(所谓的黄檗版),使得大藏经被广泛阅读。也由此这套书的脱漏之处多被发现。因此,净土宗僧忍澂(1645～1711)从建仁寺借出作为善本而知名的第一版的高丽版大藏经,并与黄檗版大藏经比较核对,编纂了校对记录《大藏经对校录》58卷。但是,这本记录并不广为人知,而是雪藏于京都法然院。

嘉永五年(1852)夏,前年编纂净土宗有关典籍目录《阇山所藏古本搜索录》等的养鸬彻定,受本山任命前往法然院赴任,通过遗留在同寺的《大藏经对校录》58卷,转写校异黄檗版大藏经,后将此书奉上增上寺。② 在校对作业的过程中,彻定对忍澂的校订作业仍感不足,为了补完本文校勘事业,又前往奈良搜集古写经。在此期间,求购了藏于念佛寺的袋中良定蒐集的古写经,在其中发现了包含许多像《菩萨处胎经》这样的善本。从奈良回到江

---

① 关于彻定的传记,参照了[日]牧田谛亮《彻定上人的生涯》(载《佛教文化研究》三十六,1991年)、[日]木本弘昭《彻定上人年谱稿(增订)》(载《佛教文化研究》三十六,1991年)。
② 参照[日]藤堂恭俊:《养鸬彻定上人的古经搜索录》,收入《佛教和文学·艺术》,1973年版。

户，汇集调查笔记为《古经搜索录》2卷（神田喜一郎旧藏，1973年影印）①，后年整理的笔记是广为人知的《古经题跋》（1863年序，明治初期木活刊，后收入《解题丛书》）。②

以上，彻定购入本书并不是偶发的古籍收集的结果，至少可以说是在从江户前期以来文献蒐集和研究积蓄的基础上形成的。

三、江户时期的古文献研究

我们试着把以上对《菩萨处胎经》有关的调查，放入江户时期古文献研究的整体中加以考察。

江户后期，公元1800年前后，继承和发展了江户中期古学派的文献实证主义的研究方法，同时清朝汉学学风的刺激和佚存书等贵重资料的发现，推动了折衷学和考证学的学风。如前所述，江户中期的忍澂的校对记录《大藏经对校录》，可能是模仿由山井鼎利用足利学校所藏宋版《五经》注疏明、闽版《十三经注疏》而撰写的《七经孟子考文》③。如果再往上追溯的话，由林罗山校订的足利文库所藏的《五经注疏》早就注意到的古写本、古刊本和明（清）的新刊本的异同。根本逊志、太宰春台等荻生徂徕门下，还有林述斋、吉田篁墩、多纪氏对佚存书的调查研究也很活跃，中国清朝的知识阶层也对他们的业绩抱有很大的兴趣。

如果把目光转向外典（佛教以外的书籍——编者注），彻定撰写古经调查的题跋的幕末期，首先要指出的是幕府医官小岛宝素于1842年撰述的、以京都名刹（高山寺、仁和寺、青莲院等）和藏书家（福井崇兰馆、百百家、伊良子家、畑医学院、三角家、荻野家、高阶家、锦小路家等）的医书为中心

---

① 参照［日］神田喜一郎：《凤潭余话》，收入《墨林间话》，岩波书店1977年版。
② 《古经搜索录》序云："宽永中，京兆袋中莽良定上人，裒集南都西京诸刹之零本残编，以合糅大藏经全部。今收弃于宁乐念佛寺者是也。嘉永壬子之秋，余西游，搜索诸刹古经，适得纵观之。其中有西魏陶仵虎所书菩萨处胎经五卷最为其冠。其他有支那、本邦缙绅公卿暨高僧耆宿所誊写经五百余卷，咸一千年以上物也，可谓希世鸿宝矣。余有故购获之，赍还藏于缘山学黉。"《古经搜索录序》虽然继承了《古经题跋序》（文久三年，1863年），但文字稍有出入。
③ 参照［日］神田喜一郎：《凤潭余话》，收入《墨林间话》，岩波书店1977年版。

编写的访书记录《河清寓记》①。作为一个重要的史料,森枳园等据此编写了《经籍访古志》(1856年左右成书,1885年刊印,收入《解题丛书》)。虽然彻定和考古医家的关系尚不明确,但是作为江户末期的文献调查记录却具有相当的重要性。《古经搜索录》和《古经题跋》的关系大致相当于《河清寓记》和《经籍访古志》的关系。

另一方面,关于汉字书法,随着中国清朝古文献研究的进步以及宋代以来对金石文的收集研究日渐发达,促成了碑学派书风的形成。在日本方面,随着对舶来的唐碑拓本和日本古写本的收集,擅长考证学的江户豪商狩谷棭斋(1775～1835)和京都书法家贯名菘翁(1778～1863)一派中不乏对金石文拥有相当学养的学者。② 棭斋所著的《古京遗文》收集了至奈良朝及以前的金石文资料,是日本金石学具有里程碑意义的著作。另一方面棭斋具有这样一种认识:"与多次覆刻而失去原样的木版法帖相比,碑文的拓本更能保留文字原有面貌。"(王文肃本《淳化阁帖》也为覆刻本)就保留原样的资料性和运笔调墨的审美性而言,没有比真笔更胜一等的了③。这是只有像日本这样古写本众多的国家才有的论调,这和提倡北碑优越的清代碑学派形成对照。在日本这个碑拓等金石资料相对较少,而传存的古写本众多的环境下,他们还是相当能认清自己面对的形势的。

---

① 参照拙稿:《小岛宝素天保十三年海保渔村京都访书行》,载《东方学》96,1998年;《小岛宝素、森立之写〈河清寓记〉释读(上、下)》,载《日本医史学杂志》42-3、4,1996年。
② 安政二年(1855)贯名菘翁奉纳藏书于下鸭神社之际的目录《蓁仓文库藏书目录》中,著录唐碑58种,从其跋文《金石萃编》《金石跋尾》等来看,架藏部分不足其藏书的百分之一。参见《贯名菘翁的书和书论》,收入《中田勇次郎著作集》六,二玄社1985年版。
③ 关于棭斋学书,兹举出以下资料:(1)《文政癸酉冬日棭斋望之题》断简(大东急纪念文库所藏,编号21-59-2-1196):"余尝谓世人学书概用刻帖,而刻帖出乎千临百摹,存其影响耳。无已则石本乎?石本之于真迹,只隔一纸,则殆乎庶焉。然行笔之浅深,用墨之浓淡,书中之脉胳起伏,而石本且不可见,真唯有(以下缺)。"文政中没有"癸酉"的干支,疑为乙酉(文政八年,1825)之谬误。(2)邮宛书翰(大东急纪念文库所藏,编号21-21-1-1158):"古法帖之仪被仰越、承知仕候处、木板法帖者翻刻经候物故、字势本色を失候而、用笔運転之御稽古ニ八不相成ものと存候。只字体を学候而已。唐刻にても同樣之事ニ而、真実御手本ニ成候八唐碑の石本より外八無之ものと存候。其碑本、僕等少年之頃八甚払底なるものにて、大堂ならて八手ニ入不申。夫故拵候人も一両人ニ不過ものニ御座候。近年八新渡多く、下拙なとも三四十本八得申候。右之通新渡多く八なり候へ共、いつれも一円金余ならて八手ニ入不申候。但下拙手ニ入候八、十金ニ余り候ものも有之。もし思召御座候八ハ此節二三部も御求可被成候。詮要之手本ニなり候物八、多く渡来候故、却而下料ニ手ニ入可申候。"

在差不多同时代，清朝出现了阮元（1764～1849）的《北碑南帖论》、《南北书派论》（道光三年序刊《揅经室集》所收）①和包世臣（1775～1855）的《艺舟双楫》这样具有影响力的著述，碑学派的学术书风迎来的隆盛期，这些渐次传往日本。说到金石资料的传入，我们会常常想起明治十年前后的杨守敬，但是我们也不能忘记幕末以来积蓄的基础②，它的传播和影响仍是我们今后要研究的课题。

四、诸家对《菩萨处胎经》的评价

下面我们来看一下诸家对《菩萨处胎经》的评价。《菩萨处胎经》原本除了彻定的跋文以外，还按顺序有金嘉穗、大槻磐溪、何如璋、张斯桂的跋文附录其中③。彻定在卷末附了许多纸张来请求跋文，受邀的各位大家都为其撰写了跋文。以下，在介绍各位大家的同时，通过他们对《菩萨处胎经》的评价，见其学问见识。

（一）养鸬彻定

养鸬彻定在对《菩萨处胎经》界定中指出在《古经搜索录》卷之上卷头，其原跋大意云：大统十六年（550）相当于日本钦明天皇十一年，距今1304年左右。④由此可知，养鸬彻定的跋文写于嘉永六年（1853），也就是嘉永五年（1852）购书的第二年。另外，引用了廋肩吾的《书品》和《佩文斋

---

① 从技术史的方面说，北碑的优越性在于以木版和拓本的优劣为前提，这是在玻璃版和照相等新的复制技术出现之前的论调。
② 被斋门下出了小岛成斋，菘翁门下出了畑柳平、松田雪柯等。模仿虞世南《孔子庙堂碑》楷法的小岛成斋门下出了高桥泥舟、野村素轩。日下部鸣鹤与贯名菘翁的门人畑柳平、松田雪柯等有所交往。鸣鹤把幕末明治的京都文人分为纯文人派和古文书研究派二个派别，并作了如下论述："古文书派执其牛耳的是一老人畑柳平，此老人是贯名海屋门下，是当时少有的唐代碑文收藏家。我与其交往密切，因此可以有幸自由参观其藏书。在此派中有山添某、山田永年，以及和经营书肆文积堂某怪人、名叫神田香岩的西阵织作坊主人。"参见《鸣鹤先生丛话》，［日］兴文社1925年版。
③ 依据［日］中田勇次郎：《日本请来的古写经》，收入《中田勇次郎著作集》五，二玄社1985年版。彻定在各卷末都添加有跋文，卷二末有彻定以下五人的跋文，卷三末有彻定和金嘉穗的跋文。
④ 跋文云："大统十六年庚午，为我朝钦明帝十一年，距今凡一千三百零四年也。按《佩文斋书画谱》云：东魏大觉寺碑韩毅隶书，盖今楷字也。廋肩吾曰：自唐以前皆谓楷字为隶。如今此经皆隶字也。足以观六朝之书体也。"

书画谱》，叙述了唐以前把"楷"说成"隶"的事情，本书的书法为唐以前被称为隶书的书法体，可知为六朝书体。并且作为"考伪"检出古体字九例（律、寅、陶、懿、崇、厥、搜、殄、障），引用其他碑帖的用例加以校异。引用的书目有《随函录》、褚遂良《阴符经》、王羲之《兰亭帖》、李邕《岳麓寺碑》。在《古经搜索录》卷首的题词十首的第一首，赞颂本书的书法风格不逊于王羲之、王献之，堪比雕刻在焦山摩崖上的《瘗鹤铭》。①

自《古经搜索录》成书8年后的文久元年（1861）所写的《菩萨处胎经》卷末的跋文中，②大部分沿袭了《古经搜索录》的记述，但是又从《日本书纪》中加上了钦明帝十三年（552）百济圣明王贡献金铜佛、幡盖、经论的记事，指出本书可能为佛教传入日本之初的写本。作为日本僧侣，这点是需要特书一笔的。引用了《星书》③，但并没有使用古代中国的干支纪年法而是使用日期记录。纪年的时候用岁阴岁阳来表述，是模仿司马光《资治通鉴》的"存古"意味，本书的跋文也使用岁阴岁阳来表述。关于对本书的书法评价，"此经书法颇带隶，足以观六朝之余风也"，表述非常确切，对发愿者陶仵虎的记述只有"未详其传传"，《古经题跋》也完全沿用其文。④但《古经搜索录》中省略了对古体字的举例。

以上就是彻定对《菩萨处胎经》的评价，从入手不久到后年基本没有太大变化。在与清人交往之前，他已经注意到此写经带有隶书风格，这就具有相当的文献学价值了。彻定对古写经蒐集的目的是为了校勘佛典，绝不是好事者的余兴所致。如果研究古写经的文字异同的话，必然要提及书写体的问题。

---

① 其诗云："古隶精微笔有灵，端严写出处胎经。陶家不让二王法，堪拟焦山瘗鹤铭。"
② 参照［日］京都国立博物馆编：《知恩院的佛教美术》，知恩院1990年版。
③ 眉注中提及引用《星书》中用岁阴岁阳的记年方法，后述的《菩萨处胎经》卷末的跋文和《古经题跋》中也把这种记述放入其跋文中，由此可知《古经搜索录》中的记述为最早期的作品。
④ 明治初年印行的木活字本《古经题跋》中将"陶仵虎"误写成"陶许虎"。《解题丛书》所收本则作"陶仵虎"。

(二) 金嘉穗

金嘉穗是为《菩萨处胎经》题写跋文的诸家中最不出名的一位。① 有关金嘉穗的研究有鹤田武良氏的《金邠——舶来画家研究》（载《美术研究》三一四，1980年）。鹤田氏所依据的先行文献主要有冈田篁所的《沪吴日记》（1891）和中川柳外的《中国三百画家传》。前者记述了冈田篁所与金嘉穗的交流，后者具有略传资料的价值，但文中多有偏误。②

金嘉穗于道光十四年（天保五年，1834年）生于苏州，名嘉穗，字幽怀、邠，别号芷园、尊古自牧、邠居、曹门、主客说诗堂等。为躲避太平天国的战乱，把妻子留在苏州，自己孤身一人前往新兴的经济都市上海，靠卖书画为生，也就是所谓的上海派文人。明治三年随赤松某来到长崎，明治四年正月下旬，受名古屋藩的邀请，从长崎由海路出发来到兵库，经陆路于二月八日到达热田，任藩士教授至翌年三月③。对于名古屋藩的召请，也得力于冈田篁所的极力推荐。除了能书善画以外，金嘉穗的著述还有补订了宋洪迈《泉志》的《泉志校误四卷》，亦精通金石学④。自撰文集《自牧斋稿》，传存未详。

自明治三年（1870）末至翌年正月下旬，前往名古屋赴任之前的一个月期间，金嘉穗于长崎多次会见了前来寓中的彻定，并与其笔谈文通。彻定的年谱从明治三年十二月至翌年春天的数月的记事皆为空白，他在长崎的经历

---

① 《知恩院的佛教美术》（[日]京都国立博物馆编，知恩院发行，1990年）的陈列品说明中，为彻定古写经作跋之金邠和金嘉穗，两人是分开表记的，编者并不认为他们两个是同一人物。神田喜一郎"从幕末到明治时期，住在同寺（知恩院）的学僧养彻定所收集的古写经，是给了于明治初期从中国来的金嘉穗看了之后，才在中国的学者中引起轩然大波的。参见《漫谈古写经》、《墨林闲话》，岩波书店1977年版，第200页。有关记载金嘉穗回国后，向国人介绍《菩萨处胎经》的资料很少，及至后来公使馆员挥毫书写跋文之际，有没有从金嘉穗这里得到传闻也不得而知。

② 《中国三百画家传》中记载来日之时（明治三~五年在日）为"二十七八岁"，在《琼浦笔谈》中金嘉穗自云明治四年（1871）为38岁。

③ 尾张藩的学生中有森槐南、奥田抱生、永阪石埭、水野大路等，森槐南的《槐南集》（作于1872年的《江楼夜坐怀金邠》、作于1878年的《送王琴仙还清国，兼怀金甗怀叶松石二子》）和张德彝的《归途记》（同治十年十一月二日条，《随使法国记》所收，1982年）中可以见到有关金邠的记录。另外版本苹园《明治初年的诗坛概况》（载《东华》一集，1928年）和《名古屋市史》中也提到了金邠在名古屋的活动已及对森槐南的影响。

④ 《泉志校误》卷第一并序，署"彭城金嘉穗邠"，其序曰："洪氏撰《泉志》，其例有二。日据泉以证书，如半两五铢以下诸泉，是也。日引书以名泉，如首兰，虞夏商周而下以意所图皆无文，是也。今为校误，当先遵理董，若半两诸泉可校者也，则据诸家所见以校之，若虞夏商周而下所图。"

自己没有记述，与金嘉穗的笔谈内容就不得而知了。另外从金嘉穗方面的资料来看，研究长崎的先驱者古贺十二郎的《长崎画史汇传》（1983年）记载金邠"访铁翁禅师于春德寺并进行笔谈"，记载了和彻定进行笔谈一事。这本记录作为《琼浦笔谈》（图1）留于后世。

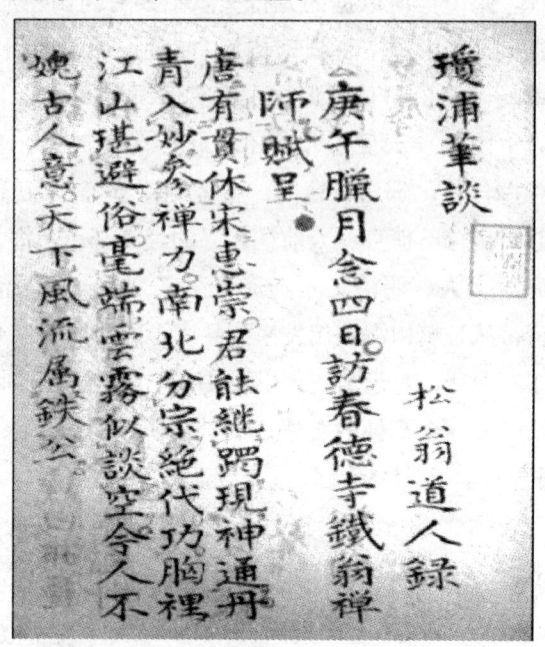

图1 养鹚彻定录《琼浦笔谈》二卷卷首部分
（白山市立松任图书馆松本白华文库所藏，藏书印"仙露阁/图书记"）

《琼浦笔谈》的完成得益于彻定积极的行动，彻定和金嘉穗分别于明治三年十二月二十八日、明治四年正月三日、正月十一日、正月十三日、正月十六日、正月二十二日进行了六次笔谈。在这期间，彻定向金嘉穗展示了他所携带的古写经和自著，并请求序跋。现存的《菩萨处胎经》卷末记载的金嘉穗所撰写的跋文，正是在这期间挥毫撰写而成的。以《菩萨处胎经》为中心，笔谈内容概述如下。

初见时（明三／一二／二八）。彻定首先展示了自著的《释教正谬初破》并请求斧正，寻问了清朝的耶稣教政策。金嘉穗首先对儒释道进行了一番论述，表明了自己对耶稣教持否定态度的观点，并进行了无可驳斥的解释。对此，彻定对金嘉穗的学识十分敬佩，接着向他展示了数种古写经并请求跋文。可以推知，当时的古写经有《大楼炭经》、《海龙王经》、《菩萨处胎经》。金嘉穗架藏的元版《翻译名义录》有所缺卷，请求依据彻定的藏本进行补写。①

第二次见面时（明四/正/三）。金嘉穗向其赠送了所撰写的《释教正谬初破序》、《大楼炭経跋》、《海龙王经跋》。唐苏庆节发愿所著的《大楼炭经》的跋文中，由于彻定引用《旧唐书》卷八十三，已经对发愿者苏庆节进行了考释，所以金嘉穗的跋文内容就比较简单，仅叙述了用笺的坚牢，末尾附《说偈》以示赞叹之意。在《海龙王经跋》中，肯定彻定审定其与法隆寺所藏的周长寿三年（则天武后的纪年，694年）李元惠所写《法华经》书体相似的观点，指出其精严的细楷颇有魏隋诸碑的风格，称得上是唐藏经，并赞誉《菩萨处胎经》、《大楼炭经》、《海龙王经》是平生所见"奇迹妙墨之第一"。

接着，彻定问了金嘉穗著名文人的消息以及西湖、苏州的状况。金嘉穗回答了有关何绍基（1799~1873）等苏州、湖州、扬州的知识分子的情况，还有遭太平天国之乱毁坏的名胜古迹的情况。为了书写《大楼炭经跋》、《海龙王经跋》，彻定专门为金嘉穗准备了较薄的唐纸作为书写用纸，但是金嘉穗却说附在坚牢的大藏经的后面题字，唐纸并不合适，而向其索要和纸。

在第三次见面之前，已经于正月四日、正月五日、正月六日、正月十日通过书函进行交流。

正月四日，彻定在书函中对首次邂逅能够鉴赏自己密藏的古写经之人表示感谢，并附上古写经五卷（《心经》、《华严经》、《时非时经》、《续华严经疏》）请求跋文。从金嘉穗当天的回信中，可以知道彻定还送去初次见面时提到的《翻译名义集》。

正月五日的应酬中，他们对金嘉穗序跋中使用的古文之意，进行质疑商讨；同时，金嘉穗将自著《自牧斋稿》两卷寄送至彻定。

正月六日，彻定从《自牧斋稿》中捡出省字的用例46字，附上自己添写的通行字，向其询问可否，还有举出日本古佛书疏中的省字4例，询问中国有无此种用例。

通过这种应酬，第三次见面时，金嘉穗在《菩萨处胎经跋》中，举

---

① 所见版本为石川县白山市松任图书馆所藏写本二卷一册（原本二册）。彻定参照明治五年以后与"教部省"有广泛交流的东本愿寺僧侣松本白华的旧藏。

出同书使用的古字约50例，其书体笔势与北魏碑体一致，可以审定本书为西魏写本；并且指出，彻定撰写的跋文并没有直接断定本书为西魏写本，而只是怀疑为当时的作品，这可能是因为彻定出生在日本，没有见到过北朝的碑刻体的缘故。这段笔谈应酬，反映当时清朝推崇北朝碑刻书风，而日本却对北朝碑刻书风不甚了解，两者形成鲜明对比，因而极具史料价值。

金嘉穗的《菩萨处胎经跋》，清楚地记述了这个笔谈录。这篇跋文还没有人介绍过，另外，从内容而言，评价了《菩萨处胎经》的文献价值，从而对彻定的跋文有所补足。兹介绍如下：

> 大统为西魏文帝之纪元十六年，纪年为庚午。是岁乃东晋简文帝即位之大宝元年，而高洋代东魏，称大齐之天保元年也。陶仵虎等其作经之人，仵即伍字，见《敬史君碑》。北朝墨迹久绝，祀录书画之籍，未见载入者。今此西魏藏经，犹存人间，诚绝无仅有之宝墨。小生何幸，乃于海东观之。佛岭定公有此，真可以压倒天下之画船。而此一千三百余年之纸墨，犹然坚牢整齐，无敝渝之患，定当寿等须弥山，山有龙神呵护保守。爰为细校，经中之字（参照图2），数字未详。真北朝之字体，证以北朝诸碑，一一符合。而笔势坚栗飞腾，颇极奇古，与北朝诸碑体亦偪肖。至于五言偈颂，率皆挤写，亦古经旧式，唐宋诸经尚尔。至明支那撰述本，始改革为一例，非旧式矣。定公跋不即定为西魏，犹作疑辞，盖公生长海东，未见北朝碑刻子体之故。兹小生为之摭证奇字，援北朝碑刻而审言之，直指为西魏之藏经了。无织芥可置疑喙矣。秘宝惊人，自处墨缘眼福，惟有瞻拜赞叹，又何能措语诧奇邪。同治十年上春，苏州尊古自牧居士金嘉穗，将适尾州行次长崎，观讫审定，附墨经尾。

如前所见，彻定也提及了焦山的《瘗鹤铭》，并且通过对古文字的举例，说明这个西魏写本的文献价值的感觉和知识。但如金嘉穗所言，对于北朝碑的拓本资料的知识并不充分，从这点可以看出彼我之间的差异。

对于《菩萨处胎经》中所使用的古字，在短期时间内，通过藏书家自己的判断，可能穷极彻定毕生，和像金嘉穗这样关于学术内容的讨论也并不多。离别之日逐渐临近，希望再次会晤彻定，在第四次见面时（正月十三日），约定当年九月在返回江户的途中，顺便前往尾张的净土宗建中寺小住，金嘉穗也允诺了其请求。①

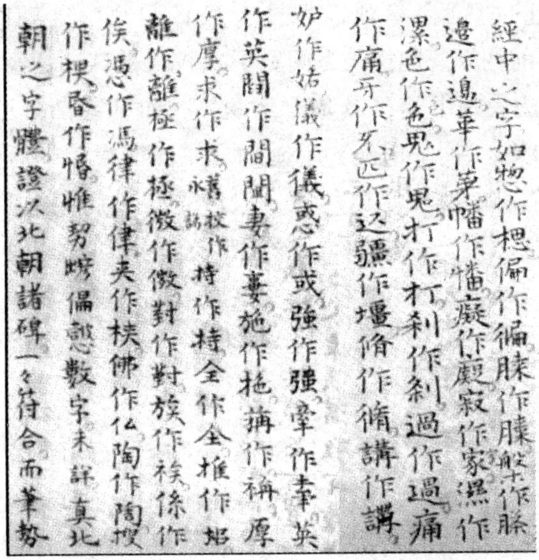

图2　金嘉穗撰《菩萨处胎经跋》中有关别体字的部分
（白山市立松任图书馆松本白华文库所藏《琼浦笔谈》所收）

《新译华严经音义私记》（彻定旧藏）的卷末，在彻定的跋文后面附有金嘉穗的三篇跋文（以及后述的何如璋、张斯桂的跋文），由此可知，他们履行了预定会晤的诺言。② 在第一篇跋文中，《新译华严经音义私记》的书法与欧阳询的《道因碑》相近。书体中有许多在北朝使用的北魏以来的别体字。和《菩萨处胎经》也颇为相似，并且使了许多则天文字，由此可以推知本书为唐写本。③ 第二篇跋文，本书与《玄应音义》，多引用佚文，因此有较高的文献价值。第三篇跋文为北朝别体字是从汉魏的隶书演变而来，中国隋唐时期（特别是唐太宗对王羲之书法的喜好）失传，而在日本依然使用古写体，据此可知其源流，概括了日本古写本的价值。

---

① 彻定对金嘉穗的信赖也体现在，把金嘉穗的跋文刊行在其自著的《古经题跋》、《释教正缪初破》、《释教正缪再破》的前面。
② 个人藏，汲古书院，1978年影印。金嘉穗的跋文中有"同治十年（明治五年，1872）辛未九月廿二日跋于尾府宾馆之主客说诗堂导庵居士金郱"的记述。
③ 跋文云："笔法绝肖欧阳兰台《道因碑》，字体结构又颇似北朝，多从北魏所造之别体，与公所藏魏陶仵虎《菩萨处胎经》宛然大同。又有武后所制字，必出于唐写本也。"

(三) 大槻磐溪

儒者大槻磐溪 (1801～1878) 于明治八年五月三十一日从横滨港出发，前往奈良、京都的博览会参观，八月十八日归京。这期间著有《博览余吟》①。一日，他前往知恩院探访，阅览了《校量数珠功德经》②、光明皇后写《时非时经》、弘法大师书笔《续华严经疏》③ 和《菩萨处胎经》，在此之际撰写跋文（未见）④。《时非时经》后附的《书光明皇后书后》⑤，大槻磐溪尽管提到彻定和金嘉穗的跋文足以尽意，但对光明皇后跋中"寮采共尽忠节"一句极尽赞赏之意。关于它的书体，丝毫没有涉及。《书弘法大师书后》中指出，明董其昌辑《戏鸿堂法书》刻入的是唐人的书法，赞同金嘉穗的跋文有王羲之的风格。

(四) 何如璋、张斯桂、黄遵宪

明治十一年 (1878) 二月，彻定随从释义应、石川鸿斋一起前往位于东京芝月界寺的清国公使馆，拜访第一代公使何如璋 (1838～1891) 和副使张斯桂。他们是最早一批访问清国公使馆的日本平民，当时石川鸿斋被误认为是僧侣的轶闻可谓广为人知。当日的彼此唱和诗文被汇编为《芝山一笑》(1878 年刊)，书后的跋文由彻定执笔。但是并没有记录表明，当时彻定携带了秘藏的古写经，请求公使官员的跋文。

何如璋和张斯桂为《菩萨处胎经》、《大楼炭经》、《新译华严经音义私记》撰写了跋文。参赞官黄遵宪也在《日本杂事诗》中举出了彻定所藏的三本古写经，据此可知彻定拜托清人写跋的古写经，为以上三种无疑。

刘雨珍已经对何如璋和张斯桂为《菩萨处胎经》、《大楼炭经》所撰的跋

---

① 《磐溪诗抄五编》（宁静阁四集卷三）所收，1908 年；又收入《诗集日本汉诗》十七，汲古书院 1989 年版。
② 参照［日］京都国立博物馆编：《知恩院的佛教美术》，知恩院 1990 年版。
③ 把《弘法大师书》拟作《续华严经疏》，可见于金嘉穗的《续华严经疏跋》中磐溪所引的语句"有右将军风格"。
④ 依据中田勇次郎《日本请来的古写经》（收入《中田勇次郎著作集》五，二玄社 1985 年版），该款记为"明治八年乙亥夏六月磐溪老人书于知恩院之客堂"。
⑤ 《磐溪文钞三集》（宁静阁三集）卷上所收，1908 年；又收入《诗集日本汉诗》十七，汲古书院 1989 年版。

文有所论述①，刘氏依据大河内辉声和沈文荧的笔谈录②指出，何如璋的跋文其实是沈文荧代替公务繁忙的公使所做的文章。另外，这篇跋文的内容和黄遵宪的《日本杂事诗》中《其七十八》的原注相当类似。文久元年（1861）撰文的彻定跋正确认为本书的经年为"一千三百一十有二年"，金嘉穗的跋文也说"西魏去今一千五百有九年"，然而沈文荧代做的何如璋的跋文（1878年）却误作"西魏去今一千五百有九年"，这是不可思议的年代失误。翌年（1879），黄遵宪踏袭何如璋跋文，说"西魏大统庚午距今岁己卯为一千五百有十年"，不免有杜撰之嫌。

就《菩萨处胎经》的内容来说，沈文荧代做的何如璋跋文称晋人的真迹，王羲之的《曹娥碑》和杨真人的《皇帝内景经》传存之明末，现今已绝迹。《菩萨处胎经》的书体和《皇帝内景经》相仿，和钟繇颇有渊源。张斯桂的跋文，创作写经的时代背景（即云："关中经尔朱乱后，宇文高氏战争方殷。陶仵虎沙人，乃能于兵革倥偬造一切经，亦奇士也。"）叙述了发愿者的奇特之处。

接下来，关于《大楼炭经》的叙述，何如璋的跋文中补足了彻定引用的《旧唐书》中所未言及的地方。就书法而言，何如璋的跋文以王羲之为宗，溶杂了虞世南、褚遂良的风格，和苏灵芝颇为相像。张斯桂的跋文评价说世间万物各有显晦之时，正如欧阳询、赵孟頫未曾见过的红崖碑和箕子朝鲜石刻那样，日本这本古写经得以传存，也正是发愿者赤诚之心的结果。该跋文踏袭了许多正史的记事和史实，作为公使馆员的来日举人的学识可见一斑。但是关于书体和书法，却不像彻定和金嘉穗那样的关注，可能是因为书体的历

---

① 刘雨珍：《黄遵宪〈日本杂事诗〉译注稿（十）》，载《未名》二二，2004年。现列出何如璋和张斯桂的跋文。何如璋跋云："晋人真迹流传后世者，有右军《曹娥碑》、杨真人《内景经》，明季董思白尚及见之，近零落殆尽。予以光绪丁丑奉使至江户，其明年僧彻定携《菩萨处胎经》暨《大楼炭经》、《华严音义私记》，自西京来，展阅数过。西魏去今一千五百有九年，不图于海东得宝，自诩眼福不浅。经中结体运腕，仿佛内景，知渊源皆钟太傅来。陶仵虎跋，典质朴懋，所云一切常藏，搜访尽录，则此卷在当日匹诸麟角凤毛，何幸累劫尚存人间。彻公其宝持之，当有恒河沙数，梵天帝释于昼夜六时为之诃护也。戊寅仲春中澣，何如璋跋。"张斯桂跋云："大统庚午，关中经尔朱乱后，宇文高氏战争方殷。陶仵虎沙人，乃能于兵革倥偬造一切经，亦奇士也。昔如来在过劫中间天魔半偈，削皮为纸，拔毛为笔，故能阐扬真宗。若仵虎之精勤勇猛，具有此意，自当流传不朽。书法恣肆而沈着，墨光炯炯照人，大是异事。彻公方今古德，此卷亦佛门至宝，不当仅作瀚墨观也。光绪纪元之四年二月既望，四明张斯桂。"

② 《黄遵宪与日本友人笔谈录》。

219

史变迁是一个更高的专门性的知识领域。

（五）北方心泉

其后，北方心泉（1850~1905）与中林梧竹、岩谷一六、卷菱洲等同行，明治二四年（1891）八月一八日在大阪清恩寺（彻定没后，其藏书似一时移至此处）阅览了《菩萨处胎经》。心泉是石川县金泽常福寺的住持，从明治十年起在中国的上海居住了6年，为在中国传布日本佛教的东本愿寺的僧侣。他与俞樾、陈鸿诰、张子祥、胡铁梅、蒲华等清末文人交流频繁，① 接触了邓完白、徐三庚、赵之谦等多位书画家的作品，是早期把碑学派的书风传到日本的著名的人物。

心泉援引曾经在杭州云栖寺阅览的董其昌书的《金刚经》，称《菩萨处胎经》的书风在其之上，并吟咏七绝，用隶书和行草相交汇的字体写成（图3）②。我们先把碑学派流行以前的董其昌的书法和心泉把西魏的书法和明代的董其昌相比较的是与非放在一边，值得注意的是，在学习碑学派书风的北方心泉的眼中，给予了日本传存的古写经"北书上乘"这样的评价。对于心泉来说，《菩萨处胎

图3 北方心泉书法（《美的广场》第535号）

---

① 参照《金泽常福寺历史资料图录》，金泽市教育委员会文化财课2001年版。
② 心泉诗云："一卷古经西魏遗，云栖董迹不为奇。殷勤寺主须深秘，应有翠华临御时。明治廿四年八月十八日，同一六梧竹菱洲诸子到清恩寺，观西魏人书《菩萨处胎经》。体势奇古，风骨高骞，亦为北书上乘，真罕觏之墨宝也。寺主所得于故知恩定公，而有清人金邠何如璋二跋，亦激赏之。余曾游杭之云栖寺，观董香光《金刚经》。闻清高宗为数临焉，有御题及七绝二十章。夫董虽善书，岂可与此书比并哉。我皇上圣性好古，过于高宗。然则，清恩寺亦安知不因此本而有迎圣驾之荣哉。时余客大阪寺在生玉焉。心泉蒙。"

经》中国体验之美的再发现，在明治书法史上也是光彩夺目的一颗瑰宝。

（六）日下部鸣鹤

书法家日下部鸣鹤（1838～1922）在著述《论书三十绝》（1901年刊）中极力赞赏了在中国未曾传承的六朝笔迹在日本却传存下来，称其为"宇内真迹第一"。评价金嘉穗的跋文中为符合六朝诸碑的"奇文异字"、"考证亦甚确"，并在别录中有所记述。可知完全赞同金嘉穗的观点。另外，从"神之所呵护"这一诗句中可以明显看出是模仿了金嘉穗的跋文"在在有龙神呵护保护"①。

五、结语

以上介绍了以《菩萨处胎经》为中心，举出为养鸬彻定所藏中日古写经撰写跋文的诸家的作品，从中可以看出面对当时传存唯一存世的南北朝时期写本时，各人使用何种材料、如何加以分析评论。

养鸬彻定收集古写经的目的是为了校勘佛典，当他遇到了包含了许多古体字的西魏写本《菩萨处胎经》的时候，就不由得对书体的问题抱有极大的关心。拥有金石学知识和北碑派书风嗜好的金嘉穗，激赏《菩萨处胎经》与北朝碑刻体完全一致，是传递北朝书风之稀世瑰宝。不仅如此，其他的日本写本中亦遗存着隋唐时期失传的魏汉古书体传统，因而予以较高的评价。这可以说杨守敬与森枳园是收集古写本和古写经的先驱。养彻定和金嘉穗通过笔谈的交流虽然时间很短，但内容却非常充实。

其后，《菩萨处胎经》作为当时传存的唯一的南北朝时期的写本，被送到清国公使那里去鉴定，另外也受到碑学派书风倡导者的重视，中国方面对其评价大致不出金嘉穗所言。

由于在其后发现了大量的古写经，《菩萨处胎经》的价值逐渐被人遗忘。但正如金嘉穗所言，《菩萨处胎经》作为追溯汉魏时期古字体的资料，将与其

---

① ［日］日下部鸣鹤《论书三十绝》云："神之所呵护，遗此沧海珠。淋漓仵虎笔，墨皇天下无。西魏大统十六年，陶仵虎真迹《菩萨处胎经》，系僧彻定上人旧藏，今在西京华顶山。六朝墨迹久绝，彼土从来未曾有著录者。今此经魏然存于我，洵为绝无仅有之宝，余推为宇内真迹第一，亦当非过赏。经中多奇字异文，与六朝诸碑相符。金嘉穗作跋，极赞扬，考证亦甚确。余别存录。"

他众多的日本古写经一起，必将再度成为学术界研究讨论的焦点。

　【谢辞】本稿写作中，得到白山市立松任图书馆、金泽常福寺、京都国立博物馆、知恩院等相关机构的大力协助，还得到了佐藤保先生、王宝平先生、赤尾荣庆先生、东野治之先生的指教，在此谨表谢意。

第十八章　唐代佚书《天地瑞祥志》略述

[日]立教大学　水口干记

一、绪言

《天地瑞祥志》一书在中国已不存，即属佚存书。在《隋书》"经籍志"、《旧唐书》"经籍志"以及《新唐书》"艺文志"中也未见著录，宋代以后在中国似乎已不见踪影。但是，本书其实并没有完全消失，前田育德会尊经阁文库（日本东京都）珍藏有江户时期的写本。此外，京都大学人文科学研究所（日本京都府）中也藏有一部，而在加越能文库（日本石川县），把它与《天文要录》、《六关记》并为一册亦传存之。不过，京大人文研本乃尊经阁文库本的誊本，加越能文库本也为抄本，所以尊经阁文库本是现存最古的写本。

二、《天地瑞祥志》的序和构成

《天地瑞祥志》共二十卷，是一部以天文为中心的专门类书。在《日本国见在书目录》中载有"天地瑞祥志廿"，可见在平安时期二十卷是齐全的。而尊经阁文库本只残存『第一』、『第七』、『第十二』、『第十四』、『第十六』、『第十七』、『第十八』、『第十九』、『第廿』九卷，约一半左右。值得庆幸的是，在残存的『第一』中有类似序文的"启"和"目录"，这为我们在一定程度上了解该书的成立过程及其全部构成提供了可能性。

首先，根据"启"来分析一下本书的编纂者、成书年代、编纂目的以及方针。翻刻之际，参考了太田晶二郎的翻刻和订正，订正处以 [ ] 表示①。

臣守真启：禀性愚瞽，无所开悟。伏奉令旨，使祗承谴诫，预避灾孽。一人有庆，百姓安。是以，臣广集诸家天文，披揽图谶。灾异虽有类聚，而□□相分。事目虽多，而不为条贯也。韩杨天文□□月蚀，应历数不占，不应历数乃占。又，杨《天文》序曰："魏甘露五年正月乙酉，日有食之。君弱臣强，反征其主。五月，高贵作难也。"吾亦将借子之矛，以刺子之 [楯]。今以历术勘，甘露五年日食，是合历数，然而有殃也。由此观之，韩杨雷同，不详是非。今钞撰其要，庶可従□也。昔在庖羲之王天下也。观象察法，始画八卦，以通神明之德，以类天地之情。故《易》曰："天垂象，圣人则之。"此则观乎天文以示变者也。《书》曰："天聪明自我民聪明。"此明观乎人文以成化者也。然则政教兆于人理，瑞祥应乎天文。是故，三皇迈德，七曜顺轨。日月无薄蚀之变，星辰靡错乱之妖。高阳乃命南正重司天，北正黎司地，帝□亦序三辰。唐虞命 [羲] 和，钦若昊天，夏禹因《雒书》而陈之，《洪范》是也。至于殷之巫咸、周之史佚，格言遗记，于今不朽。其诸侯之史，鲁有梓慎，晋有卜偃，郑有裨灶，[宋] 有子韦，齐有甘德，楚有唐昧，赵有尹皋，魏有石 [申]，皆掌著天 [人]。暴秦燔书，六经残灭，天官星占，存□不毁。及汉景武之际，好事鬼神，尤崇巫觋之说。既为当时所尚，妖妄因此浸多。哀平已来，加之图谶，檀说吉凶。是以，司马谈父子继著《天官书》，光禄大夫刘向，广《鸿范》，作《皇极论》。蓬莱士，得海浮之文，著《海中占》。大史令郗萌、荆州 [牧] 刘表、董仲、班固、司马彪、魏郡太守京房，大史令陈卓、晋给事中韩杨等，并修天地灾异之占。各羡雄才，互为干戈。臣案《晋志》云："巫咸、甘、石之说，后代所宗。"皇世三坟，帝代五典，谓之经也。三坟既陈，五典斯炳，谓之纬也。历于三圣为淳，夫子已后为浇。浇浪荐臻，淳风永息。故坟典之经，见弃于往年。九流之纬，盛行乎兹日。纬不如经，既在典籍，庶令泯没经文，还昭晰于圣世。诸子□

---

① [日] 太田晶二郎：《〈天地瑞祥志〉略説——附けたり、所引の唐令佚文》，收入《太田晶二郎著作集》第一册，吉川弘文館1991年版。

词，补甘石之疎遗。守真，凭日月之光耀，观图谋于前载。言涉于阴阳，义关于瑞祥。纤介之恶①无隐，秋毫之善必陈。今拾明珠于龙渊，抽翠羽于凤穴，以类相从，成为廿卷。物阻山海，耳目未详者，皆据《尔雅》、《瑞应图》等，画其形［色］，兼注四声，名为《天地瑞祥志》也。所谓瑞祥者，吉凶之先见，祸福之后应，犹响之起空谷，镜之写质形也。在昔，殷主责躬，甘雨流润。周王自咎，嘉禾反风。以德胜妖，备诸彝典。伏惟大王殿下，惠泽光于日月，仁化浃于乾坤。握金镜而垂衣，运玉衡而负扆。臣幸逢昌运，谬承职。辄率愚管，轻为撰著。臣所集撰，少或可观，虽死之日，犹生之年。不任惶惧之至，谨奉启以闻。臣守真，诚惶诚［恐］，顿首顿首，死罪死罪。

麟德三年四月□日　　　　　大史臣萨守真上启

据上述的"启"首先可以确认的是，本书是麟德三年（666）四月由"大史臣萨守真"向"大王殿下"提出的。前半部主要叙述了中国天文学的系谱，可见编纂本书的重要目的是通过观测天文而预避灾孽。而且根据后半部分，可以知道本书不仅仅限于天文，其方针是不分善恶一概采纳。此方针，乃萨守真认为的"吉凶之先见，祸福之后应"之瑞祥。也就是说，《天地瑞祥志》诚如其书名"瑞祥"所示，然其内容并非纯粹地记载祥瑞的吉兆，而是类似天文变异之说，为现实的天地变异之际作出吉凶判断而提供基准，这个目的在"启"中得以明确。再，在"启"中，据"《尔雅》、《瑞应图》等"对瑞祥物的形、色作了表示，实际上在尊经阁文库本、京大人文研本的『第十七』『第十九』中绘有图②，有的还施以朱色，非常贵重。

接着，从目录来确认一下全书的构成。根据"目录"，全体构成如下。基本上遵从尊经阁文库本，文字订正、项目脱落处以［　］表示③。

天地瑞祥志
第一　条例目录
一、启　二、明载字　三、明灾异例　四、明分野　五、明灾消福至

---

① 尊经阁文库本"恶"，傍书"要或本作之"。
② 『第十八』留有绘图的空白，因而元来也好像应有图。
③ 文字订正时，残存卷参考了本文，其余参考了前揭太田晶二郎《〈天地瑞祥志〉略説——附けたり、所引の唐令佚文》。

六、明目录

第二

一、三才始　二、天地像　三、天　四、[地]　五、人　六、人变相

第三

一、三光　二、黄道　三、日[蚀]　四、救蚀　[五]、日光变　六、日杂异　七、日斗　八、曇

一、月蚀　二、月光变　三、月杂异

一、五星惣载　二、岁星　三、荧惑　四、镇星　五、太白　六、辰星　七、五星[会]　八、[四星会]　九、三星[会]　十、二星[会]

第四

一、东七宿〈附见六星〉　二、北七宿〈附见二星〉

第五

一、西七宿〈附见三星〉　二、南七宿〈附见三星〉

第六

内官九十八官〈附见四官〉

第七

一、内官卅六官〈附见五官〉　二、外官九十[一]官〈附见二官〉

第八

一、流星名状　二、流星廿八宿　三、流星内官　四、流星外官　五、流星昼　六、流星日月　七、流星五星〈五星自流附见〉　八、星　九、流星[晕]上

第九

一、客彗惣载　二、客彗别名　三、客彗昼出　四、客彗出〈日月辛〉　五、客彗出五星　六、客彗出廿八宿　七、客彗出内官　八、客彗出外官　九、天汉

第十　晕　云气

一、[晕]珥状　二、日晕抱珥　三、月晕　四、晕五星〈五星自晕附见〉　五、晕廿八宿　六、晕内官　七、晕外官　八、虹蜺〈日旁虹蜺

226

附见〉

云气

一、云气惣载 二、正月朔旦云气 三、五包云气 四、日旁云气 五、月旁云气 六、廿八宿云气 七、内官云气 八、外官云气

第十一 雷电

雷惣载 始雷 雷而无云及雨 冬雷 雷而后电 ［晕］上雷 霹雳电 阴瞕 昼冥 露雪 霰雹 霜雾 旱 热 寒

第十二

一、风惣载 二、风期日 三、正月朔旦［候］风 四、五音风 五、六情风 六、八风〈主客附见〉 七、回风

雨

一、雨惣载 二、候雨 三、候雨晴 四、晴时雨〈正月朔附见〉 五、当雨不雨 六、偏雨 七、无云而雨〈军雨附见〉 八、异雨 九、霖雨

第十三 梦

一、梦惣载 二、天地 三、人鬼神 四、人体 五、文书衣服 六、金玉瑟鼓 七、宅田 八、饮食屎 九、诉讼 十、剑弓 十一、龙蚰 十二、六畜 十三、禽兽 十四、鱼龟 十五、水火 十六、道路行卧 十七、船车 十八、山草木 十九、冢墓

第十四

一、音声 二、童谣 三、妖言 四、革俗 五、神 六、鬼 七、魂魄 八、物精

第十五

农业 百谷 禾 秬必［秠］ 稻黍 稷秋 粟 稼 菽 麦 麻 蚕 草 薯 芝英 ［蓳］ 莆 华平 朱草 蓂［荚］ 福并 延嘉 紫蓬 平甫 宾连 萍实 屈轶 蜚廉 菊 蕨荄 苦买 蕙苡 姜［瓜］ 荠 葶苈 水藻 艾 三［薕］ 葵 福草 礼草 葳 ［蕤］

第十六 月令

五行 木 火 土 金 水〈醴泉井附见〉

第十七

宅舍 光 血 宆 毛 衣服 床 刀剑 镜 鼎 釜 甑 瓮 印玺 金滕 环 玉 贝 苏 胡钩 山 石 船 金车 [根]车 象车 山车 乌车 威[香]

第十八 禽惣载

凤皇 发明 焦明 鹩[鹨] 幽昌 鸾 吉利鸟 富贵鸟 鹙鹜 商羊 [鸂] 鸥 海兔 鹜丘 [虢] [跂] 踵 洁钩 [枭] 溪酸兴 蛩鼠 䴗鵃 胜遇 鹛 大鸦 鸺 鹈〈一名比翼〉 鷛 鹤 鹳 雀 鹅 雁 凫 鹈[鹕] 鹜 鲵 鸥 白鹭 世乐 鸡 雉 乌 鹊 鹑 鸸 [鹄] 燕 雀 鹧 鸽 [鸰] 鵙 鹚 鸬 反舌 [戴]鵀 鹰 鸠 鸢 鸦 枭 蝉 [蝇] 蛾螺 胡蝶 蜂 螳螂 鱼 龟鼋 蟹 虫 蜘蛛 蝗 蚯蚓 蚁 蝼蛄 虾蟆 射妖

第十九 兽惣载

麒麟 象 马 牛 羊 [犬] 虎 狼 熊 猪 麇 麈 麇 麕 鹿 麇 骏牙 狐 兔 猨 狸 狳 獭 犀 解豸 兕 白泽 狡比 [肩] 周巾 角端 狸力 长舌 猾 朱厌 狐 朱儒 蜚 猬 鼠〈服翼附见〉 龙 [蛇] 蛟螭

第廿 祭惣载

封禅 郊 祭日月 迎气 巡狩 社稷 宗庙〈拜墓附见〉 藉田〈蚕附见〉 灵星 三司 明堂 五祀 高禖 祭风雨 雩 祭冰 禚 雒 祭马 治兵 祭向神 祭鼓鏖 盟誓 振旅 乐祭 祭日遭事

如上所示，正文从『第二』以后开始，其中『第三』至『第九』为有关天文方面的内容，约占全体的三分之一。因而从这一点上也可判明本书是一部以天文为中心的类书。但是，如《天文要录》那样，并非所有都是与天文相关①，也收录了气象（『第十』至『第十二』）、变异现象（『第十三』『第十四』）、动植物（『第十五』『第十八』『第十九』）、月令（『第十六』）、祥瑞物（『第十七』）以及有关祭祀（『第二十』）的内容等等，范围相当广泛，

---

① 有关《天文要录》的构成，[日]中村璋八：《天文要録について》，收入《日本陰陽道书の研究》，汲古书院1985年版。

可见，"启"中所述的方针当属无疑。

下面，对诸传本进行考察。

三、诸传本的基础考察

（一）前田育德会尊经阁文库所藏《天地瑞祥志》

现世传本中，尊经阁文库本被认为是最古的写本①。尊经阁文库以藏加贺前田家在江户期、明治期以后搜集的物品为主，其名来自前田家五代藩主纲纪的命名②。

尊经阁文库本的各卷首记有初校、再校时期以及抄写者名，因而能够确定其具体的抄写过程，详见下面一览表。再则，由于『第十二』有"此丙寅贞享三年也"一贴纸，所以能够判定其抄写年为贞享三年（1686）。

卷数	抄写初校	抄写者	再校	再校者
第一	八月十一日	河池七兵卫	八月十二日	水野孙三郎
第七	八月十四日	原七郎兵卫	八月廿日	深尾七之助
第十二	八月廿二日	原田甚内	八月廿五日	古市弥八郎
第十四	八月八日	古市作之佑	八月十二日	宫川七兵卫
第十六	八月十九日	古市弥八郎	八月廿七日	宫川七兵卫
第十七、十八	九月十三日	大平浅右卫门	十月三日	原田甚内
第十九、廿	九月七日	杉冈平藏	九月十五日	有泽弥三郎

本书的抄写，似乎从『第十四』开始，历时从贞享三年的八月至十月。从重复出现抄写者名可以推断，本书与尊经阁文库所藏的《天文要录》同期抄写③。『第十七』和『第十八』的抄写、再校比其它卷费时尤多，是因它们乃由二卷组成，也许还有一个原因是两卷中还包含图像。其次，尊经阁文库

---

① 《尊经阁文庫漢籍分類目録》（1934年）的第269页有"天地瑞祥志〈闕本 唐薩守真 钞本〉"。

② 有关尊经阁文库的沿革，参照［日］太田晶二郎：《前田育德会・尊經閣文庫》、《前田育德会尊經閣文庫あれこれ》、《尊經閣文庫問答》诸文，收入《太田晶二郎著作集》第四册，吉川弘文館1992年版（初刊分别为1974年、1977年、1980年）；［日］桥本义彦：《前田育德会尊經閣文庫紹介》，收入《日本古代の儀礼と典籍》，青史1999年版（初刊1998年）。

③ 参见前揭中村璋八《天文要録について》。

229

本现藏的为七册的册子本，各册起首记有"九册内"字样，可见原为九册，可能在尊经阁文库本的抄写过程中变成了七册。

此外，在《尊经阁藏本求遗书目录》中有从土御门极臈借用《天文要录》、《天地瑞祥志》、《金匮经》三书的记事，可见尊经阁文库本的蓝本原由阴阳道家的土御门家所藏①。针对尊经阁文库本的字体残有古字，太田认为"那是因为影写的底本乃为古本的摹写，其底本乃江户时代的新写本"。所举理由为，"因为底本之表曰'本大切之间、写留之而已'（作副本之意），这种抄写之际的但书之风，不禁使人感到这恐怕出自江户时代土御门家人之手。"② 上述太田提及的"底本之表"，是指在『第十四』的扉页之横用略显潦草的字体写的文章"此本初纷失，又虫损字多之。本大切之间，写留之而已。有正本之时，追而可效入焉"。但是，仅凭此而认定出自土御门家人之手，似有疑问。如上所述，本书的抄写于八月八日从『第十四』开始的，在其起首标注"此本初纷失，又虫损字多之"等也不是不可思议。所以，还是应该认为是在尊经阁文库本的誊写作业之际所记的吧。即使"此本"非指本书全体，而专指『第十四』，但在尊经阁文库本中，"童谣"的全部和"音声"、"妖言"的部分（分量不明）也有脱落，所以上述记录应该是抄写时而作，也即认为作于贞享三年是妥当的③。

而且，抄写本书的贞享年间的加贺五代藩主前田纲纪，也是尊经阁文库名称的由来者。纲纪是历代加贺藩主中，在书籍搜集方面最倾力的人物。因此，有人指出，《天地瑞祥志》、《天文要录》两书的誊写，是出自纲纪之命并作为书籍搜集的一环。至于其目的，认为是"为了满足纲纪个人珍藏书籍之欲望"、"纲纪对天文、星占的书籍也持有某种程度的兴趣，因此积极搜集、抄写此类书"④ 等等。在图书的采购、借阅以及抄写之际，似乎纲纪必定亲自过目，进行取舍选择⑤，具体理由虽然不明，但反正都是纲纪所赏识的，这

---

① 参见前揭中村璋八《天文要録について》、太田晶二郎《〈天地瑞祥志〉略説——附けたり、所引の唐令佚文》。
② 参见前揭太田晶二郎《〈天地瑞祥志〉略説——附けたり、所引の唐令佚文》。
③ 其他，『第一』有"堕落字多，追以証本可书入也。"
④ 参见前揭中村璋八《天文要録について》。
⑤ [日] 若林喜三郎：《前田綱紀》，吉川弘文馆1961年版；[日] 太田晶二郎：《前田育徳会・尊經閣文庫》，收入《太田晶二郎著作集》第四册，吉川弘文馆1992年版。

一点恐怕不会有错①。当时幕府置天文方一职,也即涩川春海作成贞享历的时期,是这种状况引起了纲纪对两书的兴味吧。

(二) 京都大学人文科学研究所所藏《天地瑞祥志》

京都大学人文科学研究所的前身,是昭和四年(1929)用义和团事件的赔款设立于东京和京都的东方文化学院。两研究所在昭和十三年分离独立,京都的改称东方文化研究所,并于战后的昭和二十四年和京都大学人文科学研究所、西洋文化研究所合并,成为现在的人文科学研究所②。

东方文化学院设立的目的之一,就是专门复制那些由中国人所撰而在中国早已散佚、只存日本的并对学术研究有益的古书。可以认为京大人文研本也是作为这个复制事业的一环而藏有的。

关于所藏时期,在昭和九年(1934)的目录《东方文化学院京都研究所汉籍简目》中有"天地瑞祥志残九卷〈存卷第一第七第十二第十四第十六至第二十 唐萨守真撰 昭和七年本所钞本〉"③,因而可以得知是在设立不久的昭和七年④。而且,此书与《天文要录》在设立之初,就作为复制、架藏候补而提上议事日程,这是因为在新城新藏的著书《东洋天文学史研究》中也涉及了《天地瑞祥志》和《天文要录》⑤,而新城新藏时任设立之初研究课题之一《支那战国时代天地构造说的发展》的指导员,从这研究课题来看复制也是当然必要的吧。

正如上述所指出的那样⑥,京大人文研藏本是以尊经阁文库本为底本的写本。从字体来看,比尊经阁文库本工整,略微易读,几乎不走样抄写。因此,京大人文研本也是九卷残本的七册。文字排列以及行数也同尊经阁文库本,

---

① 桥本义彦在《前田纲纪の蒐集事業——特に古写本〈北山抄〉について》(收入《日本古代の儀礼と典籍》)中,以《北山抄》为例,论述了纲纪并非单单以取得古书、旧记为目的。
② [日] 京都大学人文科学研究所编:《人文科学研究所 50 年》,1979 年版;[日] 山根幸夫:《東方文化学院の設立とその展開》,收入市古教授退官記念論叢編集委員会编:《論集近代中国研究》,山川出版社 1981 年版;[日] 榎一雄:《東方文化学院》,《国史大辞典》一〇,吉川弘文館 1989 年版。
③ 资料编号为"一七七八"。
④ 京大人文研本中捺有"東方文化学院京都研究所"的藏书印,以此作其傍证。再,后面的目录也引续了表記,现在使用的《京都大学人文科学研究所漢籍目錄》上(同朋社 1979 年版)也可见"昭和七年東方文化学院京都研究所鈔本"字样。
⑤ [日] 新城新藏:《東洋天文学史研究》,弘文堂书房 1928 年版。
⑥ 前揭太田论文、前揭中村论文。

即使认为尊经阁文库本有误但仍然照原样抄写，只是多少有些误抄。例如，应为『火』处却作『大』等之类的，多处可见。

但是，京大人文研本也有独特的部分，那就是在数处正文的眉批有朱书的贴纸。例如，『第十二』中，有"厥风大焱发屋〈师占曰、焱疾风也、音必遥反〉"（尊经阁文库本）一文，而在京大人文研本的眉批部分有"占恐古误、以下效之"之贴纸。在京大人文研本的本文中把"师占"订正为"师古"，像这样附以朱色贴纸的地方，在『第十二』『第十四』『第十六』『第十八』『第廿』各二处，『第十七』『第十九』各一处共计十二处，可见多少进行过一些校正。

（三）金泽市立玉川图书馆所藏加越能文库本《天地瑞祥志》

金泽市立玉川图书馆，是为纪念昭和五年（1930）天皇即位之大礼而建的，初名金泽市立图书馆，平成六年（1994）改成现名。现在玉川图书馆近世资料室公开的史料中，约半数是加越能文库的①。加越能文库是昭和二十三年（1948）由前田育德会从尊经阁文库所藏的资料中，选取与旧加贺藩有关的文献，捐赠给金泽市而设立的，因此文库的内容几乎是关乎旧加贺藩乃至加贺、越中、能登三国的旧藩领资料②。其中，《天地瑞祥志》与《天文要录》、《六关记》并为一册而收藏着③。

根据目录，其版型为纵二八．五cm、横二〇．五cm，二二枚（索书号特一六．八〇一五三），是比较轻薄的书籍。外题"天地瑞祥志、天文要录、六关记"，扉页也同样并记三书的书名，不过各作一行而记，而且在《天地瑞祥志》前书以朱色『十二』。这『十二』究为何意，不甚明了。全书的一半以上是《六关记》，《天文要录》八十八行，《天地瑞祥志》仅为十五行的抄本。

在加越能文库本的折页处留有划线（一页十行，一枚即二十行）的纸条，上记"文化七年"（1810），因而可以确认至少是在文化七年以后，但具体的作成年代、笔录者名还是不明。

至于《天地瑞祥志》，因其摘抄的卷数和尊经阁文库本的残卷一致，可以认为它是以尊经阁文库本为底本，摘选感兴趣之部集成。不过，决不是按照

---

① ［日］宇佐美孝：《金沢市立玉川図書館近世史料閲覧室》，载《日本歴史》578，1996年。
② 《加越能文庫解説目録》上"緒言"，金沢市立図書館1975年版。
③ 没有称《六关记》的书籍，因本书引用《後二条関白记》、《猪隈関白记》等，疑是为了方便而附加的名称。

卷序之顺而记载，可能是随手摘录而成。再，从接近各卷首的内容偏多、比起文章更多地摘抄了目名、书名等来看，笔录者并非特别的谨慎和熟读。《天文要录》也有同样的倾向（重视项目名、书名），也许对笔录者来说，比起内容来，对那些更有兴趣。此外，也是《天地瑞祥志》特征之一的反切，一个也没有记载。可见，笔录者认为是没有必要。尽管这样，因是断片还是无法判明笔录的真正目的。

四、结语

上文就《天地瑞祥志》的基本内容、构成以及诸传本作了介绍，而没有涉及到具体的内容。对各卷的翻刻以及详细的探讨容日后再叙。此外，本书据"启"而认为是麟德三年（666）四月由"大史臣萨守真"向"大王殿下"提出的，其实这里也存在若干疑问，有不能信服之处。这关系到本书的成立问题，将在别的机会再作试论。

翻译：陈小法（浙江工商大学东亚文化研究院）

第十九章　乐邠《圆仁三藏供奉入唐请益往返传记》校录

北京大学中文系　王勇

日本入唐僧圆仁（794～864年），俗姓壬生氏，下野都贺郡人。15岁随日本天台宗开山最澄出家，弘仁七年（816）受具足戒，承和五年（838）入唐求法，足迹遍布大江南北。承和十四年（847）归国，齐衡元年（854）任天台座主，受到朝野崇信。贞观六年（864）去世，谥号"慈觉大师"。

圆仁入唐求法10年之事迹，因他所著的《入唐求法巡礼行记》而广为人知。但圆仁回国时唐人乐邠相随东渡，所著《圆仁三藏供奉入唐请益往返传记》却鲜见国内外学人利用。

《圆仁三藏供奉入唐请益往返传记》成于唐宣宗大中元年（847）十一月二日，是最早的一部圆仁传记[①]，虽然只有1300余字，但内容可与《入唐求法巡礼行记》相互印证，不仅是研究圆仁的第一手资料，而且是了解唐朝政治、文化、外交的珍贵文献。

查阅《日本国书总目录》，《慈觉大师入唐往返传》项下注明"一册"，别称"慈觉大师入唐往反记"、"入唐往返记"，著者"乐邠"，成书于"承和十四年"，并列出日本现存传本：

写本：明德院无动寺本（文化十年，真超写）
　　　明德院无动寺本（文政十一年，豪实写）

[①] 乐邠的《圆仁三藏供奉入唐请益往返传记》不仅是最早的圆仁传记，甚至比圆仁的《入唐求法巡礼行记》（记事终于承和十四年十二月十四日）成书略早。

来迎院如来藏本

刻本：实藏坊真如藏本（文久二年版）

明德院本（文久二年版）

排印本：《大日本佛教全书》（《游方传丛书》一）本

此外，另项著录排印本《圆仁三藏供奉入唐请益往反传记》，著者署"乐邨撰，慈本注"，成书于文政五年，收入《大日本佛教全书》（《天台霞标》一）。

综上所述，传世诸本以文化十年（1813）真超写本为最早，文政五年（1822）慈本注本次之，文政十一年（1828）豪实写本再次之，文久二年（1862）刻本更晚，《大日本佛教全书》（1912~1936）排印本殿后。以上诸本均成于19世纪后，令人感到遗憾。然而，未标年份的来迎院如来藏本，其实是现存最古的写本。小野胜年推定抄于镰仓时代，1972年编制的《来迎院如来藏圣教文书类目录》判定为平安后期，约当两宋之交。①

明德院所藏两种写本，一为真超所写，一出豪实手笔，两人名号虽异，实为一人，即真超在文化十年（1813）后改名"豪实"，故此二本属同一系统。真如藏刻本、明德院刻本为文久二年同版，《大日本佛教全书》收录两种所本亦同，都是据文政五年（1822）慈本的注本刊刻、排印的。而慈本注本是真超写本的校勘本，真超写本又依据来迎院如来藏本，所以现存诸本均出自来迎院如来藏本。

现存诸本的关系即如上，但各本的题名却不尽相同。首先，《日本国书总目录》把《慈觉大师入唐往返传》和《圆仁三藏供奉入唐请益往反传记》列为两种不同的书籍，显然不妥。《天台霞标》与《游方传丛书》收录的本子，虽然题名不同，但均有"文久二年"的刊记，又有慈本的跋语，属于异名同本，不应该列为两种书目。②

从现存诸本的题名看，除《天台霞标》本题作"圆仁三藏供奉入唐请益往反传记"外，余本均作"慈觉大师入唐往返传"（"往返"一作"往反"）。然而这只是外题而已，各本卷首则题"圆仁三藏供奉入唐请益往返传记"（"往返"一作"往反"）。考"慈觉大师"名号，乃圆仁去世后所得谥号，乐

---

① 来迎院位于京都左京区，由天台僧良忍始创于1109年。
② 《天台霞标》本的慈本跋语，多"文政五年秋八月"的日期。

235

郄在圆仁生前撰写传记,不可能使用谥号,则原题应该是"圆仁三藏供奉入唐请益往返传记"。

本文校录主要依据真超写本(1813年)、豪实写本(1828年)、明德院本(1862年)、《天台霞标》本及小野胜年据如来藏本的录文(小野录文)①。

《圆仁三藏供奉入唐请益往返传记》

且夫地虽沃壤,非播种而田则荒;百谷用成,非阳和而苗不实。窃闻日本政化,人一其心。苟非宿植善缘,必是[1]多生幸会。好生恶煞[2],岂止公侯;崇善修文,达于士庶。虽专佛理,祇得升堂[3];数百年来,衣珠未启。每居火宅,焉知外有三车;逃逝虽还,岂测家藏七宝。

[1] 必是:《天台霞标》本改作"宁得"。"苟非"与"孰能"等连用,表示后项结果以前项条件为前提;但"苟非"还有一个用法,表示两者择一。《周书·薛瑞传》(卷三十五):"设官分职,本康时务;苟非其人,不如旷职。"据此,"苟非"与"必是"搭配亦可。

[2] 恶煞:小野录文作"恶缘杀","缘"系衍字。"煞",《天台霞标》本作"杀",义同。

[3] 祇得升堂:祇,《天台霞标》本作"稍",他本皆同,作"仅"解。升堂,小野胜年释作"高位",不确。当指略窥学问门径。《论语·先进》:"由也升堂矣,未入于室也。"

会以今上[1]初登九五,尤务善门,为欲度脱于有情,遂效汉明之故事。乃驰心国内,游想云林;散觅辩惠[2]高僧,旁求多闻大德。故知时雨将降,山川出云;嗜欲将至,有开必先[3]。

[1] 今上:指唐宣宗(李忱),会昌六年(846)三月即位,佛教经武宗灭佛后得以稍振。此篇撰于承和十四年(847),故有是称。

[2] 辩惠:指聪明而有辩才。真超写本、《天台霞标》本误作"辨惠"。

[3] 嗜欲将至,有开必先:语出《礼记·孔子闲居》:"耆欲将至,有开必先。"《礼记注疏》(卷五十一)孔颖达疏:"耆欲将至者,耆欲谓王位也。王位是圣人所贪,故云耆欲;方欲王天下,故云将至。有开必先者,言圣人欲王天下,有神开道,必先豫为生贤知之辅佐。"嗜,通"耆";开,诸本多作"闻",唯小野录文作"开",但小野胜年误考:"有开必先:开,恐为'闻'之讹,当改作有闻。"

---

① [日]小野胜年:《关于〈圆仁三藏供奉入唐请益往返传记〉》,载《东方宗教》第四十号,1972年11月。

上[1]乃专意揣求，果获圆仁大德。圣意以本国贤良善根，已因多劫；惛惛众庶，非释教厥道转迷。欲以无上善缘，救度沉沦群品[2]。是以旰食[3]思弘至道，宵衣愿达深微。缅思五印土中，法[4]与支那不异。邀师为国，西诣大唐。求思大[5]之旨言[6]，究六祖[7]之妙义。将还此国，普润群生。勿惮罢音疲劳[8]，乃心觑望。

[1] 上：指日本仁明天皇。

[2] 群品：小野录文作"郡群品"，"郡"恐衍字。"群品"为佛教用语，指芸芸众生。

[3] 旰食："旰"，小野录文作"肝"，判读为"胆"，俱误。"旰食"与后文"宵衣"连用，谓天黑了才进食，天未明就起床，用以歌颂帝王勤于政事。

[4] 法：小野录文作"注"，《天台霞标》本改作"乃"，真超写本考云："注，恐误。法。"从之。

[5] 思大：思大师，即"慧思"。传说转世为日本圣德太子，被日本天台宗崇为祖师。

[6] 旨言：《天台霞标》本作"卓言"，小野胜年校勘、真超写本批注也以"卓言"为是。然余本均作"旨言"，与后句"妙义"对仗，文意也通，故存之。

[7] 六祖：《天台霞标》本注云："本师稿本注云：'六祖者，荆溪大师也。'"小野胜年释作禅宗六祖惠能。

[8] 罢劳："罢"，诸本下有"音疲"注音，"罢"读若"疲"，表示疲劳、怠乏。

仁供奉德因本固，惠自天生[1]。既受纶言，果赍[2]宿志。遂于其岁，命上足惟政[3]而行。囊不贮金，手空持[4]锡；东辞日本，西顾大唐。虽历险涉于沧溟，若嬉游渡于阿耨[5]。经行九土[6]，登陟五台。闻善靡不参寻，觌经靡不抄览。或居外府，为方岳[7]钦崇；及处京华，获帝王瞻仰。

[1] 生：真超写本似"上"，《天台霞标》本、明德院本作"工"，此从小野录文。

[2] 赍：小野录文、真超写本、豪实写本作"齐"，义不畅。从《天台霞标》本、明德院本。

[3] 惟政：《天台霞标》本考注："《大师别传》及《续日本后纪》作'惟正'"。

[4] 持：真超写本误作"特"。

[5] 阿耨：佛教语，此处为"阿耨达池"略称，意译为"无热恼池"。真超写本作"阿褥"，形讹。

[6] 九土：犹言"九州"，即指天下。《旧唐书》（卷二十二）："四海沦于沸鼎，九土陷于涂原。"

[7] 方岳：真超写本、小野录文均作"方面"，此从《天台霞标》本、明德院本。传说尧命羲和四子掌四岳，称四伯，至其死乃分岳事，置八伯，主八州之事。后因称州郡或

237

一方之首长为"方岳"。

　　六年住于资圣，旦[1]暮公卿继来。敕使音史内养安存，神有加毗[2]雍护[3]。至于给舍员郎[4]、内官高品，在长安再闰[5]，讨寻顶礼者，内不下百[6]；或则持香献果，或有舍施资财。皇帝常馈斋粮[7]，至信每供衣钵。彼乃燃金食玉[8]，薄福者不可须史暂居。而供奉常持[9]忍辱在心，断得贪嗔离已。故居桂玉[10]，曾不栖迟；纵处荒年，岂愁香饭。

　　[1] 旦：真超写本、豪实写本作"且"，误。

　　[2] 加毗：毗，此作动词，有庇护之义，如"毗佐"。豪实写本作"毘"，义同。

　　[3] 雍护：雍，通"拥"。杨雄《甘泉赋》："定秦时，雍神休。"

　　[4] 给舍员郎："给舍"，古为纳言之官，此为给事中及中书舍人之并称；"员郎"，员外郎之省称。真超写本批注，认为是"给事舍人员外郎也"之略，不确。

　　[5] 再闰：真超写本、豪实写本、小野录文均同，《天台霞标》本、明德院本改作"两街"。真超写本批注："闰，恐问。"豪实写本批注："闰，疑误。问。"圆仁开成三年（838）入唐，开成四年（839）一月为闰月，会昌元年（841）九月也是闰月。所谓"再闰"，当指在长安经历二次闰月，改"再问"或"两街"无理。

　　[6] 内不下百："内"，诸本皆同，小野胜年考注："内，系'日'之误。"吟味前后文脉，指在长安期间，"讨寻顶礼者"中，"给舍员郎、内官高品"不下百人。

　　[7] 斋粮：真超写本误作"齐粮"。

　　[8] 燃金食玉：燃金、食玉俱言其贵。《周礼注疏》（卷六）："王齐则共食玉。"［唐］贾公彦疏："谓王祭祀之前，散斋七日，致斋三日，是时则共王所食玉屑。"玉，豪实写本误作"王"。

　　[9] 持：真超写本误作"恃"。

　　[10] 桂玉：真超写本作"桂王"，豪实写本批注："桂玉，疑误。桂土。""桂玉"原义富贵宝地，借称京师，此指长安。［元］陶宗仪《说郛》（卷十四上）"桂玉"条："京师薪如束桂，膏肉如玉，世以桂玉之地为京师。"

　　供奉昼乃逢迎宾客，夜则剖览修多[1]。三藏妙因，一见皆悟。两街大德，五岳禅僧，尽与挍[2]量，精穷义理。至于真如秘密，玄妙觉心，彼则指实喻空，将空喻性。师乃觉有非有，悟性亦空。三乘[3]之理备详，不二之门顿得。

　　[1] 修多：梵语音译词"修多罗"之略，指佛教经典。

　　[2] 挍：《天台霞标》本作"校"，二字相通。挍量，即较量、比试。

[3] 三乘：真超写本作"三业乘"，"业"为衍字。

　　既而惠有余地，心镜转明；智愈众人，学兼内外。闻善相告，见义必为。学唐言即有梁汉之正音[1]，仿梵书乃[2]同迦叶之真体[3]。言辞俯仰，曾不失口于人；礼度谦恭，未常愠见[4]于客。足可以为模范，足可教导后来。

　　[1] 梁汉之正音：梁，泛指南方；汉，泛指北地；正音，标准发音。
　　[2] 乃：真超写本、豪实写本、小野录文脱字，据《天台霞标》本、明德院本补。
　　[3] 迦叶之真体：迦叶，即"迦叶佛"省称。相传佛足石上的梵文出自迦叶，如《唐大和上东征传》载："其鄭山东南岭石上，有佛右迹；东北小岩上，复有佛左迹……千辐轮相，鱼印文分明显示。世传曰：'迦叶佛之迹也。'"故"迦叶之真体"表示梵书纯正。
　　[4] 愠见：愠，怨恨、愤怒。诸本皆作"蕴见"，唯豪实写本作"愠见"。"蕴"当"愠"之误，《天台霞标》本等考注，认为二字相通，似无根据。语见《论语·灵公》："在陈绝粮，从者病，莫能兴。子路愠见曰：'君子亦有穷乎？'"《论语集鲜义疏》（卷八）[梁]皇侃疏："子路愠见者，弟子皆病，无能起者，唯子路刚强，独能起也。心恨君子行道，乃至如此困乏。故便愠色而见孔子也。"

　　供奉则艺痒思还，帝[1]乃悬心万里。遂令弟子性海[2]，赍诏迓[3]归。唐国帝闻，怆然惜别。敕书手诏，数已[4]盈箱；制诰诸蕃[5]，悉令勤仰[6]。公侯卿士，雨泪而辞；供奉名僧，若离亲戚。门侣明友[7]，无不凄然；资圣仁人，悉皆流涕。

　　[1] 帝：从后文看，事在承和十三年（846），仍是仁明天皇治世。
　　[2] 性海：承和十三年（846）乘唐商李邻德船入唐，四月托新罗人王宗通报空海，五月空海托王宗带信召唤性海，十二月性海抵达楚洲，将太政官牒、延历寺牒、小野恒柯（大宰小弐）的书信及仁明天皇赐予的黄金等交给圆仁。
　　[3] 迓：真超写本、豪实写本、小野录文作"迓"，《天台霞标》本、明德院本作"迎"，二字形类义近，均作"迎接"解。
　　[4] 已：《天台霞标》本、豪实写本作"卷"，明德院本作"卷"异体字。"数卷"不足于"盈箱"，故以真超写本、小野录文之"已"为佳。
　　[5] 诸蕃：豪实写本注"蕃，疑藩"，考云："唐时，如今之国主者，皆云诸藩镇。"认为是翰林藩镇之略，令人难以首肯。此处"诸蕃"，恐指外蕃诸国。
　　[6] 勤仰：《天台霞标》本、豪实写本、明德院本作"勤作"。真超写本为"仰"草体，小野录文当是。豪实写本考云："令翰林藩镇勤作送别诗文。"则过于穿凿。

239

[7] 门□明友：真超写本、豪实写本作"门□有友",《天台霞标》本作"门□明友",明德院本作"朋友"。豪实写本批注："门下恐脱字；'有'字误，'明'。""有友"不妥，当作"明友"或"朋友"。至于"门"后阙字，小野胜年认为是"弟"或"下"，豪实写本考注："门下恐'客'字。"权补"侣"字。

以唐会昌五载，离彼长安，陆往登州。今岁季秋，方帆渡于巨海；不逾十日，已达日源。想念因由，事归道力。兼与大唐[1]数客，同载而还。或有志在琴书，或则好游山水；其有[2]簪缨鼎族，或是累世衣冠；或则术比扁秦[3]，或有义同管鲍[4]；文能备体，武勇[5]绝伦，皆受供奉厚恩[6]。

[1] 大唐：真超写本、小野录文作"大大唐"，"大"衍一字。

[2] 其有：《天台霞标》本、明德院本作"共是"，但与后句"或是"不协。真超写本空一字，豪实写本批注："'其'下恐脱字，似有'徒'小字。"小野录文作"其有"，从之。

[3] 扁秦：小野录文、真超写本、豪实写本作"扁秦",《天台霞标》本、明德院本作"扁仓"，小野胜年认为"扁秦"乃"扁仓"之误。"扁仓"系古代名医扁鹊、仓公的并称。《周礼》："可知审用此者，莫若扁鹊仓公。"[唐]贾公彦疏："云审用此者，莫若扁鹊、仓公者。依《汉书·艺文志》：大古有岐伯、榆柎，中世有扁鹊、秦和，汉有仓公。若然，扁鹊在周时，仓公在汉世，此二人知气色之候者也。"扁鹊、仓公时代相隔久远，而秦和与扁鹊同为周时人。则"扁秦"连用，不误也。

[4] 管鲍：春秋时人管仲和鲍叔牙的并称，两人相知最深，后常用以比喻挚友。[晋]袁宏《后汉纪》（卷九）："廉范……与洛阳亭长庆鸿为刎颈之交，时人称曰：'前有管鲍，后有庆廉。'"

[5] 武勇：诸本皆同，唯小野录文作"武雄"，恐笔误。

[6] 厚恩：真超写本、豪实写本作"原恩"。豪实写本考注："原，疑厚。"当是。

供奉愍同骨肉，乃至分衣共暖，减食均食。欲知菩萨化身，即仁供奉大师是也。能令沧溟万里，平如指掌之涂；两国虽遥，可比荆吴之近。自离日本，十载大唐[1]，遂使[2]一音之义遍闻，甘露之言均润[3]。今则国异法同，人殊道合[4]。岂不因我承和国王，普为兆人[5]，劝请[6]大师之力也。

[1] 十载大唐：诸本均断作"自离日本十载，大唐遂使一音之义遍闻"，此为诸误之源。《天台霞标》本、明德院本作"十载在唐"；真超写本批注："'十载'下似脱'于兹'二字。"豪实写本空二字，批注略同。此文若以四六骈体断句，往往文脉通畅。文中多用

"大唐",不必意改为"在唐"。

[2]使:真超写本形近"便",参酌文意,判读作"使"。

[3]均润:均,真超写本此处损字,批注:"疑均。"小野胜年推测是"均"或"悉",豪实写本批注:"蚀残遗画,似'均'字。"《天台霞标》本、明德院本补"均",从之。

[4]道合:"合",真超写本、豪实写本此处损字,批云"疑合"、"道下亦似'合'字"。《天台霞标》本、明德院本俱补"合"字,当是。

[5]兆人:真超写本作"非人",小野录文亦同。此从《天台霞标》本、豪实写本、明德院本。

[6]劝请:"劝",小野录文为"勤",当以"劝"为善。二字形近,极易误判。

邰望本南阳,寓居西蜀。幼常好学,不事生涯[1]。应举无成,思游本国。邰以叔任道州[2]刺史,名公文[3];叔任度支员外郎,名坤。伏以鸾索之后,显达亦[4]多;或已薨亡,不敢具载。当今荣显,唯叔父二人。顾已远地无亲,略言本末,欲使他年鱼雁,寻知苗裔之由;人信往还,冀有谁何之问。

[1]生涯:真超写本批注:"涯,恐产。"豪实写本、《天台霞标》本、明德院本均作"生产"。此据小野录文。"生涯"有"生计"、"财物"义。[宋]周密《齐东野语》(卷十四):"余备历险阻,拙事生涯。"

[2]道州:真超写本作"道道州",小野胜年录本亦同,"道"衍一字。隋开皇十六年(596)置,治所在郾城县(今河南省郾城县),大业初废。唐武德四年(621)复置,贞观元年(627)废,寻又复旧。

[3]公文:真超写本、豪实写本作"公父",其它诸本均作"公文"。

[4]亦:真超写本作"示",其它各本俱作"亦"。

邰以学非内典,况供奉[1]艺广难穷,辄以九九薄能[2],敢纪摩腾[3]之德。所书传记,未尽徽猷。粗述往返之因事,略陈于[4]一二。时承和十四年十一月二日,大唐乡贡进士乐邰撰上。

[1]供奉:供,小野录文、真超写本脱一字,豪实写本、《天台霞标》本二字俱脱。

[2]九九薄能:"能",诸本皆脱字,小野录文、豪实写本、《天台霞标》本补"能",真超写本补"之情",当以前者为是。语见[汉]刘向《说苑》(卷八):"齐桓公设庭燎,为士之欲造见者,期年而士不至。于是,东野鄙人有以九九之术见者。桓公曰:'九九何足以见乎?'鄙人对曰:'臣非以九九为足以见也。臣闻主君设庭燎以待士,期年而士不至。夫士之所以不至者,君天下贤君也。四方之士皆自以论而不及君,故不至也。夫九九薄能

耳，而君犹礼之，况贤于九九乎？夫太山不辞壤石，江海不逆小流，所以成大也。'"。所谓"九九"，如今孩童背诵之珠算口诀，言其浅显。

[3] 摩腾：即摄摩腾，后汉永平十年（67），应明帝之请，与竺法兰携经卷与佛像至洛阳，住白马寺，译《四十二章经》，为我国译经之滥觞。此以摩腾喻圆仁。

[4] 于：真超写本批注："于字衍文。"

【附记】浙江财经学院王丽萍教授为本论文撰写做出了部分贡献，借此机会表示感谢。

第二十章 "礼失而求诸野"

——从自身研究经历看和刻本汉籍的价值

[日] 学习院大学东洋文化研究所　王瑞来

一、引言

北宋的文豪欧阳修在他的《日本刀歌》中吟咏道："徐福行时书未焚，逸书百篇今尚存。"在徐福出行为秦始皇寻找长生不老的灵药时，"焚书坑儒"事件尚未发生，因此，百篇《尚书》的逸书，至今尚存于日本，未遭遇秦火之厄。运用古人赋比兴的作诗表现方式，欧阳修的《日本刀歌》以这个传说起兴。

欧阳修的诗，为我们揭示了一个重要的事实。这就是，历代的天灾人祸对书籍文献造成了相当大的灾难，然而，一部分文献幸而流出海外，意外地被保存了下来。

在世界各地所藏的汉籍，都体现了这种保存。不过，曾经位于汉字文化圈内的日本，汉籍当属所藏之最。欧阳修的诗讲的就是日本的所藏。欧阳修在诗中所述，并非事实无根的诗人想象。《宋史·日本国传》就有如是记载：

其国多有中国典籍，兪然之来，复得《孝经》一卷、《越王孝经新义》第十五一卷，皆金镂红罗褾，水晶为轴。《孝经》即郑氏注者。

这是北宋第二代皇帝太宗时期的事情。如果进一步追溯的话，还可以从北宋《杨文公谈苑》中看到这样的事实。即入宋前的五代吴越国王钱俶，曾通过商人致信当时的日本国主,以黄金五百两求购佛教天台宗经典。于是,这样的逸事便成为诗人欧阳修笔下的话题。

汉字文化圈的文化交流,汉籍是媒介之一。这就是王勇先生所说的"书籍之路"。① 正如上述《宋史》等文献所示,汉籍并非如单行道上的车辆那样,仅仅单向流入日本,至少早在十世纪前后,已经开始向其祖国中国回流。"尚书百篇今尚存",在十九世纪末叶,欧阳修所述的事实终于再次得到了中国学者的重视。于是,开始了一股日本访书的热潮。孔子所云"礼失而求诸野",② 是针对春秋时期的礼仪制度而言,不过,在我看来,真的像是对后世汉籍流传状况的预言。

我的朋友、日本的宋史学者梅原郁先生在《皇朝类苑》的影印前言中指出:

在漫长的历史进程中,失传于中国,却远渡日本而重生的书籍不止一二。尽管没有像《游仙窟》和《群书治要》那样有名,南宋江少虞编纂的《皇朝事宝类苑》也是其中之一。

这里,梅原用"重生"一词来表示日本的汉籍,相当准确。日本的汉籍可以分为两种状况,一是保存。即原封不动地收藏宋版、元版、明版。对这部分的汉籍投以注目的中国学者很多。二是刊刻。在刊刻的过程中,正如梅原所云,汉籍在日本获得了重生。这种重生便诞生了和刻本。不过,相对于宋元版等善本收藏来看,和刻本汉籍并没有引起中国学者的充分注意。

从十三世纪的"五山版"发轫,直到近代的明治时期,日本刊行了为数甚夥的和刻本。长泽规矩也的《和刻本汉籍分类目录》就是最好的证明。大致说来,对于中国文史研究,和刻本汉籍的价值体现在两种存在形式上。一是中国完全失传的书籍。比如上述梅原所列举的《游仙窟》和《群书治要》等。这类汉籍的价值自不待言。另一种则是,中国虽然没有失传,但并不完整,和刻本的内容要多于中国国内传本。这类汉籍的史料与文献价值也相当大。遗憾的是,迄今为止并没有得到应有的重视。以下,仅就后者,根据我的研究经历,聊举两例,窥一斑而见全豹,略示和刻本的研究价值,以期唤起研究者的重视。

---

① 王勇:《書物の中日交流史》,国際文化工房2005年版。
② 《汉书》卷30《艺文志》。

二、《皇朝事实类苑》

（一）《皇朝事实类苑》其书

关于此书，我在十九年前曾写过《〈宋朝事实类苑〉杂考》的考证文章。以下所述，主要依据的就是我过去的考证。《皇朝事实类苑》就是前面引述的梅原所说的《皇朝事宝类苑》。大概是由于繁体字"實"和"寶"的字形接近，因而致误。此书由南宋前期担任地方官的江少虞从六十种以上的笔记小说抄撮编纂而成，分门别类，犹如小型百科全书。《四库全书简明目录》在卷13子部杂家类对此书有简洁的介绍：

> 事实类苑六十三卷，宋江少虞编。少虞以宋代朝野事迹散见诸家之记录，乃裒集排纂，类为二十四门，并全录原文，不加点窜，仍各以书名注于条下，以示有征。援引浩博，北宋一代之遗闻，略具于是。其原书散佚者，亦皆赖此以存。

（二）《皇朝事实类苑》的成书

书前有江少虞写于绍兴十五年（1145）的自序。是年可以视为《皇朝事实类苑》成书之年。这一年是宋朝被女真人金朝灭亡后在江南再建的第十八年。过去的士大夫历来有编撰笔记小说的雅好，不过《皇朝事实类苑》则不完全出于这种雅好。此书的出现，是在南宋初期政权体制和典章制度重建的形势下，恢复北宋"祖宗之法"，进行精神建设的反映。

（三）《皇朝事实类苑》的初刊

和刻本《新雕皇朝类苑》于目录第三卷卷末，有"绍兴二十三年（1153）癸酉岁中元日麻沙书坊印行"这样十八个字的刊记。据此可知，《皇朝事实类苑》在成书八年之后，曾刊行于武夷山南麓的建阳。建阳在宋代以"图书之府"闻名。在"图书之府"氛围下，曾培育出著名的理学家朱熹。因而后来建阳作为朱熹的故乡，又有"理学之邦"的称号。建阳有名的麻沙书坊，曾于绍兴十年（1140）刊行过与《皇朝事实类苑》体裁类似的曾慥的

245

《类说》①。再看十三年后刊行《皇朝事实类苑》,我们似乎可以窥见麻沙书坊一贯的出版方针与利益追求以及贩卖效果。

(四)《皇朝事实类苑》的书目著录

首先我们来看一下《皇朝事实类苑》在宋代的著录。

陈振孙《直斋书录解题》的《永乐大典》辑本卷14载：

《皇朝事实类苑》二十六卷，知吉州江少虞撰。绍兴中人。其书亦可入小说类。

马端临的《文献通考》卷228《经籍考》亦原封不动地抄录了《直斋书录解题》的内容。

王应麟《玉海》卷55载：

《绍兴皇朝事实类苑》，绍兴中江少虞撰次，二十六卷。祖宗圣训、名臣事迹及艺术、仙释、神怪、夷狄、风俗，厘为二十六门。

来自宋朝国史的《宋史·艺文志》则分别载两处进行了著录。卷203史类"故事类"载：

江少虞《皇朝事实类苑》二十六卷。

同时，又在子类"类事类"可以看到完全相同的著录。此外，在明代凌迪知《万姓统谱》卷3"江少虞"条中还可以见到这样的记载："所著《宋朝类要》，诏藏史馆。"此处的"类要"当为"类苑"之误。不过，由这条记载可知，江少虞的这部《皇朝事实类苑》曾呈送给朝廷，并且由当时的皇帝宋高宗下令收藏于史馆。因此后来才为宋朝的国史艺文志所著录，继而又为依据宋朝国史所修的《宋史·艺文志》所著录。

最后，我们看一下集传统书目之大成的《四库全书总目提要》的著录。卷123子部杂家类载：

宋江少虞撰。少虞始末未详，据序首自题称左朝请大夫、权发遣吉州军州，而《江西通志》亦未载其履贯，盖已巳不可考矣。其书成于绍兴十五年。以宋代朝野事迹见于诸家记录者甚多而畔散不属，难于稽考，因为

---

① 参见《中华印刷通史》，北京印刷工业出版社1999年版，第七章第三节。

选择类次，凡分二十四门，各以四字标题，曰祖宗圣训、君臣知遇、名臣事迹、德量智识、顾问奏对、忠言谠论、典礼音律、官政治迹、衣冠盛事、官职仪制、词翰书籍、典故沿革、诗赋歌咏、文章四六、旷达隐逸、仙释僧道、休祥梦兆、占相医药、书画技艺、忠孝节孝、将相才略、知人荐举、广智博识、风俗杂志。自序作二十八门，盖传录之讹也。所引之书，悉以类相从。全录原文，不加增损，各以书名注条下，共六十余家。凡十四年而后成，故征采极为浩博。其中杂摭成编，有一事为两书所载而先后并存者。又如边镐称边和尚等事及诸家诗话所摘唐人诗句，与宋朝事实无所关者，亦概录之，未免疏于简汰。然北宋一代遗文逸事，略具于斯。王士禛《居易录》称为宋人说部之宏构而有裨於史者，良非诬也。其间若《国朝事始》、《三朝圣政录》、《三朝训鉴》、《蓬山志》、《忠言谠论》、《元丰圣训》、《傅商公佳话》、《两朝宝训》、《熙宁奏对》、《刘真之诗话》、《李学士从谈》等书、今皆久佚。藉此尚考见一二，是尤说家之总汇矣。王士禛载此书作四十卷，今本实六十三卷，检勘诸本皆同，疑为士禛笔误，或一时所见偶非完帙欤？

（五）《皇朝事实类苑》的现存版本

《皇朝事实类苑》的现存版本，据《现存宋人著述总录》的著录，题为《新雕皇朝类苑》的，有上海图书馆所藏明抄六十三卷本；题为《事实类苑》的，有《四库全书》六十三卷本；题为《新雕皇朝类苑》的，有民国《诵芬室丛刊初编》七十八卷本；题为《宋朝事实类苑》的，有一九八一年上海古籍出版社的七十八卷校点本。进一步调查日本全国漢籍数据库，除了以上的版本，日本宫内厅书陵部和公文书馆等一些藏书机构，还收藏有题为《新雕皇朝类苑》或《皇宋事实类苑》的日本元和七年刊古活字敕版七十八卷本。

（六）《皇朝事实类苑》的两个版本系统

考察以上的现存版本，《皇朝事实类苑》可以分为六十三卷本与七十八卷本两个系统。从划分门类看，六十三卷本分为二十四门，七十八卷本分为二十八门。

我们先来看七十八卷本。

江少虞绍兴十五年（1145）在自序中明确写道"厘为二十八门"。据此可以断定，最初成书时的《皇朝事实类苑》为七十八卷。关于这一点，由成为和刻本来源的麻沙书坊刊刻的七十八卷本可以作为证据。麻沙书坊本是成书八年后的绍兴二十三年（1153）刊行的。在刊行后没有多久的绍兴二十九年（1159），我们在史籍中可以看到这个七十八卷本的流传记录。《建炎以来系年要录》卷182载：

（六月）己丑，秘阁修撰提举江州太平兴国宫张九成卒，年六十八。九成以病风废，且丧明。前五日，两疾顿除。其亲旧皆喜。至是，偶与诸生读江少虞所集《皇朝类苑》。至章圣东封丁谓取玉带事，忽怒曰："丁谓奸邪，虽人主物亦以术取。"因不怿，废卷而入。疾复作，不能言，一夕卒。

查检"丁谓取玉带事"，载于《类苑》卷71《诈妄谬误》门。据此可知，张九成读的《类苑》为七十八卷本。这是文献中关于七十八卷本使用的唯一记录。

此后，南宋中后期宰相周必大在其文集《文忠集》卷158引用的《琼花》条见于《类苑》卷60。元代陶宗仪的《说郛》，在卷37引用有五条《类苑》的文字，分别见于卷8、卷9、卷10、卷13。版本究竟是七十八卷本还是六十三卷本不详。

在现存版本中，明抄本和《四库全书》本均属六十三卷本。《诵芬室丛刊初编》本虽为七十八卷本，实际上是和刻本元和七年刊古活字敕版本的翻刻本。

以上事实表明，自南宋绍兴年间以后，《类苑》的七十八卷本便去向不明了。相当于明代后期的元和七年（1621，明天启元年）在日本现身，并被刊刻。

我们再看一下六十三卷本的状况。

从明抄本与《四库全书》本现存的事实来看，六十三卷本主要以写本的形式流传于中国境内，并且还颇为罕睹。从上述宋代的书目文献关于《类苑》的著录，还可以窥见到另一个事实。这就是，无论《直斋书录解题》、《玉海》还是源于宋朝国史的《宋史》，都将《类苑》的卷数著录为二十六卷。我认为这个"二十六卷"极有可能是在辗转传抄时发生的错误。原本卷数大概是"六十一卷"。在抄录时既被颠倒，又被抄错。

为什么是"六十一卷"呢？我们把六十三卷的《四库全书》本与七十八

卷的和刻本加以比勘可知，六十三卷本相当于七十八卷本的前六十一卷。其中六十三卷本的第35、36、37卷就是和刻本的第35、36卷，而六十三卷本的第40、41卷又是和刻本的第40卷。六十三卷本与七十八卷本的卷次分合，大约出自编者江少虞之手，理由详见后述。

如果上述关于"二十六卷"是"六十一卷"之误的推测可以成立的话，我们则可以确认如下的事实，这就是，二十八门七十八卷的麻沙本《类苑》在南宋绍兴二十三年刊行后，出于编者本人的特殊原因，很快便绝迹了。此后，在中国大陆，不绝若线流传的，就是二十四门的六十三卷本。

（七）《皇朝事实类苑》两个版本系统的关系

六十三卷本比七十八卷本少了十七卷的内容。这个六十三卷本是怎么产生的呢？究竟是散佚了十七卷，还是有别的原因呢？如果将《类苑》划分的门类制成表格，将会更有助于展开清晰的考察。请看下表：

祖宗圣训（一～五、至卷五）、君臣知遇（一～二、至卷七）、

名臣事迹（一～五、至卷一二）、德量智识（一～二、至卷一四）、

顾问奏对（一～二、至卷一六）、忠言谠论（一～二、至卷一七）、

典礼音律（一～三、至卷二〇）、官政治绩（一～三、至卷二三）、

衣冠盛事（卷二四）、官职仪制（一～四、至卷二八）、

词翰书籍（一～三、至卷三一）、典故沿革（一～二、至卷三三）

诗歌赋咏（一～六、至卷三九）、文章四六（卷四〇）、

旷达隐逸（一～二、至卷四二）、仙释僧道（一～二、至卷四四）、

休祥梦兆（一～三、至卷四七）、占相医药（一～二、至卷四九）、

书画伎艺（一～三、至卷五二）、忠孝节义（一～二、至卷五四）、

将帅才略（一～三、至卷五四～卷五六）、知人荐举（卷五七）、

广知博识（一～二、至卷五九）、广知博识（卷五九）、

风俗杂志（一～二、至卷六一）、

风俗杂志（三、卷六二）、谈谐戏谑（一～五、至卷六七）

神异幽怪（一～二、至卷六九）、诈妄谬误（一～五、至卷七四）、

安边御寇（一～四、至卷七八）

门类表的上栏为六十三卷本的内容，加入下栏，便为七十八卷本的内容。从这个门类表可以看出，七十八卷本的最后十七卷四门多的内容为六十三卷

249

本所无。

在六十三卷本的卷末,尚载有一篇编者江少虞写的另一篇自序。序云:

> 少虞自幼喜杂览,家居摘诸史杂记关于风化者,纂成此篇,题曰皇宋事实类苑。始于本朝祖宗圣训,终于风土杂志,总六十三卷。少虞不敏,何敢为著述,但传旧而已。考之岁月,越十四寒暑,更俟博洽君子订焉。绍兴戊寅九月日江少虞志。

绍兴戊寅为绍兴二十八年(1158)。相对于江少虞绍兴十五年(1145)的自序,此序应当称为后序。不过,由于是编者为两种不同版本所写的序文,因此,严密地讲,并无前后之分。为了进行清楚地比较,现将江少虞写于绍兴十五年的前序中有关的部分摘录如下:

> 向因余暇,备极讨论,自一话一言,皆比附伦类而整齐之,去其文不雅驯,或有抵牾者。自余据实条次,不敢以一字增损。总凡会目,合为一书,名曰:皇宋事宝类苑。圣谟神训,朝事典物,与夫勋名贤达前言往行,艺术仙释神怪之事,夷狄风俗之殊,纤悉备有,厘为二十八门。

比较江氏本人的前后两篇序文,关于《类苑》一书可以获得若干信息。前序尽管没有明确记载《类苑》的卷数,但由于记载了分为二十八门,与七十八卷本的分门数字相合。此外,在内容方面,"仙释神怪之事,夷狄风俗之殊"之语,也隐含了七十八卷本卷68、69的《神异幽怪》和卷75以后的《安边御寇》的门类内容。这些都表明前序所说的《类苑》就是七十八卷本。然而,后序记载有"始于本朝祖宗圣训,终于风土杂志,总六十三卷"。其中"六十三卷"的卷数与最后的门类"风土杂志",明确地显示了后序所述《类苑》是分为二十四门的六十三卷本。

由上述可见,编者江氏本人撰写的前后两篇序文在内容门类和卷数多寡方面互有抵牾。那么,如何解释这些抵牾呢?

这个问题,首先让《四库全书》的编纂者感到迷惑不解。毫不知晓曾有七十八卷本存在的四库馆臣,无法解释江少虞自序所云"厘为二十八门"之语,提要的撰写者只好含糊其词,施以"盖传录之讹也"这样推测之语。四库馆臣压根就不知道曾有七十八卷本的存在,这样推测也还有情可原。让人不解的是,依据七十八卷本进行点校的上海古籍出版社《类苑》的《出版说明》居然也说"七十八卷本与六十三卷本的关系，现在尚不清楚"。让清代的四库馆臣与今日的上海古籍出版社的整理者困惑不解的原因，正在于对前后两篇江少虞序文的理解偏差和对序文内容的忽略。其实，主要谜底正存在于两篇序文之中。

根据前序，在绍兴十五年（1145）成书的《类苑》的确是分为二十八门的七十八卷本。并且根据和刻本的刊记，这部七十八卷本曾于绍兴二十三年（1153）付诸梨枣。刊行后的七十八卷本曾在绍兴二十九年（1159）时曾被当时的人阅读，这样的记载见于李心传的《建炎以来系年要录》。然而，据十四年后的绍兴二十八年（1158）编者江少虞所写的后序所记，《类苑》却成了只有二十四门的六十三卷本。前后不同时期由编者本人写下的两篇序文，传达了这样的事实。这就是，六十三卷本的《类苑》并不是在流传过程中出现了散佚，而是编者江少虞自行笔削的结果。

那么，江少虞为何要在《类苑》刊行六年后要将《风俗杂志》的一部分以及《谈谐戏谑》、《神异幽怪》、《诈妄谬误》、《安边御寇》这样四个门类以上的十七卷删除呢？具体的真相或许已经永远无法知晓，只能进行逻辑推理。前面引述过，当时的人曾根据《类苑》所记载的内容，对宋代史上的人物进行善恶褒贬。从这样的记录我们似乎可以推测，南宋前期的绍兴年间去北宋不远，这四个多门类当中或许有对当时有势力的人的先祖抨击的内容。编者江少虞为了避免无妄之灾，进行删削订正的可能性并非绝对没有。此外，让四库馆臣误解为编纂年月的后序"越十四寒暑，更俟博洽君子订焉"一句，也是说《类苑》从成书到后序执笔已经过去了十四年，希望读者指正。这样谦逊的表达，是不是也可能有了书中的内容招致非难的因素在呢？

总之，且不去追寻原因，经编纂者本人江少虞删削之后，在中国，《类苑》便以六十三卷本的形式流传开来，而初刊七十八卷本则成为绝迹。幸而江少虞删削之前刊行的麻沙本很早就传入日本，并被刊刻重生，使《类苑》的足本得以存世，后来在清末又流传回故土中国。七十八卷本留存于世，或许有违编者江少虞的意志，但丰富的史料藉此得以保存，比什么都重要。

（八）和刻本《皇朝事实类苑》史料价值举例

《皇朝事实类苑》由六十种以上的史籍和笔记小说抄录编纂而成。南宋初年江少虞抄录的这六十种以上的史籍和笔记小说，现在大多已经散佚或处于残缺的状态。不少文献的内容，赖《皇朝事实类苑》以存。因此，《皇朝事实类苑》亦可以称之为辑佚之渊薮。传入日本并被刊刻的《皇朝事实类苑》，以和刻本的形式流传于日本，并在二十世纪初叶传回中国。初刊七十八卷本的和刻本，比一直在中国境内流传的六十三卷重订本多出十七卷以上的内容。这十七卷多的份量达十万余字。具体门类为，《风俗杂志》门第三卷一卷、《谈谐戏谑》门五卷、《神异幽怪》门二卷、《诈妄谬误》门五卷、《安边御寇》门四卷。这四门多的内容中，就有已经散佚、仅见于《类苑》的文献。因此，有着相当大的史料价值与校勘价值。以下，仅举一例以明之。

北宋熙宁五年，即日本延久四年（1073）冬季，五台山巡礼归来，下榻于开封太平兴国寺传法院的成寻，从梵才三藏那里借阅了《杨文公谈苑》一书。在书中，成寻意外地发现了有关日本的记事，怀着惊喜，将《杨文公谈苑》中日本的记事抄录到他的日记中。日本的平林文雄是成寻日记的权威研究者。他在《参天台五台山记校本及研究》的书中提到："这部《谈苑》已佚，成寻所引的这一章便成为宝贵的资料。"① 的确如平林氏所言，记录北宋前期有名文人杨亿话语的《杨文公谈苑》，全书今天已经散佚不存。然而，成寻抄录的《杨文公谈苑》，则并非唯一的残存。九十年代的一位中国学者便从宋代以来的文献中搜集到 233 条佚文，编成辑本出版。② 成为这一辑本搜集佚文的主要来源文献，就是《皇朝事实类苑》。在《类苑》中，援引有大量的《杨文公谈苑》条目，散见于全书各卷各门类。我仅粗略调查了一下不见于六十三卷本的和刻本的最后十七卷，就发现有 30 条《杨文公谈苑》引文。成寻所抄录的第一条，也赫然见于卷 78。然而，像这样日本史研究的重要史料却无法在六十三卷本的《皇朝事实类苑》中见到。

我们有必要具体看一下这条与日本历史有关的史料。在平林文雄氏的《参天台五台山记》校訂本卷 5，成寻抄录的《杨文公谈苑》第一条文字如下：

公言。雍熙初日本僧奝然来朝。獻其國職員令年代記。奝然依錄自云。姓藤原氏為真連國五品官也。奝然善筆札而不通華言。有所問盡以對之。國有五經及釋氏經教。並得於中國。有《白居易集》七十卷。第管州六十八。土曠而人少。率長壽。多百餘歲。國王一姓相傳六十四世。文武

---

① ［日］平林文雄：《參天台五台山記校本並に研究》，风间书房 1978 年版。
② 李裕民辑校：《杨文公谈苑》，上海古籍出版社 1993 年版。

僚吏皆世官。予在史局閱所降禁書。有日本年代紀一卷及奝然表啟一卷。因得修其國史傳其詳。奝然後歸國。附商人船奉所貢方物為謝。案日本倭之別種也。以國在日邊故以日本為名。或言。惡倭之名不雅改之。蓋通中國文字故唐長安中遣其大臣真人來貢。皆讀經史善屬文。後亦累有使至。多求文籍釋典以歸。開元中有朝衡者。隸太學應學。仁至補闕求歸國。授撿校秘書監放還。王維及當時名輩皆有詩序送別。後不果去。歷官至右常侍安南都督。吳錢氏多因海舶通信。天台智者教五百余卷有錄而多闕，賈人言日本有之。錢俶置書於其國王奉黃金五百兩求寫其本盡得之。沉今天台教大布江左。

为了便于下面的校勘，以上所引文字未改成简体字，包括断句，都保持了平林校订本的原貌。将这一成寻抄录文与《皇朝事实类苑》的引文相比较，可以发现存在若干文字异同。由于这些异同关系到对这条史料内容的理解，现将主要异同以校勘记的形式记录如下：

（1）"奝然依錄自云姓藤原氏為真連國五品官也"："依錄"，《类苑》作"衣綠"，是。衣绿表明穿着人之身份，此与下述内容相关联。正确标点当为："奝然衣绿，自云姓藤原氏，为真连，国五品官也。"

（2）"有所問盡以對之"："盡"，《类苑》记作"書"。审前文"奝然善筆札而不通華言"，知作"書"是，作"盡"乃系形近而误。

（3）"第管州六十八"："第"，《类苑》作"地"。按，当作"第"，言其管辖州数之少。

（4）"因得修其國史傳其詳"：第二个"其"字，《类苑》作"甚"，当是。"傳"并非传达之意，而系"史傳"合称，指纪传体史书之列传。这里则指宋朝国史中之《日本国传》。

（5）"或言惡倭之名不雅改之"：《类苑》作"不惟改之"，有脱文，文字亦误。

（6）"隸太學應學仁至補闕求歸國授撿校秘書監放還"：《类苑》第二个"學"作"舉"，"仁"作"仕"，"撿"作"檢"，均是。"应举"指参加科举考试，"仕"指入官，"检校"则为官名之一部分。正确标点当为："隸太學，應舉，仕至補闕。求歸國，授檢校秘書監，放還。"

（7）"歷官至右常侍安南都督"：《类苑》"至右"作"左右"，"都督"

253

作"郡督"。按，关于朝衡之官职，《旧唐书》卷一九九《日本国传》作"左散骑常侍、镇南都护"，《新唐书》卷二二〇《日本国传》作"左散骑常侍、安南都护"。由此可知，《五台山记》与《类苑》所录均误。

（8）"錢俶置書於其國王"："國王"，《类苑》记作"國主"，当是。北宋王朝建立后，全国统一前，南唐、吴越等南方诸国国王多降格改称"国主"。因而自吴越立场出发，称日本国王为国主，理为当然。①

（9）"沉今天台教大布江左"："沉"字义不可通，《类苑》作"訖"，当是。

从以上校勘可见，《五台山记》与《类苑》抄录的文字各有所长。遗憾的是，平林文雄氏在校订《参天台五台山记》时，使用了十几种《参天台五台山记》的抄本，用力颇勤，却没有使用《类苑》的《杨文公谈苑》的相应引文。

此外，藤善真澄氏在论文《成寻与〈杨文公谈苑〉》② 中，也认为成寻最初携至日本的《杨文公谈苑》已经散佚无存，因而《参天台五台山记》的抄录便显得格外宝贵。这表明，藤善真澄氏似乎也不清楚在七十八卷本《皇朝事实类苑》中有着大量的《杨文公谈苑》佚文的存在。

中国方面的情况也同样。在六十年代校勘正史"二十四史"之一的《宋史》时，聚集了很多当时的一流历史学家，参加了校勘作业。在校勘《宋史》卷四九一《日本国传》时，写下了如下的校勘记：

> 职员今："今"，日成寻《参天台五台山记》延久四年十二月二十九日条引《杨文公谈苑》作"令"，清黄遵宪《日本国志》卷五也作"令"，当是。

为何只用《参天台五台山记》，而不用上述列举的《皇朝事实类苑》呢？我猜想，尽管在二十年代七十八卷和刻本《皇朝事实类苑》已经传回中国国内，并被翻刻，但所知者寡，学者们还是使用了知名度高的《参天台五台山记》。

---

① 其实，改称"国主"，自北宋建立前之周世宗时已然。李焘《续资治通鉴长编》卷二建隆二年九月壬戌条载："初，周世宗既取江北，贻书江南，如唐与回鹘可汗之式，但呼国主而已。上因之，于是始改书称诏。"

② 关西大学东西学术研究所：《创立三十周年纪念论文集》，1981年版。

(九) 从和刻本《皇朝事实类苑》价值与流传史考察引发的思考

通过以上的考察,《皇朝事实类苑》的成书与流传可以归纳如下。

(1) 1145 年（绍兴十五年），七十八卷本编竣；

(2) 1153 年（绍兴二十三年），建州麻沙书房刊行；

(3) 1158 年（绍兴二十八年），原编者江少虞完成六十三卷改订本；

(4) 1159 年（绍兴二十九年），文献中留下七十八卷本的阅读流传记录；此后，七十八卷本在中国绝迹，书目著录均为六十三卷本。

(5) 1621 年（日本元和七年、明天启元年），日本据宋麻沙书房七十八卷本，以木活字刊行；

(6) 1770 年前后,《四库全书》收录六十三卷本；

(7) 1920 年前后，董康据日本木活字本翻刻，收入《诵芬室丛刊初编》本。七十八卷本从此回归中国；

(8) 1981 年，上海古籍出版社据董康翻刻的七十八卷本点校出版。

从上述的流传史看，七十八卷本的《皇朝事实类苑》在成书十四年后，由编者本人又改编删削为六十三卷本。从此，七十八卷本便在中国大陆消失，仅以六十三卷本的形式流传。十八世纪《四库全书》编纂开始后，曾在全国范围内搜罗善本珍籍，然而七十八卷本亦未现身。这一事实让我们思考的一个问题是，1621 年在日本刊行的七十八卷本究竟是何时又从何处流入日本的？我的推测是，大约在原编者江少虞删削改订之前，麻沙书房刊行的七十八卷本便已透过商业性的书籍流通渠道进入了日本。此后，中国大陆流传的均是编者删削后的六十三卷本。如果这样的推测可以成立的话，十二世纪中日间的书籍流通的速度之快则可以窥见。最近接触到的一位研究宋元时代陶瓷考古的日本学者告诉我，当时瓷器从制造到进口至日本一般就在一两年间。通过瓷器的流通速度，我们完全可以对书籍流通作同样的想象。

此外，从《皇朝事实类苑》的流传史，我们还可以看到和刻本的价值被忽视的偏向。同样收录有成寻抄录日本关系史料《杨文公谈苑》的和刻本《皇朝事实类苑》一直收藏日本各地，很容易见到。但平林文雄氏校订《参天台五台山记》时，居然竟没有利用。同样，在二十年代和刻本《皇朝事实类苑》便以翻刻的形式传回中国，但中国学者也未加充分利用。这些事实都表明，无论是在日本，还是在中国，和刻本的价值都没有得到应有的重视。

三、《鹤林玉露》

（一）《鹤林玉露》其书

《鹤林玉露》是南宋文人罗大经撰写的一部有名的笔记。《鹤林玉露》记载的著者生活时代南宋的时事、理学、诗文和文学评论等，具有相当高的史料价值和研究价值。因此，自问世之后，被广泛征引和改编，甚至还出现了模仿的作品①。成为历代文人的爱读之书。清代乾隆皇帝也写下过"批黄稍暇无余事，静读《鹤林玉露》篇"的诗句。② 这部笔记的点校本作为我的大学毕业论文，在1983年出版以来，已经再版增印了四次。③ 作为著者生平与版本的考证，我曾撰有《罗大经生平事迹考》和《〈鹤林玉露〉版本源流考》二文附于初版的书后。在第三次印刷时，又增加了《罗大经生平事迹补考》一文。以下所述，就是根据上述诸文的考证结果。

（二）《鹤林玉露》的版本系统

由于是历代文人喜爱的笔记，《鹤林玉露》的版本相当多，将近十几种。与前述《皇朝事实类苑》类似，《鹤林玉露》也有两个版本系统。这就是，以和刻本为代表的十八卷本和以明万历本为代表的十六卷本。十八卷本分为甲乙丙三集，每集六卷。各集之前均有著者罗大经的自序。由此可知各集的完成时期。这应当说是《鹤林玉露》在成书时的原状。在中国大陆，以六卷为单位的《鹤林玉露》残本仅发现了两部，十八卷足本未见收藏。然而，十八卷本《鹤林玉露》在日本却相当流行，至少刊行过两次。在中国，广为流传的则是十六卷附补遗一卷本。明代以前的版本状况不详，不过至迟在明代初期已成为这种状况。

（三）和刻本《鹤林玉露》的来历

日本宽文二年（1662）刊活字本《新刊鹤林玉露》的封面，可见题签"覆明万历刻本"数字，卷首载有闽人黄贞升写于万历十二年（1584）的序文《重梓鹤林玉露题词》。从这一特征看，似乎和刻宽文本就是源自明万历

---

① 明代正德年间，张志淳的《南园漫录》，《四库提要》就评论说"似罗书者十之九"。
② 《御制诗集》初集卷39《太古云岚》（《四库全书》本）。
③ 点校本《鹤林玉露》作为《唐宋史料笔记丛刊》的一种，中华书局于1983年出版。

本。然而，事实并非如此。我如此断言的证据之一是，黄贞升的题词完全没有涉及《鹤林玉露》的版本与卷数，只是就书的内容进行了介绍。并且现存两种明万历本也没有刊载黄贞升的题词。第二个证据则是，考察另一种和刻本庆安（日本年号，1648～1652）元刊活字本，可以发现两种和刻本之间的直接传承关系。二本题名均为"新刊鹤林玉露"，并且庆安本的讹误与脱文，宽文本亦完全相同。然而庆安本则不载黄贞升题词，可知其来源并非如宽文本封面题签所示，是"覆明万历刻本"。那么，为何宽文本要冒称"覆明万历刻本"呢？我推测大约有两个背景因素。一是日本江户时期大量进口明代书籍，当时的日本人具有浓厚的中国兴趣。二是在宽文本刊行的时期，中国大陆尽管入清已有十余年，当时的日本人对文化不发达的满洲人充满蔑视，认为是蛮夷统治了中华。这两个背景因素，让日本的出版商将原本载于十六卷本的黄氏题词，转载刊于十八卷本之前，冠以"覆明万历刻本"的名义，以期收到理想的广告效果，增进贩卖。

（四）十八卷本与十六卷本的关系

根据我的考证，十六卷本是十八卷本散佚后的重编。比较两本，其顺序与内容的对应关系如下表所示。

十八卷本	十六卷本	十八卷本	十六卷本	十八卷本	十六卷本
甲编卷一	（注一）	乙编卷一	卷七	丙编卷一	卷一
甲编卷二	（注二）	乙编卷二	卷八	丙编卷二	卷二
甲编卷三	卷一三	乙编卷三	卷九	丙编卷三	卷三
甲编卷四	卷一四	乙编卷四	卷一〇	丙编卷四	卷四
甲编卷五	卷一五	乙编卷五	卷一一	丙编卷五	卷五
甲编卷六	卷一六	乙编卷六	卷一二	丙编卷六	卷六

注1：十八卷本甲编卷一凡29条。其中包括十六卷本的补遗15条、卷四7条、卷五5条、卷十一2条。

注2：十八卷本甲编卷二凡33条。其中包括十六卷本的補遗1条、卷五6条、卷六11条、卷九5条、卷十一1条、卷十二4条、卷十三4条、卷一五1条。

从上表所示可见，在以卷为单位这一点上，十六卷本还保持有十八卷本原状，但没有甲乙丙之分编，并且顺序也有颠倒。丙编的六卷相当于十六卷本的卷一至卷六；乙编的六卷相当于十六卷本的卷七至卷十二；甲编的卷三至卷六相当于十六卷本的卷十三至卷十六。甲编卷一至卷二的条目除了散见

257

于各卷之外，都集中在补遗部分。十六卷本补遗一卷的形成时期，当为明万历三十六年（1608）前后。明万历三十六年，南京都察院在补修万历七年刻本时，发现了十八卷本的甲编卷六，从中辑出近20条的佚文，在卷十六之后，补刻为补遗一卷。这一经纬见于明万历三十六年南京都察院刊本的孙燨跋语。

（五）和刻本《鹤林玉露》价值概观

广泛流传于中国大陆的十六卷本《鹤林玉露》已经在很大程度了失去了成书时的本来面目。不仅失载著者罗大经的序文，不分甲乙丙编，卷次混乱，更重要的是条目内容有不少散逸，各条之前的小标题也被删除了。与十六卷本相比较，和刻本《鹤林玉露》则完全保持了著者罗大经完成时的十八卷本原貌。我利用现存于明初编纂的《永乐大典》残本中19条《鹤林玉露》引文，分别与十八卷本和十六卷本的文字相比勘，发现《永乐大典》引文的文字全同十八卷本。和刻十八卷本比明代以来的十六卷本多出40条的内容。不仅如此，比较十八卷本，十六卷本的条目在没有散逸的部分也有脱文。因此，从整体看，《鹤林玉露》和刻本的价值明显要大大高于中国国内流传的十六卷本。

（六）和刻本《鹤林玉露》价值示例

同《皇朝事实类苑》一样，在《鹤林玉露》中也记载着有关日本的史料。这就是十八卷本丙编卷4《日本国僧》条。这条记事虽然也见于十六卷本卷4，但内容却少于十八卷本。现将此条移录如下：

予少年时，于钟陵邂逅日本国一僧，名安觉，自言离其国已十年，欲尽记一部藏经乃归。念诵甚苦，不舍昼夜，每有遗忘，则叩头佛前，祈佛阴相。是时已记藏经一半矣。夷狄之人，异教之徒，其立志坚苦不退转至于如此。朱文公云："今世学者，读书寻行数墨，备礼应数，六经语孟，不曾全记得三五板。如此而望有成，亦已难矣。"其视此僧，殆有愧色。

僧言其国称其国王曰"天人国王"，安抚曰"牧队"，通判曰"在国司"，秀才曰"殿罗罴"，僧曰"黄榜"，砚曰"松苏利必"，笔曰"分直"，墨曰"苏弥"，头曰"加是罗"，手曰"提"，眼曰"媚"，口曰"窟底"，耳曰"弭弭"，面曰"皮部"，心曰"母儿"，脚曰"又儿"，雨曰"下米",风曰"客安之",盐曰"洗和",酒曰"沙嬉"。①

以上抄录的这条记事,后半部楷体的96字为十六卷本所无,仅见于和刻十八卷本。在中国的古代文献中,"倭"、"邪马台"、"卑弥呼"等国名、人名之类日语发音拟音字间见记录。然而,《鹤林玉露》和刻本所载的20个日语单词,是中国文献中最早的有关日语日常用语的集中记录。罗大经实可谓开记录日语发音之端绪者。此后,明代学者踵其后,方有大量的记录。② 在近世汉语、特别是13世纪的江西方言与日语的语音比较研究方面,《鹤林玉露》和刻本的这条记载实为极其宝贵的史料,因而历来亦为以日本学者为主的日中两国学者所重视。

（七）从《鹤林玉露》所载日语语汇发音记录的研究史看和刻本的重要性

1981年,在《鹤林玉露》点校本的前言,我不揣自己的日语水平浅陋,对上述史料中的单词拟音与现代日语的对应关系,作了如下极为简略的介绍：

《鹤林玉露》中还有一些杂记也很有价值。如丙编卷四《日本国僧》条,不仅是一条研究中日交往的史料,而且其中记载的一些汉字的日语对音,对研究近古汉语音韵和日本语的发展也具有重要价值。如云："砚曰松苏利必（现代日语读为：スズリ）,笔曰分直（フデ）,墨曰苏弥（スミ）,头曰加是罗（カシラ）,手曰提（テ）,眼曰媚（メ）,口曰窟底（クチ）,耳曰弭弭（ミミ）』等。

《鹤林玉露》的《日本国僧》条最早为日本学者所注目。这实在是得益于和刻本《鹤林玉露》在日本的屡屡刊行和广泛流传。江户时代的学者本居宣长在其《汉字三音考》中便已提及这条史料。③ 进入二十世纪,日本学者的研究更为活跃。主要的日本方面的研究有,朝山信弥的《鹤林玉露『黄榜』などについて》（《国语国文》,1937年）、山田孝雄的《国語の中における漢語の研究》（宝文馆,1940年）、渡边三男的《中国文献に見える日本語：鶴林玉露と書史会要について》（《驹泽大学研究纪要》15号、1957年）、坂井

---

① 此段标点依据笔者的校勘本。
② 如明人郑若曾的《郑开阳杂著》便记录有大量的日语单词。
③ 《汉字三音考》,天明五年（1785）江户须茂兵卫刊行。

健一的《鶴林玉露・安覚伝の日本語》(『学叢』11号、1971年)等。然而，限于管见，中国学者的研究则为数不多，并且几乎都是在80年代以后。主要的研究有，严绍璗《中日古代文学关系史稿》(湖南文艺出版社，1987年)、张雅秋《从〈鹤林玉露〉中的一则史料看宋代中日文化交流》(《中日文化论丛》，杭州大学出版社，1997年)、丁锋《〈鹤林玉露〉所记日本寄语反映的宋代赣语音韵》(《球雅集》，好文出版，1998年)、何华珍、刘静《日语汉字词研究导论》(《汉字文化》，2005年)等。

　　从《鹤林玉露》所载日语词汇发音记录的研究史看，日本学者研究活跃的原因，不仅仅因为这是日语词汇的发音记录才普遍感兴趣，还有物理条件。这就是《鹤林玉露》的十八卷和刻本较为容易看到。而中国学者的研究相对较少的原因，也主要是由于中国流传的《鹤林玉露》是脱落了这段日语词汇发音记录的十六卷本。这便大大制约了学者考察视野。尽管十八卷和刻本在1936年便已回传到中国，经夏敬观校勘，于1936年以线装本的形式由商务印书馆刊行，但毕竟流布范围不大。因此，在1983年我的点校本出版之后，方引起这个领域的中国学者注目。

　　总之，可是说是《鹤林玉露》的存在构筑了这一问题的研究基础。

四、结语

　　以上，我试图通过回顾自己对《皇朝事实类苑》与《鹤林玉露》的研究经历，来强调和刻本的重要价值。正如本文开头援引的欧阳修《日本刀歌》所吟咏的那样，"徐福行时书未焚，逸书百篇今尚存"。在日本的和刻本汉籍中，中国失传或部分散佚的文献，有相当数量的存在。然而，限于流布范围，中国学者极少利用和刻本，从而也对其研究价值认识不足。这种状况的改变，有待于中日关系研究者、文献学者、校勘学者以及出版业界的努力。像《皇朝事实类苑》与《鹤林玉露》的和刻本那样，如果施以点校重新出版，势必会为更多的研究者利用提供便利的条件，其价值也自然会被加以深刻认识。

　　从另一个角度看，日本学界中从事中国文史研究以外的学者，也可以说对和刻本汉籍的价值认识不足。如前所述，在校订《参天台五台山记》之际，没有利用《皇朝事实类苑》，就反映了这种偏向。至少，在日本史研究领域，对和刻本汉籍的忽视，是研究的一个不小的损失。

汉籍传入日本，并被翻印刊行，不仅是出于当时的日本人对中国的浓厚兴趣，还是出于学术需要与商业利益的追求。所翻印刊行的汉籍也在一定程度或某种意义上与日本文化相契合。因此，还应当从出版文化史等更为广阔的视野来认识和刻本汉籍的重要性。

　　数量众多的宝贵的和刻本的存在，诚为可喜。不过，与之相关也产生一个新的忧虑。伴随着科技进步，越来越多的古典文献被陆续加以数字化，建成数据库。例如集中国古典文献之大成的《四库全书》，就将文字数以亿计的文献收纳到一台小小的笔记本电脑中，输入关键词，检索结果瞬间可见。文献电子版的出现，代替了往昔的皓首穷经博闻强记，改变了工具书的概念。因而，像《四库全书》这样的电子版，便成为学者手中的至宝，甚至须臾不可或离。然而，随之而来的是新的问题。就是电子版录入文献本身的信用问题。以《四库全书》为例，这部巨大的古代丛书，尽管在编纂的当年竭尽全力搜珍揽奇，但所收录书籍的底本亦并非都是善本、足本。本文例举的《皇朝事实类苑》与《鹤林玉露》的《四库全书》本，其内容均比和刻本要少。仅见于和刻本记载的内容，电子版便无法获知。此时，一味使用电子版，盲信电子版，便会出现问题。从这个意义上讲，科技的进步也在某种程度上产生了新的障碍。电子版检索的便利性，让人们丧失了视野广阔的探求欲，其结果必然会形成知识的自我遮断。这个问题，无论在中国还是在日本，特别是年轻的研究者，都应引起注意。至少，从事与汉籍有关的研究，尽管科技进步日新月异，但传统的目录学、版本学、校勘学并未过时。

第二十一章　五代宋初佚书回归小考

北京大学中文系　张阳

一、引言

在古代东亚，中国以其博大精深的先进文化对东亚诸国文明的形成与发展产生了全面而深刻的影响，并且逐渐形成了以中华文明为核心、以汉字、儒学为要素的东亚文化圈。而浩瀚的文献典籍是中华文明最重要的载体，东亚诸国正是通过汉籍的传入和流布，开启了构筑本国文明的旅程。所以在东亚诸国文明发展的早期，无不积极地从中国输入大量的文献典籍。而正是由于他们本国文献的缺乏和从中国输入文献的不易使得他们有着强烈地珍视和传承文献的意识。他们一方面妥善地保存这些文献，另一方面通过传抄和翻刻等方式流布传播这些文献。正因如此，东亚诸国成了汉籍的天然庋藏之所。中国本土因为天灾人祸等种种原因散佚的一些文献典籍反而在东亚邻国保存了下来，并且通过各种方式返归中国，对中国亦产生了较为深远的影响。

中国古代的文献典籍在历史发展的进程中因为自然或人为的因素毁佚十分严重。尤其是每经历一次改朝换代的兵火战乱，文献典籍便要遭受一次大的浩劫。所以每一个朝代开国之初，往往有征访图书之举。礼失，而求诸于野。随着中国与东亚邻国的官方使节和民间贸易交往的增多，对东亚邻国的了解也渐次增加，从而渐渐产生了域外保存有中国文献典籍的意识，所以当统治者在征访图书时不再仅仅局限于本国领域内，而是开始将目光投射到东亚邻国。

二、吴越国时期的域外求书

现在有史可考的中国最早向域外征访图书始于五代十国时期的吴越国。宋代江少虞编纂的《宋朝事实类苑》卷第七十八《安边御寇·日本》条引《杨文公谈苑》云:"吴越钱氏,多因海舶通信。天台智者教五百余卷,有录而多阙,贾人言日本有之,钱俶致书于其国主,奉黄金五百两求写其本,尽得之,迄今天台教大布江左。"①

五代时期割据于两浙地区的吴越国王钱氏三代均笃信佛教。当时吴越之地,天台宗十分兴盛。但是由于经历了唐武宗"会昌法难"和唐末五代的战乱,天台教的章疏典籍散佚十分严重。由于吴越国偏安于江南,社会相对安定,便充分利用其沿海优势和发达的海上交通积极发展与日本、朝鲜等国的外交关系和经济往来。而正是由于与海外诸国频繁密切的交往,所以才由吴越首先开启了向域外求访汉籍的举动。

关于吴越王钱俶时期天台教籍复归中土的相关史料有很多②,南宋志磐《佛祖统纪》卷八《十五祖螺溪净光尊者大法师纪》也有相关记载:"初,天台教迹,远自安史挺乱,近从会昌焚毁,残编断简,传者无凭。师每痛念,力网罗之。先于金华古藏,仅得《净名》一疏。吴越忠懿王,因览《永嘉集》,有'同除四住,此处为齐;若伏无明,三藏即劣'之语,以问韶国师。韶云:'此是教义,可问天台寂师。'王即召师出金门,建讲以问前义。师曰:'此出智者《妙玄》。自唐末丧乱,教籍散毁,故此诸文,多在海外。'于是吴越王遣使十人,往日本国求取教典。既回,王为建寺螺溪,扁曰定慧,赐号净光法师。及清谥天台诸祖,一家教学郁而复兴,师之力也。"③ 这则史料详细介绍了吴越王域外求书的缘起④、经过和结果。

1954年,在日本九州太宰府神社发现了一件与此次求书相关的古文书:"前人唐僧日延,去天历七年,为天台山宝幢院平等房慈念大和尚依大唐天台

---

① 《宋朝事实类苑》卷七十八,上海古籍出版社1981年版。
② 详张风雷:《五代宋初天台教籍复归中土问题的再检讨》,载《江西师范大学学报》,2004年06期。
③ 《大正藏》卷49。
④ 详王勇:《吴越国海外求书缘起考》,收入《中日"书籍之路"研究》,北京图书馆出版社2003年版。

德韶和尚书信、缮写法门度送之使。属越人苻承勋归船，涉万里之洪波……。"① 由此我们可以得知，应吴越王求书之请，日本天台宗座主慈念和尚延昌于天历七年（953）派遣日延为"缮写法门度送之使"入吴越国，献呈天台佚籍。这可以说是历史上记载的最早的中国佚书的域外回归。

而且根据现存史料显示吴越王钱俶在位期间曾经不止一次，而且不止向一个国家求书。上文所引《佛祖统纪》卷八《十五祖螺溪净光尊者大法师纪》案语云："案《二师口义》云：'吴越王遣使以五十种宝，往高丽求教文，其国令谛观来奉诸部，而《智论疏》、《仁王疏》、《华严骨目》、《五百门》等不复至。'据此则知，海外两国，皆曾遣使。若论教文复还中国之宝，则必以高丽谛观来奉教卷为正。"② 同书卷四十三《法运通塞志》亦云："建隆元年……初，天台教卷，经五代之乱残毁不全。吴越王俶遣使之高丽、日本以求之。至是，高丽遣沙门谛观持论疏诸文至螺溪，谒寂法师。一宗教文，复还中国。"③ 由此可知，宋建隆元年（960），吴越王亦曾遣使求书之高丽，高丽国王遂遣谛观法师入吴越奉送天台典籍。

这是吴越国时期有文献可考的两次天台教籍从域外的回归。这一时期天台教籍的复还中土，对于中国天台宗在北宋的重兴影响甚为巨大。

这一时期域外求书的成功回归，不仅使得中国人开始了解了域外汉籍收藏的状况，有了域外存有中国佚书的认知，从而引发了更多向域外求访书籍的举动；而且通过中国主动求书的举动，使得日本、朝鲜等东亚诸国也有了本国藏有中国佚书的意识，并且在以后的交往中出于种种原因开始有了主动进献佚书的举动。可以说中国佚书的域外回归实滥觞于此。从此之后，中国佚书开始不断从域外陆续返归。

其实高丽奉送天台佚籍并不是中国佚书从高丽的第一次回归。就在谛观入吴越的前一年，后周显德六年（959）便有高丽向后周进献《孝经》类佚书的记载。宋王溥《五代会要》卷三十《高丽》条云："其年（后周显德六年）八月，（高丽）遣使进《别序孝经》一卷、《越王孝经新义》八卷、《皇灵孝经》一卷、《孝经雌图》三卷。注云：'《别序》者，记孔子所生及弟子

---

① 转引自刘建《佛教东渐》，社会科学文献出版社1997年版。该古文书收录入日本太宰府天满官藏《大宰府政所牒案》，《平安遗文》第9卷4623号。
② 《大正藏》卷49。
③ 《大正藏》卷49。

从学之事。《越王新义》者，以越王为问目，以疏注文之是非。《皇灵》者，止说延年辟灾之事，及志符文，乃道书也。《雌图》者，止说月之环晕，星之彗孛，灾异之应，乃谶纬之书也。'"① 这是历史上记载最早的古代朝鲜半岛向中国输出佚书。②

记载此次高丽献《孝经》的史料也很多，《旧五代史》卷一百二十《周书·恭帝纪》③、《册府元龟》卷九百七十二《外臣部·朝贡第五》、欧阳修《新五代史》卷七十四《四夷附录第三》、宋庞元英《文昌杂录》卷六、宋钱端礼《诸史提要》卷十五、《玉海》卷四十一《唐孝经新义》、元马端临《文献通考》卷三百二十五《四裔考二》、古代朝鲜朝郑麟趾《高丽史》卷二《光宗世家》都有相关记载，所载大体相同。④ 但是这些史料都只是简单地记

---

① 《五代会要》卷三十，上海古籍出版社1978年版。
② 在这里澄清两个误区。一为有人认为朝鲜半岛向中国逆向输出书籍最早的是《增补文献通考·艺文志》所记载的"（新罗真兴王）三十七年（576）遣僧安弘入周求法，弘与胡僧毗摩罗，来献《稜伽胜鬘经》。"这是对《增补文献通考·艺文志》的误读。首先《增补文献通考》所记是引自金富轼《三国史记·新罗本纪》云："（新罗真兴王三十七年）安弘法师入隋求法，与胡僧毗摩罗等二僧回，上《稜伽胜鬘经》及佛舍利。"其次《增补文献通考·艺文志》这一条记载前明确说明此类记载"为购书赐书"。由此可知，此次并不是向中国献《稜伽胜鬘经》，而是从中国带回《稜伽胜鬘经》献给新罗王。此处《增补文献通考·艺文志》因缺少"二僧回"三字引起了误读。二是《增补文献通考·艺文志》记载："《五代史》云：'高丽王建进孝经雌雄图一卷。'"《东国通志·艺文志》亦载："孝经雌图一卷，高丽太祖进中朝。见《五代史》。"查历代史料，并无相关记载。只有清顾炎武《日知录》卷三十二《雌雄牝牡》条下云："而《五代史·四夷附录》：'高丽王建进《孝经雌图》一卷，载日食、星变。'不经之说，则近于诬矣。"今检《新五代史》卷七四《四夷附录第三》并无王建献书的记载，只有"六年，昭遣使者贡黄铜五万斤。高丽俗知文字，喜读书，昭进《别叙孝经》一卷、《越王新义》八卷、《皇灵孝经》一卷、《孝经雌图》一卷。《别叙》，叙孔子所生及弟子事迹；《越王新义》，以"越王"为问目，若今"正义"；《皇灵》，述延年辟谷；《雌图》，载日食、星变。皆不经之说。"可知此处应为顾炎武误记，献书者应为高丽王昭。《增补文献通考·艺文志》、《东国通志·艺文志》二书因承其误。
③ 《旧五代史》卷一百二十《周书·恭帝纪》（中华书局1976年版）记作"《越王孝经新义》一卷"，后附校勘记云："一卷，刘本同，殿本、欧阳史八四《高丽传》作八卷。"陈尚君《旧五代史新辑会证》（复旦大学出版社2006年版）将此处改为八卷，并附考证云："影库本（南昌熊氏影库本）作'一'，据《册府元龟》卷972、《五代会要》卷30、《新五代史》卷84及殿本改。"
④ 《册府元龟》卷九百七十二《外臣部·朝贡第五》（《宋本册府元龟》，中华书局）作"《孝经雌图》二卷"，欧阳修《新五代史》卷七十四《四夷附录第三》（中华书局1974年版）作"《孝经雌图》一卷"，所释诸书内容稍有所异，其文曰："《别叙》，叙孔子所生及弟子事迹；《越王新义》，以越王为问目，若今"正义"；《皇灵》，述延年辟谷；《雌图》，载日食、星变；皆不经之说。"《文献通考》卷三百二十五《四裔考二》、钱端礼《诸史提要》卷十五大体皆同《新五代史》。庞元英《文昌杂录》卷六、《玉海》卷四十一《唐孝经新义》、《高丽史》卷二《光宗世家》所记大体同《五代会要》。

述了高丽遣使献书的事实，而没有记载献书的缘起。但是无独有偶，时隔不久之后的宋初，日本也来进献《孝经》类的佚书。《宋史·日本传》载："雍熙元年（984），日本国僧奝然与其徒五六人浮海而至，献铜器十余事，并本国《职员令》、《王年代纪》各一卷。……其国多有中国典籍，奝然之来，复得《孝经》一卷、《越王孝经新义》第十五一卷，皆金缕红罗褾，水晶为轴。《孝经》即郑氏注者。越王者，乃唐太宗子越王贞；《新义》者，记室参军任希古等撰也。"①

同类性质的中国佚书再次从高丽和日本相继返归中国，这是值得我们关注的一个现象。如果说第一次是因为吴越钱氏向日本和高丽主动求书，日本和高丽遣使奉送天台教籍，那么这次两国向中国进献《孝经》的缘起又是什么？他们又是如何得知中国已经缺佚了这些书？由于五代时期史料的缺乏，我们已经无法查找到与之相关的记载。在这里我只能不揣陋昧，通过对现存有限的相关史料的梳理考索，尝试对这些问题进行一个探求。

三、五代宋初时期的求书

唐末五代由于战乱的原因，文献典籍散佚毁损十分严重。《宋史·艺文志》序云："陵迟逮于五季，干戈相寻，海寓鼎沸，斯民不复见《诗》、《书》、《礼》、《乐》之化。……然乱离以来，编帙散佚，幸而存者，百无二三。"② 所以为了收集亡佚图书，五代政府多次下令搜访图书。除了吴越王征访天台教籍之外，后唐、后汉、后晋、后周都有聚书之举。元马端临《文献通考》卷一百七十四《经籍考一》云："后唐庄宗同光中，募民献书。及三百卷授以试衔，其选调之官每百卷减一选。天成中，遣都官郎中庾传美访图书于蜀，得九朝实录及杂书千余卷而已。……后汉乾祐中，礼部郎司徒调请开献书之路。凡儒学之士、衣冠旧族，有以三馆亡书来上者，计其卷帙，赐之金帛。数多者授以官秩。时戎虏猾夏之后，官族转徙，书籍罕存。诏下，鲜有应者。"③《五代会要》卷十八"前代史"条载："其年（后晋天福六年）四月，监修国史赵莹奏：'自李朝丧乱，迨五十年。四海沸腾，两都沦覆，今

---

① 《宋史》卷四百九十一《外国七》，中华书局1977年版。
② 《宋史》卷二〇二，中华书局1977年版。
③ 《文献通考》卷一百七十四，中华书局1986年版。

之书府，百无二三。……今据史馆所阙唐书实录，请下敕命购求。"① 同书卷十八"史馆杂录"条云："（显德）二年十二月诏曰：'史馆所少书籍，宜令本馆诸处求访补填。如有收藏书籍之家，并许进纳。其进书人据部帙多少等第，各与恩泽，如卷帙少者，量给资帛。如馆内已有之书，不在进纳之限。仍委中书门下，于朝官中选差三十人，据见在书各求真本校勘，刊正舛误，仍于逐卷后署校勘官姓名，宜令馆司逐月具功课申中书门下。"②

但是虽然五代时期的统治者都致力于聚书，但是一方面由于这一时期战乱频繁的原因，书籍一直在不断地亡佚；另一方面由于五代时期的诸国割据的局面，征访书籍必然会受到很大的局限，所以效果也很有限，正如上述所引《文献通考》所云"诏下，鲜有应者"、"天成中，遣都官郎中庾传美访图书于蜀，得九朝实录及杂书千余卷而已"。所以这一时期书籍的求访大多收效甚微。

宋代开国初年，主要的藏书机构昭文馆、史馆、集贤院三馆的藏书主要系继承了后周的藏书。《文献通考》卷一百七十四《经籍考一》云："宋建隆初，三馆有书万二千余卷。"③ 这一记载说明了后周藏书的数量尚少。所以宋朝承五代之后继续积极征访图籍，从开国伊始就屡屡下诏求访遗书。《宋会要辑稿》第五十五册《崇儒》四之一五、《宋会要·求书藏书》："（乾德）四年（966）闰八月，诏购亡书。凡进书者，先令史馆点检，须是馆中所阙，即与收纳。仍送翰林学士院引试，验问吏理，堪任职官者，得具名以闻。……太宗太平兴国二年十月，诏诸州搜访先贤笔迹图书以献。"④《宋史·太宗本纪》亦载有太平兴国六年十二月癸酉太宗诏求医书之事⑤。所以可以说书籍的访求一直是五代十国乃至宋初文化建设的重心。

四、高丽献书缘起考

从上述史料来我们得知后周周世宗曾经锐意求访书籍。那么这里高丽献

---

① 《五代会要》卷十八，上海古籍出版社1978年版。
② 《五代会要》卷十八，上海古籍出版社1978年版。
③ 《文献通考》卷一百七十四，中华书局1986年版。
④ 《宋会要辑稿》第五十五册卷二千七百四十二《崇儒四》，中华书局1957年版。
⑤ 《宋史》卷四《本纪第四·太宗一》："（太平兴国六年）十二月癸酉，购求医书。"中华书局1977年版。

书的原因主要存在两种可能性：一是由于受到吴越钱氏域外求书使得天台宗教籍复得这件事情的启发，所以后周也主动向高丽征访书籍，而后高丽遣使来献；二是高丽通过来往于两国的使节或是商人等某种渠道得知了周世宗有访求书籍之举，为了示好主动遣使奉贡。那么这两种可能性哪种更大呢？首先由于现存史料的有限，我们无法找到能够证实后周主动向高丽征访书籍的相关记载。那么是否是高丽主动进献佚书呢？我们通过考索高丽与五代至宋时各政权的朝贡历史发现，高丽遣使进贡中国政府的物品一般都是方物，包括丝织品、武器、土产等。入宋之后史书中有几次关于高丽遣使献书的记载，但每次献书的缘起都是宋朝主动向高丽求书，而后高丽访得以献。下面是宋时高丽献书的记载：

邵博《邵氏闻见后录》卷九云："神宗恶《后汉书》范晔姓名，欲更修之，求《东观汉记》，久之不得。后高丽以其本附医官某人来上，神宗已厌代矣。"①

《高丽史》卷十《宣宗世家》宣宗八年（1091）条云："丙午，李资义等还自宋，奏云：帝闻我国书籍多好本，命馆伴书所求书目录授之。乃曰：'虽有卷第不足者，亦须传写附来。'"② 后开求书目录，开列《百篇尚书》、《京房易》、《东观汉记》、《说苑》、《黄帝针经》等128种，4980余卷。此后高丽陆续将佚书送还中国。《增补文献备考·艺文考》云："宣宗八年（1091）遣黄宗悫献黄帝针经于宋。……放翁跋《说苑》：'李德刍云：馆中《说苑》二十卷，而阙《反质》一卷。曾巩乃分《修文》为上下，以足二十卷。后高丽进一卷，遂足。《玉海》云："元祐八年，高丽进书有《京氏周易占》十卷，疑即隋志《周易占》十二卷。"③

所以从高丽向中国献书的记录来看，无一不是中国有所访求，而后高丽遣使来献。所以当时即使不是后周向高丽征访书籍，而是高丽主动进献，那么背后肯定是由某种起因引发了高丽做出此举，那么高丽献书缘起究竟是什么呢？高丽又是如何得知中国阙书的具体情况呢？那么我们就需要通过具体考察这一时期高丽和后周的关系来探求背后的原因。

五代十国时期虽然是一个战乱的年代，中原的中央政权几经改变，但是

---

① 刘德权、李剑雄点校：《邵氏闻见后录》卷九，中华书局1997年版。
② 《高丽史》第六册卷十，奎章阁藏本。
③ 详见《朝鲜时代书目丛刊［陆］》，中华书局2004年版。

高丽从后唐开始行其年号，接受其册封。此后先后接受了后晋、后汉、后周的册封，并且一直和中原政权保持着友好的宗藩关系。

后周世宗时期正值高丽国的光宗朝。光宗即位之初，高丽王朝正值在本国勋贵豪族势力的压迫下风雨飘摇之时。为了削弱豪族势力，加强王权，光宗效仿中国之制推行了一系列的政治改革措施以改革高丽旧有的社会政治结构：光宗七年（956）实施"奴婢按检法"；九年（958）实行科举制；十七年（966）实行百官四等服制。尤其是光宗九年（958）实行的科举制对高丽是一项影响深远的政治举措。科举制度的实施，使得国王可以按照自己的意志自主选拔官吏，从而达到抑制勋贵旧臣势力、加强专制王权的目的。

朝鲜半岛三国时代以前，未有科举之法。而这一时期初行科举制是采纳了时任翰林学士的原后周官员双冀的建议。双冀在中国的史书中无载，但却留名于古代朝鲜的史书中。《高丽史·双冀传》载："双冀，后周人，仕周为武胜军节度巡官、将仕郎、试大理评事。光宗七年，从封册使薛文遇来，以病留。及愈，引对称旨，光宗爱其才，表请为僚属，遂擢用，骤迁元甫、翰林学士。未逾岁，授以文柄。时议以为过重。九年，始建议设科，遂知贡举……自后屡典贡举，奖劝后学。文风始兴。"① 双冀在后周时曾任武胜军节度巡官、将仕郎、试大理评事等职。光宗七年（956）跟随后周封册使薛文遇入高丽时因病暂留。而后接受光宗聘请成为了高丽臣僚，并且受到光宗的重用。光宗九年（958），光宗采纳双冀的建议设科举试，以诗、赋、颂、策取进士，并命其为知贡举。《高丽史》卷七十三《选举志》云："自此文风始兴，大抵其法，颇用唐制。"②

由于当时高丽光宗所面临的政治局面与后周的政治环境极为相似，所以光宗这一时期的政治改革也多效仿后周之制。而根据史书记载这一时期双冀很受光宗信赖，所以可以想见双冀在光宗初年的政治改革中应该起了极为重要的作用。

由于高丽光宗时期是高丽历史上的一个特殊时期，所以这一时期高丽与后周的外交关系也很特殊。这一时期高丽和后周不仅往来频繁，而且大大超越了以往朝贡和册命等政治交往的范围。由于高丽还拥有后周所需的经济资

---

① 《高丽史》第55册，卷九十三，奎章阁藏本。
② 《高丽史》第44册，卷七十三，奎章阁藏本。

源——铜,所以双方的交往扩大到了大规模官方贸易的层次。因此这一时期高丽与后周的经济往来也很特殊。《五代会要》卷三十《高丽》条载:"(显德)五年七月,命尚书水部员外郎韩彦卿、尚辇奉御金彦英使于高丽,因命赍帛数千匹就彼市铜,以备铸钱之用。"① 由于铸钱的需要,后周政府对铜的需求量很大。而高丽是当时中国本土以外最主要的产铜国,所以后周经常到高丽采购铜。而也许正是由于后周对铜的需求需要借助高丽,所以高丽政府为了获取更多的经济政治利益,在与后周的交往中使用了一些政治外交手腕。《旧五代史》卷一百二十《周书·恭帝纪》就记载了高丽在外交关系上的一次不寻常的举动:"(显德六年七月)尚辇奉御金彦英本东夷人也,奉使高丽,称臣于夷王,故及于罪。"② 尚辇奉御金彦英奉使高丽时之所以称臣于夷王,想必应该是在高丽政府的施压下的被迫之举。他也因此在次年获罪配流。而高丽这种把中国使臣视为下臣的态度是可以说是是前所未有的举动。

后周显德六年,这一年在高丽与后周的交往历史上是一个特殊的年份。当时高丽与五代其他国家以及和后周早期的交往中,基本为一年遣使进贡一次或几年一次,但是在显德六年这一年,高丽却在春、秋、冬三次遣使至周。《五代会要》卷三十《高丽》条载:"(显德)六年正月,又遣其臣王子佐丞王兢、佐尹皇甫魏光等贡名马、织成衣袄、弓剑等。其年八月,遣使进《别序孝经》一卷、《越王孝经新义》八卷、《皇灵孝经》一卷、《孝经雌图》三卷。其年十一月遣使贡铜五万斤,紫、白水精各二千颗。"③ 春正月遣使应该是以贺正为目的的例行使节。但是这一年七月,后周世宗去世,恭帝继位。这件事情应该对后周和高丽的关系有所影响。而尚辇奉御金彦英因为出使高丽时称臣获罪,显然表明这时高丽与后周的外交关系出现了危机。高丽方面可能认识到了此次事件对两国关系的影响,于是在次月立刻派使节入周庆贺新帝登基。在例行的朝贡外,还兼进《别序孝经》、《越王孝经新义》、《皇灵孝经》、《孝经雌图》等中国佚书。根据《旧五代史》卷一百二十《周书·恭帝纪》记载:"(九月)乙卯,高丽王王昭加检校太师,食邑三千户。"④ 显然由于高丽积极的外交举措,很快就化解了两国的外交危机。十一月又主动献

---

① 《五代会要》卷三十,上海古籍出版社 1978 年版。
② 《旧五代史》卷一百二十,中华书局 1976 年版。
③ 《五代会要》卷三十,上海古籍出版社 1978 年版。
④ 《旧五代史》卷一百二十,中华书局 1976 年版。

铜五万斤,及紫白、水精各两千颗。献铜此举应该深得后周之心。这一时期高丽在外交上所表现出的前所未有地灵活表现,应该不是偶然,因为做出此类举措需要对后周有相当的了解。而考虑到此时光宗朝的实际,想必应该和曾经在后周任职、深谙后周政治的双冀有很大关系。

我们通过探求这一时期后周与高丽的外交关系来看,首先在当时特殊的社会背景下,高丽光宗与后周的交往在政治和经济领域都很密切。而且由于显德六年这一年后周周世宗的去世导致的权力关系的变动以及高丽和后周出现了外交危机等因素的影响,需要高丽灵活采取相应举措以化解危机,所以在这一年中额外地派遣两次使者献上中国所需之物,一是书籍,二是铜。另外,由于此时继位恭帝年仅七岁,当时后周由符太后垂帘听政。所以不知高丽此时献《孝经》是否富含深意。总之这一年的外交是精心策划的结果,献《孝经》之举也应该与此有很大关联。

五、奝然献书考

如果如上所述高丽献《孝经》是出于政治目的而精心策划的结果,那么宋朝初年奝然进献《孝经》原因又是什么呢?

日本宽平六年(894),宇多天皇准许了菅原道真以大唐凋敝多乱停派遣唐使的奏请。同时这一时期的日本开始实行"锁国政策"。于是以定期派遣使节形式的中日官方使节交往到此结束。但是由于民间贸易随着航海技术的进步逐渐兴盛,从唐末五代开始到清末,民间商船成了中日两国交往的主要媒介,而僧侣和商人则架起了双方交流的桥梁。五代宋初时期,一方面是中国经过战乱,文化损毁严重;另一方面日本正处于从模仿中国隋唐文化到转变为逐步形成具有自己民族特色的国风文化时期,民族意识渐渐觉醒。所以后唐明宗天成二年(927)宽建入华巡礼求法时,携菅原道真、纪长谷雄的诗集各三卷、橘广相诗集二卷、都良香诗集一卷、小野道风的行、草书各一卷以流布唐国,宣扬日本文化。而后吴越王主动向日本求书的举动使得日本人因知晓本国典籍之丰富,并且拥有中国佚书而自信心猛增。

正如前面提到的五代至宋初的统治者一直在不断地征访书籍,想必日僧奝然在入宋前应该是从来往于中日之间的商人或是僧侣那里听说了宋代皇帝求书之事。而且当时的日本和高丽也有一些官方使节和贸易的往来,高丽向后周进献《孝经》之事也许也通过某种渠道传入了日本，从而使得奝然知道了中国缺佚这一类书。而且在奝然所献的书中有和高丽所献相同之书——《越王孝经新义》，但是卷数又有所不同。想必这不是一个巧合，那么我们猜想很有可能是奝然听说了高丽献书的具体情况，而后精心选择了所献之书。

我们根据奝然入宋后的事迹推测，此时奝然主动携佚书前来进献的目的可能主要有两个方面：一方面是为了向宋人宣扬"其国多有中国典籍"，以夸耀本国文化。《宋史·日本传》记载奝然向宋太宗进献日本著作《职员令》和《王代年纪》，并且向宋太宗详细说明了日本的天皇及文武百官世袭相传的情况以及日本的地理环境、风土人情等以宣扬本国文化。并且专门告知："国中有《五经》书及佛经、《白居易集》七十卷，并得自中国"。[①] 而后进献"《孝经》一卷、《越王孝经新义》第十五一卷"。[②] 同时为了提高宣传效果，奝然所携的两部中国典籍"皆金缕红罗镖，水晶为轴"；[③] 正是由于奝然的精心准备的贡品及宣扬夸耀之辞，使得宋太宗发出了对夷国赞扬的感慨"此岛夷耳，乃世祚遐久，其臣亦继袭不绝，此盖古之道也。中国自唐季之乱，宇县分裂，梁、周五代享历尤促，大臣世胄，鲜能嗣续。"[④]

另一方面是以献佚书示好以得到宋朝统治者的信任，获取在中国求法巡礼的方便，并且求取雕版《大藏经》。《宋史·日本传》载："（奝然）又求印本《大藏经》，诏亦给之。"[⑤] 开宝四年（971），宋太祖下诏开雕《大藏经》，太平兴国八年（983）雕版完成。奝然恰于此年入宋，想必应该不是巧合。当时宋日之间民间贸易往来频繁，书籍信息的交流较为畅通，奝然入宋前应该对宋代开雕《大藏经》之事有所耳闻，所以奝然苦心入宋的目的之一应该包括求取《大藏经》以携归本国。

奝然之后，不断有日僧入华，他们宣扬"其国多有中国典籍"的言辞和屡屡携中国佚书入华的事实，引发了中国文人士大夫无数的慨叹。据传为北宋欧阳修所作的《日本刀歌》有云："徐福行时书未焚，逸书百篇今尚存。令严不许传中国，举世无人识古文。"[⑥] 这首诗在中国和日本都产生了很大的影

[①] 见《宋史》卷四百九十一《外国七》，中华书局1977年版。
[②] 见《宋史》卷四百九十一《外国七》，中华书局1977年版。
[③] 见《宋史》卷四百九十一《外国七》，中华书局1977年版。
[④] 见《宋史》卷四百九十一《外国七》，中华书局1977年版。
[⑤] 见《宋史》卷四百九十一《外国七》，中华书局1977年版。
[⑥] 李逸安点校：《欧阳修全集》卷五十四，中华书局2001年版。

响。自宋代至明清的诸多文人学士对诗中所表达的徐福携带的逸书残存于日本的观点一直争论不休，同时也引发了无数文人学士前往日本寻求书籍的愿望和热忱。

六、《孝经》在东亚的传播

中国典籍之东传以与中国毗邻的朝鲜半岛为先。据历史记载早在春秋战国时期，朝鲜半岛就已经开始输入汉籍。而早期汉籍传入日本也主要是以朝鲜半岛为中介。《孝经》是最早传入朝鲜和日本的书籍之一。推古天皇十二年（604），圣德太子制定的《十七条宪法》中，已有"上下和睦"的话，有日本学者指出这出自《孝经》"民用和睦，上下无怨"。在《孝经》传入朝鲜和日本之后，因为其所具备的政教风化和启蒙的作用，被两国的统治者大力推崇，一直被规定为文人士子研习儒家经典的入门书籍、童蒙始学的启蒙之书。上至帝王将相，下至黎民百姓，都对之广为传习，对朝鲜和日本的社会政治产生了深远影响。

七八世纪的隋唐中国与新罗、日本的国子学均规定《孝经》、《论语》都是必读的教材。据《三国史记·新罗本纪》记载，古代朝鲜三国时期的新罗在国学中设博士讲授儒学，以《论语》、《孝经》为必修，《周易》、《尚书》、《毛诗》、《礼记》、《春秋》、《左传》、《文选》为选修。同时期的日本文武天皇大宝元年（701）颁布的《大宝律令》中关于《学令》的规定中已将《孝经》、《论语》作为学生必习之书，而后元正天皇养老二年（718）在修正《大宝律令》基础上编纂的《养老令·学令》规定："《孝经》、《论语》皆须兼通。"① 还有《考课令》规定："若《论语》、《孝经》皆不通者，皆为不第。"② 由此可见，《孝经》、《论语》是当时东亚士子研习儒家经典的入门之书和必修科目。并且这种规定一直了延续下去，朝鲜半岛高丽仁宗时期，在国子学、太学、四门学置博士助教，分经教授学生。规定《孝经》、《论语》为必修，学生皆先读《孝经》、《论语》，而后读诸经。在日本皇室内部，《孝经》也被规定为天皇、太子和皇家贵族子弟的始读之书。日本从仁明天皇开

---

① 《令义解·学令第七》"《礼记》、《左传》各为大经条"。
② 《令义解·考课令七一》"明经条"。

始规定,皇太子开始读书之时,要行"御读书始",常常选择《孝经》作为皇太子的始读之书。据日本史书记载,醍醐天皇延喜二十一年(921),皇太子降生时颁赐《孝经》二卷、《论语》一部;在举行的洗礼"御汤殿始"仪式中,由侍者在身旁读《孝经》等儒家经典。这一礼仪在日本皇室长期保留了下来。

天宝三年(744),唐玄宗诏令天下家藏《孝经》一部,让子弟精读勤学。孝谦天皇天平宝字元年(757)下诏云:"古者治民安国,必以孝理,百行之本莫先于兹,宜令天下家藏《孝经》一本,精勤诵习,倍加教授。"[1] 高丽仁宗时亦将《孝经》、《论语》等分赐给民间儿童,以广教化。

正因历代统治者的重视,《孝经》类书籍在朝鲜和日本的流布很广。在宇多天皇宽平年间(889~896)由藤原佐世编撰的《日本国见在书目录》"孝经家"著录《孝经》类著作二十种,五十一卷;[2] "异说家"著录《孝经》纬书七种,二十二卷。[3] 而《隋书·经籍志》著录《孝经》类著作"十八部,六十三卷(通计亡书,则合五十九部,一百一十四卷)";[4]《孝经》纬书三部,合十四卷(通计亡书十五部,四十一卷)。五代时的《旧唐书·经籍志》著录《孝经》类著作"二十七家",八十二卷[5]。宋初的《崇文总目》著录《孝经》类著作五部,九卷。[6]

由以上对比我们可以看出,当时日本对于《孝经》类书籍搜罗较为完备,并且保存较为完好。但是与此形成对比的是,我们通过对中国历代书目的记载对比发现,在中国《孝经》类著作散佚十分严重,经历了唐末五代战乱之后的宋初在编制《崇文总目》时,便仅能见到五部九卷《孝经》类著作。

七、《越王孝经新义》考

《越王孝经新义》,《宋史·日本传》云:"越王者,乃唐太宗子越王贞;

---

[1] 《续日本纪》卷二十《孝谦纪四》。
[2] 《日本国见在书目录》,《古逸丛书》本。
[3] 《日本国见在书目录》,《古逸丛书》本。
[4] 《隋书》卷三十二,中华书局1973年版。
[5] 《旧唐书》卷四十六,中华书局1975年版。
[6] 《崇文总目》卷一,国学基本丛书本,商务印书馆1939年版。

《新义》者，记室参军任希古等撰也。"① 越王，即唐太宗第八子李贞；任希古，《新唐书》有传。②《越王孝经新义》乃时任越王府记室参军的任希古奉越王李贞之命所撰，故名之《越王孝经新义》。唐朝历代帝王均十分重视《孝经》。唐太宗时期曾经诏令当时的鸿学硕儒给皇子们讲授《孝经》。如孔颖达曾为太子承乾讲《孝经》，太子命孔颖达作《孝经义疏》；萧德言曾给晋王讲授《孝经》。据《五代会要》卷三十《高丽》献书条注云："《越王新义》者，以越王为问目，以疏注文之是非。"③ 可以想见《越王孝经新义》亦应该是时任越王记室参军的任希古给越王讲授《孝经》时，以越王之所问为目，为《孝经》所做的讲疏。

在高丽和日本所献的书中都有《越王孝经新义》，但是二国所献的卷数有所差异，高丽献八卷，日本献第十五卷一卷。裔然选择所献的卷数一直是人们所关注也是人们所疑惑的一个问题。有人认为有一种可能性是日本知道中国缺佚第十五卷，专门携十五卷来以补足。如果假设是此因，那么日本人所拥有的中国缺佚第十五卷的意识应该是中国方面通过某种方式传达给日本的信息。但是这一种可能性极小，因为《越王孝经新义》在中国历代的书目中均记载为十卷，那么这样中国便无从产生缺佚第十五卷的意识。但是同时我们发现《日本国见在书目》"孝经家"著录"越王孝经廿卷，希古等撰。"④ 中日两国所著录此书的卷数一为十卷，一为二十卷，那么我们在此就有必要首先来讨论一下两国著录卷数的差异问题。

中国现存最早记载《越王孝经新义》的目录为《旧唐书·经籍志》。《旧唐书·经籍志》载："《越王孝经新义》十卷，任希古撰。"⑤《旧唐书》虽然成书于五代时的后晋，但是其《经籍志》主要是依据唐玄宗开元时毋煚编纂的《古今书录》编纂而成的，反映的是唐玄宗时期的国家藏书情况，那么其实际著录情况要早于《日本国见在书目》。《新唐书·艺文志》、《玉海》卷四十一《艺文》《唐孝经新义》、《通志》卷六十三《艺文略》、明《国史经籍志》、清朱彝尊《经义考》、清沈炳震《唐书合钞·经籍志》均著录为十卷。

---

① 见《宋史》卷四百九十一《外国七》，中华书局1977年版。
② 见《新唐书》列传第一百二十《孝友传》。
③ 《五代会要》卷三十，上海古籍出版社1978年版。
④ 《日本国见在书目录》，《古逸丛书》本。
⑤ 《旧唐书》卷四十六，中华书局1975年版。

日本现存书目中除了《日本国见在书目》外没有关于此书卷数的记载。现存的朝鲜半岛最早的普通目录皆为朝鲜时代所编纂，皆无《越王孝经新义》卷数的相关记载，所以我们无法从朝鲜半岛的相关历史记载中去考辨中国和日本著录差异的是非问题。

那么我们首先分析第一种可能性，中国书目著录有讹误或是脱文，即"十"上脱"二"字？但是我们通过检核《新唐书·艺文志》《孝经》类"著录"部分发现该类著录的二十七家书之卷数，共计八十二卷，与小序所载合计之数"二十七家，三十六部，八十二卷"[1] 完全一致。所以前后记载均有讹误的可能性很小。而且我们还有一个旁证，高丽所献的八卷本虽然极有可能是个残缺本，但是相比较而言其原始完本更有可能是十卷本。因为既然这是高丽精心策划的一次献书之举，那么应该就不可能找一个缺佚严重的残本进献。

弇然进献的是《越王孝经新义》的第十五卷，由此我们可以得知《日本国见在书目》的著录也不可能是讹"十"为"廿"。而且《日本国见在书目》的作者藤原佐世元庆年间曾为阳成帝讲解《孝经》，并且撰有《古今集注孝经》。那么藤原佐世对《孝经》类著作应该极为熟悉，所以记载有误的可能性较小。[2]

那么通过以上分析，现在只剩下一种可能性，就是《越王孝经新义》传入日本之后，该书经过了相关整理者或是著录者的改编，将其改编为二十卷本，并在日本流布传播。但是我们现在已经无法查找到相关史料对此事做出判断，所以现只能暂付阙如。

那么我们现在再来讨论弇然仅仅献第十五卷的原因，既然不是因为中国缺佚第十五卷而专门来献第十五卷，那么我认为这里存在两种可能：一种是日本仅存第十五卷；二是因为弇然听说高丽献八卷，为了表示日本尚藏有与其之不同的本子，故来献第十五卷。但是这同时就有一个问题，为什么只献第十五卷，另外不同卷数的为什么不献？所以这个问题最大的可能性还是日本仅存第十五卷。而且从下文我们将要提到的日本藏书家藤原赖长在仁平元

---

[1] 《新唐书》卷五十七，中华书局1975年版。
[2] 《日本国见在书目录》"孝经家"子目下注云："四十五卷，如本。"但检核其实际著录，实为五十一卷。但由于相差卷数小于十卷，所以不能判定这里就是《越王孝经新义》著录的错误。而是有可能是《日本国见在书目录》的著录在流传过程中经过了后人的增添。

年（1151）曾经向宋商刘文冲访求《越王孝经新义》，我们猜想宋代时期的日本，此书的流传和保存状况也已不佳。当然我们因为缺乏相关的史料证据，所以在这里只能做出一个推测，认为日本仅存第十五卷的可能性最大，但是并不能排除有其他可能性的存在。

通过前面我们所引的中国历代书目著录《孝经》类著作的情况，我们知道在中国《孝经》类注疏的散佚十分严重。在古代中国，除了天灾人祸等原因引起的书籍的亡佚之外，由学术风气的转变引起的相关儒家经典注疏的兴衰也会导致书籍的散毁。《孝经》类著作便是如此。自从唐玄宗御注《孝经》后，《孝经》类注疏便开始大规模亡佚。中国学术风气的转变亦对朝鲜和日本儒学的学风产生了影响。《令义解》明确规定："凡教授正业，《周易》郑玄、王弼注，《尚书》孔安国、郑玄注，《三礼》、《毛诗》郑玄注，《左传》服虔、杜预注，《孝经》孔安国、郑玄注，《论语》郑玄、何晏注。"[1] 可见日本飞鸟及奈良时代，日本学习儒家经典，其指定的注疏多为汉魏注家，学习《孝经》兴盛的是郑注和孔传。自从唐开元十年（722）唐玄宗御注《孝经》颁行天下后，它就取代了郑注和孔传，成为了以后中国历史上直至今天最通行的《孝经》注本。日本亦然，清河天皇贞观二年（860年），日本也改用玄宗注疏。所以之后在日本汉魏经注渐渐被弃用，当时的儒学家都改读唐朝编撰的各经《正义》，于是这些汉魏经注渐渐无人问津，也开始渐渐散亡。

《越王孝经新义》便是这种情况，我们已经无法从现存史料中查找到它在当时社会的影响和传播，但是高丽和日本都曾输入此书，可以想见此书在当时应该产生了不小的影响。唐玄宗时期毋煚的《古今书录》中尚有记载，所以唐玄宗初年时此书尚存。但是一方面是由于受到唐玄宗御注《孝经》盛行的影响，一方面是由于唐末五代战乱的原因，此书大概在唐末时便已亡佚。后周时期高丽的献书大概由于时值乱世书籍的保管不佳，加之政权交替引发的战乱，在入宋时极有可能再次亡佚。另外根据《宋史·日本传》称奝然所献为"复得"，那么宋朝初年时《越王孝经新义》应该是已不存。

《崇文总目》记载奝然所献另一书《孝经郑注》时云："五代兵兴，中原久逸其书，咸平中，日本僧以此书来献，议藏秘府。"[2] 由此可知，奝然所献

---

[1] 《令义解·学令第六》"教授正业"条。
[2] 《崇文总目》卷一，《国学基本丛书》本，商务印书馆1939年版。

的《越王孝经新义》也应该和《孝经郑注》一样深藏秘府，由于流传不广，便再次很快又散亡了。所以仅仅相隔几十年后宋仁宗庆历初年编纂《崇文总目》时已不再著录。司马光《古文孝经指解序》称："今秘阁所藏止有郑氏、明皇及古文三家而已。"① 此言亦可与《崇文总目》互为参证，可见当时北宋国家藏书机构里已没有《越王孝经新义》。而几乎是同时代的日本平安时代后期，作为当时第一大藏书家的藤原通宪所编撰《通宪入道藏书目录》中也没有《越王孝经新义》的记载。而南宋高宗年间，日本著名的藏书家藤原赖长《宇槐记抄》② 在仁平元年（1151）九月二十四日条的记事中记载了他对宋商人出示求书目录，并企盼他们按要求携书来之事。在此之前，宋朝商人刘文冲渡海至日本，以《东坡先生指掌图》2 帖、《五代史记》10 帖、《唐书》9 帖，呈献给藤原赖长。藤原赖长对他出示了新的求书目录，希望他能够再次携书来献，这份求书目录中就有《越王孝经新义》，由此可知此时《越王孝经新义》在日本大概也已亡佚。在现存的朝鲜时代的书目也没有著录此书。据此可知，《越王孝经新义》大概在北宋时期便永远地佚失了。

同样，舃然所献的《孝经郑注》在中国也经历和《越王孝经新义》相似的命运。但是由于《孝经郑注》的影响力更大，所以在《崇文总目》里还有著录，司马光检北宋秘阁所藏《孝经》文献时亦曾见到。此本在南宋还有传刻，陈振孙《直斋书录解题》卷三《孝经（郑）注》一卷解题云："乾道中，熊克子复从袁枢机仲得之，刻于京口学官。"③ 尤袤《遂初堂书目》④、周应合《景定建康志》卷三三《书籍》⑤、《宋史·艺文志一》⑥ 皆曾著录《孝经郑注》。然而此后历经元明未闻有述，亡佚于何时已不可考。日本亦不存。直到入清之后，朱彝尊始辑《郑注》佚文，此后辑佚此书者不断有之。有清一代辑录《郑注》成专书者不下 30 家，如余箫客、陈鱣、洪颐煊、臧庸、王谟、袁钧、钱侗、孔广林、严可均、黄奭、皮锡瑞、孙季咸、龚道耕、曹元弼等。

---

① 《古文孝经指解序》，《温国文正公文集》卷第六十四，《四部丛刊》景宋绍兴本。
② 《宇槐记抄》卷中，增补史料大成第 25 卷，临川书店 1965 年版。
③ 《直斋书录解题》卷三，上海古籍出版社 1987 年版。
④ 《遂初堂书目》"《论语》类（《孝经》、《孟子》附）"条下列："郑元注《孝经》"，丛书集成初编，商务印书馆排印本，1935～1937 年。
⑤ 《景定建康志》卷三十三"《孝经》十二本"条下列："郑康成注。"《宋元方志丛刊》第二册，中华书局 1990 年版。
⑥ 《宋史》卷二零二"《孝经》类"著录有："郑氏注《孝经》一卷"，中华书局 1977 年版。

同时期的日本学者也开始了对《郑注》的辑佚。嘉庆初年,日本学者冈田廷之将辑自《群书治要》的《孝经郑注》回传中国。嘉庆十五年(1810)鲍廷博将其刊入《知不足斋丛书》第二十一辑,在当时学术界引起了巨大反响。

八、结语

在古代东亚的文化交流史上,文献典籍的交流一直是一项极其重要的内容。尤其是中国古代文献典籍在东亚的传播流布,对整个东亚文明的发展产生了深远的影响。虽然在古代东亚文献典籍交流的主要趋向一直是中国的文献输往邻国,但是文化交流从来都是双向传递,彼此互相作用、互相影响的。所以随着岁月的推移、人事的变迁,部分在中国已经亡佚的汉籍,却因被完好地保存于东亚邻国,而得以返还故土。这不仅弥补了中国文献典籍的缺失,更在中国引起了极大的反响,对中国文化产生了积极影响。这种文化现象是一个值得我们研究的重要课题,而且它对于我们研究中国文献学史和当今的古籍整理研究工作都具有重要的参考价值。

第二十二章 逸存东瀛的唐寅诗书

浙江工商大学东亚文化研究院 陈小法

一、绪言

在我国，江南才子唐寅（1470～1523）可说是一位家喻户晓的富有传奇色彩的人物，关于其的一些佳话逸事，更是耳熟能详。然而，《明史》对有"吴门四大家"、"吴中四才子"以及"明四大家"之誉称的唐寅，仅用了短短的二百十三个字来概括其坎坷的一生，谨录其中一段如下：

唐寅，字伯虎，一字子畏。性颖利，与里狂生张灵纵酒，不事诸生业。祝允明规之，乃闭户浃岁。举弘治十一年乡试第一，座主梁储奇其文，还朝示学士程敏政，敏政亦奇之。未几，敏政总裁会试，江阴富人徐经贿其家僮，得试题。事露，言者劾敏政，语连寅，下诏狱，谪为吏。寅耻不就，归家益放浪。宁王宸濠厚币聘之，寅察其有异志，佯狂使酒，露其丑秽。宸濠不能堪，放还。筑室桃花坞，与客日般饮其中，年五十四而卒。①

至于上文中的"江阴富人徐经贿其家僮，得试题"之真伪，历来说法有异。但唐寅因此受牵连而"下诏狱，谪为吏"，自此才高自负的唐寅对官场的"逆道"产生了强烈的反感，潜心于诗文书画而终其一生。

---

① 《明史》第二百八十六卷、列传一百七十四、文苑二"唐寅"。

唐寅的书画作品不仅传存我国较多，东传邻邦日本的也不少，仅京都国立博物馆就藏有四件，① 其中之一就是诗书《送彦九郎诗》。

二、《送彦九郎诗》

唐寅的诗书作品《送彦九郎诗》（见图）是日本政府指定的"重要文化财"，即相当于我国的国家二级文物。根据京都国立博物馆公布的资料，作品墨迹，纸本，纵84.4厘米，横42.0厘米。② 早在1974年7月13日至8月11日，为纪念中日邦交正常化，在日本大阪城天守阁召开了"中国和日本——文化交流二千年"展览会，该作品作为中日友好交流的重要见证之一而被特别展出。

中国书法界对唐寅的该作品予以了较高评价，《中国历代书法鉴赏大辞典》称其"潇洒俊逸，一如其画。"③ 而张菊英在《中国书法鉴赏大辞典》中有如下详尽评语：

此作品行笔娴熟稳健，结体俊逸挺秀。虽大多露锋入笔，却能做到露而不浮，巧中有骨。如"剑"、"华"、"便"、"辰"等。又如"倘"字，虽两处都露锋入笔，但仍不失厚重之感。收笔上却运用十分巧妙，其方法多变，给人们以轻

唐寅《送彦九郎诗》（京都国立博物馆藏）

---

① 四件作品分别为《春江鲥鱼图》、《秋景山水图》、《江山骤雨图》、《赠彦九郎诗》，详见：http://www.kyohaku.go.jp/jp/syuzou/index.html
② 刘正成在其主编的《中国书法鉴赏大辞典》（中国人民大学出版社2006年版）中提到该作品的大小为82.4 cm×42.0 cm，恐有误。
③ 周倜主编：《中国历代书法鉴赏大辞典》，北京燕山出版社1992年版。

281

快自如的感觉。如"度"、"辰"、"彦"、"花"、"也"等字。通篇字中的笔画轻重悬殊，粗细相间，搭配十分得当。此作品气势虽不像有的书家那样跌宕雄奇，豪放险绝，却沉雄壮重，浑朴厚实，大体反映出他的书法风格。像这样清秀精心之作，在唐寅的作品中应属上乘。①

鉴于该作品在中国书法史、中日文化交流史等领域占据的重要地位，频频登上中日书法界出版的各种大型工具书。自日本平凡社于昭和三十一年（1956）出版的二十八卷本的《书道全集》第十七卷"中国12·元明1"中收录该作品来，我国出版的主要大型书法工具书都对此作品作了不同角度的介绍。如《中国历代书法鉴赏大辞典》刊登了作品的全貌，但印刷质量无法与上述平凡社《书道全集》相比，字迹不甚清晰，不见最右上角偏小的"重直"两字。② 而《中国书法鉴赏大辞典》只影印了作品的极少一部分。但两者都没有提及作品的收藏地和相关信息。

尽管上面提到的这些资料对该作品作了介绍，但大多仅从书法艺术角度着眼，至于该诗书内容、成立背景、涉及人物以及东传过程几乎不提。而在研究唐寅的有关主要专著中，③ 据管见所及，仅周道振、张月尊辑校的《唐伯虎全集》收录了《送彦九郎诗》的全文。本文不揣浅陋，拟对该作品作一考查，以求抛砖之用。

三、彦九郎与中日勘合贸易

关于诗书饯别的对象日本使臣彦九郎，"不知何许人，从名字来看不像是僧人，也可能是日本的海商"。④有学者进一步推测，认为是日本大阪堺市一带的贸易商人。

诗书序文"重直彦九郎还日本，作诗饯之，座间走笔，甚不工也"中的

---

① 前揭刘正成主编：《中国书法鉴赏大辞典》。
② 前揭周倜主编：《中国历代书法鉴赏大辞典》。
③ 主要有：①《六如居士全集》，广益书局出版，民国七年；②《唐伯虎全集》，北京市中国书店1985年版；③许旭光选注：《唐伯虎三种》，浙江古籍出版社1987年版；④周道振、张月尊辑校：《唐伯虎全集》，中国美术学院出版社2001年版；⑤长城出版社编：《唐伯虎书画全集》，长城出版社2002年版；⑥陈伉、曹惠民编注：《唐伯虎诗文书画全集》，中国言实出版社2004年版。
④ 张哲俊：《中国古代文学中的日本形象研究》，北京大学出版社2004年版。

"重直"两字偏小,居右上角。关于此两字,目前主要有两种推测,一是彦九郎之姓;二是认为"直"通"值",即"重值",乃"再次会遇"之意。虽然不能完全排除此两字是日本人姓氏之可能,但从饯别诗的全文分析,后者似乎更有说服力。至于序文的主要意思,张哲俊认为:"明代的文章对日本的字画,多给予了肯定。但也有评价不高的,如唐伯虎的《手书赠日本友人》。"[①]即张哲俊认为文中的"座间走笔,甚不工也"是唐伯虎对彦九郎书法评价不高之语,原因可能是彦九郎不是僧人之故。但笔者认为,这句话应该是唐伯虎对自己作品的自谦,而并不是对彦九郎书法的评价。

唐寅生活的年代,正值中日关系平和期。所谓平和期,即以勘合贸易为中心内容的明代中日关系,自建文朝酝酿,到永乐时恢复,再经过宣德时的修订而确立之后,而从正统到正德朝,即沿着这一轨迹运行着。[②] 尽管因一味追求政治效益的明王朝由于实施薄来厚往的对日交往政策,致使勘合贸易演变成为了一种沉重的经济负担。但是,之后的历代明朝统治者,并未对此作出任何调整。另一方面日本却片面追求经济效益,加之对勘合管理的混乱,酿成朝贡使臣之间的争斗。不仅如此,日本来华使臣不受约束,沿途骚扰滋事,频频为害地方。当弘治九年(1496)八月礼部再次奏称日本使臣在济宁州持刀杀人时,明孝宗命"今后日本国进贡使臣,止许起送五十人来京,余存留浙江馆,毂者严为防禁。"[③] 只许五十名日本使臣上京这一命令一直延续至最后一次勘合贸易。因此,重直彦九郎应是五十名使臣中的一员。

明正德三年(1508)正值日本室町时代第三代将军足利义满(1358~1408)的百年忌辰,为了筹措这一大型佛事所需之巨额经费,京都临济宗相国寺早在十年之前的日本明应七年(1498)就建议幕府向明朝派遣勘合贸易船只。京都相国寺是由足利义满于日本永德二年(1382)建成的一所名寺,位居京都五山之第二,其开山为东瀛赫赫有名的高僧春屋妙葩(1311~1388)。因此,由其发出筹款倡议应是最为得体的。

但是,此时的勘合贸易船只派遣权已经旁落于权臣大内氏和细川氏。因

---

① 前揭张哲俊:《中国古代文学中的日本形象研究》。
② 张德信:《浅析明代的倭寇与海防建设——兼论明代中日关系的走向》,收入日本京都女子大学东洋史研究室编:《東アジア海洋域圏の史的研究》(京都女子大学研究叢刊39),京都女子大学2003年版。
③ 《孝宗实录》卷一一六"弘治九年八月乙亥朔"条。

此，争议后作为权衡措施是大内氏领有一号和三号船，而二号船归属细川氏。其中遣明正使由大内氏推荐的东福寺僧了庵桂悟（1425～1514）出任，届时将携弘治勘合三道赴明。但是细川氏并不满足，私自增派船只一艘，由出生宁波鄞县的明人宋素卿担任纲司，携弘治勘合第四号单独入明。

据明朝人郑舜功在《日本一鉴》的记载，以八十七岁高龄的了庵桂悟为正使的船队一行六百六十八人[①]早在日本永正三年（明正德元、1506）十月就声势浩大地扬帆出发，可到达明朝的宁波已是五年后的永正八年（明正德六、1511）。而细川氏单独派出的船只却早在两年前的1509年（正德四）就登陆了。《武宗实录》卷五八"正德四年十二月戊子朔"载："礼部奏，日本国进贡方物，例三船，今止一船。所赏银币，宜节为三之一。且无表文，止咨本部赐敕与否，请上裁得旨。"显而易见，这就是上述细川氏增派的船只。而明朝的礼部官员却不了解其中缘由，以为这次日本来贡船只只有一艘，所以主张所赏银币宜为例年的三分之一。而《武宗实录》卷八四"正德七年二月丙子朔"载："日本国王源义澄遣使贡马匹、盔、铠、大刀诸方物。"这批才是了庵桂悟率领的使者团。

上面提到随了庵桂悟入明的人数达六百六十八人之多。但能进京的只有五十人，其余留在宁波待命。日本使者离甬赴京是在正德六年（1511）九月，十月末十一月初左右抵达苏州。时姚江的杨端夫在饯别正使了庵禅师的诗文中提到："日本了庵禅师，膺使命来我皇明，馆于姑苏几半载，凡士大夫之相与者，无不敬且重焉。（后略）"落款为"正德七年四月望日"。[②] 当然，滞留姑苏半载的原因主要是山东、直隶一带因农民起义而局势十分混乱之故。

当日本使者完成朝贡任务由南京返回宁波，并于正德七年闰五月中旬再次经过姑苏时，唐寅与彦九郎之间这段中日交流的逸事就在此地发生。

而这年离唐寅的桃花庵别业建成已有五年。[③] 在桃花庵里，唐寅潜心钻研书画艺术，因积蓄多方面深厚的文学艺术修养，并具有高度的描绘客观事物的能力及熟练的表达主观思想情感的技巧，此时的唐寅已是画名鹊起、享誉四方之时。因此，唐寅之名应为日本使者所广为人知。在当时，中国文人为日本使臣作诗赠别、题写序跋的屡见不鲜。如唐寅的好友、同为"吴中四才

---

① 郑舜功：《日本一鉴》"穷河话海"卷七，民国二十八年据旧钞本影印。
② ［日］伊藤松辑、王宝平、郭万平等校：《鄰交徵書》，上海辞书出版社2007年版。
③ 卢寿荣：《唐寅画传》，山东画报出版社2004年版。

子"的祝允明曾作有《和日本僧省佐咏其国中源氏园中白樱花》①和《答日本使》②。"(正德)六年,西海道刺史左京兆大夫大内义兴复请勘合,遣省佐入贡。"③ 即与祝允明进行诗文唱和的日本僧省佐(又名橘省佐、号钝牛),也是在和彦九郎差不多的时间里来明朝贡,不过彦九郎是受南海道刺史右京兆大夫细川高国所遣。从能与祝允明进行交流这一点判断,橘省佐也是上京五十人中的一位,因此,与彦九郎相识的可能性很大的。或许可以这么说,日本使臣在苏州停留时,与当地文人的交流相当频繁。

四、作品的题名与内容

《送彦九郎诗》一名乃京都国立博物馆所定,并不是原诗固有。日本江户时代的学者伊藤松在《邻交征书》中作"彦九郎还日本作诗饯之座间走笔甚不工也"。④《大日本史料》"永正十年是岁"条也收录了此文,但无题。⑤ 而前文提及的平凡社《书道全集》作"饯彦九郎还日本诗"⑥,《中国书法鉴赏大辞典》作"饯彦九郎还日本诗轴"。⑦ 而周道振、张月尊辑校的《唐伯虎全集》作"彦一郎还日本作诗饯之座间走笔甚不工也正德七年壬申仲夏望日"。⑧ 据作者自称,全文来自《中国历代书法鉴赏大辞典》,但是《中国历代书法鉴赏大辞典》一书中的原标题为"饯彦九郎还日本诗",⑨ 显然是引用错误。此外,在我国,作《赠日本友人彦九郎》一题名的也不少,也有作《手书赠日本友人》的。⑩

此外,上述各资料对该作品内容的著录也存有较大出入。且以《邻交征

---

① 全文为:"剪云雕雪下瑶空,缀向苍柯翠叶中。晋代桃园何足问,蓬山异卉是仙风。"转引张哲俊:《中国古代文学中的日本形象研究》,北京大学出版社2004年版。
② 全文为:"姓橘名省佐,相国寺僧。祝允明希哲。日边来处几何时,闻说占申复到寅。海舶兴凭指南针,日申却回还近寅。乃中国滨,寅读若夷。遥仰北辰趋帝座,却经南甸驻行麾,诗名愧动鸡林客,禅谛欣参鹫领师,回首山川浑渺邈,只看明月慰相思。"转引伊藤松:《邻交征书》,国书刊行会1975年版。
③ 严从简著、余思黎点校:《殊域周咨录》,中华书局2000年版。
④ [日]伊藤松:《邻交征书》,国书刊行会1975年版。
⑤ [日]东京帝国大学编:《大日本史料》第九编之四,东京帝国大学文学部史料编纂所1935年版。
⑥ [日]下中弥三郎编:《书道全集》第十七卷《中国12元明1》,平凡社1956年版。
⑦ 前揭刘正成主编:《中国书法鉴赏大辞典》。
⑧ 周道振、张月尊辑校:《唐伯虎全集》,中国美术学院出版社2001年版。
⑨ 前揭周倜主编:《中国历代书法鉴赏大辞典》。
⑩ 前揭张哲俊:《中国古代文学中的日本形象研究》。

书》为底本，对各资料的记载作个简单对比。《邻交征书》全文如下："萍跡两度到中华，归国凭将践历夸。剑珮丁年朝帝扆，星辰午夜拂仙槎。骊歌送别三年客，鲸海遄征万里家。此行倘有重来便，烦折琅玕一朵花。正德七年壬申仲夏望日，姑苏唐寅书。"① 日比野丈夫在《书道全集》的解说文中与上文有一处不同，即"萍跡"作"萍踪"。② 《大日本史料》与上文有两处不同，一是"萍跡"作"萍踪"，二是"践历"作"涉历"，而且文末录有朱印文"南京解元"。③ 《唐伯虎全集》与上文有两处不同，一是"萍跡"作"萍踪"，二是"践历"作"涉历"。④ 而张哲俊在《中国古代文学中的日本形象研究》一书中也提及了唐寅的上述诗文，相比之下，有五处不同：一是"萍跡"作"萍踪"，二是"践历"作"浅历"，三是"仙槎"作"星槎"，四是"倘有"作"尚有"，五是"琅玕"作"琅珩"。⑤ 后面会提到，实际上张哲俊文中的这些不同，除"萍踪"外，其余都属误录。

解读上图的书法作品，并不是难事。如仍以《邻交征书》为例来说，"萍跡"应为"萍踪"，但"践历"与"涉历"到底哪个是对，以下做个简单分析。"涉"的行草主要作"　"（王羲之《初月帖》）或"　"（孙过庭《书谱》），⑥ 而"践"主要有"　"（智永《真草千字文》）或"　"（怀素《草书千字文》）之法，⑦ 两字字形很像，不易区分。而唐寅上述作品中作"　"，从文意和字形综合判断，笔者认为作"涉历"更妥。

确定了诗书的内容后，下面对其文意作一说明。

首联"萍踪两度到中华，归国凭将涉历夸。"说明重直彦九郎有两次入明经历。那么，前一次又是在什么时候呢？据文献记载，相距最近一次的日本使节团在弘治八年（1495），正使为尧夫寿蓂。彦九郎是否也在此次的入明行列中，因无证据难以确凿。根据其他类似人物来看，连续入明的事例很多，因此也不能排除彦九郎上次入明可能就在弘治八年。

---

① 前揭［日］伊藤松：《鄰交徵書》。最近由王宝平、郭万平等编、上海辞书出版社于2007年出版的《鄰交徵書》的全文也几乎一样，但把"萍跡"改为了"萍迹"。
② 前揭《書道全集》第十七卷。
③ 前揭《大日本史料》第九编之四。
④ 前揭周道振、张月尊辑校：《唐伯虎全集》。
⑤ 前揭张哲俊：《中国古代文学中的日本形象研究》。
⑥ 《中国书法大字典》，香港中外出版社1976年版。
⑦ 前揭《中国书法大字典》。

然而就在这次以尧夫寿蓂为正使的日本使者回国时，明代中日交流史上发生了一件非常值得关注的事件，那就是宁波人宋素卿随尧夫寿蓂一行东渡到了日本。至于宋素卿东渡的原因，史书一般记为抵债，这也为大多学者所认可。但本人在研读中日两国史料的基础上，认为其东渡原因不是抵债，而为蓄意潜入。① 据史书记载，携宋素卿东渡的日本人称“汤四五郎”，而现在对这“汤四五郎”学界也是几乎一无所知，仅推测其可能亦为堺市商人。

东渡的宋素卿在十多年之后却作为堺市商人代表细川氏的使节出使明朝，可见，宋素卿与堺市商人之间有着不一般的渊源关系。《明史》载：“（正德）五年春，其王源义澄遣使臣宋素卿来贡，时刘瑾窃柄，纳其黄金千两，赐飞鱼服，前所未有也。（中略）至是，充正使，至苏州，澄与相见。后事觉，法当死，刘瑾庇之，谓澄已自首，并获免。”② 可见，对于彦九郎与唐寅的交流地姑苏，宋素卿亦应逗留了不短的时间。虽不知汤四五郎与彦九郎有什么关系，但笔者认为，彦九郎此次入明，极有可能与宋素卿同船，即前面提到的正德四年（1509）入明的，并一起进出姑苏。而就在姑苏的时候，彦九郎结识唐寅并有了交往。

两次千里迢迢来到大国明朝，虽有鲸波之险，但这是一种难得的资历，难怪唐寅在诗中有“归国凭将涉历夸”一说。

领联“剑佩丁年朝帝扆，星辰午夜拂仙槎。”日本的《酒井文書》作“剑佩”为“剑风”，当误。③ 文中的“”乃“珮”之异体字。“丁年朝帝扆”指彦九郎年纪轻轻却能朝见明朝皇帝，实属俊杰。“仙槎”原指神话中能来往于海上和天河之间的竹木筏，这里当指日本使者归国的船只。

颈联“骊歌送别三年客，鲸海遄征万里家。”值得注意的是文中的“三年客”，即彦九郎在中国的时间达三年。唐寅题此诗的时间是正德七年（1512）仲夏，因此，彦九郎应该在正德四年（1509）入明。上文已经提到，正德四年十二月礼部上奏，称“日本国进贡方物，例三船，今止一船。”那么，这艘先至的就是彦九郎所乘的船只。因此，这也可以佐证上述笔者的推断，即彦九郎此次极有可能与宋素卿同船入明。

尾联“此行倘有重来便，烦折琅玕一朵花。”句中的“琅玕”一词，主

---

① 有关考证详见拙文：《明代“潜入日本”的宁波人宋素卿杂考》，载《海交史研究》，2005年第1期。

② 《明史》卷三百二十二、列传第二百十“外国三·日本”。

③ ［日］汤谷稔：《日明勘合貿易史料》，国书刊行会1983年版。

要有以下几种意思：第一，圆润如珠的美玉。《文选》"张衡·四愁诗之二"有"美人赠我金琅玕，何以报之双玉盘。"第二，比喻华美的词藻或佳文。韩愈《䤜䤜诗》有"排云叫阊阖，披腹呈琅玕。"第三，比喻美竹。元稹《种竹诗》有"可怜亭亭干，一一青琅玕。"第四，一种树名。宋朝叶廷珪《海录碎事》卷二十二上有"朝食琅玕实，夕饮玉池津。言凤也。"即凤凰朝食琅玕之实。笔者认为，以上四种解释中，似乎第二种意思相比之下较为合适。身为文人的唐寅，希望能阅读异国他乡的美文，这也是自然而然的吧！

五、结语

旅日台湾籍华人作家陈舜臣在其小说《汉古印缘起》（中公文库，1989年）中有一篇名为"苏州唐寅的《日本早春图》"。内容大致说的是，彦九郎归国时带回了唐寅画的《日本早春图》。后来几经辗转，此画被日本的樱狮子酒厂老板收藏。没想到老板的儿子樱井卓治因缺钱，把几件收藏品悄悄地偷出请"我"保管，并将其中一件换了钱。数日后，一位男子自称是管理樱狮子收藏品的河村来到了"我"家，向"我"说明了情况。于是感到内疚的"我"如数将保管的书画交还给了他。可是，最珍贵的《日本早春图》不见了，河村痛心疾首地说，被樱井卓治卖掉的肯定就是它了。

史存的各种文献资料都没有记载唐寅有《日本早春图》[①] 这一作品，因此这是一个虚构的情节，可作者基于唐寅与彦九郎之间曾有交情这一史实，使人觉得合情合理，乃至和主人公河村一样，为失去名画《日本早春图》而深感惋惜。

一个是名不经传的日本使节，而另一位是大名鼎鼎的书画大家，仅通过一幅《赠彦九郎诗》而连在了一起，至今被人所念。虽然已经难以追寻当时的交流细节，但我们可以通过凝固的瞬间探索而知上下。历史尤其是友好的历史，给人们带来的力量和想象是无穷的。

[①] 唐寅的画作中有一名《江南春图》（绢本手卷设色、31.5·146cm、广州市美术馆藏），上有唐寅自己的题画诗两首："天涯腌臜碧云横，社日园林紫燕轻。桃叶参差谁问渡，杏花零落忆题名。月明犬吠村中夜，雨过莺啼叶满城。人不归来春又去，[与谁] 连臂唱盈盈？红粉啼妆对镜台，春心一片转悠哉。若为坐看花飞尽，便是伤多酒莫推。无药可医莺舌老，有香难返蝶魂来。江南多少闲庭馆，依旧朱户锁绿苔。"（陈伉、曹惠民编注：《唐伯虎诗文书画全集》，中国言实出版社2004年版）画上题诗第一首与《落花诗》之七同，第二首与《落花诗》之十七字句大异。第一首缺两字，据《落花诗》补。

第五编 05
书目杂志

第二十三章 《日本国见在书目录》札记

北京大学 赵昱

成书于公元九世纪末的《日本国见在书目录》是日本现存最早的一部汉籍外典目录，由当时蜚声日本政坛与文坛的藤原佐世根据遭遇冷然院火灾之后的皇家藏书为基础而编制形成，并在后世的流传过程中得到进一步增添与补充。它是中国中古时代的目录著作在域外的延伸产物，较为集中地反映了中日两国早期书籍交往的程度与规模以及当时日本对中国先进学术文化的模仿与吸收。

一、四部分类仿效《隋志》

《隋书·经籍志》作为中国现存最早的四部目录，分群籍为四大类四十小类，并有全篇总序、大类之序、小类之序以及书目下的小注，结构完备，层次分明，在中国古籍目录学史上具有相当重要的价值与意义。相比之下，《日本国见在书目录》（以下简称《见在书目录》）也将汉籍分为四十家，依次为：《易》家、《尚书》家、《诗》家、《礼》家、《乐》家、《春秋》家、《孝经》家、《论语》家、小学家、正史家、古史家、杂史家、霸史家、起居注家、旧事家、职官家、仪注家、刑法家、杂传家、土地家、谱系家、簿录家、儒家、道家、法家、名家、墨家、纵横家、杂家、农家、小说家、兵家、天文家、历数家、五行家、医方家、《楚辞》家、别集家、惣集家。不难看出，《见在书目录》虽无经、史、子、集四部之名，但潜在地呈现出四部分类的基本格局。并且，此二书的四十小类不但名称大致相同，先后次序亦完全一致。表面看来，名称不一样的子目只有"《尚书》家"与"《书》类"、"异说家"与"纬书类"、"土地家"与"地理类"三种，但《尚书》与《书》实为同一著作的不同题名，"土地"与"地理"用于类名的涵义也基本相当①。至于"异说家"与"纬书类"的命名差别，或与"土地家"相似，亦有他目所本，不得而知。由此我们便可见《见在书目录》对中国中古时代图书四部分类法的因袭仿效。

二、小注信息丰富

就性质而言，《见在书目录》并非提要目录，既无类序，又无解题。但是在所著录文献的书名、卷数之下，目录编制者添加了或长或短、字数不等的小注，为后人了解这些典籍提供了必要的信息和一定的便利。详细而言，《见在书目录》中的小注大致可分作如下的类型内容：

1. 每一部之下，说明该部书籍的总卷数。例如：

三　《诗》家　百六十六卷

七　《孝经》家　四十五卷如本

十三　杂史家　目录六百十六卷，私略之

关于"如本"和"私略之"这两个概念，严绍璗先生曾经在《汉籍在日本的流布研究》的专节里做过精到分析，兹不赘述。

2. 揭示书籍的作者、注者，部分亦涉及所属朝代、里籍、职官等内容。例如：

《周易》十卷　汉魏郡太守京房章句。

《老子》二　周柱下史李耳撰，汉文时河上公注。

《鬼谷子》三卷　鬼谷子周世隐于鬼谷。皇甫谧注。

3. 揭示藏书所在。例如：

《今文尚书》十卷　王肃注。冷泉院。

---

① 徐有富《目录学与学术史》第四章在论述《隋书·经籍志》对于阮孝绪《七录·纪传录》部分二级类目名称的修改时提到："改土地部为地理，这一修改也为后世目录所普遍接受。《汉书》、《晋书》、《隋书》等正史皆有《地理志》，显然采用'地理'为类名更专业、更规范一些。"中华书局2009年4月第1版。《日本国见在书目录》"薄录类"著录"《七录》十二　梁阮孝绪撰"，所以"土地家"的名称也有可能是《见在目》编者据阮《录》而来。

292

《古今丧服要记》一卷　冷然院。

清河天皇贞观十七年（875），冷然院遭祝融之祸，所藏图籍文书大多化为灰烬。该处后于村上天皇天历八年（954）改称冷泉院。今本《见在书目录》中有时代更晚之冷泉院藏书，可证其在流传中曾经过后人的增添补充。

4. 揭示本书体例及相关内容。例如：

《周易》十卷　魏尚书郎王弼注六十四卦六卷，韩康伯注《繫辞》以下三卷。王弼又撰《易略例》一卷。

《后汉书》百卅卷　范晔本，唐李贤太子但志卅卷。梁剡令刘昭注补。

5. 揭示存藏卷数。例如：

《秘要》三　第三、四、五。

《后魏书》百卷　隋著作郎魏彦撰。右《经籍志》所载数也。而《本朝见在书》收魏彦相杂才六十卷也，其余未知所在。今为待后来全载本数。

《桂苑珠丛》十卷　李思博撰。第一帙件文本一百卷。而见在只第一帙，其余未知在否云云。

6. 揭示重出互见于他类。例如：

《帝王秘录》十　又在兵家。

《类文》二百十三卷　在杂家。

7. 揭示得书经过。例如：

《东观汉记》百卅三卷　起光武讫灵帝，长水校尉刘珍等撰。右《隋书·经籍志》所载数也。而件《汉记》吉备大臣所将来也，其目录注云："此书凡二本，一本百廿七卷，与集贤院见在书合；一本百卅一卷，与见书不合。又得零落四卷，又与雨本目录不合。真备在唐国，多处营求竟不得，其具本故且随写得如件。"今本朝见在百卅二卷。

应当说，正是由于这些内容丰富的小注，《见在书目录》才避免了流于书籍账目的空洞形式而自有其学术价值。

三、填补中国经学史空白

中国魏晋南北朝的几百年间，国家分裂，政治动荡。政权的频繁更迭使得在这一漫长历史时期中没有出现过明确而有力的、由官方颁布主导的思想学术。相反，大量的经学家及经学著作却在此间蜂拥问世，一定程度上反映了当时的自由学风。及至唐代，孔颖达《五经正义》书成，开启了经学统一集成的新时代。自此之后，孔氏以前的众多经书注本便逐渐亡佚，甚至连书目中亦不见记载，从而成为了学术史上的空白点。

例如，唐代学者陆善经，正史无传，《旧唐书·礼仪志》中提及他的官衔为集贤学士，《新唐书·艺文志》中著录他注《孟子》七卷，除此之外史书中再无更多其人其书的详细信息。但是，《见在目》中却著录了他的个人著作八种，依次为《周易》八卷、《古文尚书》十卷、《周诗》十卷、《三礼》卅卷、《春秋三传》卅卷、《论语》六卷、《孟子》七、《列子》八，共涉及经部著作十种、子部著作两种（这里依当时的实际状况，将《孟子》仍划归子部）。由此可知，唐初学者陆善经也曾遍注群经、旁及子书，无疑是当时的一位经学大师，只是后来随着著作散佚，本人也湮没无闻了。幸得此目录的著录记载，后人才得以获取更多的内容信息，并在几千年的中国经学史上为他找到一个相对合适的位置。

四、南朝经学成果的展示

传统经学作为中国古代学术文化的核心内容，在各个历史阶段所呈现出的面貌并非一成不变，而是结合着不同时代的整体学术文化氛围表现出各异的发展特征。具体就南北朝时期而言，统治政权的分裂对峙使得本时期的经学亦有了南北迥异的差别，出现了"南学"与"北学"之分。《北史·儒林传》即称："南人约简，得其英华；北人深芜，穷其枝叶。"二者各有其长短优劣。但是，对于南北朝经学与日本儒学的影响传承关系，日方学者神田喜一郎认为，在这一时期中只有南朝经学传入了日本。因此对应到《见在书目录》之中，应该也只有收入属于南朝经学的相关著作。具体说来，在"《易》家"到"小学家"的十个子目下，小注所揭示的文献作者、注者除了汉、魏、隋、唐几朝知名学者如孔安国、刘向、何休、郑玄、服虔、何晏、刘炫、孔颖达、贾公彦等人之外，但凡涉及政权分立时期，基本都为东晋及宋、齐、梁、陈五朝学者，如"晋散骑常侍顾恺之"、"梁武帝"、"梁国子助教巢猗"、"梁国子助教皇侃"、"梁国子助教萧子云"、"陈沙门智匠"、"陈左将军顾野王"等，其余不注朝代的学者如沈重、徐爰、崔灵恩、徐邈、褚仲都、沈文阿、萧子良等也都为南学的重要人物，由此可知神田氏之论断并非妄言。当然，《见在书目录》汇集东晋与南朝经学典籍的著录特征，亦可作为带有浓郁江南特色的六朝文化经由朝鲜半岛东传日本列岛并对当地文明进程积极促进与推动这一历史事实的侧面佐证。

五、《阃外春秋》：望文生义

《见在书目录》的《春秋》家在《春秋左氏传》、《春秋公羊传》、《春秋穀梁传》、《春秋外传国语》等著作之外，还有因望文生义而误收的典籍。例如，"《阃外春秋》三卷冷然院。本十卷"。单凭书名，我们确实很难知道其所属类别，或许容易因题名"春秋"而收入《春秋》家一类。1899 年，敦煌藏经洞发现，大批中古卷子文献重见天日，其中就有《阃外春秋》的部分残卷。由此，白化文先生即认为：

> 兵书，唐李筌撰，十卷。P. 2668，存进书表、卷一、卷二上半。P. 2501，存卷四、卷五，至两汉而至。进书表云："《阃外春秋》者，记将军阃外之事也。""起周十有三年武王胜殷，终于大唐武德四年（621）太宗文武圣皇帝擒窦建德，凡一千七百四十载，真伪四十九国。"末署"天宝二年（743）六月十三日，少室山布衣臣李筌上表"。按：此书《新唐书·艺文志》、《宋史·艺文志》与《直斋书录解题》均著录，殆亡于宋以后。（《敦煌学大辞典》"《阃外春秋》"条）

正是依赖敦煌卷子，我们才得以对《阃外春秋》一书的作者、卷数、内容都有了大致的了解。该书记述西周至唐初的"将军阃外之事"，主要反映的是军事史上的相关内容，与《春秋》内容无关。《新唐书·艺文志》著录该书于史部杂史类，《宋史·艺文志》入史部别史类，《直斋书录解题》入兵书类，均不收入《春秋》类，可知《见在书目录》之误。

六、小学家典籍分文字、音韵、书法、文章诗法四类

中国传统所谓"小学",即文字、音韵、训诂三科。并且在古代学者的观念中,小学是通经之始,不通小学无以治经学,因此它又被认为是经学的附庸,历来在目录著作中附入经部(《七略》中即附入《六艺略》)。《见在书目录》的小学家一类,收书158种,在经部各个小类中达到了最多,足见得该类书籍的重要性。其中,如前所述,训诂类书籍的归部仿效《隋志》入《论语》类(《见在书目录》中只有《博雅》一书为例外,或系编者失检所致),因此实际上小学中只剩文字、音韵两科。与此同时,《见在书目录》在文字类、音韵类著作之余,又大量地收入了书法与文章诗法类书籍,形成了该子目下的奇特著录格局。

关于书法类著作,有《书谱》、《书断》、《笔势集》、《笔势论》、《书评》、《用笔陈图碑》等几种。它们虽与典型的文字学研究截然不同,但或许是因为其数量较少不足以单独成类,且书法内容又涉及文字的形体结构、间架布局等方面,因此也被收入到了小学家一类。关于文章诗法类著作,目录中著录《文章体》、《诗笔体》、《四声八体》、《文章病》、《诗八病》、《文场秀句》等四十余种。就其题名来看,这些书大多是有关作诗作文方法的探讨、诗文创作常见问题的分析以及优秀诗文作品的节选,与传统所谓"小学"更无关系。或许,《见在书目录》的编者可能认为作诗作文要讲究押韵、对偶等句法章法,与中国古代的音韵之学相关;而诗文创作对于学子来说又是必须具备之基本能力,亦与文字、音韵、训诂等学科的基础地位相似,因此将其附入小学家一类,以见对它的重视强调之程度。

七、《乐》家著作、书法类著作与日本历史上的唐风文化

中国传统古籍目录中的经部《乐》类,本来是应该著录先秦时期"六经"之一的《乐经》及相关注疏之作的。可是随着《乐经》早亡,只有"五经"传世,因此后代《乐》类的著录书籍逐渐与经学内容关联不大,主要是一些有关乐谱、乐歌、乐器使用与演奏方法的文献。例如《见在书目录》"《乐》家"下,就只收入了《古今乐录》、《乐书要录》、《乐歌》、《歌调》、

《乐图》等书以及讲授琴、阮、琵琶、尺八、横笛等乐器的图籍。不过，该目录中出现的这些乐歌、乐谱性质的文献，却又能够从另一侧面显示中日早期往来过程中音乐文化交流的内容：

"本朝所传乐制，五声六律轻重之法，不可得而详也。盖其始受之于隋唐。""五声"指宫、商、角、徵、羽五个音级；"六律"也往往包括"六吕"，共十二律，这是中国传统乐律中主要的一种。

日本根据自己的乐律，又吸收其他民族的乐律因素，经过消化改造，从而形成自己的新乐律。日本圣武天皇天平七年（735），在中国留学十几年的吉备真备回国，他带回去的许多文物书籍中有铜律管、方响、《乐书要录》十卷。……这些器物和书籍，对日本音乐的发展，是起了重要作用的。①

由此可知，中日两国在古代的广泛交流不止停留在物质文明与思想学术的层面，同时也涉及音乐艺术的层面，"《乐》家"所著录的若干典籍及日本早期的实际乐律形式就是明证。

另外，由于文明起源较晚、发展相对滞后，早期日本在相当长的一段时间内并没有属于本民族的文字，因此当汉籍最早传入列岛时，为了阅读与理解的需要，他们最先也最直接地选择了汉字作为自己的记录与书写符号，成为了汉字文化圈内的一个重要国家。而伴随着汉字的传入，书法作为汉字美学的一种艺术形式同样也传到了日本，并极大地丰富了早期日本上层贵族的艺术生活与精神生活。相传圣武天皇、光明皇后二人在书法方面都具有较高的水准和造诣，并有作品留存于世。等到奈良时代及平安时代前期，王羲之、欧阳询、虞世南等大书法家又尤其受到推重，晋唐风格更成为了当时仰慕与追随的一种典范。

前文已述，《见在书目录》的小学家一类下著录了《书谱》、《书断》、《笔势集》、《笔势论》、《书评》、《用笔陈图碑》等若干书法类著作。应当承认，这些典籍的传入，对于七到九世纪间日本书法艺术的繁荣发展无疑具有积极的推动和促进作用。而在飞鸟、奈良直至平安时代初期传播、盛行的绚烂唐风文化，更是多种艺术文明成就东传列岛之后形成的合力结果。

---

① 见王勇、上原昭一主编：《中日文化交流史大系》（艺术卷），浙江人民出版社1996年版。

八、刑法家文献与日本早期国家的律令制度建设

《见在书目录》"刑法家"著录法律类图书41种,为史部十三小类之中最多。并且更值得注意的是,这41部文献的所处时代几乎全为隋唐两朝。

唐朝作为中国封建社会前半期一个经济空前繁荣、政治相对稳定、文化高度发达的顶峰时代,在国家法律方面既继承隋制,又集秦汉以来历代法制成果之大成,颁布了律、令、格、式四者互相补充、有机统一的完备制度,从而使国家大小事务都能够有法可依。而此时的日本,正处在早期封建国家各项规范尚不十分完善的发展阶段,因此向中国学习并引进先进制度就成为一种必然的历史选择。对于日本早期法律与唐法之间的关系,刘俊文先生认为:

从7世纪下半叶开始,特别是8世纪到10世纪,也即日本的奈良、平安时代,日本制定并颁布了一系列摹仿唐制的法典:其一,是667年由留唐学生高向玄理、僧旻等主持制定的日本历史上第一部成文法典《近江令》22卷,学界认为其依据即是唐《贞观令》;其二,是686年由留唐学生伊吉博德等主持编纂的《天武律令》,学界认为其依据即是唐贞观、永徽两朝的律令;其三,是701年由留唐学生伊吉博德等参与编纂的日本历史上划时代的法典《大宝律》6卷和《大宝令》11卷,学界认为其底本即是唐《永徽律疏》和《永徽令》;其四,是718年由藤原不比等主持修订的日本历史上最完备的法典《养老律》10卷和《养老令》10卷,学界认为其编纂参酌了唐《开元律令》;其五,是907年编纂的《延喜格》12卷和927年厘定的《延喜式》50卷,学界认为二者均脱胎于唐之格式。①

在这里提到的几部日本早期法典中,只有《延喜格》和《延喜式》成于九世纪之后,其他的都在《见在书目录》成书之前就已经完成了。并且,日本早期法典的编纂是在充分吸收唐代已有律令内容同时结合本国实际政治、社会情况的基础上才得以最终实现。而刑法家一类下著录的大宗典籍,作为唐代法律文明的优秀成果东传列岛,对此时期日本法制的初步建设和整个国

---

① 见刘俊文、池田温主编:《中日文化交流史大系》(法制卷),浙江人民出版社1996年版。

家的封建化进程，无疑具有十分重要的推动作用。

九、《楚辞》家文献价值独特

《见在书目录》"《楚辞》家"共著录典籍六种，依次为：

《楚辞》十六王逸。《楚辞音义》尺智骞撰。《楚辞集音》新撰。
《离骚》十王逸。《离骚音》二　　《离骚经润》一

考察《隋志》、新旧《唐志》当中的《楚辞》类著录，我们不难发现，"《楚辞》十六王逸"一书的书名、卷数、注者等内容均与两《唐志》相合（《隋志》著录为"《楚辞》十二卷并目录。后汉校书郎王逸注。"）。后三种以《离骚》为题的书则在同时期的这三部史志目录当中都不见著录，加之没有任何提要或小注的说明，所以我们完全不清楚关于此三者的任何情况，或许是有人专门析出了《楚辞》之中与《离骚》一篇相关的各种内容而单独成书亦未可知。至于剩下的两部著作——《楚辞音义》和《楚辞集音》，通过其名称可知是汉末以来逐渐兴起的音义体著作在《楚辞》一书方面的产物，并且《隋志》与新旧《唐志》中尤以《楚辞音》为多[①]。在《见在书目录》著录的这两部著作中，《楚辞集音》由于缺乏足够详细的信息，同样难于查考其具体情况。但是对于尺智骞的《楚辞音义》，周祖谟先生在《骞公〈楚辞音〉之协韵说与楚音》一文中通过详细的考辨，认为《隋志》中的"释道骞"与《日本国见在书目录》中的"释智骞"实同一人，此人堪称隋代文字音韵学之巨擘。[②] 并且更为重要的是，敦煌经卷文献中便有释道骞《楚辞音》的隋代写本残卷。该残卷现存原书正文84行，随文摘字作注。每字注音，多用反切，也用直音以及如字、依文读、叶韵等方式，大致与《切韵》音合；亦订正字形，包括录传本异文、考订六书、通训释等；并广引群书——《诗经》、《尚书》、《说文》、《山海经》、《淮南子》、《穆天子传》、郭璞说等，以奇闻怪说释《楚辞》，对于校勘《楚辞》本文和考索注释源流很有价值。应当说，

[①] 《隋志》著录《楚辞音》五种，分别为徐邈撰、宋处士诸葛氏撰、孟奥撰、不注撰人、释道骞撰；《旧唐志》著录《楚辞音》三种，分别为孟奥撰、徐邈撰、释道骞撰；《新唐志》著录《楚辞音》三种，作者分别为孟奥、徐邈、僧道骞。

[②] 具体内容可参见周祖谟《问学集》（上册），中华书局1966年版。

正是由于敦煌残本《楚辞音》的发现，才使后人得以知晓《见在书目录》及《隋志》、两《唐志》中著录的释道（智）骞《楚辞音（义）》其人其书的相关内容，同时也印证了《见在书目录》自身在著录中古文献典籍方面所具有的学术价值。

十、别集家文献保存通俗文学资料

《见在书目录》别集家收书152种、1619卷①，包括了极少数汉人作品集（如"《班固集》十二"）和大部分三国、两晋、南北朝、隋及初盛中唐时期的作家集子，以及个别单篇作品（如"《游仙窟》一"），鲜明地反映了中国古代魏晋南北朝隋唐时期文学发展的盛况。尤其值得注意的是，该目录中特别著录了李唐时期的俗文学作品——《王梵志诗》和《游仙窟》传奇，可见其对当时雅俗文艺作品的兼收并蓄。

王梵志，隋末唐初时人，以白话诗创作颇为人知。其诗在唐宋时期广为流传，释氏佛门更是推崇备至。宋代以来，王梵志诗作逐渐亡佚，《宋史·艺文志》只有"《王梵志诗集》一卷"；到了清代敕撰编修《全唐诗》时更不见收入。敦煌藏经洞发现后，大量的卷子文献中就包含有王梵志诗。后来的研究者们根据敦煌卷子掇拾整合，才形成了今天我们能够见到的《王梵志诗集》，从而为展开相关研究创造了便利条件。然而早在《见在书目录》中，就已经两处出现"《王梵志诗》二"、"《王梵志诗》二卷"的字样，可见"大约八、九世纪间已传入日本，产生过国际影响"② 评价殆非虚言。而《游仙窟》传奇，本系唐人张文成所作，但是自唐至清一千多年间的历代史志及书目均不见载。据推测，该作品大约在唐开元年间就已经传入日本，所以《见在书目录》中即著录"《游仙窟》一"。到了清代末年，杨守敬在日本访求古本，才发现了这部在中国历史上长期湮灭无闻的作品，遂将其文抄录、携归中土，并于《日本访书志》中做了必要的介绍和说明。③ 由此可见，在补中国传统古籍目录之阙漏和与敦煌文献进行互证等方面，《日本国见在书目录》

---

① 此据严绍璗先生统计数据，见《汉籍在日本的流布研究》。
② 见张锡厚辑：《王梵志诗研究汇录》前言部分，上海古籍出版社1990年版。
③ 关于《游仙窟》传奇的回传，金程宇有《〈游仙窟〉回传中国考》专文论述，可资参考，见王勇教授主编：《书籍之路与文化交流》，上海辞书出版社2009年版。

的确自有其价值。

十一、总集家文献内容丰富，但个别典籍系属不当

《见在书目录》的总集家共著录文献85种、2835卷，其中就有《文选》、《玉台新咏》等南朝时期产生的重要作品，足以见中古文学创作的繁荣与流传的广泛。不过需要注意的是，该子目在相当数量的总集之外，另著录了一部分并非总集的作品。例如："《文心雕龙》十"，本是中国文学史上最早的成系统文论著作，只因四部分类法初创时并没有为这一类文学批评著作设立专门类目，所以只能暂且归于总集家之下（如《隋书·经籍志》）；后来《新唐书·艺文志》的"文史类"、《四库全书总目》的"诗文评类"，才可以说为此类文献真正找到了系属。"《六艺论》一"，东汉经学大师郑玄所作，根据其题名我们就可知它应该是与六经内容相关的作品，当属经部文献，此处却不知为何收入了总集类。"《弘明集》十四"，南朝梁释僧祐作。清代的《四库全书总目》收入子部释家类，并称其"所辑皆东汉以下至于梁代阐明佛法之文。其学主于戒律，其说主于因果，其大旨则主于抑周孔排黄老而独申释氏之法"[①]。由此即知该书为佛教文献，此处入于总集家，殊为不伦。"《类文》二百十三卷"，小注有"在杂家"字样。该书实为类书类著作，子部杂家类已收；此处再入总集家，也许是因类书具有辑录罗列大量史实典故、文章诗赋、丽辞骈语以供士人查考的编排特征从而间接地包括了大量文学作品的篇章词句所致。

---

① 《四库全书总目》卷一四五《宏明集》提要，中华书局1965年版。

第二十四章 舶载书目所载明人别集考述

北京大学中文系 朱姗

一、绪言

舶载书目是研究日本江户时代中国典籍流传东瀛的珍贵书目文献。本文以明人别集为考察对象，以版本目录学的视角，在全面梳理舶载书目所著录明人别集的基础上，首先将舶载书目所著录的条目与《千顷堂书目》、《明史·艺文志》进行比照，由此凸显舶载书目独特的目录学价值；在此基础上，对照中国明清时期主要书目、中日双方现代馆藏目录等材料，分别从中国书目未录文集、中土散佚文集、中土稀见文集、中土稀见版本四个角度，对其中的稀见本或已散佚文集进行了考察，提供了盛应期《盛中丞辑略》等五种中土散佚别集的目录信息，王澹《墙东集》等八种中土稀见别集的目录信息，钱士鳌《钱麓屏先生遗集》等四种中土散佚明别集的流播记录；并补充了清康熙十八年王岱刻本《王二弥先生存稿》等六种见录于舶载书目的稀见版本，以及徐显卿《天远楼集》、方应选《方众甫集》、南大吉《瑞泉南伯子集》等十三种见录于舶载书目的稀见文集；并补充了万历三十六年刊本《阳秋馆集》等见录于舶载书目的新版本三种，本文试图在全面整理舶载书目解题和著录信息的基础上，为这些明别集集提供新的版本目录信息和流播线索，并由此论证舶载书目极为重要的版本目录学价值。

二、舶载书目概述

日本江户时代（1603~1867）是中日文化交流史的重要时期。中国典籍的大量东传是文化交流彬彬之盛的体现。作为中国典籍流播日本的最原始记录，舶载书目（Hakusai Shomoku）为典籍流播情况的考察提供了重要支持，是记录日本江户时代中国典籍流传东瀛的珍贵书目文献。[1] 舶载书目主要包括记载贸易往来的目录《赍来书目》、《书籍元帐》、《见帐》、《直组帐》、《落札帐》、《商舶载来书目》和《内阁文库购来书籍目录》，以及《宫内厅书陵部藏舶载书目》和《大意书》两种解题目录[2]；具有重要的学术价值。贸易目录提供了书名、数目和贸易往来等的简单记载，解题目录则完整记录了书籍的序跋、校刻，甚至目次等详细信息。舶载书目各具形态，数目众多，直接反映了江户时代中国书籍东传日本的情况。

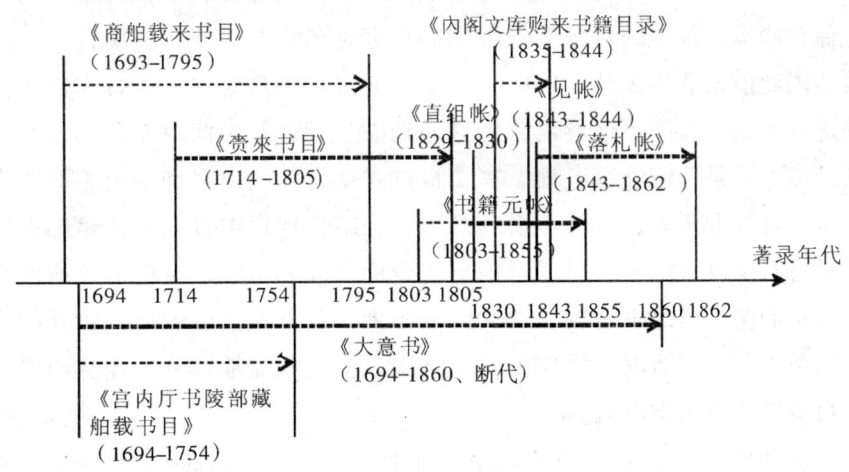

表一　舶载书目的著录时段

---

[1] 关于舶载书目的考证，日本学者大庭修先生在《江户时代中国典籍流播日本之研究》（杭州大学出版社，1998年版）一书中已对其成书、编者、文献来源等情况进行详细考察，对舶载书目的历史溯源具有重要意义。

[2] 关于舶载书目的分类：大庭修先生曾将舶载书目（即"唐船持度书"）分为"第一手资料——与贸易业务有关的记载"和"第二手资料——编纂物"（见［日］大庭修《江户时代中国典籍流播日本之研究》第二章）两类，这种分类方式主要考虑了目录的生成过程和著录者身份，但对于数目本身的版本目录学特点却反映不足。本文在舶载书目的分类问题上主要考虑了书目的目录学特点，将其分为具有书名目录性质的"贸易往来目录"，以及《宫内厅书陵部藏舶载书目》（下文简称"《舶载书目》"）和《大意书》两部解题目录进行论述。

在著录时间上，各种舶载书目之间尽管形态有别，但在时间上前后接续，形成连贯的著录体系，使全面考述中国书籍东传日本情况成为可能：

近年来，对域外汉籍，特别是日藏汉籍的关注逐渐成为学术界的热点，涌现了诸如日本长泽规矩也先生《和刻本汉籍分类目录》、大庭修先生《江户时代中国典籍流播日本之研究》，中国学者严绍璗先生《日藏汉籍善本书录·集部》及《汉籍在日本的流布研究》、黄仁生先生《日本现藏稀见元明文集考证与提要》等研究成果。综观这些考察成果，皆重于考察日本见在汉籍的版本、馆藏情况，对于舶载书目这一源目录文献的关注程度则次之，舶载书目自身体现的目录学特点也有待深入考察；特别是对于某一朝代、某部类书籍流传东瀛的全貌研究较为模糊，对东传明人别集的研究现状亦是如此。

在舶载书目著录的大量书籍中，对于明人别集的著录体现了较高的文献价值。一方面，由于江户时代在时间上与清代同时，有明一代的文学创作已进入尾声，在时间上已具备完整考察的可能；另一方面，明代典籍因时代相近，保存珍本、善本的目录信息数据的可能性最大，对于研究明代文学颇有裨益，因此值得学界关注。因此，本文拟通过对江户时代东传日本的明人集部书进行考述，从而还原典籍流播这一动态过程，并由此对舶载书目和日藏汉籍的版本目录价值进行考察。本文将首先结合舶载书目和中土主要藏书目录，从中日两方面考述典籍传播的源流；并结合现代中日双方典籍的馆藏目录，通过对中日、古今书目著录信息的全面比较和考察，系统地还原舶载书目所著录的明人集部书全貌；并在此基础上，着重考察舶载书目所载明人集部书的版本和存佚情况，旨在为其提供版本信息和流播线索，并从而揭示舶载书目重要的目录学价值。

舶载书目对明人集部书的著录始于元禄七年（清康熙三十三年，公元1694年），截至文久二年（清同治元年，公元1862年）。据笔者统计，其间著录明人别集流播记录达557条，书籍种类达314种[1]，现列其细目如下：

---

[1] 关于明人别集流传东瀛的具体数目的计算标准为：明人别集不论成书时间一律入选；明人编纂、注释前代别集一律不入选；舶载书目对于作者生活时代判断失实者（特别是对元末明初、明末清初作者的朝代著录，如《大意书》著录宋人何梦桂撰《潜斋集》，以为明人所撰，属著录讹误；《大意书》以钱谦益《牧斋初学集》为明别集，属著录标准有异），则以现今学术界划分习惯为准；同一文集同年东传多部者，不重复计算书目种类。

舶载书目载明人别集流播日本编年细目①

时间（中日年号及公元纪年对照）			著录条目	所录书籍种类
元禄	七年（1694）	康熙三十三年	32	王邵《王二弥先生存稿》等32种
	八年（1695）	34	16	吴俨《吴文肃公摘稿》等16种
	九年（1696）	35	2	张邦伺《诗略》等1种
	十二年（1699）	38	1	邹元标《愿学集》等1种
	十三年（1700）	39	6	孙七政《孙齐之松韵堂书》等6种
	十四年（1701）	40	6	茅维《十赉堂（甲、乙）集》等5种
	十五年（1702）	41	7	徐显卿《天远楼集》等6种
	十六年（1703）	42	1	胡敬辰《檀雪斋集》等1种
宝永	四年（1707）	46	2	王守仁《王阳明全集》等2种
	五年（1708）	47	14	程敏政《篁墩程先生文集》等13种
正德	元年（1711）	50	7	汪膺《寸碧堂诗集》等4种
	二年（1712）	51	5	文翔凤《皇极篇》等5种
	三年（1713）	52	3	徐渭《徐文长集》等2种
	四年（1714）	53	1	
	五年（1715）	54	1	
享保	四年（1719）	58	1	钱薇《承启堂稿》等1种
	五年（1720）	59	1	张大复《梅花草堂集》等1种
	七年（1722）	61	1	冯琦《冯琢庵北海集》等1种
	八年（1723）	雍正元年	17	伍袁萃《逸我轩草》等14种
	九年（1724）	2	7	屠隆《栖真馆集》等3种
	十年（1725）	3	4	王衡《王缑山集》等4种
	十一年（1726）	4	14	杨继盛《杨椒山全集》等9种
	十二年（1727）	5	6	释通门《懒斋别集》等3种
	十六年（1731）	9	1	
	十七年（1732）	10	2	徐中行《徐天目集》等2种
	十八年（1733）	11	1	
	二十年（1735）	13	5	

---

① 在著录时间的处理上，本文采取三轨对照的方法，对舶载书目所著录的日本年号，附以中国清代年号和公元纪年法对照。本文所引用舶载书目版本：《官内厅书陵部藏舶载书目》，即［日］大庭修编《关西大学东西学术研究所资料集刊七·官内厅书陵部藏舶载书目》，关西大学东西学术研究所昭和四十一年（1966年）发行，下文简称《舶载书目》；《赍来书目》、《大意书》、《书籍元帐》、《见帐》、《直组帐》、《落札帐》和《商船载来书目》，见［日］大庭修编《关西大学东西学术研究所研究丛刊一·关于江户时代唐船持渡书的研究》，关西大学出版部昭和四十二年（1967年）发行；《内阁文库购来书籍目录》，载［日］大庭修编《关西大学东西学术研究所纪要一号》，昭和四十三年（1968年）发行。舶载书目中著录书名、作者出现讹字，或解题中出现脱漏字者，则参照可靠文献进行更正，不另出校记。

续表

时间（中日年号及公元纪年对照）		著录条目	所录书籍种类
元文	元年（1736）	乾隆元年	1	
	二年（1737）	2	1	
	四年（1739）	4	3	
	五年（1740）	5	3	
宽保	元年（1741）	6	1	
	三年（1743）	8	7	
延享	三年（1746）	12	1	何景明《何大复集》等1种
宽延	二年（1749）	14	2	刘基《诚意伯文集》等1种
	三年（1750）	15	7	
宝历	元年（1751）	16	6	陈继儒《陈眉公全集》等1种
	四年（1754）	19	40	屠隆《白榆集》等30种
	五年（1755）	20	1	
	七年（1757）	22	3	吴国伦《正续甔甀洞槁》一部四套等1种
	八年（1758）	23	2	刘凤《刘子威集》等2种
	九年（1759）	24	11	俞允文《俞仲蔚集》等1种
	十年（1760）	25	3	刘绘《嵩阳集》等1种
	十一年（1761）	26	8	边贡《边华泉集》等8种
	十三年（1763）	28	5	胡松《胡庄肃公文集》等1种
明和	元年（1764）	29	8	王思任《王季重文集》等6种
	二年（1765）	30	12	李贽《李温陵集》等10种
	四年（1767）	32	9	李辕《筠谷诗钞》等8种
	五年（1768）	33	4	王廷陈《梦泽集》等2种
安永	元年（1772）	37	6	朱元璋《高皇帝御制文集》等4种
	三年（1774）	39	49	梅鼎祚《鹿裘石室集》等40种
	八年（1779）	44	2	周用《周恭肃公集》等2种
天明	二年（1782）	47	7	蔡善继《空有斋》等1种
	三年（1783）	48	12	骆问礼《万一楼集》等7种
	六年（1794）	59	1	解缙《解学士集》等1种
宽政	七年（1795）	60	5	文征明《莆田集》等4种
	九年（1797）	嘉庆二年	1	
	十年（1798）	3	2	
	十一年（1799）	4	1	
享和	元年（1801）	6	1	

续表

时间（中日年号及公元纪年对照）			著录条目	所录书籍种类
文化	元年（1804）	9	3	
	二年（1805）	10	1	
	八年（1811）	16	1	
文政	十二年（1829）	道光九年	1	唐寅《六如居士全集》等1种
天保	天保六至七年临时番船（1835－1836）①	15－16	26	陆可教《陆学士遗稿》等10种
	七年（1836）	16	11	杨士奇《杨东里文集》等5种
	八年（1837）	17	19	梅鼎祚《梅禹金集》等9种
	九年（1838）	18	17	林熙春《忠宣公集》等6种
	十年（1839）	19	19	严书开《逸山集》等6种
	十一年（1840）	20	8	王廷相《王氏家藏》等1种
	十二年（1841）	21	5	曹玘撰、俞琬纶辑《自娱集》等1种
	十三年（1842）	22	3	范惟一《范太仆全集》等1种
	十四年（1843）	23	3	
弘化	元年（1844）	24	14	薛瑄《薛文清公全集》等3种
	二年（1845）	25	16	沈恺《环溪集》等2种
	三年（1846）	26	9	陆深《陆俨山全集》等2种
	四年（1847）	27	1	
嘉永	元年（1848）	28	2	史可法《史忠正公集》等1种
	二年（1849）	29	7	王祎《王忠文公集》等2种
	三年（1850）	30	1	
	四年（1851）	咸丰元年	2	
	五年（1852）	2	2	
安政	元年（1854）	4	1	
	五年（1858）	8	1	
	六年（1859）	9	1	
文久	二年（1862）	同治元年	1	

备注：＊ 著录条目以书籍未单位计算。
　　　＊ 书目种类不重复计算，如果当年所有著录皆已见于前录，则不另列举。

表二　舶载书目载明人别集细目

---

① 关于《内阁文库购来书籍目录》所著录"临时番船"的时间判断，以［日］大庭修《江户时代中国典籍流播日本之研究》，第148~150页的界定为准（天保六至七年，1835~1836），下不另注。

在舶载书目所著录的明人别集中，一些别集为国内较为常见者，如朱元璋、王守仁、李贽、前后七子之作；同时也包含一些较为稀见的文集。对照《千顷堂书目》和《明史·艺文志》的明人别集部分可以得知，舶载书目的著录颇有可补二者著录之阙的信息。

见录于舶载书目而可补《千顷堂书目》[①] 的明人集部书目有：

1. 盛应期《盛中丞辑略》
2. 锺惺《锺伯敬先生遗稿》
3. 苏眉山《绣佛阁藏稿》
4. 萧云举《青罗集》
5. 徐波《浪斋诗集》
6. 黄猷吉《两高山人遗稿》
7. 曹大章《曹太史含斋文集》
8. 王澹《墙东集》
9. 孙玺《峰溪集》
10. 姚光虞《玉亭稿》
11. 方孔照《环中堂文集》
12. 邹元标《愿学集》
13. 魏圻《丰村文集》
14. 徐显卿《天远楼集》
15. 胡敬辰《檀雪斋集》
16. 汪膺《寸碧堂诗集》
17. 王永积《心远堂遗集》
18. 程于古《落玄轩集选》
19. 张著《永嘉集》
20. 释通门《懒斋别集》
21. 金声《金太史集》
22. 屠隆《白榆集》

[①] 本文所引用《千顷堂书目》，皆据［清］黄虞稷撰，瞿凤起、潘景郑整理：《千顷堂书目》，上海：上海古籍出版社2001年版。下不另注。

23. 刘景韶《太白原稿》

24. 娄坚《娄子柔集》

25. 卢綋《四照堂诗集》

26. 郭之奇《宛在堂文集》

27. 萧腾凤《天倪子集》

28. 万元吉《墨山草堂初集》

29. 金瑶《粟斋文集》

30. 王家屏《王文端尺牍》

31. 罗汝芳《罗近溪全集》

32. 罗汝芳《一贯编》

33. 陈子龙《陈忠裕公集》

34. 李光元《市南子》

35. 林熙春《忠宣公集》

36. 霍与瑕《宋霍勉斋全集》

37. 梁元柱《偶然堂全集》

38. 高出《镜山庵诗文集》

39. 鲍应鳌《瑞芝山房全集》

40. 况锺《况太守集》

41. 史可法《史忠正公集》

见录于舶载书目而可补《明史·艺文志》①的明人集部书目有：

1. 盛应期《盛中丞辑略》

2. 锺惺《锺伯敬先生遗稿》

3. 王邵《王二弥先生存稿》

4. 方沆《猗兰堂稿》

5. 苏眉山《绣佛阁藏稿》

6. 萧云举《青罗集》

7. 李杰《石城山房槁》、《石城稿》

---

① 本文所引《明史·艺文志》，皆据［清］张廷玉等撰：《明史》卷九十九《艺文四》，北京中华书局 1974 年版。下不另注。

8. 徐波《浪斋诗集》
9. 黄猷吉《两高山人遗稿》
10. 徐显卿《天远楼集》
11. 钱士鳌《钱麓屏先生遗集》
12. 帅机《阳秋馆集》
13. 徐必达刻《徐大夫素履》
14. 王澹《墙东集》
15. 许弘纲《群玉山房》
16. 骆从宇《骆太史淡然斋存稿》
17. 陶允嘉《陶幼美先生泽农吟》
18. 汤兆京《灵蘐阁集》
19. 吴俨《吴文肃公摘稿》
20. 丁养浩《西轩效唐集》
21. 孙玺《峰溪集》
22. 姚光虞《玉亭稿》
23. 方应选《方众甫集》
24. 方孔照《环中堂文集》
25. 南大吉《瑞泉南伯子集》
26. 姚光虞《玉亭稿》
27. 张邦伺《诗略》
28. 邹元标《愿学集》
29. 孙七政《孙齐之松韵堂书》
30. 魏圻《丰村文集》
31. 卢雍《卢师邵古园集》
32. 冯时可《西征集》
33. 管志道《惕若斋集》
34. 茅维《十赉堂（甲乙）集》
35. 董应举《崇相存素诗稿》
36. 黄居中《千顷斋初集》
37. 徐显卿《天远楼集》

38. 顾绍芳《宝庵集》

39. 胡敬辰《檀雪斋集》

40. 陈有年《陈恭介公文集》

41. 汪膺《寸碧堂诗集》

42. 刘尧诲《虚籁集》

43. 文翔凤《皇极篇》

44. 王永积《心远堂遗集》

45. 张大复《梅花草堂集》

46. 伍袁萃《逸我轩草》

47. 张栋《张可庵疏稿》

48. 潘一桂《中清堂集》

49. 王立道《王具茨集》

50. 孙鑛《居业次编》

51. 卢格《荷亭文集》

52. 程于古《落玄轩集选》

53. 张著《永嘉集》

54. 释通门《懒斋别集》

55. 陈鎏《已宽堂集》

56. 邹迪光《调象庵稿》、《郁仪楼集》、《始青阁稿》

57. 赵秉忠《（山其）山集》

58. 刘景韶《太白原稿》

59. 娄坚《娄子柔集》

60. 柴奇《黼庵遗稿》

61. 卢綋《四照堂诗集》

62. 吴梦旸《射堂诗钞》

63. 陈瑚《确庵文稿》

64. 许如兰《香雪庵二种》

65. 郭之奇《宛在堂文集》

66. 萧腾凤《天倪子集》

67. 李辕《筠谷诗钞》

311

68. 陈勋《陈元凯先生集》
69. 万元吉《墨山草堂初集》
70. 沈懋孝《长文水钞》
71. 胡胤嘉《柳堂遗集》
72. 金瑶《粟斋文集》
73. 钟羽正《崇雅堂集》
74. 方弘静《素园存稿》
75. 吴伯与《素雯斋集》
76. 于孔兼《山居稿》
77. 支大纶《支华平集》
78. 张世伟《自广斋集》
79. 沈德符《清权堂集》
80. 周用《周恭肃公集》
81. 蔡善继《空有斋》
82. 周履靖《间云稿》
83. 陆可教《陆学士遗稿》
84. 王烨《王樗庵全集》
85. 丁启浚《平圃诗集》
86. 高攀龙《高子遗书》
87. 江天一《江止庵至正集》
88. 董说《丰草庵别集》、《丰草庵集》
89. 陈子龙《陈忠裕公集》
90. 李光元《市南子》
91. 顾梦圭《疣赘录》
92. 林熙春《忠宣公集》
93. 霍与瑕《霍勉斋全集》
94. 王在晋《兰江集》
95. 沈九畴《曲辕居集》
96. 严书开《逸山集》
97. 赵釴《无闻堂集》

98. 梁元柱《偶然堂全集》
99. 曹玑撰、俞琬纶辑《自娱集》
100. 范惟一《范太仆全集》、《范太仆集》
101. 高出《镜山庵诗文集》
102. 鲍应鳌《瑞芝山房全集》
103. 李培《水西集》
104. 况锺《况太守集》
105. 史可法《史忠正公集》
106. 薛冈《天爵堂文集》

除了目录学层面的信息，对于舶载书目来说，版本的著录与考察也极为重要。有些明人别集的版本较为常见，对于此类书籍来说，舶载书目的主要价值在于提供了该书于江户时代流播日本的记录，为现今考察书籍的版本源流提供新的线索，毋庸赘述。然而值得注意的是，舶载书目所著录的部分明人别集甚为稀见，此类著录具有较高的版本目录学价值。本文将结合明清时期主要藏书目录、中日现代馆藏目录与版本文献学研究成果（本文所据以上信息及范围，参见后附《本文引用书目说明》），对此类著录的版本目录学价值进行论述。

三、未见中土藏书目录著录的明人别集

经过将舶载书目所著录的明人别集与明清主要藏书目录的著录进行比较，可以发现其中未见录于中土藏书目录的条目。对于这些别集来说，考察其现今存佚情况非常必要。如果别集已佚或已属稀见，那么舶载书目保留的版本信息（特别是《宫内厅书陵部藏舶载书目》和《大意书》的解题所保留的版本目录信息）便具有重要文献价值。本文现将未见于明清主要藏书目录的十三部别集列举如下，首先对舶载书目相关条目的解题和著录信息进行了整理，并结合相关史料，对别集作者生平加以考述；对于中土散佚的明别集，则结合《舶载书目》、《大意书》的解题，对该书序跋、版本等目录信息进行总

结，以补中土藏书目录之阙。①

（一）中土散佚别集的目录信息

1. 盛应期《盛中丞辑略》一部一本共一卷（嘉靖十六年刊本）

《舶载书目》卷一、《商舶载来书目》（733B）著录元禄七年（康熙三十三年，1694）《盛中丞辑略》一部一本共一卷。《舶载书目》解题称："曾孙王赞谨编；嫡玄孙千载、千春、千龄同阅。序：通政春晚生吴默。嘉靖十六年岁次丁酉。右全篇盛公辑略，就中最举值庵之行状、事业、功德而言之者也。始画其像。"（一·10）②

【按】盛中丞，即盛应期。今考盛应期，字斯征，号值庵，吴江人，明弘治年间进士，事迹见《明史》卷二九一本传、王世贞《弇州史料·后集》卷二十四。明皇甫汸《皇甫司勋集》卷五十九有《祭盛中丞应期文》、明杨廉《杨文恪公文集》卷二十六有《值庵盛公荐章序》。盛王赞，字子裁，崇祯十年进士，《（乾隆）江南通志》卷一百四十有传。

据《舶载书目》解题，《盛中丞辑略》为盛王赞辑其曾祖盛应期文集，盛千载等人校阅，嘉靖十六年吴默序。

2. 苏眉山《绣佛阁藏稿》（明万历年间刊本）

《舶载书目》卷一、《商舶载来书目》（721D）著录元禄七年（康熙三十三年，1694）《绣佛阁藏稿》一套四本。《舶载书目》解题称："《绣佛阁藏稿》一套四本。莆中苏眉山志乾著。赋五首、验一首。右乐府二十九首、七言、五言、六言、绝律也。万历年刊，志乾之子元儁捃［辑］之。"（一·13）

【按】今考清人黄锡蕃《闽中书画录》卷七引《延平府志》称："苏眉山字志乾，莆田人，顺天乡荐，知新会县。万历初，卜居于沙。长于吟咏，尤

---

① 下文所考察的"未见中土藏书目录著录的明人别集"，所依据明清时期主要官修目录、史志目录、私家书目，所据范围参见后附《本文引用书目说明》，囿于笔者目力所限，理论上亦存在见于著录而笔者失考之处。所录别集次序按舶载书目著录时间为序，同年著录中按舶载书目著录先后顺序排列，括号内标注版本为笔者根据舶载书目解题著录原始信息判断所得结果，下同。

② 《官内厅书陵部藏舶载书目》（下文简称《舶载书目》）引用说明：《官内厅书陵部藏舶载书目》为抄本影印，文中所引用解题和著录信息系由笔者整理。《舶载书目》共四十册、五十六卷，引文后所标明数字为引文所在册数、页数，如（一·10）则为第一册，下同。

善临池。"① 苏元儁,字汉英,号太初,又号不二道人,福建莆田人。明祁彪佳《远山堂曲品》录其《梦境》一部,即《吕真人黄粱梦境记》,今存。

据《舶载书目》解题,《绣佛阁藏稿》为苏元儁编其父苏眉山文集,明万历年间刊本。

3. 萧云举《青罗集》(天启五年刊本)

《舶载书目》卷一、《商舶载来书目》(733C)著录元禄七年(康熙三十三年,1694)《青罗集》一部十八本。《舶载书目》解题称:"《青罗集》一部十八本。西昌晋奂萧(云)举允升著。右内八本六萧(云)举允(升)ノ诸书诸录等ノ序文也。十本八通鉴ノ故事卜春秋亘解也。春秋直解ハ标一章,一章ノ语以自见述直解。天启乙巳之刊。"②(一·17)

【按】今考萧云举,字允升,万历十四年进士,万历年间参与校勘明北监《二十一史》;清汪森《粤西文载》卷七十一载:"萧云举,字允升,宣化人。万历丙戌进士,选翰林,官至礼部尚书。平生嗜古著书,其气节、文章有过人者。卒谥文端。"③《(雍正)广西通志》卷八十四《萧云举传》称其"所著书有《青罗集》行世。"④

据《舶载书目》解题,萧云举《青罗集》有天启五年刊本行世。

4. 徐学周《徐大夫素履》一部四本(明嘉靖年间刊本)

《舶载书目》卷六、《商舶载来书目》(721C)著录元禄七年(康熙三十三年,1694)《徐大夫素履》一部四本。《舶载书目》解题称:"《徐大夫素履》一部四本。嘉靖年中之作。男必达校刻。移文、诗章等アリ。"(三·10)

【按】今考徐学周字尚文,号翼所,事迹见《嘉禾征献录》卷六本传;子徐必达字德父,明万历二十年进士,有《南州草》十六卷,编《周张全书》二十二卷、《二程全书》六十八卷等,事迹见《明史》本传(卷三百五十)。

---

① [清]黄锡蕃:《闽中书画录》卷七,载《续修四库全书·子部》第1068册(据民国三十二年合众图书馆丛书本影印),上海古籍出版社2002年版。
② [日]大庭修编:《关西大学东西学术研究所资料集刊七·官内厅书陵部藏舶载书目》后附《分类目录》,将本书归入子部·杂家类。
③ [清]汪森:《粤西文载》卷七十一,见《景印文渊阁四库全书·集部》第1467册,台北商务印书馆1983年版。
④ [清]金鉷等监修:《(雍正)广西通志》卷八十四,《景印文渊阁四库全书·史部》第567册。

明陈邦瞻《荷华山房诗稿》卷二十三有《题〈徐大夫素履〉图》诗十二首,明李维桢《大泌山房集》卷十七有《〈徐大夫素履〉序》;明于若瀛《弗告堂集》卷十六有《〈徐大夫素履〉诗,为其子玄仕吏部赋》、明郑汝璧《由庚堂集》卷十二有《〈徐大夫素履〉诗二十韵》。

据《舶载书目》解题,《徐大夫素履》当为徐必达编其父徐学周诗文集,有嘉靖年间刊本行世。

5. 姚光虞《玉亭稿》(明万历十四年刊本、万历二十六年编刊本)

《舶载书目》卷六、《商舶载来书目》(715D)著录元禄八年(康熙三十四年,1695)《玉亭稿》一部三本共四卷。《舶载书目》解题称:"《玉亭稿》三本。岭南姚光虞继如甫著。全篇姚光虞之自作也,诗集也。万历丙戌ノ刊。"(三·108)《舶载书目》卷六著录元禄九年(康熙三十五年,1696)一部三本共四卷。解题称:"《玉亭稿》一部三本共四卷。岭南姚光虞继如甫。诗集也。卷一 五言古诗 四十二首;卷二 七言古诗 三十三首;卷三 五言律诗 七十九首 六言律诗三首;卷四 七言律诗 一百一十七首;卷五 五言排律 一十首、七言排律二首、五言绝句四十五首、六言绝句十一首;卷六 七言绝句 一百二十六首。万历丙戌琼台王弘诲序アリ。"(三·123)

【按】《(道光)广东通志》卷一九六《艺文署八》著录明"《玉台》、《蓟门》、《西游》诸稿,姚光虞撰,未见"①。《玉台》,疑为《玉亭》之讹。《舶载书目》解题两次著录了《玉亭稿》万历年间刊本。

今据《(道光)广东通志》卷一九六《艺文署八》引《广州府志》,姚光虞"字继如,南海人,嘉靖乙卯举人,官至庆远府知府"。清屈大均《广东文选》卷二十八录其《西北有高楼》、《迢迢牵牛星》二首;清朱彝尊《明诗综》卷五十三录其《送周国雍守顺庆》一首。

据《舶载书目》解题,姚光虞《玉亭稿》凡四卷,分别有万历十四年刊本、万历二十六年王弘诲重编本二种行世。

(二)中土稀见别集的目录信息

1. 王澹《墙东集》(万历四十六年序刊本)

《舶载书目》卷六、《商舶载来书目》(721C)著录元禄七年(康熙三十

---

① [清]阮元修:《(道光)广东通志》卷一九六《艺文略八》,见《续修四库全书·史部》第673册(据1934年商务印书馆影印清道光二年刻本影印),下同。

三年，1694)《墙东集》一部四本廿二卷。《舶载书目》解题称："《墙东集》一部四本廿二卷。万历戊午之序アリ。（会）稽王澹翁著。王澹翁之诗集也。"（三·99）

【按】《（光绪）广州府志》卷九十三《艺文志》据《粤东诗海》著录《墙东集》一种，不题卷数，称"明顺德黄圣年撰"①，与《舶载书目》解题所称"王澹翁之诗集也"不符，当为同名之作。

据《中国善本书提要》、《明别集版本志》著录，王澹《墙东集》今有国家图书馆藏明万历间刻本一部二十二卷，是书前有万历四十六年谢肇淛序、万历四十七年王骥德序、泰昌元年沈惟炳序。②

今考王澹翁，名澹，会稽人。工曲，明沈泰编《盛明杂剧二集》收其《樱桃园》一种。③

2. 魏圻《丰村文集》（明嘉靖刻本）

《舶载书目》卷四、《商舶载来书目》（665A）著录元禄十三年（康熙三十九年，1700)《丰村文集》一部八本三十八卷。《舶载书目》解题称："《丰村文集》一部八本三十八卷。序：嘉靖壬戌魏祈［圻］化先。卷之十三《近体自序》：嘉靖甲子。卷之十六《文略自序》：嘉靖甲子。"（二·5）

【按】据《北京图书馆古籍善本书目》（页2397）著录，《丰村文集》今有国家图书馆存明嘉靖刻本《丰村集》三十六卷，半叶九行、行十八字、白口、左右双边，④在卷数上与《舶载书目》解题略有出入。

据《舶载书目》解题，魏圻字化先，明嘉靖时期人。据《明别集版本志》著录魏圻，寿州人，嘉靖贡生。⑤

3. 茅维《十赉堂（甲乙）集》（万历年间刊本）

《舶载书目》卷四、《商舶载来书目》（723A）著录元禄十四年（康熙四

---

① ［清］史澄：《（光绪）广州府志》卷九十三《艺文略四》，据北京大学图书馆藏清光绪五年刊本。
② 据王重民编《中国善本书提要·集部》第651页著录，上海古籍出版社1983年版。另见崔建英辑订：《明别集版本志》（北京中华书局，2006年版）著录该书为泰昌元年沈惟炳刻本。
③ 王澹《樱桃园》今存，有民国初年武进董氏诵芬室刻本、北京古籍出版社1957影印本，两书作者皆题明人王澹翁，实应作王澹。
④ 北京图书馆编：《北京图书馆古籍善本书目·集部》，书目文献出版社1987年版。此本另见崔建英辑定：《明别集版本志》第275~276页著录，称《丰村集》卷首有吴道东、王丕显序，魏圻嘉靖壬戌（四十一年，1562）自序。
⑤ 崔建英辑订：《明别集版本志》。

十年，1701）《十赍堂甲乙集》十二本三十九卷。《舶载书目》解题称："《十赍堂集》乙集□木［本］。吴兴茅维孝若父著。无序。卷一 四言古诗。卷二 五言古诗。卷三 同上。卷四 七言古诗。卷五 同上。卷六 五言律。卷七 五言律。卷八 五言律。卷九 同上。卷十 七言律。卷十一 同上。卷十二 五言排律。卷十三 同上。卷十四 七言排律。卷十五 五言绝句、六言绝句。卷十六 七言绝句。卷十六 七言绝句。卷十七 七言绝句。卷十八 词部。六册。《十赍堂甲乙集》共十二本三十九卷。茅维孝若父著。序：李维桢本宁。《甲集》诗部共七卷。一卷、二卷、三卷：古诗、杂言。四卷、五、六、七、卷：律、排律、绝句。陈继儒。《文部》共十二卷。又万历戊申，美兼唐世济。又万历丁巳冯时可。序：黄汝亨。《初集序》：万历丙申屠邻［隆］纬真甫。乙集前详。共十八卷。又吴梦阳附。又陈继儒《北阐赘言》上下卷。《诗评》丙申、梅字棋。序：万历丁巳朱国桢。科举论表策。又：李衮纯。又：自。"（二·22～23）

【按】由于茅维在戏曲创作领域的建树，其《十赍堂集》也引起了一定关注。① 然而长期以来，关于其《十赍堂乙集》的存佚、卷数颇有存疑。首先，是《乙集》的卷数问题。《千顷堂书目》卷二十六著录茅维《十赍堂甲集》十五卷、又《乙集》十八卷、又《丙集》十四卷、又《佩觿草》三卷、又《菰园初集》六卷、又《闽游集》一卷、又《迂谈》二卷（653下）；陈田辑《明诗纪事》庚签卷三十下著录茅维"《十赍堂甲集》五卷、《乙集》十八卷、《菰园集》六卷、《佩觿闽游草》一卷"②，而《（雍正）浙江通志》卷二五一《经籍志》著录"《十赍堂甲集》十二卷、《乙集》十卷、《丙集》十四卷、《佩觿》草三卷、《菰园初集》六卷、《闽游集》一卷、《迂谈》二卷"③；两者在《乙集》的卷数上出现异说。

其次，是《乙集》的存佚问题。《中国善本书提要》（页661）著录国家图书馆藏明启、祯间刻本《十赍堂丙集》十二卷，有阙页，而未言及《甲集》、《乙集》情况。《（台北）国家图书馆善本书志初稿·集部》（三·121～

---

① 如孙书磊先生《明末清初戏剧研究》第十一章《茅维及其凌霞阁戏剧考述》便从历代书目中详细考述了《十赍堂集》的著述情况，惜其未涉及《十赍堂集》的流传与存佚问题。见孙书磊《明末清初戏剧研究》第十一章，社会科学文献出版社2007年版。
② ［清］陈田：《明诗纪事》庚签卷三十下，上海古籍出版社1993年版。
③ ［清］嵇曾筠监修：《（雍正）浙江通志》卷二五一《经籍志》，见《景印文渊阁四库全书·史部》第525册。

122）著录馆藏明万历末年吴兴茅氏刊本《十赍堂甲集》文部十二卷、十二册，称："然此本仅甲集十二卷，知原或尚有乙、丙以下各集，而此书未见。"①《中国文学大辞典》"十赍堂集"条，亦称"（该书）传本少见，仅见甲集文部十二卷，丙集诗部十一卷②，词部一卷……有明末吴兴茅氏家刻本"③，《明代版刻综录》著录"《十赍堂甲集》文部十二卷，明崇祯归安茅维刊"，而未著录《乙集》的信息。

《舶载书目》著录《十赍堂（甲乙）集》，有万历间序跋数篇，特别是《乙集》的存佚、卷数问题，舶载书目的解题有详细著述，颇为珍贵。《乙集》今有上海图书馆存明万历吴兴茅氏十赍堂刻本，含《十赍堂甲集》诗五卷、文十二卷，《乙集》诗十七卷、词一卷，《北闱赘言》二卷，半叶九行、行十八字、白口、左右双边，版心下镌"十赍堂"，《明别集版本志》（页506）对此本著录甚详。

据《改定内阁文库汉籍分类目录·集部》（页359）④著录，日本公文书馆存明万历四十六年序刊本《十赍堂甲乙集》，含《甲集》诗部五卷、文部一二卷，《乙集》诗部一八卷，亦为《十赍堂乙集》提供了宝贵线索。

今考茅维，字孝若，归安人，茅坤子，万历乙卯举人，授翰林孔目。有《皇明论衡》六卷，杂剧《闹门神》、《金门戟》等⑤。明黄汝亨《寓林集》卷三有《〈十赍堂文集〉序》。

4. 郭之奇《宛在堂文集》

《商舶载来书目》（709C）著录明和元年（乾隆二十九年，1764）《宛在堂文集》一部二套。

【按】《（道光）广东通志》卷一九六《艺文畧》著录"《宛在堂集》，明

---

① 《（台湾）"国家"图书馆善本书志初稿·集部》第三册，"国家"图书馆民国88年发行，下不另注。
② 《十赍堂丙集》今存，王重民编《中国善本书提要》（页661）著录国家图书馆存《十赍堂丙集》十二卷，称："凡诗部十一卷、词部一卷、《目录》前三页及序并阙。"
③ 见钱仲联等主编：《中国文学大辞典》第961页"《十赍堂集》"条，上海辞书出版社1997年版。
④ 《改訂内閣文庫漢籍分類目録》，大藏省印刷局，昭和46年发行。
⑤ ［清］邹式金编：《杂剧三集（三十四种）》（顺治十八年刻本）收录茅维杂剧《闹门神》、《金门戟》、《秦廷筑》、《醉新丰》各一卷。茅维另有《皇明策衡》二十六卷，今存明万历间刻本，《四库禁毁书丛刊·集部》第151册据北京大学图书馆藏本影印。

郭之奇撰，未见。"①《明诗纪事》辛签卷九录其诗四首，小传称其有《宛在堂集》三十四卷。②

《宛在堂集》国内今有中国科学院图书馆存明崇祯十一年序刊本，全书三十四卷，半叶八行、行二十字、白口、四周单边，《四库未收书辑刊》第六辑第27册据此本影印，《明别集版本志》（页54）著录此本情况甚详；另有《改订内阁文库汉籍分类目录·集部》（页368）、《日藏汉籍善本书录·集部》（页1794）③著录日本公文书馆存明崇祯十一年序刊本《宛在堂文集》三十四卷。

今考郭之奇，字仲常，揭阳人，崇祯戊辰进士。官至福建提学副使，明亡被执，不屈死，乾隆中赐谥忠节。有《稽古编》、《揭阳县志》等。《明诗纪事》辛签卷九录其诗四首。

5. 万元吉《墨山草堂初集》

《商舶载来书目》（666A）著录安永三年（乾隆三十九年，1774）《墨山草堂初集》一部一套。

【按】《墨山草堂初集》为明人万元吉文集。该书未见日藏本著录。国内今有北京大学图书馆存明崇祯十七年刻本④，半叶九行、行十八字、白口、四周单边，有万六吉序、崇祯七年舒日敬序。另有国家图书馆存《墨山草堂初集》抄本十卷。

今考万元吉，字吉人，江西南昌人，天启五年进士，明末进郎中，后为南明兵部右侍郎，兵败投水死。事迹见《明史》本传（卷三六七）、《（康熙）江西通志》卷七十。

6. 于孔兼《山居稿》

《商舶载来书目》（714D）著录安永三年（乾隆三十九年，1774）《山居稿》一部一套。

【按】《山居稿》，即《于景素先生山居稿》，《千顷堂书目》著录吴彤、岳岱著《山居稿》两种，皆非于孔兼文集。明赵南星《赵忠毅公诗文集》卷

---

① ［清］阮元：《（道光）广东通志》卷一九六《艺文略八》，见《续修四库全书·史部》第673册（据1934年商务印书馆影印清道光二年刻本影印）。
② ［清］陈田：《明诗纪事》辛签卷九。
③ 严绍璗：《日藏漢籍善本書錄·集部》，中华书局2007年版，下不另注。
④ 《北京大学图书馆藏古籍善本书目》第472页录此本为清初刻本，今从王重民先生《中国善本书提要》（第672页）之说。

七有《浮云子〈山居稿〉序》。

本书今存北京大学图书馆藏万历四十年刊本,据《明别集版本志》(页145)、《中国善本书提要》(页649)、《北京大学图书馆藏古籍善本书目·集部》(页468)著录,该书一部十册,半叶八行、行十八字、白口、四周双边,前有明万历四十年钱士完《浮云子山居稿叙》、于孔兼《山居稿自序》。另据《改订内阁文库汉籍分类目录·集部》(页360)著录,本书日藏本有日本公文书馆藏明万历四十年序刊本一部。

今考于孔兼,字符时,金坛人,万历八年进士,官至礼部郎中,卒赠光禄寺少卿。事迹见《明史》本传(卷二三一)。著作见《澹生堂藏书目·集部下》著录《江州余草》四卷(723下)①,《八千卷楼书目》卷十九著录《培元堂六子》十六卷、《春曹书疏》五卷、《浮云山居集》缺卷。②

7. 江天一《江止庵至正集》

《内阁文库购来书籍目录》页六十三著录天保七年(道光十六年,1836):二十五匁。申八番船。《江止庵至正集》乙套四本(63B)③。

【按】江天一别集,《千顷堂书目》卷二十八著录江天一《惊天集》、《止庵集》(689上)。《八千卷楼书目》卷十七著录《江止庵集》八卷,《乾坤正气集》本。江天一《江止庵遗集》卷一有《〈惊天集〉自序》。今存清康熙间祭书草堂刻本《江止庵遗集》④,未见题名《至正集》者。

今考江天一,字文石,歙县诸生,金声弟子,明末从金声起兵,兵败被执,不屈死,乾隆中赐谥节愍。事迹见《明史》卷二七七《金声传》附。清陈田《明诗纪事》辛签卷六录其《拜御史大夫景公墓》诗一首。

---

① 本书所引《澹生堂藏书目》,皆据《续修四库全书·史部》第919册影印国家图书馆藏清宋氏漫堂钞本,下文皆注引《续修四库全书》第919册页数,不另出注。
② 本文所引《八千卷楼书目》,皆据[清]丁立中《八千卷楼书目(影印本)》,北京国家图书馆出版社2009年版,下不另注。
③ 乙套,犹言一套也。《内阁文库购来书籍目录》多见此种著录。本文所引《内阁文库购来书籍目录》,页数皆据[日]大庭修编《关西大学东西学术研究所纪要一号》(昭和四十三年发行),整理本所标注原页数一并沿袭之,如本条"页六十三"为《关西大学东西学术研究所纪要一号》页数,63A 为《关西大学东西学术研究所纪要一号》所标注原文页数,下同,不另出注。
④ 清康熙祭书草堂刻本《江止庵遗集》八卷,半叶九行、行二十字、白口、四周双边,分别见浙江图书馆古籍部编《浙江图书馆古籍善本书目》第549页(浙江教育出版社2002年版)、常书智、李龙如编《湖南省古籍善本书目》第472页(岳麓书社1998年版)著录。

8. 梁元柱《偶然堂全集》

《内阁文库购来书籍目录》页五十七著录天保十年（道光十九年，1839）：七夕。亥五。《偶然堂全集》二套（51B）。

【按】梁元柱文集，《（光绪）广州府志》卷九十一《艺文志》据《张府志》著录《梁侍御疏要》四卷，同书卷九十三《艺文志》著录"《偶然堂集》六卷，明顺德梁元柱撰，据《广东诗粹》"，小注"谨案《郝通志》作四卷。"①

《南州书楼所藏广东书目》著录广州藏书家徐信符旧藏梁元柱《偶然堂集》二卷、《年谱》一卷②，未题版本，存佚未详。本书今有国家图书馆存清嘉庆二十四年春晖堂刊本《梁侍御偶然集》，半叶十行、行二十一字、白口、左右双边、单鱼尾，以及清罗学鹏编辑同治二年重刊本，《广东文献··第三集》收录。③

今考梁元柱，字仲玉，广州顺德人。《明诗纪事》辛签卷十八存其《送人从军榆关》诗一首，小传称其"天启壬戌进士，选庶吉士。改陕西道御史，以劾魏忠贤削职。崇祯初，起福建道御史，以忧归。起陕西参议，未上卒。有《偶然堂集》。"④ 事迹亦见《（道光）广东通志》本传（卷二八三）。

四、中土散佚明人别集的流播记录

舶载书目除可补古籍目录之阙外，也可为考察中土散佚古籍提供重要线索。⑤除第一部分所列《盛中丞辑略》等五部中土散佚别集外，舶载书目所录明人别集中，中土已佚明人文集尚有如下四种：

---

① ［清］史澄：《（光绪）广州府志》卷九十三《艺文略四》，据北京大学图书馆藏清光绪五年刊本。
② 冼玉清辑：《南州书楼所藏广东书目》，载《广州大学图书馆季刊》，1935年第1期。
③ 山西大学图书馆编《山西大学图书馆线装书目录》第150页（山西古籍出版社2002年版）著录《偶然亭遗集》三卷，附《年谱》一卷、《附录》一卷，不提版本。
④ ［清］陈田：《明诗纪事》辛签卷十八。
⑤ 关于本文对中土散佚文集的考察，所得结论主要基于国内主要馆藏目录、版本文献学研究成果与电子数据库检索得出，囿于笔者目力所限，理论上亦存在书籍未亡佚而笔者失考之可能；本文所据范围见后附《本文引用书目说明》。

（一）钱士鳌《钱麓屏先生遗集》（万历二十九年校刻本）

《舶载书目》卷六、《商舶载来书目》（733C）著录元禄七年（康熙三十三年，1694）《钱麓屏先生遗集》一部四本八卷。《舶载书目》解题称："《钱麓屏先生遗集》一部四本八卷。萬曆辛丑男兆禎校。右錢氏之遺留。ニシラ專主仙家之趣。"（三·96）

【按】钱士鳌别集，《澹生堂藏书目·集部下》著录钱士鳌《钱麓屏遗集》十卷、五册，《千顷堂书目》卷二十五著录钱士鳌《钱麓屏遗集》十卷，又《逍遥集》二十卷等（631上）。黄仁生先生《日本现藏稀见元明文集考证与提要》考钱士鳌生平著作甚详，并著录尊经阁文库所藏明万历刻本《钱麓屏先生遗集》八卷，称"《千顷堂书目》卷二十五著录其《钱麓屏遗集》十卷……国内皆未见有传本。上录《钱麓屏先生遗集》八卷……全书刊行于万历三十年（1602），尊经阁文库所藏是集乃天下孤本。"① 然严绍璗先生《日藏汉籍善本书录·集部》（页1728）著录静嘉堂文库所藏小越幸助旧藏本《钱麓屏先生遗集》四册，似可补充黄氏著录。

（二）伍袁萃《逸我轩草》

《商舶载来书目》（660B）著录享保八年（雍正元年，1723）《逸我轩草》一部一套。

【按】伍袁萃文集，《千顷堂书目》卷二十五著录《逸我轩集》四卷（626下），《传是楼书目·集部·果字上格·别集》著录《逸我轩草》二卷、《逸我轩续草》二卷，明伍袁萃，四本（878上）②。

今考伍袁萃，字圣起，万历年间进士。《（乾隆）江南通志》卷一百四十有传。其文集今存《林居漫录》、《贻安堂稿》、《弹园杂志》③ 三种，均较为稀见。

---

① 黄仁生：《日本现藏稀见元明文集考证与提要》，岳麓书社2004年版。
② 本文所据《传是楼书目》，皆据《续修四库全书·史部》第920册影印国家图书馆藏清道光八年刘氏未经书屋钞本，下文皆注引《续修四库全书》第920册页数，不另出注。
③ 《林居漫录》，含《前集》六卷、《别集》九卷、《畸集》五卷、《多集》六卷，王重民《中国善本书提要》第392页著录国家图书馆今存万历刻本、清抄本二种；其中《前集》另见《续修四库全书·子部》（顾廷龙、傅璇琮主编，上海古籍出版社2002年版）收录像印本。《贻安堂稿》八卷、《续集》二卷，上海图书馆今存明万历三十八年刻本。《弹园杂志》卷数待考，国家图书馆今存残本一卷。

（三）刘景韶《太白原稿》（万历十三年刊本）①

《大意书》（315A）著录宝历四年（乾隆十九年，1754）《太白原稿》一部一套六本

【按】《太白原稿》，《澹生堂藏书目·集部下》著录《太白原稿》十三卷、五册，刘景韶（735下）。

今考刘景韶，字子成，崇阳人，事迹见《明史》本传（卷二九五），曾参与校订《高太史大全集》。《澹生堂藏书目·集部上》另录其《刘中丞疏草》九卷、三册（702上）。

（四）蔡善继《空有斋》

《大意书》（423A）著录天明二年（乾隆四十七年，1782）《空有斋》一部二本。

【按】《空有斋》，当指明人蔡继善《空有斋诗草》，《澹生堂藏书目·集部下》著录三卷、三册（730C），《千顷堂书目》卷二十六著录蔡善继《去去斋集》三卷、又《空有斋诗草》四卷（641上）。

今考蔡继善，字伯达，归安人，万历辛丑进士，官福建布政使。

五、中土稀见明人别集的流播记录

舶载书目所录的部分明人别集（或别集版本）于中土已相当稀见。因此，舶载书目的重要价值还在于提供中土稀见别集或版本的流传记录，为其提供新的流播线索。本文现将见录于舶载书目的稀见文集、版本分别罗列如下，并依舶载书目的著录，对其现今存佚、中日馆藏情况进行考察。

（一）见录于舶载书目的稀见版本

1. 王邵《王二弥先生存稿》（清康熙十八年王岱刻本）

《舶载书目》卷一、《商舶载来书目》（676A）著录元禄七年（康熙三十三年，1694）《王二弥先生存稿》一部二本。《舶载书目》解题称："《王二弥

---

① 周振鹤先生《持渡书在中日书籍史上的意义》一文亦曾提及《大意书》所录"刘子成《太白原稿》"，并称其"未之见"，然《太白原稿》作者当作"刘景韶"，非"刘子成"，当据正。见周振鹤：《持渡书在中日书籍史上的意义——以〈戌番外船持渡书大意书〉为说》，载《复旦学报（社会科学版）》，2007年03期。

先生存稿》一部二本。康熙己未孟春楚湘潭门人王岱顿撰。男立本孩如、宗本婴如；孙恺莲岫、恒莲山、慎莲屿；曾孙省身、省身①、省耕全编。右王二弥之文、疏、论、策、说、序、记、言、辨［辩］、赋、颂、赞、问、跋、诗、歌、贺、铭。"（一·4）

【按】《王二弥先生存稿》为王邵别集。《千顷堂书目》卷二十八著录王邵《王二弥先生存稿》十卷（673上）。

《舶载书目》所载，为清康熙己未（十八年）王岱刻本，今有北京市文物局存《太原王二弥先生存稿》一部十卷，较为稀见，《明别集版本志》录此本甚详（页75~76）。此外，有北京大学图书馆、吉林大学图书馆、中国人民大学图书馆藏清刻本《王太史遗稿》十卷。

2. 黄猷吉《两高山人遗稿》（明万历三十二年序刊本）

《舶载书目》卷六、《商舶载来书目》（672B）著录元禄七年（康熙三十三年，1694）《两高山人遗稿》一部四本四卷。《舶载书目》解题称："《两高山人遗稿》一部四本四卷。古会稽两高黄猷吉仕祯亦著。万历甲辰王泮之序アリ。右黄伯祯之文集也。赋、启、书、著アリ。"（三·96）

【按】《淡生堂藏书目·集部下》著录《黄猷吉稿》四卷、四册（729下）；《传是楼书目·集部·珍字二格·别集》著录《两高山人稿》六卷、少第二卷，明黄猷吉，六本（885上）。《舶载书目》所录，当为万历三十二年序刊本。黄猷吉文集今有台湾"国家图书馆"藏《两高山人百尺岩万壑楼藏稿》一部四卷，较为稀见。据《改订内阁文库汉籍分类目录·集部》（页362），日本公文书馆存万历三十二年序刊本《两高山人百尺千岩万壑楼藏稿》四卷。中日藏本皆题名为《两高山人百尺岩万壑楼藏稿》，而非《两高山人遗稿》。

3. 骆从宇《骆太史淡然斋存稿》（明崇祯十年骆氏刻本）

《舶载书目》卷六著录元禄七年（康熙三十三年，1694）《骆大［太］史淡然斋存稿》一部四本六卷。《舶载书目》解题称："《骆大［太］史淡然斋存稿》一部四本六卷。崇祯丁丑之序。武康骆从宇干沙甫著。诗、序、记、奏、颂、辨、铭、志、墓表、行略、祭文、诰、敕、补遗ヲ后ニ附。"（三·99~100）

---

① 此处"身"字疑讹，然原文如此。

【按】《骆太史淡然斋存稿》为骆从宇别集。明《（崇祯）吴兴备志》卷二十二《经籍徵第十八》著录"骆从宇《淡［澹］然斋存稿》六卷"①；《千顷堂书目》卷二十六著录骆从宇《淡然斋存稿》七卷（643下）；《传是楼书目·集部·菜字二格·别集》著录《骆太史淡然斋存稿》六卷，明骆从宇，四本（900上）。

《舶载书目》所著录《骆太史淡然斋存稿》，当为明崇祯十年（1637）骆氏刊本。该书较为稀见，今存复旦大学图书馆藏本，见《明别集版本志》（页747）著录，《四库禁毁书丛刊补编》第066册据此影印；另据《（台北）国家图书馆善本书志初稿·集部》（三·112）著录，台湾"国家图书馆"藏明崇祯丁丑（十年，1637）武康骆氏原刊本《骆太史淡然斋存稿》六卷、《补遗》一卷，共四册，卷首有明崇祯丁丑陈以诚《淡然斋文集序》、崇祯丁丑闵洪学《淡然斋存稿叙》、崇祯丁丑陈乾阳《叙》，与《舶载书目》所录较为一致。

据《改定内阁文库汉籍分类目录·集部》（页364），日本公文书馆存明崇祯十年序刊本《骆太史淡然斋存稿》六卷、《诰敕》一卷、《补》一卷；又据《尊经阁文库汉籍分类目录》（页489）著录，日本尊经阁文库存明崇祯版《骆太史淡然斋存稿》六卷。

4. 陈鎏《已宽堂集》（明万历四十年刊本）

《大意书》（311A）、《商舶载来书目》（717C）著录宝历四年（乾隆十九年，1754）《已宽堂集》一部一套八本。《大意书》解题称："《已宽堂集》系明人陈子兼著。明万历四十年刊印，一部一帙八册，内脱纸七张。"

【按】《千顷堂书目》卷二十三著录陈鎏《已宽堂集》四卷（582下），《四库全书总目》卷一七七著录《已宽堂集》四卷（页2451）。②

《大意书》所录，为明万历四十年刊印《已宽堂集》。然今存《已宽堂集》为明万历戊戌（二十六年）颍川陈氏家刊本《已宽堂集》四卷，《（台北）国家图书馆善本书志初稿·集部》（二·387）著录馆藏本版本情况甚详；以及《北京大学图书馆藏古籍善本书目》（页458）著录万历刻本《已宽堂集》一部，存卷一至二，《四库全书存目丛书·集部》第105册据北京大学

---

① ［明］董斯张撰：《吴兴备志》三十二卷，见《景印文渊阁四库全书·史部》第494册。
② ［清］纪昀、陆锡熊、孙士毅等：《钦定四库全书总目（整理本）》，中华书局1997年版。本文所据《四库全书总目提要》皆据此本，下不另注。

图书馆藏本影印。另据《北京图书馆古籍善本书目》（页2378）著录，国家图书馆存《陈子兼文稿》不分卷稿本一册，陈德大补目，蒋凤藻跋。

据《改订内阁文库汉籍分类目录·集部》（页356）、《日藏汉籍善本书录·集部》（页1723）著录日本公文书馆存明万历四十年序刊《已宽堂集》十二卷，钱允治等校；另有《尊经阁文库汉籍分类目录·集部》（页487）著录馆藏明万历版《已宽堂集》十二卷。

5. 蔡复一《遯庵全集》（明末林文昌刻本）

《大意书》（360A）著录宝历四年（乾隆十九年，1754）《遯庵全集》一部一套六本。《商舶载来书目》（668D）亦著录宝历四年《遯庵全集》一部一套。

【按】《千顷堂书目》卷二十五著录蔡复一《遯庵全集》十七卷、又《爨余骈语》六卷（637上）；《明史·艺文志》（页2489）著录蔡复一《遯庵集》十七卷。明蔡献臣《清白堂稿》卷四有《清宪蔡公〈遯庵全集〉序》。

蔡复一别集，今有北京大学图书馆存明末林文昌刻本《遯庵骈语》五卷、《续骈语》二卷，见《中国善本书提要》（页662）著录；《中国善本书提要》（页662）另著录国家图书馆存明启、祯间刻本《遯庵诗集》十卷、《遯庵骈语》五卷、《续骈语》二卷；此外，据《（台北）国家图书馆善本书志初稿·集部》（三·97）著录，台湾"国家图书馆"存明刊本《遯庵诗集》九卷，及明绣佛斋抄本《遯庵蔡先生文集》四册。

据《改订内阁文库汉籍分类目录·集部》（页363），日本公文书馆存明刊本《遯庵全集》一部，含《遯庵骈语》五卷、《遯庵诗集》十卷；《尊经阁文库汉籍分类目录·集部》（页481）著录馆藏明版《遯庵诗集》十卷、《遯庵骈语》五卷、《遯庵续骈语》二卷。

6. 娄坚《娄子柔集》、《吴歈小草》（崇祯三年谢三宾原刻本）

《舶载书目》卷一、《商舶载来书目》（703D）著录元禄七年（康熙三十三年，1694）《吴歈小草》一部四本，解题称："《吴歈小草》一部四本。长州娄坚子柔著。右娄子柔之诗集也。崇祯三年之述。"（一·10）

《大意书》（315B）、《商舶载来书目》（661D）著录宝历四年（乾隆十九年，1754）《娄子柔集》一部二套十二本。解题称："《娄子柔集》系明人娄坚所著。辑其诸体之诗千二百五十余首，编为《吴歈小草》十卷，辑其诸体之文三百三十余篇，编为《学古绪言》二十五卷。此本有明崇祯三年刊本，一部二帙十二册。"

【按】《娄子柔先生集》为娄坚别集，含《吴钦小草》十卷、《补》一卷、《学古绪言》二十五卷、《补》一卷。《千顷堂书目》卷二十六著录娄坚《学古绪言》二十五卷、又《吴歈小草》十卷（660上）；《四库全书总目》卷一七二著录《学古绪言》二十五卷（页2334）；《八千卷楼书目》卷十六著录《吴歈小草》十卷，《嘉定四先生集》本。

《舶载书目》所录，为崇祯三年谢三宾刻本《吴歈小草》十卷。今存《吴歈小草》为康熙三十三年陆廷灿修补谢刻本，即《嘉定四先生集》本，前有崇祯三年春三月谢三宾《娄子柔先生集原序》，钱谦益《娄贡士坚传》，卷端题"长洲娄坚子柔甫著 嘉定后学陆廷灿扶照重校"，此本传世众多，《四库禁毁书丛刊·集部》第49册据北京师范大学图书馆藏本影印。据《改定内阁文库汉籍分类目录·集部》（页367）著录，日本公文书馆藏明崇祯三序刊《娄子柔先生集》二部，其一为清汪文伯旧藏。

《舶载书目》著录仅称"崇祯三年之述"，未言及陆廷灿修补；且陆廷灿修补本成书于康熙三十三年，恰为元禄七年，因此可以大致断定，元禄七年已输入日本的《吴歈小草》当为谢刻原本，较为珍贵。

（二）见录于舶载书目的稀见文集

以下十三部明人别集，或见录于《舶载书目》等解题目录，而未注明版本，或见录于《商舶载来书目》、《内阁文库购来书籍目录》等贸易目录，而不包含可供判断版本的信息，但这些别集本身即为中土所稀见，因此舶载书目为其流传提供了重要的记录；同时，其中部分别集目前仅见日藏本著录，其价值不言而喻。

1. 徐显卿《天远楼集》（明万历刻本）

《舶载书目》卷六、《商舶载来书目》（710A）著录元禄七年（康熙三十三年，1694）《天远楼集》一部十二本二十七卷。《舶载书目》解题称："《天远楼集》一部十二本二十七卷。明吴郡徐显卿望著。右手作之文集也。赋、颂、五、七、古诗、绝、律、序、碑、表、传、行状、赞、祭文、尺牍等アリ。"（三·94）

《舶载书目》卷六著录元禄十五年（康熙四十一年，1702）《天远楼集》一部十二本二十七卷。《舶载书目》解题称："《天远楼集》又名《徐公望集》，一部十二本二十七卷。吴郡徐显卿公望著。无序，诗文集也。"（三·8）

【按】《天远楼集》为徐显卿别集。《千顷堂书目》卷二十四著录徐显卿《天远楼集》二十七卷（617 上）。《四库全书总目》卷一七九著录《天远楼集》二十七卷（页 2480）。《传是楼书目·集部·珍字三格·别集》著录《天远楼集》二十七卷，明徐显卿，十二本（886 上）。

舶载书目未著录《天远楼集》版本。然本书甚为稀见，今有复旦大学图书馆藏万历年间刊本，《四库存目丛书补编》第 98 册据此本影印；另有台湾"国家图书馆"存万历年间刊本《天远楼集》一部，二十七卷，《（台北）国家图书馆善本书志初稿·集部》（三·15）著录馆藏本情况甚详。

2. 方应选《方众甫集》

《商舶载来书目》（662A）著录元禄八年（康熙三十四年，1695）《方众甫集》一部八本。

【按】《方众甫集》为方应选别集。《千顷堂书目》卷二十五著录方应选《方众甫集》四卷；《四库全书总目》卷一七九著录《方众甫集》十四卷（页 2490）；《传是楼书目·集部·李字三格·别集》著录方众甫《汝上刻》二卷、《闽中刻》二卷，明方应选，四本，同卷著录《方众甫集》十四卷，方应选，四本（891 下）；《续文献通考》卷一九四《经籍考》著录方应选《众甫集》十四卷（页 4326）①。

今存《方众甫集》有南京图书馆藏明万历刻本十四卷，据《明别集版本志》（页 6）著录，此本半叶九行、行二十字、白口、四周单边，有董其昌《序汝上集》，及《闽刻自序》，《四库全书存目丛书·集部》第 170 册据此本影印。据《尊经阁文库汉籍分类目录》（页 486）、《日藏汉籍善本书录·集部》（页 1726）著录，日本尊经阁文库有明万历版《方众甫集》十四卷。

3. 南大吉《瑞泉南伯子集》

《商舶载来书目》（738C）著录元禄八年（康熙三十四年，1695）《瑞泉南伯子集》一部八本。

【按】《瑞泉南伯子集》为南大吉文集。《千顷堂书目》卷二十二著录南大吉《瑞泉集》一卷（551 上）。本书今有重庆市图书馆存嘉靖四十四年南轩刻本《瑞泉南伯子集》一部二十二卷，并《附录》一卷、《后纪》一卷，半叶十行、

---

① 本文所引《续文献通考·经籍考》，皆据［清］乾隆官修《续文献通考》，浙江古籍出版社 2000 年版，页码皆据该书，下不另注。

行二十一字、白口、左右双边,《明别集版本志》(页427)著录此本甚详。

4. 黄居中《千顷斋初集》

《舶载书目》卷四、《商舶载来书目》(734A)著录元禄十四年(康熙四十年,1701)《千顷斋初集》一部十本廿六卷。《舶载书目》解题称:"《千顷斋初集》一部十本廿六卷。汝南黄居中明立父。序:大泌山人李维桢本宁甫撰。同:云间陈继儒撰。同:武林罗大冠撰。同:昆陵张师绎撰。诗文集。"(二·26)《赍来书目》(247C)著录享保二十年(雍正十三年,1735)《千顷斋集》一部。

【按】《千顷斋初集》为黄居中别集。《澹生堂藏书目·集部下》著录《千顷斋集》廿六卷、五册(735上),《千顷堂书目》卷二十五著录黄居中《二酉斋诗》六卷、又《千顷斋初集》二十五卷、又《二集》四十卷、又《三集》四卷(629下);《传是楼书目·集部·光字四格》著录《千顷斋集》五十卷,明黄居中,十四本(877上)。

《舶载书目》未著录《千顷斋初集》版本。本书今存明刊本《千顷堂初集》二十六卷,据《明别集版本志》(页546)著录中国科学院图书馆藏本,半叶九行,行十八字,小字双行、白口、左右双边,有李维桢《千顷斋集序》、庚辰(崇祯十三年)陈函辉《千顷斋全集序》、张师绎《千顷斋初集序》、陈继儒《千顷斋集序》、罗大冠《千顷斋初集序》,序跋情况与《舶载书目》大体一致。《续修四库全书·集部》第1363册据中国科学院图书馆藏本影印。

据《改定内阁文库汉籍分类目录·集部》(页365)、《日藏汉籍善本书录·集部》(页1777)著录,日本公文书馆存明刊本《千顷堂[斋]初集》一部二十六卷。

5. 萧腾凤《天倪子集》

《商舶载来书目》(711D)著录明和二年(乾隆三十年,1765)《天倪子集》一部二本。

【按】《天倪子集》为萧腾凤别集。《千顷堂书目》卷十二《子部·杂家类》著录萧腾凤《天倪子》,注称:"(萧腾凤)晋江人,隆庆戊辰进士,两浙盐运使"(326上);《千顷堂书目》卷二十三另著录《天倪子集》一种,作者题方逢龙,注曰"祁门人"(613下),当为同名之作。

本书今有台湾"国家图书馆"存明万历十八年(1590)序刊本《天倪子集》二卷;另据《改订内阁文库汉籍分类目录·集部》(页354)、《日藏汉籍善本书录·集部》（页1714）著录，日本公文书馆藏明万历十八年序刊本二卷，明萧腾凤撰、颜廷榘评，较为稀见。

6. 胡胤嘉《柳堂遗集》

《商舶载来书目》（674B）著录安永三年（乾隆三十九年，1774）《柳堂遗集》一部一套。

【按】《柳堂遗集》为胡胤嘉别集。《千顷堂书目》卷二十六著录《柳塘遗集》十三卷（648上）①；《传是楼书目·集部·珍字四格·别集》著录《柳堂遗集》十三卷，明胡胤嘉，四本（888上）。

《柳堂遗集》今有山东大学图书馆藏万历四十三年刻本一部十三卷，据《山东大学图书馆古籍善本书目》②、《明别集版本志》（页595）著录，此本半叶九行、行十九字、白口、四周单边，有万历乙卯（四十三年）李邦华序、乔时敏《胡庶常休仲小传》。

7. 何乔远《镜山全集》

《商舶载来书目》（718B）著录安永三年（乾隆三十九年，1774）《镜山全集》一部四套。

【按】《镜山全集》为何乔远别集。《千顷堂书目》卷二十五著录何乔远《镜山全集》□卷、又《万历集》三十三卷等（630下）；《明史·艺文志》（页2488）著录《何乔远集》八十卷。

《镜山全集》今有台湾"国家图书馆"存明崇祯十四年（1641）序刊本七十二卷、《目录》二卷、《附录》不分卷；以及南京图书馆存清抄本《何氏镜山集》一部，不分卷。

《改订内阁文库汉籍分类目录·集部》（页368）、《日藏汉籍善本书录·集部》（页1792）著录日本公文书馆存明崇祯十四年序刊本《镜山全集》七十二卷、《首》一卷、《目》二卷、《附》全五卷。

---

① 关于《千顷堂书目》对《柳堂遺集》的著录：《千顷堂书目》卷二十六着录胡胤素《柳遺集》十三卷【字子山。仁和人。庶吉士】（647下）；卷二十六亦有卢氏校补胡胤嘉《柳塘遺集》十三卷【字休复。仁和人。庶吉士】（648上）；卢校云："案登科录是科有胡胤嘉。字休复。仁和人。无胤素也。胤嘉兄曰胤冒。胤喆。弟曰胤彦。胤杰。胤立。胤贤。胤章。胤廉。胤祚。胤瑞。亦无胤素。或嘉后更名素。当再查浙士登科录。又按胤嘉集亦名柳堂遺集。疑嘉误作素。实即一人。"本文依据此说。

② 据山东大学图书馆编《山东大学图书馆古籍善本书目》第371页"《柳堂遺集》十三卷"条著录，齐鲁书社2007年版。

8. 沈德符《清权堂集》

《商舶载来书目》(737C) 著录安永三年（乾隆三十九年，1774）《清权堂集》一部一套。

【按】《清权堂集》为沈德符别集。《千顷堂书目》卷二十六著录沈德符《清权堂集》，不提卷数（650下）。本书今有湖南省图书馆存明刻本一部二十二卷。据《明别集版本志》（页398）著录，该书半叶九行、行十八字、白口、左右双边，前有陆启浤《〈清权堂诗集〉序》，《续修四库全书·集部》第1337册即据此本影印。

《改订内阁文库汉籍分类目录·集部》（页367）著录日本公文书馆存明刊本《清权堂集》二十二卷、江户时期写本《清权堂集》二十二卷，极为珍贵。

9. 吴子孝撰、皇甫汸辑《玉涵堂诗选》

《内阁文库购来书籍目录》页六十七著录天保六至七年临时番船（道光十五至十六年，1835~1836）：五匁壹分五リ。临时。《玉翰［涵］堂诗选》二册 (71B)。

【按】《玉涵堂诗选》为吴子孝别集。《千顷堂书目》卷二十三著录吴子孝《玉涵堂诗选》十卷，又《明珠集》二卷（572下）；《传是楼书目·集部·珠字上格·别集》著录《玉涵堂诗选》十卷，明吴龙峰①，皇甫汸选，四本（856下）。

《内阁文库购来书籍目录》未著录《玉涵堂诗选》版本，本书极为稀见，今有国家图书馆存明嘉靖刻本《玉涵堂诗选》十卷，半叶十行、行十八字、细黑口、左右双边。据《明别集版本志》（页283），该书卷端题"安定皇甫汸选，太末程秀民校"，且有嘉靖二十九年皇甫汸《玉涵堂诗选序》。

10. 沈九畴《曲辕居集》

《内阁文库购来书籍目录》页六十九录天保九年（道光十八年，1838）：六匁。戌四。《曲辕居集（小注："沈箕巾［仲］著"）》二套 (75B)

【按】《曲辕居集》为沈九畴别集。《澹生堂藏书目》著录《曲辕居诗集》十八卷；《千顷堂书目》卷二十五著录沈九畴《曲辕居诗集》八卷（624上）。

《曲辕居集》今有北京大学图书馆存明万历三十二年周官刻本《沈箕仲先

---

① 吴龙峰：名号待考。吴子孝，字纯叔，长洲人，嘉靖已丑进士，选庶吉士，官湖广参议。

生曲辕居集》十八卷，含《诗》十卷、《文》八卷，见《北京大学图书馆藏古籍善本书目·集部》（页465）著录，其版本情况见《中国善本书提要》（页647）、《明别集版本志》（页399）著录甚详。

11. 鲍应鳌《瑞芝山房全集》

《内阁文库购来书籍目录》页八十四著录弘化元年①（道光二十四年，1844）：七匁。辰三。《瑞芝山房全集》乙套（101B）

【按】《瑞芝山房全集》为鲍应鳌别集。《八千卷楼书目》卷十六著录《瑞芝山房集》十四卷，明鲍应鳌撰，明刊本。

本书今有南京图书馆存明崇祯三年何应瑞、贾大儒刻本《瑞芝山房集》十四卷，见《明别集版本志》（页324）著录，《四库禁毁书丛刊·集部》第141册据此本影印。

12. 沈恺《环溪集》

《书籍元帐》（488B）著录弘化二年（道光二十五年，1845）拾弍匁《环溪集》一部二套

【按】《千顷堂书目》卷二十三著录沈恺《环溪漫集》二十六卷（572上）；《明史·艺文志》（页2480）著录沈恺《环溪集》二十六卷；《四库全书总目》卷一七七著录《环溪集》六卷。

本书今有国家图书馆藏万历刻本一部二十六卷②，见《北京图书馆古籍善本书目》（页2371）著录，《中国善本书提要》（页609）、《明别集版本志》（页406）录其版本情况甚详。另有《四库全书存目丛书·集部》第92册据浙江图书馆藏本影印。

《日藏汉籍善本书录·集部》（页1698）著录日本尊经阁文库、早稻田大学图书馆存明嘉靖间金陵刊本《环溪漫集》八卷。

13. 李培《水西集》

《书籍元帐》（498C）著录弘化二年（道光二十五年，1845）：新渡之分巳三番船 八匁《水西集》一部一套六本。

---

① 舶载书目间的纪年法时有出入，如弘化元年（公元1844年，清道光二十四年），于《宫内厅书陵部藏舶载书目》作仁孝天皇天保十五年。本文皆以今日通行纪年法为准。

② 据《中国善本书提要》第609页著录，国家图书馆本为残本，仅存二十四卷。另，杜信孚纂辑《明代版刻综录》（江苏广陵古籍刻印社1983年版）据《范氏天一阁书目》著录明隆庆沈恺刊《环溪集》二十六卷，存佚未知。

【按】《水西集》为李培别集。《千顷堂书目》卷二十六著录李培《水西集》、又《北游草》（659下）。

本书今存明天启元年刻本《水西全集》十卷，有中国科学院图书馆、南京图书馆藏本，见《明别集版本志》（页442）著录；另有《四库未收书辑刊·集部》第六辑第24册据明天启元年刻本影印。

六、提供明人别集新版本信息

除了提供稀见文集、版本信息外，舶载书目所著版本有的与今见本有异，尽管不能完全排除解题著录讹误等情况，但仍可以提供新的版本信息，为考察古籍版本源流系统提供依据。

本节所列举的三部明别集版本源自舶载书目的著录，颇有年代较早、文献价值较高的版本信息；本文将在整理舶载书目著录、考察国内现存版本的基础上，对其所提供的明人别集版本信息进行说明。

（一）方沆《猗兰堂稿》

《舶载书目》卷一、《商舶载来书目》（659C）著录元禄七年（康熙三十三年，1694）《猗兰堂稿》一套四本。《舶载书目》解题称："《猗兰堂稿》一套四本。莆中方沆著、秣陵焦竑选。右之书莆方沆之诗集也。万历年号。"（一·13）

【按】《千顷堂书目》卷二十四著录方沆《猗兰堂集》十六卷（615下）。《猗兰堂集》，今有曹学佺编《石仓十二代诗选》本，《石仓十二代诗选》成书于崇祯年间，且《舶载书目》解题只称焦竑选，未言及曹学佺辑录，疑所录为万历年间焦竑选本，在成书时间上早于《石仓十二代诗选》本；且为单行本，与现存丛书本形制不同。

（二）帅机《阳秋馆集》（万历三十六年序刊本）

《舶载书目》卷六、《商舶载来书目》（697C）著录元禄七年（康熙三十三年，1694）《阳秋馆集》一部三本十七卷。《舶载书目》解题称："《阳秋馆集》一部三本十七卷。临川师［帅］机惟审甫著。万历三十六年戊申之刊。末二外《双碧堂集》ヲ附皆诗赋。"（三·97）

【按】《千顷堂书目》卷二十四著录帅机《阳秋馆集》四十卷，又《阳秋馆集选》十七卷（617 上）。清《（康熙）江西通志》卷八十二《帅机传》称其"著南、北二京赋表上于朝，有《阳秋馆集》四十卷行世。"①

本书今存清乾隆年间日新堂、修献堂刻本，《四库禁毁书丛刊·集部》第139册即据清乾隆四年修獻堂刻本《陽秋館集》二十三卷、《目录》一卷影印。舶载书目提供了该书万历三十六年刊本的重要信息。

（三）孙玺《峰溪集》（明嘉靖年间刊本）

《舶载书目》卷六、《商舶载来书目》（665A）著录元禄八年（康熙三十四年，1695）《峰溪集》一部四本。《舶载书目》解题称："《峰溪集》一部四本。峰溪孙玺朝信著。右ノ书全篇峰溪之诗文集也。末附录一篇アリ武进唐顺之撰。是ハ峰溪力墓志铭也。嘉靖年中ノ刊。"（三·107）

【按】《峰溪集》为孙玺别集。《千顷堂书目》卷二十二著录孙玺《峰溪[溪]集》五卷（548下）；《续文献通考》卷一九二《经籍考》著录孙玺《峰溪集》五卷、《外集》一卷（页4313）。

《峰溪集》今有台湾"国家图书馆"存清抄本《峰溪集》五卷、《外集》一卷、《附录》一卷，卷末有万历三年孙植跋文，及隆庆己巳（三年，1569）春日孙植跋，及曹溶、钱继章、褚廷管跋文等；《（台北）国家图书馆善本书志初稿·集部》（二·295）录馆藏本情况甚详。舶载书目提供了本书嘉靖年间刊本的重要信息。

七、结语

本文从分别从中国书目未录文集、中土散佚文集、中土稀见文集、中土稀见版本四个角度，对舶载书目著录的明人别集进行了考察。通过以上考察，可知舶载书目所著录条目中不乏版本文献价值较高者。这些条目一方面可以为现今中土稀见、散佚别集提供版本目录信息和流传记录，为明人别集的考察提供新的线索；另一方面，也反映出舶载书目作为一种域外目录文献，堪称中国典籍流传东瀛最直接、最原始的记录，具有极高的目录学价值，理应受到学术界的关注。

---

① ［清］谢旻等监修：《（康熙）江西通志》卷八十二《人物志》，见《景印文渊阁四库全书》第515册。

附录 本文引用书目说明

一、官修目录及"四库"系列目录

[清] 于敏中等：《天禄琳琅书目·天禄琳琅书目后编》，上海古籍出版社 2007 年版。

[清] 纪昀、陆锡熊、孙士毅等：《钦定四库全书总目（整理本）》，中华书局 1997 年版。

[清] 永瑢等著：《四库全书简明目录》，北京古典文学出版社 1957 年版。

[清] 永瑢等著：《四库全书简明目录》，北京古典文学出版社 1957 年版。

吴慰祖校订：《四库采进书目》，北京商务印书馆 1960 年版。

《景印文渊阁四库全书》，台北商务印书馆 1983 年版。

《续修四库全书总目提要·集部》，中华书局 1993 年版。

《四库全书存目丛书·集部》，济南齐鲁书社 1997 年版。

《四库全书存目丛书补编》，济南齐鲁书社 2001 年版。

顾廷龙、傅璇琮主编：《续修四库全书·集部》，上海古籍出版社 2002 年版。

罗琳主编：《四库未收书辑刊》，北京出版社 2000 年版。

王钟翰主编：《四库禁毁书丛刊·集部》，北京出版社 2000 年版。

王钟翰主编：《四库禁毁书丛刊补编》，北京出版社 2005 年版。

胡玉缙撰；吴格整理《续四库提要三种》，上海书店出版社 2002 年版。

二、史志目录

[清] 张廷玉等撰：《明史》，中华书局 1974 年版。

三、明清私家目录

[明] 高儒等著：《百川书志·古今书刻》，古典文学出版社 1957 年版。

[明] 杨士奇等：《文渊阁书目》、[明] 焦竑《国史经籍志》、[明] 陈第《世善堂藏书目录》、[明] 叶盛：《箓竹堂书目》、[明] 朱睦□：《万卷堂书目》等，载冯惠民等选

编:《明代书目题跋丛刊》,北京书目文献出版社1993年版。

[明]祁承□:《澹生堂藏书目》,国家图书馆藏清宋氏漫堂钞本,载《续修四库全书·史部》第919册。

[清]黄虞稷撰,瞿凤起、潘景郑整理:《千顷堂书目》,上海古籍出版社2001年版。

[清]徐乾学:《传是楼书目》,国家图书馆藏清道光八年刘氏未经书屋钞本,载《续修四库全书·史部》第920册。

[清]陆心源:《皕宋楼藏书志(影印本)》,中华书局1990年版。

[清]乾隆官修:《续文献通考》,浙江古籍出版社2000年版。

[清]丁立中:《八千卷楼书目(影印本)》,北京国家图书馆出版社2009年版。

[清]张之洞撰、范希曾补正:《书目答问补正》,上海古籍出版社2008年版。

严宝善编录:《贩书经眼录》,浙江古籍出版社1994年版。

傅增湘撰:《藏园群书经眼录》,中华书局1983年版。

叶德辉撰、杨洪升点校、杜泽逊审定:《郋园读书志》,上海古籍出版社2010年版。

李盛铎著,张玉范整理:《木犀轩藏书题记及书录》,北京大学出版社1985年版。

四、现代馆藏书目

北京图书馆编:《北京图书馆古籍善本书目》,北京书目文献出版社1987年版。

国家图书馆编:《国家图书馆藏古籍题跋丛刊》,北京图书馆出版社2002年版。

北京大学图书馆编:《北京大学图书馆藏古籍善本书目》,北京大学出版社1999年版。

清华大学图书馆编:《清华大学图书馆藏善本书目》,清华大学出版社2003年版。

北京师范大学图书馆古籍部编:《北京师范大学图书馆古籍善本书目》,北京图书馆出版社2002年版。

山东省图书馆编:《山东省图书馆藏海源阁书目》,济南齐鲁书社1999年版。

山东大学图书馆撰:《山东大学图书馆古籍善本书目》,济南齐鲁书社2007年版。

山西省图书馆编:《山西省图书馆普通线装书目录》,太原北岳文艺出版社1998年版。

山西大学图书馆编:《山西大学图书馆线装书目录》,山西古籍出版社2002年版。

浙江省博物馆编:《浙江省博物馆藏古籍书目》,上海辞书出版社2006年版。

浙江图书馆古籍部编:《浙江图书馆古籍善本书目》,浙江教育出版社2002年版。

江西省图书馆图书保管部刊行:《江西省图书馆古籍善本书目》,1982年版。

常书智、李龙如编:《湖南省古籍善本书目》,长沙岳麓书社1998年版。

贾晋华主编:《香港所藏古籍书目》,上海古籍出版社2003年版。

《香港中文大学图书馆古籍善本书录》,香港中文大学出版社2001年版。

《(台湾)国家图书馆善本书志初稿·集部》,台北"国家"图书馆民国88年版。

(台湾)国立中央图书馆编:《(台湾)"国立中央"图书馆善本序跋集录·集部》,台北"中央"图书馆民国83年版。

《(台北)"国立"故宫博物院善本旧籍总目》,"国立"故宫博物院民国72年版。

沈津:《美国哈佛大学哈佛燕京图书馆中文善本书目》,上海辞书出版社1999年版。

沈津:《中国珍稀古籍善本书录》,广西师范大学出版社2006年版。

五、版本文献学研究成果

《中国丛书综录》,上海古籍出版社1986年版。

《中国古籍善本书目》,上海古籍出版社1998年版。

王重民主编:《中国善本书提要》,上海古籍出版社1983年版。

王重民主编:《中国善本书提要补编》,北京书目文献出版社1991年版。

阳海清编撰:《中国丛书广录》,湖北人民出版社1999年版。

崔建英辑订:《明别集版本志》,中华书局2006年版。

杜信孚纂辑:《明代版刻综录(铅印本)》,江苏广陵古籍刻印社1983年版。

王宝平主编:《中国馆藏和刻本汉籍书目》,杭州大学出版社1995年版。

严佐之著:《近三百年古籍目录举要》,上海华东师范大学出版社1994年版。

黄裳:《清代版刻一隅(增订本)》上海复旦大学出版社2011年版。

王彬主编:《清代禁书总述》,中国书店1999年版。

雷梦辰:《清代各省禁书汇考》,北京书目文献出版社1989年版。

施廷镛编著:《古籍珍稀版本知见录》,北京图书馆出版社2005年版。

[日]阿部隆一著:《增订中国访书志》,东京汲古书院,昭和51年发行。

六、日籍馆藏书目及日藏汉籍考述

《改定内阁文库汉籍分类目录》,东京大藏省印刷局,昭和46年发行。

《尊经阁文库汉籍分类目录》,日本尊经阁文库编印,平成10年发行。

《京都大学人文科学研究所汉籍目录》,人文科学研究协会,昭和56年发行。

《图书寮典籍解题·汉籍篇》,东京大藏省印刷局1960年版。

《庆应义塾图书馆和汉贵重书目录》,庆应义塾图书馆和汉古书目录刊行委员会2009年版。

[日]岛田翰:《汉籍善本考》,北京图书馆出版社2002年版。

［日］长泽规矩也：《和刻本汉籍分类目录》，东京汲古书院，昭和51年发行。

［日］长泽规矩也：《和刻本汉籍分类目录补正》，东京汲古书院，昭和55年发行。

［日］长泽规矩也、阿部隆一编辑：《日本书目大成》（全四卷），东京汲古书院，昭和54年发行。

［日］大庭修著、徐世虹译：《江户时代日中秘话》，中华书局1997年版。

［日］大庭修著、戚印平等译：《江户时代中国典籍流播日本之研究》，杭州大学出版社1998年版。

严绍璗：《汉籍在日本的流布研究》，江苏古籍出版社1992年版。

严绍璗：《日本藏宋人文集善本钩沉》，杭州大学出版社1996年版。

严绍璗：《日藏汉籍善本书录·集部》，中华书局2007年版。

黄仁生：《日本现藏稀见元明文集考证与提要》，长沙岳麓书社2004年版。

张伯伟：《清代诗话冬传略论稿》，中华书局2007年版。

金程宇：《域外汉籍丛考》，中华书局2007年版。

李锐清：《日本见藏中国丛书目初编》，杭州大学出版社1999年版。

王勇、［日］大庭修主编：《中日文化交流史大系·典籍卷》，浙江人民出版社1996年版。

陆坚、王勇主编：《中国典籍在日本的流传与影响》，杭州大学出版社1990年版。

七、电子数据库

中国古籍善本目录导航系统：http：//tushu.365dayfree.cn

复旦大学图书馆古典文献数据库：http：//www.library.fudan.edu.cn：8080/guji/default.htm

学院汲古——高校古文献资源库：http：//rbsc.calis.edu.cn/aopac/pages/Timeout.htm

台湾地区古籍联合目录：http：//nclcc.ncl.edu.tw/

日本所藏中文古籍数据库：http：//www.kanji.zinbun.kyoto-u.ac.jp

东京大学东洋文化研究所汉籍善本全文影像数据库：http：//shanben.ioc.u-tokyo.ac.jp/index.html

内阁文库藏明代稀书（英国剑桥大学图书馆电子目录）：http：//www.lib.cam.ac.uk/mulu/naikakutit.html

后 记

如同《前言》所云，自 2004 年开始，我的学术兴趣逐渐从"中日"延伸至"东亚"，举办了一系列以"东亚文化交流"为主题的国际学术研讨会。这个变化，既获益于频繁的国际交流带来的视阈拓展，同时也是学术研究本身自然发展之趋势。

回眸 8 年来我们团队举办的 5 次大型国际会议，加上次数倍之的 WORKSHOP，涉及的主题包括道教、书籍之路、遣隋唐使、跨国人物、天台宗、佛教僧传、占卜、图像等等，但就个人而言，我的兴奋点始终围绕着"以书籍为纽带的东亚文化交流"。

在这 8 年期间，我主持了两项与"书籍之路"相关的国内基金课题，即教育部规划项目"古代中日书籍之路"（01JA770017）、教育部人文社科重点基地重大项目"日藏唐代汉籍写本语言文字研究"（05JDD740187）；同时，申请到多项日本国际交流基金会的国际合作项目，如"中国翻刻的日本汉籍——'华刻本'的调查与研究"、"东亚的汉籍遗产"、"汉字文化遗产——从文字到书籍"等等。可以说，在国内外基金的强力支撑下，我们才能持续地深化"书籍之路"的研究，才有能力举办一系列学术研讨会。

2006 年 8 月，浙江工商大学日本文化研究所与日本二松学舍大学 COE 合作，在杭州举办了"书籍之路与文化交流"国际研讨会。这次会议的论文已汇编成《书籍之路与文化交流》出版（上海辞书出版社，2009 年），故本书收录的 24 篇论文部分采自其他会议文集，部分为相关学者的最新成果。值得一提的是，我在北京大学开设"东亚文化专题研究"、"书籍之路研究"两个系列讲座，硕博士们递交的学期论文不乏精品，本书从中采择了 3 篇。

从 2003 年与同僚合著《中日"书籍之路"研究》（北京图书馆出版社），

到2009年出版会议论文集《书籍之路与文化交流》（上海辞书出版社），再到现在编辑这部《东亚坐标中的书籍之路研究》，明显感受到研究队伍在逐渐壮大，研究范围在不断扩展与深化，研究水平在迅速提升。作为"书籍之路"的倡导者，除了由衷的高兴，更多的是感到任重道远。

本书中的部分成果，获益于教育部人文社科重点基地重大项目"日藏唐代汉籍写本语言文字研究"（05JDD740187）及日本国际交流基金会"海外日本研究重点支援事业对象机构"的资助，在此深表感谢！

作　者